U0947695

北京市社会科学理论著作出版基金重点资助项目

吴晗全集

第1卷

历史卷（1）

吴晗 著　　常君实 编

中国人民大学出版社
· 北京 ·

吴晗像

吴晗同志以一個勤奋治学追求真理不断進步的歷史学家和爱國的民主主義者轉變為共産主義者的道路是本世纪我國知識分子前進的光明大道

彭真

一九八三年十月

彭真题词

纪念吴晗同志诞辰七十五周年和逝世十五周年我们要学习他为社会主义奋斗的革命精神

史良

一九八四年八月

史良题词

勤奮的學者
堅強的戰士
紀念吳晗同志
楚圖南

楚图南题词

人生自古谁无死
留取丹心照汗青
录文天祥诗
纪念吴晗同志诞辰七十五周年
逝世十五周年
廖沫沙 一九八四年八月

廖沫沙题词

萨空了题词

铁肩担道义
妙手著文章
录李大钊先烈所撰
楹联以悼念
吴晗同志
萨空了

贫贱不能移，
富贵不能淫，
威武不能屈。
为纪念
吴晗同志诞辰七十五周年、逝世十五
周年而题。
闻家驷
一九八〇年六月

闻家驷题词

1979 年 9 月 14 日，吴晗、袁震同志追悼会会场。党和国家领导人李先念、乌兰夫、方毅、胡耀邦、彭真、周建人、许德珩、胡厥文、朱蕴山、史良参加了追悼会。

在追悼会上，李先念和吴晗之子吴彰握手慰问。

《吴晗全集》序
——忆吴晗

黄 裳

《吴晗全集》将要出版了。从编者常君实先生来信中得知这个可喜的消息，十分高兴。同时又听到一个不免“荒唐”的建议，要我为全集作序，理由是和吴晗相熟、适合写序的人，已经没有了。因此才想到了我。读罢黯然。吴晗长我十岁，他是前辈，彼此论交在师友之间，也比较托熟。他惨死于十年动乱中，至今已有三十九年，明年又逢他的百岁诞辰，全集出版将是一种最好的纪念。回想前尘，历历如昨，写几句话，为故友纪念，是不可推卸的责任。因此不管是否僭越，就这样下笔了。

我开始注意吴晗，是在《清华学报》上读了他的明史论文之后。一股清新的文风扑面而来，全然不同于习见的学院式论文。面目一新，十分喜欢。听说论文的发表，是得到朱自清的支持，才打破了大学学报悠久的规范。

后来几度路过昆明，知道他在云大教书，后又到西南联大任教，几次想前往晋谒，匆匆未果。等到 1945 年，我成为一名记者，在《文汇报》编报，才又想与他联系。得到他的热情支持，在报纸版面上出现了他以《旧史新谈》为题的一系列杂文，而以文字矜贵著称的张奚若，在吴晗学生静远的努力下，也在报纸上发表了辛亥革命回忆录。当时我们都在《文汇报》和《周报》上发表文章，声应气求，成为一条战线上的战友。不久我又改编副刊《浮世绘》，辟了一个专栏《旧戏新谈》，取笔名“旧史”，显然是从吴晗的文章而来。连载获得北平朋友们的注意、欣赏，后来出版成书，我请吴晗为之撰序，此序叙述彼此相识相知的过程颇详，情感溢露，令我不忘。至此时彼此还不曾谋面。通信时为避开检查，多由吴晗夫人袁震出面。多述及北平文化界思想斗争情况，直至《文汇报》被封，他是支持报纸最重要的力量之一。

抗战胜利后，1946年8月，吴晗回到北平。当时昆明以西南联大为基地的“民主堡垒”已经转移到北平，而吴晗正是其中的核心人物。

1948年9月，吴晗飞来上海，本拟转道香港，会合民盟领导人去解放区抵沪后始知国民党官方宣布飞港机票出售种种严厉限制，走不成了。只好在王艮仲宅暂住。一日，我接到他一封信，署名“旧史”，约我到王宅相见。（此信我仍保留着，原件影印于《珠还记事》中）这才是彼此的初晤。吴晗热情如火，握手欢然，不是通常“套话”“一见如故”所能尽也。

吴晗索居无俚，郑西谛以新印成的《玄览堂丛书》相赠，因所收都是有关明史的罕见事，可销永日。又约他作姑苏之游，同行者有叶圣陶、郑西谛，叶老有日记记事，在叶老全集中。当时民盟的主要领导人，张表方和罗隆基，被国民党软禁在淮海路上的虹桥疗养院，吴晗亟欲往晤。我陪他买了一束鲜花，前往探视。医院中密布特务，恰好罗有女客在座，监视少弛，女客旋即辞去，我就躲出走廊，留吴晗与罗隆基密谈他们的民盟密事。1957年批斗所谓“章罗联盟”的大会上，吴晗取出当年罗隆基要他转交在港的民盟主要负责人的密信，坚持民盟自主、不受中共领导的意见，这一揭发给罗以最沉重的打击。也是人们认为吴晗整人手段狠辣的一例。罗的原信因吴晗认为欠妥，并未转交而留在手中的，也就是1948年在虹桥疗养院所得。

从《吴晗自传》中知道，他是胡适的学生，并曾得到胡的赏识和帮助，吴晗也曾有过团结争取胡适的愿望，但终于不能不决裂的始末。后来国内大举对胡适批判，广大知识界几乎全体上阵，成书五册之多，吴晗却未加入此一大合唱。说他是念旧情殷可，说他未能划清界限也未尝不可。此例与上举对罗隆基的揭发批判正可相与此观。

建国之初，我以记者身份到京，吴晗是清华大学军管会副代表，陪我到校内访问。曾到梁思成、林徽音家，座中有张奚若、金岳霖、邓以蛰诸位，谈笑甚欢，绝无拘束，可证吴晗对上属知识分子的团结工作做得不错。未几，他当选北京市副市长，不过问清华了。不久听说因北京旧建筑如牌坊的拆改存废问题，在会议上与梁思成拍案争论，好朋友成为路人，可见一登仕版不可避免带来的变化。梁思成对北京保存旧城，别建新区的设想与建议，终遭到否决废弃，与将北京由消费城市改造为生产城市的主要指导思想息息相关。登上天安门城楼，一眼望去，烟柳万家即将变为烟筒林立，工厂成群，是多么辉煌迷人的远景。这种缺乏远见的朴素愿望是可以理解的，却不料今天要花大力气搬迁"首钢"。作为北京市的副市长，不得不放弃历史学家的信念，紧跟国家政策的步伐。吴晗作为书生从政的内心痛楚，是可以想见的。

开国伊始，继一系列运动之后，新事物接踵而来。小如"除'四害'"、"打麻雀"，还有少数科学家提出不同意见，批马寅初的人口论，就群起而攻，少有异议。至于亩产若干万斤之类神话，竟自产生了粮多无处放，希望大家敞开肚皮来吃的奇思妙想。还有少数"科学家"举出科学数据，为之呐喊助威。至于大炼钢铁，小高炉满山遍野，日夜火光烛天。对此种种，凡少有基本常识者，无不认为荒谬绝伦，但在一言堂的巨大压力下，人人噤不敢言。只能一起忍心参加破坏大好祖国山河的荒唐大闹剧，事事荒谬，至此而极。

包括吴晗在内的由知识分子晋为现任官员的"三家村"诸君子，是难甘缄默的。他们在《燕山夜话》、《三家村札记》、《长短录》中发出了微弱隐讳但实强劲的抗议，直至被捉住把柄，迫害，直至灭亡。真是一场大悲剧。

过去我曾和朋友说起吴晗，大意是：他一直是紧跟，而缺乏自己清醒的思考，这是他的缺点。历次运动，直到"反右"，他只是以一个忠顺的政治棋子活动。……直到《海瑞罢官》，陷入自己也莫名其妙的政治漩涡，终于死去，真是一个悲剧。（致李辉信，见《来燕榭书札》）简单说来，大致如此。吴晗本质是一个书生，研究明史，至晚年仍不失兴趣。他有一次出国，途经上海，还抽暇来我家匆匆看了几种有关明史的旧书。在北京，有一次带我去看他的新居，还叹息说何时能有一室图籍，坐下来好好读书，研究研究，对忙碌无聊的开会接待……官场生活，表示厌弃。可是他又那么积极的赶任务，一听风声，就赶写海瑞的长文，最后还跨行染指戏剧，为了《海瑞罢官》，一头钻进死亡之网，真是怪事。但他还是勤奋的，写了有关《国榷》和《皇明经世文编》的长文，还抽暇编了《中国历史小丛书》、《外国历史小丛书》等普及读物。做出了成绩，在本职工作之外。

《全集》收入了《朱元璋传》等几种底稿，最为有识。几种初稿，改稿中，我还是喜欢《从僧钵到皇权》，虽然有人评之为“影射史学”，但吴晗早期的许多论文、杂文，都可以说是“影射文学”，其实是战斗的檄文，是作者作品的重要组成部分，也是掩盖不掉的光辉。

纸短情长，言不尽意。谨以此为故人纪念，临风怀想，惟有“斯人难再得”之感而已。

2008年1月18日

目　　录

深切怀念吴晗同志

张友渔　薛子正

吴晗同志遭受林彪、“四人帮”和那个窃踞高位的“理论权威”的恶毒诬陷、残酷迫害，含冤去世已经十年了。每当和同志们谈起他的悲惨遭遇，我们大家都非常沉痛，并且深切地怀念他。

一

解放前，我们就和吴晗同志相识。当时他已是我国著名的历史学家，又是一位坚强的民主战士。在国民党统治区与闻一多、李公朴等人士并肩战斗，积极地为争取民族独立、人民民主，反对帝国主义，反对国民党法西斯独裁统治，进行了不懈的斗争。1943 年他在昆明参加了中国民主同盟。在我党的帮助下，做了不少工作。他和楚图南、李公朴、闻一多、周新民、李文宜等同志搞了一个西南文献研究室作掩护，经常组织进步人士和青年学生学习、座谈，分析时局，研究对国民党及其特务作斗争的策略、方法，团结爱国民主力量，坚决拥护我党主张，积极开展民主运动。同时，还协助党组织成立了“民主青年同盟”(简称“民青”)，后来这个组织发展成为学生运动中的一支强大的骨干力量。他积极参加和支持昆明反帝爱国的人民民主运动，在反内战、要求召开全国政协、纪念“五四”和“一二·一”运动等群众大会上，公开讲演，同国民党反动派进行了针锋相对的斗争。1946 年 6 月，吴晗同志趁西南联合大学各校复员迁回北平的机会，护送他的夫人袁震同志赴上海治病，途经重庆时，同吴玉章、王维舟等同志见了面。同年7月，在上海，周恩来同志会见了他，同他进行了亲切的谈话，对他在民主运动中的努力和贡献，给予热情鼓励。吴晗同志回到北平后，继续在清华任教，积极参加中国民主同盟华北总支部和北平市支部的工作，配合党组织领导的学生运动，掩护我地下党的活动，帮助不少的青年学生和学术界知名人士转到解放区。

1948年秋，吴晗同志响应我党关于召开新的全国政治协商会议的“五一”号召，不畏艰险，毅然偕同袁震同志来到解放区，受到毛主席和周恩来同志的亲切接见。就在那个时候，他参加了党所组织的学习座谈会，大大提高了思想觉悟。他写了一封恳切的长信给毛主席，要求参加中国共产党。1949年1月，毛主席给他回了信，说：“我们同意你的要求，惟实行时机尚值得研究，详情恩来同志面告。”几天之后，周恩来同志约吴晗同志畅谈了几个小时，鼓励他努力学习，努力工作。吴晗同志生前，谈起他要求参加共产党的经过和思想变化时，总是反复地说到，早在1943年，当他参加民盟以后，曾经和闻一多相约将来一定要争取参加共产党。但是，他认为他们当时也都还存在着“超阶级”的思想，曾经想在人民共和国成立后，“功成身退”，回到书斋，专心著作。后来，毛主席在同他谈到他的《朱元璋传》把元末起义军中坚强不屈的西系红军组织者彭莹玉，写成功成不居，退而归隐，当和尚去了，是不妥当的。毛主席指出，像彭莹玉这样坚强有毅力的革命者，不应该有逃避革命的行为，如果不是自己犯了错误，就是史料有问题。回到北京以后，他仔细查看《明实录》和有关史料，证实彭莹玉最后是被元军杀害的。吴晗同志从毛主席的这次谈话中受到深刻的启发和教育，克服了“功成身退”的思想。他回忆在平山几个月的学习收获，说：“头脑换了一副新的了，多年来，自高自大、自以为是的习气有了很大的改变，认识到自己只是一滴水，流入了汪洋大海。”此后，吴晗同志认真学习马列主义、毛泽东思想，不断改造自己的世界观，经过长期革命斗争的锻炼和考验，1957年光荣地加入了中国共产党，终于由一位高级知识分子、革命民主主义者，成为无产阶级的先锋战士。

二

1949年冬，由于广大人民的信任，吴晗同志被选为北京市副市长。十六年来，他在党的领导下，做了大量工作，取得了显著成绩。

我们和吴晗同志一道工作达八年之久。吴晗同志分工主管文教工作，他认真贯彻党的文化教育方针，切实执行中共北京市委1954年《关于提高北京市中小学教育质量的决定》。他工作认真负责，实事求是，坚持走群众路线，经常深入中小学，和许多校长、教师、学生谈话，听取他们的意见。当听到教材中有许多生搬硬套、前后重复的问题后，他就亲自翻阅教材，同市教材编审处的同志一起研究，要求编写教材做到内容精练、重点突出、结合实际。他常说，地理、历史课的教材，要多讲一些有关北京的实际情况，使学生了解北京，不要造成生长在北京的青少年对北京的历史面貌、地理环境都不了解。在他的关怀和指导下，市教材编审处编写的一套北京市小学历史教材，没有按照一般通行的按朝代叙述的方法，而是根据儿童喜爱故事的特点，选取历史上某些有代表性的人物和重大事件为中心，用故事体裁来编写，教学效果比较好。在吴晗同志的指导下，北京市还编写了一套教学参考资料，对提高教育质量起了积极的作用。

吴晗同志十分重视师资的培养和提高工作。在市委的领导下，他认真调查研究，积极筹备，相继成立了北京师范学院、北京教师进修学院、北京电视大学，还举办各种学习班、进修班，采取广播、函授、电化教育等方式，努力提高师资水平。他担任师范学院历史系名誉教授，经常去该校和教师进修学院讲课，作专题报告。同时，他还推荐一些专家去讲课。对那些专家的待遇、接送等问题，都作了具体的安排。他亲自兼任电视大学的校长，经常过问电大的工作，每逢开学、结业，他都去讲话，鼓励大家努力学习。电大开设的语文、数学等课程，不仅中小学教师而且不少机关干部、厂矿职工以及解放军干部、战士都积极参加学习。他除了召开一些教师座谈会、到学校去找教师了解情况以外，还利用业余时间邀请教师到他家去作客座谈，了解他们的思想、教学和生活情况，同教师们建立了深厚的感情和友谊。他招待教师的花费，从没有向公家提出报销。他总是说："我自己出钱，我有稿费，我可以用这笔钱来做工作。"

吴晗同志十分关心青少年的成长，很重视校外教育工作。1956年，为了保护学生视力，防止学生们发生近视眼，他督促教育部门，一方面加强对学生进行保护视力的教育；一方面采取措施把光线不好的教室，多开窗户，增加灯光；桌椅高矮尺寸不合适的，按照学生的身体加以修改或调换。他常说："我们这一辈人，过去这方面不注意，戴上了眼镜，现在要创造条件，不要让孩子们也像我们一样。"由于教育事业发展很快，校舍不足，北京市小学百分之七八十办了二部制，初中有很多班也办了二部制，不少学生只能半天在学校学习。为了解决学生们的学习和活动问题，他邀请园林局、文化局、科普协会、工会、共青团、妇联等单位，成立校外教育委员会。每逢寒暑假，他都要召开会议，进行具体安排，组织有关部门开展各种学习、文化活动。后来，在景山公园内成立了北京市少年宫，使少年儿童有了经常活动的园地。在他的主持和关怀下，各区也先后成立了少年之家和儿童活动站。在北海公园内还开办了少年科技馆，修建了少先队水电站。吴晗同志亲自去科技馆视察，和少年们一起乘坐他们自己驾驶的小汽艇在北海中游览，对他们进行鼓励。他经常下去检查校外教育工作，听取辅导员的汇报，发现问题及时解决。有一次到少年宫，那里的同志反映大殿上麻雀很多，既毁坏古建筑又弄得很不卫生，妨碍少年儿童开展活动。他回来后，立即请有关部门安上铁丝网，解决了问题。

吴晗同志很重视挽救有违法行为的青少年的工作。他研究了对这些青少年进行再教育的材料，并多次同公安局、教育局共同商量，于1955年在温泉开办了工读学校。他对这个学校的教学计划、劳动安排以及校长、教师的配备，都亲自过问。当时，学校设初中一、二、三年级和高中一年级，学生半工半读，除上文化课外还设有铁、木工厂和试验田、养猪场等。吴晗同志经常去学校视察工作，课堂、工厂、宿舍、食堂、养猪场，他都走到了，热情鼓励师生员工努力办好学校。通过学习和劳动，大多数学生受到教育，逐渐变好。有一个班结业时，四十六人中有四十三人升入普通高中或到工厂、农场参加工作。有些学生加入了共青团，有的还成为生产积极分子。工读学校实行的再教育，是有成效的，受到教育界人士、学生家长的普遍欢迎。老画家齐白石为此极为感动，画了一张题为《草木神仙》的画送给学校。学校教师以此为题，编写了话剧《草木神仙》在市里公演。

吴晗同志极为关怀中小学教职员工的生活。他常说，我自己当过小学教员，深知做教师的辛苦，在旧社会是“家有三斗粮，不当小孩王”，在新社会，教师的政治地位提高了，生活待遇改善了，但由于我们是一个“一穷二白”的国家，底子薄，教师的生活和工作条件仍然比较艰苦，应该多关心他们，照顾他们。1958 年，他满腔热情地筹办教师休养所，为了寻找一个合适的地方，跑遍了西山八大处，最后，选定六处（香界寺）作为休养所地址。他亲自审定房屋修缮计划，当第一批教师去休养时，还亲自到那里去进行慰问。

三

吴晗同志对学术研究工作很下功夫。解放后，有一段时间，我们同他住在一个院里，常常见他勤奋学习，边读书边写卡片。在他的书房里有一个很高的卡片柜，里面装着一万多张他写的读书卡片。他经常失眠，还写文章到深夜。我们劝他晚上少看书，少写文章，早点休息。他总是说：“安安静静休息，反而睡不着觉，我找到一个办法，就是写东西，写累了，就能睡着。”1958 年，他对我说：“各行各业都在大跃进，我要多写文章，在这方面来一个大跃进。”他是这样说的，也是这样做的。从1959年至1965年，他写了一百多篇文章，还整理了过去的一些著作，先后出版了《投枪集》、《灯下集》、《春天集》、《学习集》、《海瑞罢官》等。1963年中国科学院哲学社会科学部召开学部委员扩大会议，毛主席接见了到会委员。毛主席问吴晗同志："你的书写得怎样了？"毛主席的亲切关怀，给了他极大的鼓舞。1964年春他利用病后半休时间，对《朱元璋传》的第三个本子（1954年版），进行了修改，重新出版，得到毛主席的好评。在这几年里，他除了担负繁忙的北京市政府的行政工作外，还写了这么多文章，确实是大丰收。正如他自己所说的："文章是鼓足干劲，鼓出来的，力争上游，争出来的。""我以欢欣鼓舞、昂首阔步的心情，用这支笔歌颂共产党，歌颂毛主席。"

吴晗同志还以极大的热情，进行历史文化知识的普及工作和组织史学界的学术活动。1955年他遵照毛主席的指示，组织力量标点《资治通鉴》和《续资治通鉴》，为廿四史的标点工作创造条件。同时，他还遵照毛主席的指示，邀请上海复旦大学、国家测绘总局、地图出版社、科学院地理研究所、历史研究所以及有关大学的专家，聚集北京，改绘杨守敬的《历代舆地图》，为出版我国科学的历史地图打下了基础。1958年秋，他同教育、出版界许多同志一道，为了丰富青少年和工农干部的历史文化知识，给他们提供有益的通俗读物，发起编写《中国历史小丛书》、《外国历史小丛书》、《地理小丛书》、《语文小丛书》等读物。他邀请了各方面的专家组成各类小丛书的编委会，并且自告奋勇担任主编，积极鼓励和组织有关方面的专家和中学教师写稿。他自己尽管工作很忙，仍坚持为《中国历史小丛书》写稿、审稿。这些读物，主题明确，内容丰富，形式活泼，深入浅出，受到广大读者的欢迎。

吴晗同志在发掘、整理和保护首都文物方面，也发挥了重要的作用。他主张文物保护工作要和首都的市政建设配合进行。对某些确有价值的历史文物，必须有计划、有重点地加以整理和保存。他反对那种无原则、无重点地全面保存一般性古建筑的看法。在他的倡议下，修缮了戒台寺、雍和宫，保护了古代冰川遗迹，以及国子监内的碑林等有历史价值的文物古迹。解放初期，他同郭沫若、范文澜、郑振铎、沈雁冰、邓拓等同志写报告请示周总理，要求开发长陵。后来，考虑到长陵规模较大，发掘这样的陵墓需要先积累经验，经过多次研究和查阅文献资料，确定先试掘定陵。1956 年动工发掘，1959 年正式建成了定陵博物馆。这里展出了出土的大批文物，成了对广大群众进行阶级教育和历史唯物主义教育的重要场所。

吴晗同志在民主革命、社会主义革命和社会主义建设中，对党对人民都作出了显著的贡献。林彪、“四人帮”和那个窃踞高位的“理论权威”给吴晗同志扣上“反共老手”、“反党反社会主义”、“反革命舆论的急先锋”等等罪名，纯粹是诬蔑陷害！吴晗同志为革命、为首都文教事业，作出的成绩是不可磨灭的，人民将永远怀念他。

信得过的人

——忆吴晗同志

费孝通

“千古文章未尽才”，这是郭沫若同志为《闻一多全集》作序时引用的一句诗。他说：“闻一多先生的大才未尽，实在是一件千古的恨事”。我想这句诗对于吴晗同志来说也是适用的。

许多朋友都知道：当年在昆明民主运动中，闻一多和吴晗都是深受青年敬重的民主战士。闻一多被蒋介石反动集团暗杀于昆明街头，吴晗则被林彪、“四人帮”诬陷死于冤狱之中。一代学人，含冤而逝，“实在是一件千古的恨事”。

吴晗同志离开我们已经十年了。他的夫人袁震同志也是一位很有成就的史学家，多年病残，也遭毒手，女死儿散，真是家破人亡。如今，党中央拨乱反正，吴晗同志的沉冤也得昭雪，学界是非，文坛功过，重得分明，老晗你可以瞑目了。

吴晗是著名的历史学家，专攻明史，著述甚多，学术上造诣很高，学生时代已露头角。他在解放后为党为人民做了许多有益的工作，而在解放前，更长期在党的领导下，团结了周围的师生朋友从事民主运动，作出了卓越的贡献。这样一位好党员、好战士，竟被诬为“黑帮”，“反共文人”，是非倒置，莫此为甚！

吴晗同志抗战以前和我同在清华，相识甚早，但彼此过从渐多而成为知己，则是40年代在昆明的民主运动中。追忆往事，历历在目。他那光明磊落、爽朗刚直的性格，对敌人英勇无畏的神情，深深地印在许多朋友们的心中，尤其难忘的是他在当年昆明知识分子中所起的作用，自己的感受更深。

当时昆明知识分子比较集中，除少数先进分子，多数人对共产党、对马克思主义都少了解，大家主要是从爱国主义出发，要求团结抗战，民主进步，希望祖国经过抗战能得繁荣富强，但事与愿违，国民党政府消极抗战、积极反共的反动面目日益暴露。破坏团结，压制民主，特务横行，贪污腐化，广大工农惨遭剥削压榨，知识分子也备受摧残，许多人都弄得衣食不周，有的甚至濒于饥寒交迫之境。人们都祈求迅速改变这种状况，又提不出切实可行的办法，就在这国破家危、民不聊生的时刻，伟大的中国共产党给我们指明了方向，开展民主斗争。但怎样根据当时当地的具体情况，把党的号召变成我们大家的行动，要有一些理解和熟悉知识分子的人来起个桥梁作用，把党和知识分子紧密联系起来，吴晗同志在这方面做了大量的工作。

他本身是个知识分子，而且是个知名的教授，长期生活在知识分子之中，熟悉周围的人和事，同大家有共同的语言，便于利用师生关系、朋友关系联系各种类型的群众，传达贯彻党的意图和方针政策，也能准确地把知识分子的生活、思想、感情的发展变化及时汇报给党，供制定战略策略的依据。同时也由于他的学问、文章和行义，在师友学生中有相当影响，组织上充分发挥了他的这些长处，因此他能做别人一时难以做到的事情，起别人一时难起的作用。

在白色恐怖统治下，反动派竭力阻塞党和群众的联系，一般从事教学研究的知识分子是不容易和党接触的，而大家又是多么希望见到党呵！当时大后方的民主运动，在敬爱的周总理的直接关怀下，不断得到发展，有些久经考验的同志相继来到昆明参加指导工作，通过各种方式让我们直接听到党的声音，一些学习讨论活动我们多是经由吴晗联系，有些同志需要有公开身份便于参加活动，找到有关的人都是勇于承担风险的，如华岗同志到云南大学社会学系教书，就是由吴晗同志引荐的，彼此都以能为党做点事情而感到荣幸。

吴晗和进步青年的组织一直保持密切的联系。我看到不少学生都乐于找他“谈天”或出主意，他支持和鼓励了许多青年积极参加学生运动。他是当年昆明青年敬重的一位民主教授。西南联大被誉为“民主堡垒”，其中自然有他的一份辛勤劳动。解放初成立全国青联，他被选为这个组织的领导成员，也正表明他和青年运动的关系。

当时他还花了不少精力，协同组织和青年学生一道，做了团结老一代教授的工作，像张奚若、潘光旦等老师，都同他有深厚的友谊，还有像邵循正、费青、向达等和我这样一些人，都是程度不同地受到他的影响。他同闻一多烈士的亲密交往，共忧患，同战斗，在师生中更留有深刻的印象。

对于一些暂时被认为是所谓不关心政治的知识分子，有的人怕麻烦，不愿做耐心争取的工作，吴晗和闻一多等同志按照党的指示，毅然承担起这样的任务，尽量利用原来的关系，让大家增多联系互相帮助，还特地找了一些朋友，办了《时代评论》周刊，给大家增辟一个说话的论坛，推动更多的人参加民主运动。他们两位生活都很艰苦，仍不辞辛苦奔走筹集经费，开办之初没地方印刷，又是他们联系地下印刷所支持承印。刊物虽然只出了十八期就被反动派封禁了，但经过这番努力，的确增加了不少朋友，使敌人更加孤立。吴晗和闻一多同志认真执行党的指示，谦虚诚恳，团结群众，给我们作出了很好的榜样。

以后复员回清华，我们曾在一起组织过关于中国社会结构等问题的学术讨论，尽管讨论中有些观点不尽恰当，有的研究水平不高，但他从不以高明自居，总是用商量探讨的态度，把多年精湛的研究心得和学习马列主义、毛泽东思想的体会，毫无保留地摆出来，通过讨论引导大家提高学习革命理论的兴趣。从长期的接触中，可以看出吴晗同志不仅对中国历史知识丰富，而且对马列主义也下过刻苦的功夫。他还有一个好的文风，善于用自己的语言明确地表达出所要讨论的观点。文字简洁明快，更是文如其人。

正因为他既讲原则，又有耐心，熟悉情况，又真诚正直，热心助人，所以深受大家欢迎。既完成党所交付的任务，也是大家信得过的人。解放后，他担任北京市副市长，工作十分繁重，大家看到他还兼任着许多社会活动，无论在学术研究上，在文化交流上，或科学普及和通俗读物的组织推动上，吴晗都尽力所能及地发挥了相当大的作用，团结了一些同志，调动了一批写作力量，还培养了一些人才。“四人帮”妄图把吴晗同志搞臭，真是蚍蜉撼树，可笑不自量。

四十多年过去了，吴晗同志含冤逝去也十年了。重新回顾这些往事，思绪万千，他为写海瑞而遭千古奇冤，他的性格却也真和海瑞有些相似；他主张学习海瑞刚直不阿的精神，我们也将深切地怀念他的战斗的一生，而他的学术研究和工作经验，也都有不少内容值得珍视，希望能得到整理和印行！

斯人已逝，音容宛在，老晗你安息吧！

（原载《光明日报》，1979 年 2 月 20 日）

毛主席、周总理教导我们做好统战工作
——回忆与吴晗同志共事时的一件往事

张友渔

毛主席和周总理一向极为重视统一战线工作。他们不仅给我们制定了一整套有关统一战线工作的理论、方针和政策，还身体力行，亲自做统战工作，抓住典型事例，谆谆教导我们做好统战工作。

解放初期，我曾和吴晗同志在北京市人民政府一道工作。其间，曾发生过一件生活“小事”。事情虽“小”，却引起中央，毛主席和周总理的重视。毛主席和周总理都亲自找我们谈过话，就如何认识并做好新时期的统战工作，做了许多宝贵的指示。这些谈话，虽说已经三十年了，我至今回忆起来，仍然历历在目，如在昨日。

1949年1月，北京和平解放后，成立了北京市人民政府。从同年6月起，我担任北京市副市长，以后一直在北京市工作到1959年。1949年冬，北京市人民代表会议，推选吴晗同志为各民主党派的代表，担任北京市副市长。吴晗同志当时是民主同盟的负责人之一。他在民主革命时期与我们党合作得一直很好，表现进步。吴晗同志任职后，分管文教卫生工作，从此我便和吴晗同志在一块工作。

我和吴晗同志初次见面，是在1946年暑假期间。当时他从昆明回北京，路经重庆，住在民盟四川省机关，我代表中共四川省委去看他。他谈了昆明民主运动的情况和民盟的主要活动。我感觉到他是一个勇敢的民主战士，但还多少沾染一些恃才傲物的文人习气。1948年11月间，吴晗同志从北京到河北阜平县党中央所在地西柏坡见毛主席，谈过两次话。除谈政治问题外，还谈了《朱元璋传》的问题。为此，毛主席还给他寄过一封信，信的原文是：

辰伯①先生：

两次晤谈，甚快。大著阅毕，兹奉还。此书用力甚勤，掘发甚广，给我启发不少，深为感谢。有些不成熟的意见，仅供参考，业已面告。此外尚有一点，即在方法问题上，先生似尚未完全接受历史唯物主义作为观察历史的方法论。倘若先生于这方面加力用一番功夫，将来成就不可限量。

谨致

革命的敬礼！

毛泽东

十一月二十四日

我当时在华北局当秘书长，知道这件事，但未见到他。解放后，我从领导华北局城工部工作的刘仁同志那里，更多地了解到他的情况，所以当他到北京市工作时，我认为在党的集中统一领导下他分工管文教卫生工作是适宜的，进步一定更快。后来的事实证明，我的这个看法没有错。

吴晗同志原任清华大学校委会副主任委员，担任副市长后，仍兼任此职，住在清华大学宿舍，每天到市人民政府办公，一般是在机关午餐，同我和薛子正同志一道用饭。有一天，我和薛子正同志到市委去开会，没在市府吃午饭。薛子正同志回来后发现，行政人员给吴晗同志开饭时，减了菜。据了解，行政人员倒也没有别的意思，只是因为吃饭的人少了，菜也应当少，就减了。吴晗同志对此虽没有任何表示，但我们却觉得这样做很不好，很容易使人发生误解。我一方面找行政人员谈话，告诉他们以后不能再这样做；同时向彭真同志做了汇报。彭真同志很重视这件事，特别是联系到吴晗同志当时在市府和清华两处任职，工作很忙，并对政府工作不熟悉，曾提出回清华专门教书的事。认为这是关系统战工作的一个值得注意的问题，便向毛主席和周总理做了汇报。

---

① 辰伯是吴晗的字。

当时就是这样，有了问题就汇报。无论同级之间还是上下级之间关系很融洽，很密切。下情容易上达，上情也就容易下达。有了问题，发现得快，解决得也快。

几天以后，毛主席通知我、刘仁、吴晗，下午三点到中南海颐年堂毛主席住处谈话。我们按时去了，毛主席很亲切地接见了我们。他问了吴晗同志的工作情况，问他工作上、生活上有什么困难？鼓励他大胆工作，安心工作。吴晗同志表示他一定努力工作，但深恐做不好，不如教书有把握。（这次谈话使吴晗同志深受感动，他决心在市政府工作，1951年，终于辞去了清华的兼职，搬进城来，同我住在一个院子里。）

接着，毛主席给我们讲了国际形势和国内形势。但着重谈的还是有关统一战线的问题、知识分子问题。毛主席讲，我们已经取得的胜利，只不过是万里长征的第一步，今后的路更长，更艰巨，更伟大。有了巩固的统一战线，我们就能克服一切困难。毛主席说，我们熟悉的许多东西，现在闲起来了。现有很多新的事物新的问题，需要我们去学习去解决。没有知识是不行的。没有革命的知识分子的共同努力，要完成社会主义革命和社会主义建设是不可能的。我们党同党外民主人士长期合作的政策，必须在全党的思想上和工作上确定下来。我们是把党外民主人士当做自己的干部一样看待的。党员和党外民主人士共事，必须很好合作。有了问题，互相诚恳坦白地商量、研究、解决。在工作中，一定要使党外民主人士有职有权。这样才能真正发挥党外民主人士的作用。他问刘仁同志和我："你们同吴晗同志的关系是不是这样？"我说："我们做得不够。"吴晗同志说："我们的关系很好。"毛主席还讲了知识分子的思想改造问题，说，谁不要改造？都要改造。我自己还不是从孔孟之道，从康梁维新思想一步一步改造过来，成为马克思主义者的？认为自己不需要改造，不对。认为自己还需要改造，就不敢工作，也不对。思想要改造，工作要大胆。有了错误不要怕，做工作还有没有错误的？最后，毛主席面向刘仁同志和我说：对党外民主人士进行统战工作，首先要加强政治思想工作，但也要在生活上给以必要的关心和照顾。不做政治思想工作，只是吃吃喝喝，那是把统战工作庸俗化了。但只是板着面孔讲大道理，不解决实际生活问题也不行。

这天，主要是毛主席讲。从三点钟讲到五点多钟。毛主席留我们吃晚饭。三四个菜，很简单，都是小盘，辣子很多。主食是一种比较硬的红米，里边搀些豆子。在吃饭时，我和刘仁同志都表示，我们的工作做得不够。我说："我和吴晗同志是对门而居，非公事不相往来。"毛主席当即反问了一句："难道统战工作不是公事吗？"毛主席的这一反问，虽然语气温和，但给了我深刻的教育，我一直记住这句话。

就在那几天，周总理在国务院办公室召集了一个小型会议。周总理在讲整个工作中间，也讲到统战工作。讲了在新的历史条件下统战工作的意义，讲了当前应当注意的问题，并举了我们这个例子。当时我正坐在总理面前第一排。总理说："吴晗同志吃饭的事是怎么回事？你再讲一讲。"我就在会上又把这件事的过程讲了一遍，并做了检讨。总理继续讲，一定要重视做好党外民主人士的工作。政治思想工作要做好，生活上也要照顾好。一定要使他们真正有职有权。工人阶级是先进阶级，共产党是工人阶级的先锋队，但我们在全国人民中，总还是少数嘛！不同党外人士合作好，是不可能把革命和建设搞好的。党外人士的生活习惯和我们共产党不同，不能把要求共产党员做的，也要求党外人士做。并且，他们有自尊心，常怕被人瞧不起。减少一点菜，好像是小事，实际上，可能对统战工作产生不利影响。这一点，必须教育行政人员，十分注意。

毛主席和周总理的教导，使我更加认识到，统一战线的重要性，进一步加强了统战工作。

吴晗同志对工作抓得很紧，工作有不少成果，也取得了一些经验。这主要是吴晗同志自己努力的结果，但他对自己要求很严，从来不满足自己的进步，经常对自己提出更高的要求，1954 年他给彭真同志写了封信，信中有这样的话：

> 过去几年，我没有偷懒，相反的是忙乱。每天都很疲倦，但是工作抓不住重心。

参加了许多工作，也用了心，也用了力。但是从来不知道哪些是做对了的，哪些是做错了的。也没有人告诉我做对的总结下去，再深入搞。做错了，为什么错，如何改正。

因为我不能参加党，党对我是客气的，优容的。

我没有放弃要求参加党的想法，我想以努力工作来争取，今年不成，到明年，五年不成，十年，二十年，只要不死，总有一天会达到。目的没有什么，只是要求得到教育，做好工作。

我希望在彭真同志有时间的时候，能够有一次谈话的机会。

…………

吴晗同志的这封信，彭真同志批给了刘仁、我和薛子正同志，并指定我“切实设法解决其工作中的问题”。为此，我根据吴晗同志在信中提到的一些要求和意见，进一步地改进了我们对吴晗同志的帮助工作。吴晗同志在各方面也进步的更快。

由于吴晗同志为党，为人民，为革命和建设事业做了不少工作；他具备了一个共产党员的条件，他终于参加了中国共产党。

原来，吴晗同志早在1949年1月，就曾寄信给毛主席要求入党。毛主席答复他说，同意他的要求，但实现时机尚值得研究。后来，他又几次提出要求。到1957年3月，中央正式批准吴晗同志入党，但作为秘密党员，不公开。

从此，我和吴晗同志的关系，在形式上，还是统战关系，在实际上已经是党内的同志关系。本来吴晗同志可以多做些工作的，可是由于林彪、“四人帮”的迫害，过早的去世了，这是很大的损失。

（原载《党史研究》，第4期，1980年）

悼念吴晗同志

侯外庐

吴晗同志含冤离开我们已经十年了。今天，他的冤案终于得到了平反昭雪。我作为因《海瑞罢官》这一冤案而遭株连的一个幸存者，此时此刻百感交集，思绪万千。岁月的流逝，并不能使我忘却对吴晗同志的纪念；为吴晗同志平反昭雪，更激起我对林彪、“四人帮”一伙害人虫的满腔义愤。

吴晗同志和我初次相识，是在抗日战争胜利后的重庆。那时候，他已经是一位勇敢的民主战士。面对独夫民贼蒋介石的屠刀，吴晗同志毫无所惧，积极为民主运动奔走呼号。李公朴、闻一多在血泊中倒下去了，吴晗同志踏着战友的血迹，更加勇猛地投身于打倒国民党法西斯独裁统治的斗争。在党的领导下，吴晗同志为人民的解放事业做了许多有益的工作。但是，林彪、“四人帮”一伙血口喷人，诬陷吴晗同志是什么“反共老手”，真是“人妖颠倒是非淆”啊！想当年吴晗同志并没有牺牲在蒋介石的屠刀下，而他后来竟惨死于林彪、“四人帮”兴起的现代文字狱中，这就益发令人悲愤难平！

吴晗同志是著名的历史学家，尤长于明史。他在解放前写的《朱元璋传》，就是一本既有学术价值又有现实政治意义的好书。解放以后，他担任了北京市的行政领导工作，还兼任北京市史学会会长、中国科学院历史研究所学术委员会委员，在繁忙的政务活动之外，积极从事新中国历史科学的建设工作。他受毛泽东同志的委托，负责编辑《中国历史地图集》，在全国范围内组织协作，付出了辛勤的劳动。他还自告奋勇担任《中国历史小丛书》的主编，亲自组织和领导普及历史知识的宣传工作。解放后的十七年，吴晗同志兢兢业业，任劳任怨，为党为社会主义做了大量的工作，为繁荣我国的历史科学作出了重大的贡献。林彪、“四人帮”给吴晗同志扣上“反党反社会主义”这种莫须有的罪名，必须坚决推翻。

50年代末60年代初，史学界和戏剧界开过几次座谈会，讨论历史剧的问题。有的同志建议史学家们写些历史剧。吴晗同志欣然应命，七易其稿，写成历史剧《海瑞罢官》。剧本发表于1961年1月的《北京文艺》，并由北京京剧团演出。繁星即廖沫沙同志看后，立即在《北京晚报》上写了一封致吴晗同志的公开信，题目叫做《“史”和“戏”——贺吴晗的〈海瑞罢官〉演出》，信中说，《海瑞罢官》“开始‘破门而出’了，历史家，却来写戏”，“总算开始打破‘史’和‘戏’这两家的门户，从姓‘史’的一家踏进姓‘戏’的一家去了。这就很难得，是个创造性的工作。”接着，他提出一个理论问题：历史的真实与戏剧的真实之间的关系，向吴晗同志请教。吴晗同志也很快在《北京晚报》上发表他的复信，题目是《关于历史剧的一些问题》，按照他的见解回答了廖沫沙同志提出的问题。由于吴晗、廖沫沙同志是我的老朋友，也由于我是一个戏剧业余爱好者，恰好当时我正在研究明代著名剧作家汤显祖的“四梦”，所以当《北京晚报》记者坚请我就历史剧问题谈一点自己的看法时，我便用“常谈”的笔名写了《从“兄弟”谈到历史剧的一些问题》这篇短文。正因为我们是彼此熟悉的老朋友，所以在讨论问题时大家都能畅所欲言，笔调也显得轻松。在讨论中互称“兄弟”，除了礼貌之外，主要是想借这个称谓来发挥自己对于历史真实问题的某种见解。我还在文章的末尾说：“我也佩服吴晗破门的精神，海瑞一剧是有收获的，我祝贺他从破门起，步入堂奥。”我的意思是希望他今后能写出更多更好的历史剧。吴晗同志的“破门”精神，当时确实是给我以启发。后来，我在《汤显祖〈牡丹亭还魂记〉外传》的前言中说：“自不量力，‘破门’而试为《牡丹亭》作一外传。”我也想由此打破历史和戏剧之间的界限，试图从历史旧剧遗产中探索研究中国思想史的新领域。

无论是吴晗同志的《海瑞罢官》，还是我们关于历史剧的讨论，目的都是为了繁荣社会主义的文化艺术，不但根本没有违反毛泽东同志关于分辨“香花”与“毒草”的六条政治标准，而且完全符合党的“双百”方针。但是，万万没有料到，五年之后，林彪、“四人帮”一伙竟然借此制造了千古奇冤的现代文字狱。他们不顾事实，肆意构陷，望文生义，罗织罪名。写信称兄弟，就说这是“‘三家村’的兄弟”，由此打成“黑帮”。讲“破门而出”，就说这是“跳出来”向党向社会主义“进攻”。反动文痞姚文元恶意歪曲事实真相，用排“时间表”这种主观唯心主义因果性联系的方法，危言耸听，卑鄙地诬陷《海瑞罢官》和《燕山夜话》、《三家村札记》都是“‘三家村’中经过精心策划的、有目的、有计划、有组织的一场反党反社会主义的大进攻”。姚文元这个恶棍蛮不讲理，一阵乱打，不但邓拓、吴晗、廖沫沙同志被无辜地打成“反党反社会主义分子”，我和孟超、方三等许多同志也惨遭株连。

实践是检验真理的唯一标准。十几年来的实践证明，《海瑞罢官》和《燕山夜话》、《三家村札记》根本不是反党反社会主义的毒草，而是社会主义百花园中的鲜花。所谓“经过精心策划的、有目的、有计划、有组织的一场反党反社会主义的大进攻”的，并不是邓拓、吴晗、廖沫沙等同志，恰恰是林彪、陈伯达、“四人帮”以及那个“理论权威”他们自己。

唐人柳宗元曾经写过一篇《骂尸虫文》，形容那些害人的尸虫无恶不作，“潜窥默听”，“导人为非”；“冥持札牍”，“摇动祸机”；“以曲为形，以邪为质；以仁为凶，以僭为吉；以淫谀陷诬为族类，以中正和平为罪疾；以通行直遂为颠蹶，以逆施反斗为安佚”；“谮下谩上”，“世皆祸之”。祸国殃民的林彪、“四人帮”岂不正是这样一些残留在社会主义社会中的“尸虫”吗？他们为了篡夺党和国家的最高领导权，建立封建法西斯全面专政，用极其卑鄙的阴谋手段，制造了大量的冤案、错案和假案，残害了无数干部和人民。柳宗元作为一个进步思想家，虽然对那些贪赃枉法的封建官吏表示愤懑，但由于他的时代的局限，他对封建社会中的这批“尸虫”又是无可奈何的。所谓“尸虫逐，祸无所伏，下民百禄”；“尸虫诛，祸无所庐，下民其苏”，这只不过是他的一种主观愿望，事实上是做不到的，因为封建专制制度本身正是产生这种“尸虫”的腐烂肌体。然而，我们的党是马克思列宁主义、毛泽东思想武装起来的无产阶级政党，我们的社会主义制度是有史以来最先进的社会制度。我们党有优良革命传统，和人民群众有血肉联系，特别是经过无产阶级“文化大革命”的正反两方面的教育，广大干部和群众有高度的政治觉悟。因此，在党中央领导下，一举粉碎了“四人帮”，清除了隐藏在无产阶级政党肌体内的这一小撮“尸虫”。“下民其苏”，万众一心，向着四个现代化宏伟目标的大进军开始了，吴晗同志地下有知，一定会拍手称快。

（原载《北京日报》，1979年2月17日）

怀吴晗

罗尔纲

一

四年前，追悼吴晗时，吴晗的大妹吴浦月同志来看我。浦月说；“我见了我哥哥的好朋友，如见我哥哥。”这句话使我伤心哭了，回到寝室来，停了哭，出去见浦月又哭起来了，再回寝室来，过了一刻，再出见浦月又再次哭了，家人要我回寝室去不准再出来。过几天，吴晗追悼会要我写篇追悼文，我伤心难过，写不出。约一月后，人民文学出版社要重印吴晗杂文集，又叫我写篇序文，我执笔怆伤，也仍然写不出来。

二

我和吴晗是上海中国公学同学，我毕业那年，他是大学一年级，在校不认识。1931 年初夏，我在北平，他带一封中国公学程憬教授介绍信来找我，一见成为知己。吴晗是个爱闹的人，对朋友都是嬉笑顽皮。我比他大好几年，他对我，犹如他的弟弟吴春曦对他，彼此相敬如宾，终生不渝。

1934 年我入北京大学文科研究所工作，家属来北平，全家五口，每月工资六十元。那时北平小学很少，离家几里路才有一所小学，学校中午又不开饭。大儿子七岁上学，一天要来回四次，每月包一架人力车，要十五元，占了工资四分之一。最小一个女儿有病，医生疑是肺病，成年服药，一月要上医院几次。生活很困难，只有卖稿补助生活。但我是个书呆子，埋首伏案，报刊编辑一个都不认识。我一写成文章，吴晗就给我跑，亲自送去。有时还帮我预支稿费。我写成《洪大全考》，这篇长文，估计可得一百多元，那就是我两个月的工资了，那是多大的希望。吴晗赶快给我送到某学刊去。那学刊的主编怕发表此文会得罪别人，把稿退回。吴晗跟那主编闹了一场。他又立即送到另一个学刊去，终于刊了出来。

吴晗不但帮我卖稿，他还帮我找研究资料。其中最重要一种，是他在清华大学图书馆书库里给我找到了一部太平天国史重要资料《忠武公会办发逆奏疏》十二卷。这部资料，就是今天刊在《中国近代史资料丛刊》第二种《太平天国》内的《向荣奏稿》。《太平天国史事日志》作者郭廷以在清华大学撰著该书多年还没有找到，因为当时未登目录，只有到书库去翻查才能发现，他直到我在报刊上发表《向荣奏疏中之太平天国史料》一文才知有此书。

那时我对我在北大的待遇并不介意，可是朋友们却大为不平。因为他们都比我年纪小得多，又没有家眷，年年加薪进级，工资都比我高，有高过差不多四倍的。而我工作也还算不错，不但把北大考古室尘封已满的艺风堂金石拓本作了初步的整理，并且在《国学季刊》上发表的《艺风堂金石文字目讹误举例》，又取得金石学者的重视，所以都要我离开北大。于是吴晗就给我在清华大学找了一个职位，北大不放。朋友们大骂北大文科研究所的负责人，吴晗不出声，他又和另一个朋友给我在南开大学另谋了一个职位，北大仍不放。朋友们把那个负责人更加痛骂，吴晗还是不出声，他再和另一个朋友给我在中央研究院社会研究所又谋了一个职位，这才迫使北大把我从助理升为助教，工资加了二十元。

1937年7月，日本侵略军占领北平。我是个严重的神经衰弱病患者，吴晗怕我神经受不住。那时要离开北平极困难，他设法把我和大儿子先送到天津去。他叫吴春曦来照料我家。过了一个多月，他又设法由他兄弟俩带我家人离开北平到天津来。

1964 年 7 月，我因为参加当时关于太平天国李秀成问题的讨论，写了一篇《李秀成苦肉缓兵计考》，受到大批判。批判开始后，亲朋绝迹，直到第二年的秋天，有一位在外省工作的老朋友，到京来我住的宿舍探朋友，还三过其门而不入。可是，吴晗当我被批判最高潮的时候，竟同袁震一齐到我家来帮助我。他说批判是好事，检讨使人进步。他因写道德继承问题文章被批判，写了九次检讨才得通过。要我好好地写检讨。吴晗就是在这种时刻，还是不顾一切来帮助我。追怀往事，友谊如山重，似海深。

三

前几年，我读过许多追悼和回忆吴晗的文章，说他肝胆照人、才华焕发，我完全同意。但我感到还要再加豪放不羁、忠厚诚笃八个字，才能把他的个性刻画得全面些。肝胆照人、才华焕发、豪放不羁是一种类型的人，忠厚诚笃，又是另一种类型的人。两种类型的人物历史上都有，而以一人之身兼有这两种类型，在历史人物上却是少见。

吴晗待人忠厚诚笃，最典型的一件事是他对待被未婚妻解除婚约一事。他由父母给他订了婚。后来他在金华中学读书，他的天性本来就是豪放不羁的，少年时更是一匹野马，做了一些越轨的行为，学校要开除他。那女子感到跟这样的人结婚，终身何托，把婚约解除了。那时正是五四运动后，反对封建婚姻，争取恋爱自由，风靡一时的时期。千千万万的男子把未婚妻或已婚妻抛弃，使无数妇女陷入苦海。但我却不曾听说过有男子被未婚妻解除婚约的事。这在那时说来，是吴晗一件大耻辱。汉代朱买臣贫穷，被妻抛弃，后来一朝得志，做了会稽太守，衣锦还乡，在那个女人面前扬眉吐气，使她羞惭自杀的故事，吴晗是熟悉的。可是，吴晗对那女子不但没有一丝一毫的怨恨，反之，他认为是他少年时行为不对，才使那女子退婚，不是那女子对不住他，而是他对不住那女子。别人对不住他，他却深深地原谅别人，后来还帮助那人，吴晗这类事件还有。试问像吴晗这样对人忠厚诚笃，古今有几人？

吴晗对袁震的爱情知道的人更多了。吴晗认识袁震是在医院的病床上。他知道袁震得的是骨结核病，在那时候是没有药可治的。出医院后，一直睡在床上，不能起立。吴晗与袁震恋爱，他的母亲和弟弟吴春曦极力反对，他的几个好朋友也不赞成。1936年春，吴晗生肺病住在疗养院。他母亲从浙江义乌来看他，要阻止他和袁震的恋爱。他不肯从命。到他母亲要回家时，春曦和我商量，由我向他再作最后一次劝告。他睡在病床上，闭着眼睛听我的话，一句都不回答。后来我把我和他类似的婚姻问题跟他相提并论，有责备他不顾母亲伤心的意思，他张开了眼睛，眼边有些湿了，低声说："我和你的情况两样，追你那个女子没有病，袁震有重病，你可以从母命，我不能从母命"。我以前，以为吴晗恋袁震，抗拒母命，只由于他爱袁震才高貌美，此时才知道最主要的原因还是因为袁震有重病离不得，所以才不顾母命，这完全是在人与人之间的道义关系上作出坚决不移的决定，完全是他做人忠厚诚笃的行为。吴晗，吴晗，你在恋爱问题上，真是超凡入圣，我们不了解你，实在是惭愧无地了。

吴晗发表的道德继承文章和批判他的文章以及他写的检讨，因当时我在南京工作，都不知道。从我对他的认识看来，他绝不是个维护封建道德的人。可举他两件大事为证。第一件，就是上面说的抗拒母命与袁震恋爱的事。在封建道德里，不从父母之命为不孝，不孝就要给人唾骂。吴晗敢于反抗母命，就是反封建道德。另一件大事，是他于解放前三年就与胡适断绝，划清界线。1952年，我在南京参加思想改造运动后，来北京学习，到了吴晗家，谈起思想改造的事。袁震对我说："你和吴晗都是给胡适思想影响很深的，必须好好改造。"我说："我一定奋力改造，把思想中的毒连根挖掉。"吴晗说："联大从昆明搬回北京后，我做胡适工作，可是他顽固不化，我的脚就不再踏上他的客厅了。"吴晗就是在这时候跟胡适划清界线的。在封建道德里，是把天、地、君、亲、师并列的。吴晗并不讳言胡适是他的恩师，但是，到了认为胡适无可挽救的时候，就站在人民的立场，跟他断绝关系，划清界线了。又可知他断不是封建道德的拥护者。在封建道德上，他对母亲和老师尚且如此，其他可知。有人举出 1954 年胡适思想批判时，吴晗没有写批判胡适的文章，是他没有跟胡适划清界线的证据。其实吴晗在全国解放前三年已经跟胡适划清界线了。他这个民主战士，忠于党，忠于人民，又努力改造思想，虽在家庭燕居之间，不忘改造。他的为人，已见于行事，为众所共知，又何必再用文字作自我表白哩。我认为这也正是吴晗为人忠厚诚笃的一种表现。

四

吴晗的明史研究，世有定评。他在这方面研究开拓之功，将来还要记录在中国史学史上。他研究明史的时间，起于 1931 年冬，到 1937 年夏止共五年，其中有两年半是学生时期，须要学习各种课程，他又是工读生，要给学校做工作。毕业后三年，他留校做教员，要预备功课教书。他于 1936 年生肺病，医病时不算，只住疗养院就住了半年。计算起来，他研究明史实在还不到三年，若非天资卓绝、精力过人，曷能臻此。吴晗是史学界的一代人材，他如不死，得专研明史，其成就断不在陈寿、范晔之下。吴晗之死，岂仅仅吴晗个人的不幸而已。

1937 年 7 月，抗日战争全面爆发。9 月，我们从天津南归，在徐州分路，他取道越南去昆明任云南大学教授。我到长沙转入中央研究院社会研究所。1939 年春，社会研究所迁到昆明，设有个工作站在城外十多里的落索坡村，我在那里工作。不久，吴晗因昆明频遭轰炸，也搬家到落索坡来住。那时吴晗变了另一个人，以前是生龙活虎，此时却消沉抑郁。他除了进城上课外，整天在村边桥头钓鱼，有时放下钓竿，在大路上低头踯躅。我看出他心头怀有极大的苦闷，对他生命一个大转变的时期就要来临。果然，没有多久，他就成为一个民主战士向反动统治战斗了。

1940年秋，社会研究所迁四川南溪县李庄镇，从此与吴晗一别十一年，直到1951年夏他到南京来才得相见。我问他能不能摆脱行政工作，再做明史研究。他说："不能。组织要我做什么，我就得做什么。"他绝不考虑自己的愿望，只听党的话，全心全意为人民服务。

吴晗虽然是担负行政工作和民盟工作，但在史学上他也发挥了大作用。司马光《资治通鉴》的标点工作是他领导的，他对我说这件工作，是毛主席亲自叫他做的。毕沅《续资治通鉴》也是他请专家标点的。年青一代得读到这两部中国通史的标点本，应毋忘吴晗的功劳。他又秉承毛主席的指示，领导重编杨守敬《中国历代疆域图》的艰巨工作，现在大家见到的《中国历史地图集》，就是吴晗奠下的基础。吴晗是北京史学会的领导，对北京史学的推进做过不少工作。吴晗在他年轻组织史学研究会时，就定有编辑《中国历史小丛书》的计划，并列有目录，只因那时人材少，没有实现。解放后，在党的领导下，人材辈出，吴晗得实现他当年的计划了。他主编的《中国历史小丛书》，在普及方面起了很大作用。

1964年5月，我从南京调回北京，他十分欢喜，同我说周总理和他谈清史，我回来得正好，叫我计划一下。我从他的话里，知他渴望专做撰著历史的时候将要到来了，替他欢喜。怎知一旦平地风波，竟尔凋落了！

（选自《吴晗和〈海瑞罢官〉》，北京，人民出版社，1979）

《三家村札记》后记*

廖沫沙

莫道谗言如浪深，莫言迁客似沙沉；
千淘万漉虽辛苦，吹尽狂沙始到金。
——唐·刘禹锡《浪淘沙》第八首

一

我现在引用这首前人的小诗来作这篇后记的篇首，主要是借它的前三句，用来比喻《三家村札记》所遭逢的命运，决不是用它的第四句来吹嘘《三家村札记》中的几十篇杂文是什么"金"。如所周知，《三家村札记》在十几年前遭逢到一场惊心动魄的文字狱，为了向天下人提供资料，以明历史真相，我同意人民文学出版社让它成集出版，请关心这段史实研究的读者加以鉴定。

沉冤十三载的《三家村札记》及其作者们终于获得平反、昭雪了，我这个"三家"之中的唯一幸存者，不能不悲痛地代表惨遭迫害、含冤而逝的邓拓同志和吴晗同志，在此向亲爱的党、向党中央、向全国关心着我们的广大同志和朋友表示深深的感谢，同时也向那

---

* 《三家村札记》，吴南星著，1979 年人民文学出版社出版。吴南星是吴晗、邓拓、廖沫沙三人共用的笔名。"吴"是吴晗，南是邓拓的笔名马南邨中的"南"字，星是廖沫沙的笔名繁星的"星"字。——《吴晗全集》编者常君实注（《吴晗全集》中的编者注均为编者常君实所加。）

些直接间接受我们三人牵连而遭迫害的同志与朋友深致歉意，并为那些受牵连的生者呼吁平反，为那些死者请求昭雪。

除此以外，我个人也不禁吞声饮泪地在此向含冤而逝的邓、吴两位同志本人深致哀悼之忱，向他们的遗属表示吊唁，更要向吴晗同志的妻女——被迫害而死的袁震同志和受残酷虐杀的吴小彦表示沉痛的哀思！

二

我之所以如此啼泣而道，并不是因为只是我自己患了什么歇斯底里亚，或借此作一次忧郁症的发泄治疗（chimney washing），而是所谓"三家村反党集团"，确实是一桩震荡全国的大文字狱，是一场千古奇冤；其影响遍于全国，株连受祸的人盈千累万，上自党的老一代革命家，下至我们的子孙后代，无数的人伤亡惨重；至于肉体和精神遭受摧残，至今还在颠沛流离、失去安身之所的人更是大有人在。所有这些惨状，使我每一念及，都不能不涕泪交流。痛定而思痛：所谓"三家村"仅仅是邓拓、吴晗和我这样三个微不足道的、而且除开三支秃笔以外别无其他任何能量的人，所写的《三家村札记》又只是在文坛上不足挂齿的一些文字，并非什么惊人的巨作，为什么竟能引动林彪、"四人帮"及其"权威""顾问"们这样瞩目"垂青"，视同洪水猛兽，乃至制造这样一场史无前例的空前浩劫，这究竟是为了什么呢？

林彪、"四人帮"的文痞们诬指"三家村"是什么"反党反社会主义集团"、"黑线"，把参加写作的三个人诬陷为"叛徒"、"特务"、"黑帮分子"、"反共老手"，把"三家村"所发表或出版的一切文字和书籍一概诬为"有步骤、有组织、有指挥地向党进攻"，是"有组织、有计划、有领导的反党事件"。总而言之，凡是一切恶毒诬蔑、足以置人于死地的罪名，他们都使用上了，然后他们宣告要向"三家村黑帮""黑线"开火。

但是事实真相如何呢？

是不是果如他们所说，我们都是“反党的黑帮”，我们所写的是在“向党进攻”、是“反党的大毒草”呢？

三

我是“三家”之中的仅存者，我有权也有责任在这里作一些说明。

我们三人所写过的一切，不论是杂文、散文、剧本、评论或其他文字，除开解放以前已经散失、没有收集出版过的以外，大体都将出版或重版。它们是反对党或拥护党、是反对人民或歌颂人民、是反对社会主义或宣传社会主义，一句话：是“毒草”还是“香花”？这都有文为证，用不到我在这里多作申辩。为了保存历史真相，现在出版的这本《三家村札记》，除开改正一些错字和标点以外，基本没有改动，只抽去我自己所写的两篇现在不合时宜的文字。这就可见我们三个人，特别是我自己所写的杂文并不都是完美无疵、无懈可击的。论文字写作和思想内容，邓、吴两位同志都比我高出很多，但我们三个人都抱有同一的真诚愿望，就是竭尽所能地学习和宣传马克思列宁主义、毛泽东思想，联系实际来宣传党的路线、政策。

至于我们三人的政治和写作的历史，就我所知的简述如下：

邓拓同志和我自己都是1930年入党的中国共产党党员，可说是在党的提携怀抱中成长起来的；吴晗同志是中国著名的历史学家，入党的时间虽比我们两人较晚，是在五十年代，但他在四十年代前后就参加党所领导的爱国民主运动。在帝国主义及其走狗法西斯疯狂镇压中国人民革命斗争的时候，他同著名的诗人、文学家、教授、民主战士闻一多、李公朴等烈士一道挺身而起，投身于广大群众运动中，与敌人一直斗争到全国解放。吴晗同志在解放前这段为中国人民解放事业而奋斗的历史，是昭如日月，朗若星辰的。

我们三人的工作经历虽不尽相同，但执笔为文的时间却相差不远，大致从二十年代到三十年代就已先后开始，邓、吴两位远在三十年代甚至已有专门的著作问世。我在三十年代初就参加党的地下报纸编辑工作，一直继续到全国解放，才转换其他工作，但也并没有完全搁笔；邓拓同志则从1937年抗日战争爆发之后，到晋察冀边区创办《抗敌报》，以后改名《晋察冀日报》，自那时起，他不论走到哪里，再也没有离开过报纸和刊物的编辑工作。吴晗同志不论是在大学上学还是当教授，都是手不离笔。

这就是说，我们三个人的工作经历虽不相同，但手不离笔却完全相同：我们都是用笔来工作、用笔来为党的革命事业奋斗一生的。1958年邓拓同志调离《人民日报》社时，他写的诗《留别人民日报诸同志》是这样的：

笔走龙蛇二十年，分明非梦亦非烟。
文章满纸书生累，风雨同舟战友贤。
屈指当知功与过，关心最是后争先。
平生赢得豪情在，举国高潮望接天。

这首豪情满纸的诗，在二十年后的今天，用来纪念我们三个人的写作经历，用来抒发《三家村札记》成集出版时我自己的心情（可惜他们两位已经不在人世间了），我觉得是完全合适的。

四

《三家村札记》是怎样“组织”起来的呢？现在我得就记忆所及向读者略叙如下：

在1961年的9月以前，《前线》将开辟这个专栏的事，我是一无所知的。直到9月中旬或下旬，《前线》编辑部的工作同志来通知我：第二天的中午，邀请我到四川饭店聚餐。我也没有问过他为什么、将有什么人参加。因为我本来是《前线》的编委之一，而且在此以前曾多次给《前线》写过稿；编辑部约请写稿人吃顿饭，在我的写作经历中并不是什么稀罕的事，三十年代在上海，四十年代在桂林、香港、重庆，五十年代即解放以后在北京，我都被邀参加过报刊出版社的聚餐，所以我对这类约会，一点也不感觉新奇。

到时我就去了。在座的人并不多，邓拓、吴晗两位之外，只有《前线》编辑部的几位同志。

入席以前，坐在沙发上抽烟喝茶，邓拓同志随便地谈起：《前线》也想仿照别的报刊“马铁丁”、“司马牛”之类，约几个人合写一个专栏，今天就是请你们两位（指吴和我）来商量一下。听说“马铁丁”他们是三个人合用的笔名，我们也照样是三个人取个共同的笔名；既是三个人，就干脆叫“三家村札记”行不行？他所说的“三个人”就是指邓、吴、廖三人。

我记得话谈到这里，饭店的服务员已摆好桌面，端来饭菜，催请入席。编辑部的一个同志说“一边吃，一边谈吧”。于是大家就座。

吃饭的中间，话题并不集中，东拉西扯，直到吃完，才又回到本题。所谓“本题”，也不过是三人合用的笔名如何取法，最后确定一人出一个字，吴晗出“吴”字，邓拓出“南”字（邓拓的笔名叫“马南邨”），我出“星”字（我当时的笔名是“繁星”）。专栏的名称与合用的笔名“吴南星”就这样定了。至于文章的写作内容和写作方法如何，我清楚地记得，当时并没有任何人提出来作为议题加以讨论；只是相约：文章以一千字左右为限度，每期在《前线》刊登一篇；三人轮流写稿；为了备忘，由编辑部派人在集稿前向作者联系、取稿；为了防备临时因事耽误写稿，每人各自先交稿一篇，以为储备；万一作者因公离京，就请旁的同志代笔。所以现在出版的《札记》中有五篇是其他同志写的。

“三家村”所约定的规条就是这些，没有其他任何规定；对文章的题材和题旨，没有作任何限制，一律由自己找题材、定题旨，文责自负，而且互不干涉。据我自己几十年来写稿和投稿的经历来说，从来都是随自己的意向，自由着笔的。我觉得，只有这样，虽不一定能写出好文章，却写得顺畅、轻快，否则什么文章都写不出来。

那么，所写的文章是不是都经过领导审查批准才能发表呢？据我所知，我发去的原稿，一般都是一字不改的照发，连许多不恰当的内容和词句都原封不动地发表，可见市委的领导对《三家村札记》中的杂文，是无暇过问的。

总而言之，我可以在这里指天誓日地宣告：《三家村札记》实在是一个无组织、无计划、也无领导和指挥的三个光人、三支秃笔杆自由而偶然地凑合起来的一个杂文专栏，如此而已。

大约就因为是这样几支无组织无计划无领导的秃笔杆吧，竟受到文痞们的"荣宠"，"热情帮助"我们"组织起来"，不但把我们《三家村札记》的一批各不相谋的杂文组织在一起，而且把我们三个人在其他时间、其他报纸刊物发表的其他一些文字（例如邓拓同志在《北京晚报》发表的《燕山夜话》、吴晗同志1959年在《人民日报》发表的几篇关于海瑞的文章，以及剧本《海瑞罢官》、我为其他报刊所写的一些毫不足道的短文），甚至连我三十年代在上海、四十年代在桂林、重庆所发表过的杂文和历史小品（例如《接舆之歌》和《咸阳游》）等等都被搜罗无遗地罗织到一起，"组织"到这个所谓"反党集团"中来，似乎我们这个"集团"早在三四十年之前，虽然互不相识、又各在天之一方，都已经是"天涯若比邻"似的组织起来了。原因就是我们这三个人的文字触犯了什么"天条"，开罪于林彪、"四人帮"及其文痞们，启动他们制造出这样一场弥天大祸的文字狱。

为了"表彰"这类文痞们的这种高超手法，我建议出版社将姚文元的"杰作"附于书末，以供读者"欣赏"。

写到这里，我忽而想起鲁迅先生1934年3月题为《报载患脑炎戏作》的一首诗，借来作为这篇后记的结束吧：

横眉岂夺蛾眉冶，不料仍违众女心。
诅咒而今翻新样，无如臣脑故如冰。

鲁迅先生这首"戏作"差不多全可借用于我们的遭遇；只是"诅咒"两字未免轻描淡写一些罢了。

1979年3月于北京朝阳医院

（选自《三家村札记》，北京，人民文学出版社，1979）

缅怀吴晗同志

千家驹

吴晗同志被“四人帮”迫害致死已经十五年了。每一念及这一千古奇冤，辄悲愤填膺，不能自已。吴晗原名吴春晗，字辰伯，与我同乡、同学、同庚，后又一同参加民主同盟，从事民主运动。许多同志常戏说我们两人有“四同”之雅。我们都生于1909年农历八月，他仅长我十多天。我是浙江武义人，他是义乌人，同属浙江金华府治。当时浙江教育落后，县城连一座中学都没有。只有府城才有一座中学与一所师范。金华旧辖八县，即金华、兰谿、东阳、义乌、永康、浦江、武义、汤溪。金华为府城所在，设有省立第七中学与省立第七师范各一所。1921年我在武义壶山高等小学毕业后，去金华投考七中，春晗也是这一年考入七中的。同班中以我们两人年龄为最幼，还不满十二周岁。我们一见如故，结为莫逆，受了旧社会结拜兄弟的思想影响，还交换了生辰八字，结为金兰之好。春晗天赋过人，一目十行，从幼有神童之目。十二岁便学会写旧体诗。我们都自恃天资高，不认真听课，整天偷看古典小说。当时金华有一家世界书局，专卖廉价的石印小说，如《水浒》、《三国演义》、《封神演义》、《今古奇观》、《野叟曝言》等等，这些小说印刷恶劣，字体细小，极伤目力，因此我们两人都变成了近视眼。我十三岁便戴上了近视眼镜。在七中读了一年，我因家庭经济关系，次年便转入第七师范（当时师范免交学杂费，膳费公家补助一半）。吴晗仍在七中上学。我转学以后，我们比较疏远了。后来听说他经常出外喝酒赌博，深夜返校，越墙而入，被学校记过多次。只因碍于他父亲的情面，未被开除。1926年我七师毕业后，来北京上学，考入北京大学。我与春晗不通音讯者，约有五六年之久。

1931年8月间，我忽然在北平《世界日报》上看到清华大学录取新生名单中有“吴春晗”其人。我就写一信去问他，是不是金华七中的吴春晗，并告诉他我住在北大西斋。春晗收到我的信后，第二天便从清华跑到城里来看我了。他见面的第一句话便说：“家驹，败子回头金不换，我已经完全改过了，只是现在香烟还没有戒掉。”我说：“改过便好，抽烟算不了什么。”他告诉我七中毕业后的生活经过，从此我们又来往如初。他来北京是胡适的关系。胡适原任上海中国公学校长，春晗曾在中国公学上过学。胡适辞去中国公学校长后，就任北京大学文学院院长，吴晗想转学入燕京大学，因英文成绩是C，燕大不同意他转学，于是就在燕大图书馆当临时工。他原来投考北京大学预科，因为数学考了零分，未被录取，又改考清华大学历史系，清华本科是不考数学的，被录取了。胡适对吴晗是非常赏识的，他曾一再对人说：“北大的考试制度太不合理，像吴晗这样有才华的学生，竟因数学不及格而未被录取，太可惜了。”我认识胡适也是吴晗介绍的。1932年春，我在北大经济系还没有毕业。在一个偶然的机会，胡适看到我写的一篇题为《抵制日货史的考察与中国工业化问题》的文章，他大为欣赏。回北平后与吴晗谈起，吴晗约我去看胡适，胡适就介绍我到陶孟和先生所主持的社会调查所工作。但我对胡适的反动政治立场是深抱反感的，他在30年代发表了一系列的政论文章，主张日本帝国主义应该征服中国人民的心；又说，我们要再等五十年才有资格抗日等等谬论，极为进步青年所不满。而吴晗当时却是胡适“读书救国论”的崇拜者，然而这并不妨碍我们两人的私人友谊。我在1932年北大毕业后，即在社会调查所做研究工作，自己租了一幢房子，与我母亲、姐姐同住在一起（时我尚未结婚）。吴晗每逢周六就到我家里来度周末，有时陪我母亲喝酒，或打小牌，我也经常去清华看他。他在清华读书时期，便写了许多文章，如《胡应麟年谱》、《〈金瓶梅〉的著作时代及其社会背景》等，不但有相当高的水平，而且十分成熟，许多人都不会想到这出自一个大学生之手。当时清华大学教授对吴晗也另眼相看。我们两人虽所从事的专业不同，他搞历史，我搞经济，但我们发表了著作以后，总互相赠阅。而且由于我们交谊密切，凡是吴晗的朋友，我没有一个不认识的，反之，凡是我的朋友，也一定是吴晗的朋友。我们都对当时的政治不满，但他仍埋头于他的明史研究，没有参加当时的学生运动。老实说，那时候，吴晗还没有接受马克思主义。

吴晗的思想转变是在昆明联大教书时期。他目击国民党政府的腐化无能、独裁统治，感到十分愤慨。由于他是一个富有正义感的人，现实的教训使他离开了象牙之塔，而奔向革命的洪流。但他一走上了革命的道路，就义无反顾，勇往直前，无论是监牢或杀头，都阻止不了他的前进。抗战时期，我在广西，颠沛流离于桂林、香港之间，而吴晗执教于西南联大。我们虽然很少通信，但都知道彼此的情况。许多朋友告诉我，吴晗参加了中国民主同盟，成为昆明著名的民主战士。他写文章、讲演，痛斥国民党反动派的独裁统治，坚决地站在共产党一边，与闻一多、李公朴等共同战斗。我虽然没有和他在一起，但我深刻了解他的为人、他的性格、他的嫉恶如仇和刚强不屈的浙东山区人那种倔强性格。他一旦走上了革命的道路，是决不会回头的；他也深知道我，了解我，我们心心相印，这也许就是古人所说的“心有灵犀一点通”吧。

解放以后，我们在北平再次会面了。那是1949年的3月间，我刚从香港来到北平，吴晗也是从蒋管区间道来到解放区的，但他比我略早一些，我们都住在北京饭店。我们握手言欢，畅谈往事。当时他主持北京民盟市委兼民盟中央的秘书主任，我也参加民盟中央的工作。我们除了同乡同学之外，又增加了民盟的同志关系，我们经常往来。他当时还负责清华大学军管会，他邀请我去清华教课，聘我为清华教授。我还介绍了王亚南同志任清华大学教授，亚南同志教了不到一年，教育部任命他为厦门大学校长，才离开了清华。

解放以后的吴晗，再也不是抗战以前埋头读书不问世事的了。但他对胡适还是敬仰的，书房里挂着胡适写赠给他的一副对联，大意是“大胆假设，小心求证”之类的话。新中国成立后，吴晗被任命为北京市副市长，这完全是他所不及料的。他是一个史学家，是专心致志做学问的人，做官不是他的素志，也非他所愿。他曾向毛主席、周总理表示过不愿做官，仍想教书，以后党的领导说服了他。中华人民共和国成立后，我也被任命为中央私营企业管理局的副局长。从此我们都离开了教书的工作岗位，做起行政工作来了。但他除主管北京市的文教工作和北京市民盟工作以外，仍继续搞他的明史研究。还主编了《中国历史小丛书》、《外国历史小丛书》等丛书，他的兴趣显然不是在做官而在学术工作上。我也继续写一点关于经济方面的文章。老实说，我们都是书生，不是搞政治活动的人。

吴晗的书生气，举一例子便可以说明。1957年"反右"扩大化以后，许多知识分子不敢写文章了，民盟成员也是如此。有一天（大概是1958年秋），吴晗和民盟的一些同志在颐和园听鹂馆聚餐，吴晗鼓励大家继续写文章，不要有任何顾虑。当时有一位同志问他："吴晗同志，你既然鼓励大家大胆写文章，你自己写文章为什么要用笔名呢？"吴晗同志说："我用笔名决不是有什么顾虑。好，从今天起，我以后写文章，一律用真名，不再用笔名。"他看政治过于单纯，由此可见一斑。

吴晗自投入政治舞台以后，一直是一帆风顺的。他除了担任北京市副市长和中国民主同盟北京市主任委员以外，还兼了十多个职务。正因为他政治上一帆风顺，他不自觉地滋长一种自满情绪。他是以民主人士身份参加政府工作的，后来又参加了中国共产党。有一次在民盟中央开会时，吴晗说了一些低估民主党派工作的话，楚图南同志委婉地加以批评。楚老是老党员，他的党龄比吴晗要长得多，然而楚老始终谦虚谨慎，不像吴晗那样锋芒毕露。这要算是吴晗性格中的一个缺点吧，与他政治上遭到挫折，也多少不无关系。

当然，"四人帮"对吴晗的蓄意迫害是另一回事。吴晗的历史剧《海瑞罢官》，写于1960年，说这个历史剧是借古讽今，为彭德怀翻案，恐怕是吴晗作梦也没有想到的。他对毛主席绝对信仰，对党绝对忠诚，这是吴晗一贯的政治态度。当彭总被批为"右倾机会主义者"时，我们这些民主党派的朋友都是相信毛主席是正确的，吴晗更不例外。说吴晗为彭德怀鸣冤叫屈，真是冤哉枉也。其实，文痞姚文元之流，何尝不知道吴晗与彭德怀毫无关系，《海瑞罢官》与彭德怀免职，更是风马牛不相及。只是"四人帮"的目的是要借吴晗这篇文章打开一个缺口，以打倒当时主持北京市委工作的彭真同志。但是这一步棋当时谁也没有看出来。当文痞姚文元发表他臭名昭著的《评新编历史剧〈海瑞罢官〉》时（1965 年 11 月间），我正参加全国政协的一个学习组，在四川参观访问（1965 年全国政协组织一参观团，赴川、贵三线参观学习，参加的有胡愈之、周培源、朱光潜、冯友兰、叶圣陶等同志）。当时我们这些朋友谁也料不到这是一场政治上十二级台风前夕的信号。我们都以为这不过是一个学术上的争论问题。姚文元的文章中，也没有说吴文是为彭老总翻案。姚文只是说吴晗的海瑞与历史上的海瑞不是一回事，吴晗剧中提出的“退田”，是为“分田到户”打掩护的，他根本未提到为彭老总翻案的问题。以后有人说，“《海瑞罢官》的要害是‘罢官’，彭德怀罢了官，所以吴晗写此剧本来为彭翻案”。这才把海瑞罢官与彭德怀案联系起来，深文周纳，真所谓欲加之罪，何患无辞了！

按照“四人帮”的部署，通过批判吴晗，揭出“三家村”，通过“三家村”，揭出“彭罗陆杨”，再通过“彭罗陆杨”，揭出“中国党内最大的走资派刘少奇”。可见批吴晗的最终目的是在彭真与刘少奇同志。为了达到阴险的政治目的，吴晗竟平白无故地成了“文化大革命”开场祭旗的牺牲者。

现在，吴晗的冤案早已得到了平反，“四人帮”和康生一伙也受到了历史的裁判。但每念及吴晗在“文化大革命”中，不仅受到了精神上的摧残，还受到了肉体上的折磨，据说连他的头发也被拔光了。像这样一个刚直无私、忠心耿耿、拥护党、拥护毛主席的一代学者，竟得到了如此的结局，真是公理何存，天道宁论！

我常想，如果吴晗不参加政治活动，继续做他的教学研究工作，以他对中国历史的渊博知识，明史的深厚造诣，加以他那聪敏过人的天赋，孜孜不倦的努力，他做出的贡献，将不仅在我国史学界，即在世界史学界也将放出光辉的异彩。吴晗的惨死，对中国学术界的损失，真是难以估计啊！他被害时年仅六十岁，这正是他学问上成熟的时期，正是他大有作为，为祖国做出巨大贡献的时期。他的不幸逝世，是时代的悲剧，也是中国历史的不幸。回首前尘，缅怀老友，不禁涕泗交流，感慨系之矣。

把历史知识交给更多的人*
——怀念吴晗同志

白寿彝

历史知识，在我们这个时代，是增长智慧、培养历史感、时代感、民族自豪感，提高对祖国前途和人类前途的认识及信心的重要武器。把历史知识交给更多的人，是历史工作者的光荣职责。吴晗同志在这方面的工作是使人怀念的。

把历史知识交给更多的人，这在吴晗同志思想上是明确的。用大家容易接受的形式去传播历史知识，这在吴晗同志的思想上也是明确的。实际上，这二者总是联系在一起，是很不容易分开的。

传播历史知识的形式确是一件很重要的事。当然，传播历史知识，首先要看观点是否正确，其次要看材料是否可靠，而表述的形式往往会直接影响它的效果。所以，形式问题也是应该重视的，或者说，也应该摆在重要的地位。

回想当年，我们在小孩子的时候，最初读的书是《百家姓》、《三字经》。《三字经》里有相当多的篇幅是讲历史的，因此《三字经》有“小纲鉴”之称。《三字经》所记南北朝的局面，如说“北元魏，分东西，宇文周，与高齐”，记五代的代谢，说：“梁唐晋，及汉周”，给我留下深刻的印象。一直到现在，已经有六七十年了，原来的词句还没有忘记。这一方面是因为孩童时期的记忆力非常好，同时，也因为《三字经》表现形式明白易懂，三字一句的韵语容易上口。后来知道的历史的事情慢慢地多起来，而比较感兴趣的书是

---

* 本文由刘雪英1983年11月30日笔录。——编者注

《三国志演义》、《列国志演义》、《二十四史通俗演义》等历史小说。这些书里边有不少不符合历史的虚构，可是它们的社会影响却比正式史书大得多。这不只是我个人的感觉，好多同年辈的人都有类似的感觉。有不少不认识字的老人，他们能很生动地谈论一些历史故事。他们在这方面的知识来源，主要由于听说书，或者看戏。现在的小孩子们饭都顾不得吃，也要看、听《岳飞传》、《杨家将》的故事。我们不能为了吸引群众而歪曲历史，但对于正确的历史知识的传播，必须讲究形式。这个道理是很明白的，但许多历史工作者却视而不见。

在老一辈的史学家中，顾颉刚先生很注意历史知识通俗化的问题。在抗日战争前，他建立了“通俗读物编刊社”，出版了大量的历史性读物，激励群众的抗日救国热情，其中销售最多的，达几百万册。在抗战时期，他筹备编一套历史人物传记，记得好像是要出二百种，要求用通俗文字来写。后来因为事实上的困难，这个计划没有实现。他在云南大学教中国上古史，也用通俗文字写教材，里边很少引文和考证。后来这套教材在《文史杂志》上陆续发表，但也没有写完。他还计划编一部群众性的中国通史，他把这个任务交给吴晗夫妇去办。当时，吴晗同志答应了，但他事情太忙，他的夫人又多病，这个任务就转到张荫麟手中。张荫麟写一篇，在《大公报》上发表一篇，一直写到秦始皇，就再没写下去。张荫麟的作品后来汇集成《中国古代史·上古篇》。这书一直到现在，还是一部可读的书。吴晗同志要把历史知识交给更多的人的思想，显然是受顾颉刚先生的影响。

吴晗同志常说，群众的历史知识，不是来自史书，而是来自小说和戏剧。小说和戏剧里有不少正确的材料，人们就得到正确的知识；小说和戏剧里有很多虚构，人们也把这些虚构当作真正的历史。他主张历史家和戏剧家合作，要通过戏剧传播历史知识。戏剧是艺术，不能不有些夸张，但在基本情节上应该符合历史。他为了开展这方面的工作，编了一本《历史剧拟目》。现在看，这本《剧目》还是很有用的，建议有关出版单位找出原有的纸型继续出版。吴晗同志自己也编了一个剧本，这就是《海瑞罢官》。这个剧本，大家都知道，“四人帮”给它加上了反党罪名，作为策划十年动乱的第一个步骤。为了历史知识的普及而作者受到了罗织，受到了惨祸，这在中国文字狱史上，恐怕是空前的。在历史知识的普及工作上，吴晗同志的遭遇，是永远值得纪念的。

吴晗同志倡议编辑《中国历史小丛书》，又倡议编辑《外国历史小丛书》，他把有关方面的专家组织起来，成立两个编委会，他自己担任了这两个丛书的主编。他生前编著的《中国历史小丛书》，差不多接近了一百五十种；《外国历史小丛书》也出了几十种。他当时是北京市副市长，总有不少行政工作。他还是民主同盟北京市委主任，民盟的活动也相当多，但他主编这两套丛书，一直是认真负责的，每次编委会开会，他都亲自主持。他亲自参与了选题的计划，也亲自审阅了一些稿件，并提出了修改意见。《中国历史小丛书》一开始，记得只有关于人物和事件的论述。后来，有的同志提，要增加地方史话的写作，地方史话的书就陆续出现了。又有人提，应该增加科学技术的内容，关于科技史的书也陆续出现了。这两方面的书，颇有精品。吴晗同志对于这两套丛书是费了力气惨淡经营的。

吴晗同志很注意推动、组织历史研究的工作。北京史学会是在他领导下创立的，他是北京史学会的第一届会长。这时的会务相当活跃，曾开过大型学术报告讨论会，曾出过大型的学术集刊。他热心于古籍整理工作。《国榷》的出版是他促成的。《明经世文编》出版，他写了序。听金灿然同志说，中华书局还给他预备了办公桌子，请他去主持中华书局的编务。这也许是一句随便开玩笑的话，吴晗同志大概不会到中华书局去“办公”吧。有时，在会议桌上跟他见面，有时在电梯上碰到他，开口第一句总是问我：“你近来写了些什么文章?”接着，总是停顿一下，又说：“我看到你近来发表的文章，你是写文章了，但还是写得不多，我们应该多多地写。”的确，吴晗同志是多产的作家。在他写作旺盛的时期，差不多一天可以写一篇文章。

吴晗同志是著名的明史专家。他对于明史的研究，在青年时期已经有了功底。他在清华大学念书的时候，曾把《明实录》全部读过。后来，他在50年代还让旁人看他关于明史的卡片，那是大量的卡片，大概基本上都还是学生时期的产品。1936年，我由开封回到北京（那时叫作北平），第一次听见同学说，清华大学有一个吴晗，把《明实录》都读完了。这时只闻其名，未见其人，也没有看到他的文章。1939年，我在云南大学教书，他也在云南大学教中国通史，用的教材是钱穆的《国史大纲》，听说讲得很好，要比教材上写得好，很受学生们的欢迎。后来，他又到西南联合大学教书，还是很受欢迎。当时，我们虽在一个学校，但因都在乡下住，见面机会不多。解放后，我参加了民盟，见面的机会才多了起来。又曾经一度跟他和季羡林同志一块到伊拉克访问，又一同到叙利亚，到埃及，经过苏联，回到北京。说来遗憾，多年相处，却从来没有谈到明史上的问题。现在我们在写多卷本《中国通史》，感到明史方面的人手很缺，有时不由得就想起吴晗同志来了。

有人问我，吴晗同志在中国近代史学史上应该如何评价？对于这个问题，我一时还回答不上来。因为关于吴晗同志史学方面的专著，我没有认真地读过，我还没有资格表示具体的意见。我现在只能说吴晗同志对历史知识普及化的工作，是必须肯定的。这个工作，从它的性质和意义上说，是很值得重视并应该大力加以发展的。我们写书、写文章，不要把眼光局限于专业工作者的范围。我们要突破这个小圈子，要把历史知识交给更多的人，交给广大的群众，要以此为工具，提高我们民族的文化水平，武装人们的头脑，为社会主义祖国的历史前途贡献自己的力量。我们从这个工作上，肯定吴晗同志的成就，是不是也就是肯定了他在中国近代史学史上的地位了。我想，我们在这方面不断地宣传和努力，也是对他最大的怀念。

我所知道的史学家吴晗同志

夏　鼐

30年代初的清华园，是《早春二月》中的芙蓉镇，一座“世外桃源”。校园中的古月堂，据住在这里的诗人吴雨僧（宓）教授说，便是大观园中的怡红院，虽然红学专家们都不同意这说法。校园中小桥流水，绿树成荫。绿荫中露出矗立于小丘上的白色气象台，背衬着蔚蓝的天空。园中还点缀着红砖砌成的大礼堂、体育馆和图书馆，以及几座宿舍和教学楼。教学大楼中教课的有几位当时中外闻名的大师。吴晗同志的治学，便是在这个环境中熏陶出来的。他在校读书的几年中，勤奋攻读，打下了后来做学问的基础。

吴晗同志当时名叫吴春晗，字辰伯。他个子不高，戴着近视眼镜，衣着朴素，几乎终年穿着一件布大褂。那时他刚年过二十，但已是一位饱读古籍的青年学者了。他是1931年暑假后转学来清华大学的。听说他曾在上海中国公学读过一年书，选读了胡适校长的一门“中国文化史”的课，写了一篇《西汉经济状况》学年论文，便初露头角，受到胡适的赏识。他后来也不讳言自己是胡适的学生，不过在政治觉悟提高后便“反戈一击”了。曾在中国公学教过书的王庸教授，解放后在一次闲谈中曾对我说，他在中国公学教过几年书。他所教过的学生中天分高而用力勤的，只有二人，后来都学有成就。其一便是吴晗同志。

1930年他因家贫辍学，北上到燕京大学，在图书馆中工作了一年。在燕大时，结识了燕大“国学研究所”的陈垣所长和研究员顾颉刚、容庚等，文学院的钱穆、张尔田、邓之诚等诸教授。次年他转学来清华大学。当时清华教授中的著名学者，仅就文史方面而言，就有陈寅恪、朱自清、闻一多、郑振铎、俞平伯、黄节、潘光旦、金岳霖、雷海宗、冯友兰、蒋廷黻等诸教授。他又时常进城，到他的老师胡适家中作客，又与在北大执教的一些学者相结识。他那种求知若渴的精神，很为前辈学者们所赏识。同学中有人给他起个外号叫做“太史公”。

我和他相识，是由于我也是同一年转学来清华历史系的。当时清华大学制度，自二年级起所开课程多是选修课程，而我又须补读历史系一年级的一些必修科。那一年中，我们很少共同上课（也许便没有），所以当初并不相识。第二年（1932 年）他担任清华学生会所办的《清华周刊》文史栏主任，看到我所投的几篇稿子，他采用了。是年 10 月的一天，他来了一张条子，约我去面谈。我们虽然已经同学了一年多，这还是第一次正式相见面谈。我们谈得很融洽。我最初觉得他是以一个老大哥的身份来招呼我的，加之我不善于与陌生人交际谈话，所以初见面时有点不自然。但是他是那么爽直和坦白，谈了一会儿便驱散了我的拘谨。

到了第二年即 1933 年的初春，有一天，他忽然来找我。他说：他已决定不再担任文史栏主任的职务，他要推荐我来担任，我拒绝了。我说我不会组稿，不能干这种工作，还是由他继续干下去为是。他劝我说：“答应下去吧，不要害怕，你会办好的。拉稿的事，我帮你的忙。我所以要你来替代我，因为我有朋友，也有敌人。你呢，你似乎没有很亲昵的朋友，但也没有反对你的敌人。”经过他几次的劝说，我才答应下来。那一学期的《清华周刊》（第三十九卷）中文史栏所刊登的稿子，有许多篇是他拉来的，尤其是第八期《文史专号》，更是如此。我的工作主要是审稿和退稿。半年的工作使我深感到来稿不少而可采用的来稿太少，拉稿不易而退稿更难。由于退稿，不知得罪了多少投稿者。半年后，我也步吴晗同志的后尘，不再继续干下去了。

我们临毕业的前两个月，即 1934 年的 4 月下旬，吴晗同志约我到他房间去商量组织史学会事。这事他从前也曾向我提起过。这时他已约好几位志同道合的朋友，筹备已有眉目，约我加入。他说：

我们组织这个会的目的，是为了经常叙会一起，交换各人的心得，以便能对中国新史学的建设尽一点力量。

5月20日星期天，我们进城到骑河楼的清华同学会里，和别的发起人一起开个会。发起人一共十人：吴晗、汤象龙、罗尔纲、梁方仲、谷霁光、朱庆永、孙毓棠、刘隽、罗玉东和我（那天孙同志因事未来）。我们开了一天的会，通过了会章，把这团体叫做“史学研究会”。曾有人提名吴晗同志为主席，因为筹备工作中他最卖力气。他再三谦让，后来大家推汤象龙同志为主席。吴晗同志干起事来，总是有那么一股劲儿，勇往直前，热情洋溢，但是从来不计较报酬、名义和地位。那天会上还决定每月叙会一次，并且继续征求会员。后来张荫麟、杨绍震、吴铎诸位也加入这个会。当时大家都是青年人，有的还在大学读书，有的也是刚出校门不久的青年史学工作者。后来加入的会友张荫麟先生当时已是名教授，但是他是个早慧的学者，当时仍很年轻，不过三十岁左右。这个研究会，后来主办过两个日报的《史学副刊》。此外，《社会经济史集刊》（社会科学研究所出版）主编和撰稿人也是我们会友。那年冬间我离开了北京，但由吴晗同志的私人通信中，我知道在他们的主持下，会务蒸蒸日上。一直维持到“七七事变”。此后，烽火连天，会友星散，这个会才跟着也“寿终正寝”了。

吴晗同志学识渊博，而且博而能专。他在校读书时已是明史专家，已曾发表过好几篇有关明史的论文。除了《清华周刊》之外，他还曾在当时几种重要学术刊物如《燕京学报》、《清华学报》、《文学季刊》等上面发表过几篇有分量的学术论文。他当时是胡适的信徒，以胡适的“大胆的假设，小心的求证”为座右铭。胡适是五四运动以后中国资产阶级史学的代表人物。平心而论，资产阶级的史学思想和史学方法，在当时反封建的新文化运动中是起了一定的积极作用的。资产阶级史学家有他们的阶级立场，有意地或无意地为本阶级服务，因之，他们的史学研究，尤其是历史观、选题和评论方面，都会打上阶级的烙印。但是，他们那种搜集、鉴别和排比史料的方法方面，仍有许多可供我们参考的地方。

吴晗同志对于治学方法，总是强调要先打好基础，主张“多读多抄”。他自己在青年时候便开始这样做。他自己说，在大学学习时，虽然住在北京，京戏却一次也没有看过。但是他当时却经常进城上北京图书馆去摘抄卷帙浩繁的二千九百余卷的《明实录》（当时未有刊本）和一千七百余卷的《李朝实录》（当时日本有影印本，但印数极少，国内仅北图有一部）。我们第一次见面时，他便滔滔不绝地大谈他自己的这种治学方法。他还提起在馆中时常遇到的前辈史学家孟森（心史）先生，当时已年逾花甲，但还是一有时间便来馆摘抄《明实录》和《李朝实录》。吴晗同志提倡抄书，不仅眼勤，还要手勤。他说：“抄录下来是为了巩固自己的记忆，也为了应用时可以查考。”(《学习集》)听说他后来积累了一万多张摘抄史料的卡片。又听说在他决心离开清华教学工作从事政治时，把这全部卡片送给接他的明史课程的学生丁则良。丁死后，这批卡片到哪里去，我便不知道了。

他在鉴别史料方面，态度很是谨严。对于许多文献和传说，都不轻易置信，要加以考订。尤其是遇到有矛盾的地方，总是去细心寻求解决的线索，鉴别真伪，以求得到客观史实的本来面目。他当时曾对我们说：一篇好的考据文章，犹如剥笋子一样，一层一层剥下去，终于得到真正的核心。写作的人写得痛快，读的人读起来也觉得痛快。他自己的许多文章，便是这样的。为了《朱元璋传》中彭和尚（莹玉）的结局问题，虽然毛主席曾对他指出彭和尚的结局不应是功成身退，吴晗同志还是一定要查出有关彭和尚被元朝军队杀害的可靠史料，才心安理得地把它写入书中。

至于排比史料和写作论文或专著的问题，他继承了我国从《左传》、《史记》以来的传统，文笔简练谨严，而又生动活泼。他是写文章的能手。他写的杂文另具一种风格，是中国作家协会中这方面的一员健将。他主张“文章非天成，努力才写好”，因之，他提倡“三多：多读书，多写作，多修改”，而不同意“文章本天成，妙手偶得之”的旧说法。(《学习集》)他的史学著述，不仅内容充实，逻辑性强，而且文笔流畅，没有含糊或晦涩的地方。这是得力于他青年时写作方面的修养。

他的史学文章，充分表现了实事求是的学风。他青年时便主张为学要实事求是。到了晚年，在接受了马列主义之后，他仍是主张“违反实事求是的学风，是非马克思列宁主义的学风，是不合于毛泽东思想的学风”。他对于60年代初期我国史学界开始出现的那一股邪风的苗头，很不以为然。他说：“不从历史的具体实际研究出发，而只从今天的某些政策、方针出发，强迫历史服从今天的实际，是非科学的、非历史的学风”，他是“坚决反对”（《学习集》）。谁知道这种邪风后来越刮越厉害，成为一股血腥的恶风。在“四人帮”统治史学界的时候，他便成为这股恶风的牺牲品。

我回想起往事，时常不胜惆怅。我仍然记得1935年初夏，我由安阳参加考古田野实习后返北平，顺便参加了在清华工字厅举行的史学研究会的年会。吴晗同志在会上宣读了一篇论文：《明成祖生母考》。那时正是日本帝国主义占领我国东北后，扶植傀儡溥仪为“满洲帝国”皇帝，正向华北作进一步的扩张。华北乌云满天，大家心情都很沉重。我在古月堂与他握手凄然告别时，彼此都感到后会不知何时何地，但是也都估计到后会不会是在北平了。

一别六年，我们虽然相隔万里，通信也不多，但是我知道他为学日进，著作日富。我由伦敦到开罗，又勾留了一年余。1941年初，我返国到四川南溪李庄工作。途经昆明时，我在城里遇到他和向达同志。久别重逢，欣喜可知。三人一起下乡，步行二十多里，花了两个多小时，才抵达他们所住的浪口村。在路上和在他们的家中，我们畅谈一切。昆明冬天和暖如春，阳光灿烂，山茶花正盛开，但是时常有日寇飞机前来昆明上空投炸弹，大家胸中充满着憎恨和愤慨，心情很不安静。向达同志于1938年8月提前由欧洲返国，当时他是抱着奔赴国难的满腔热情。但是返国后一年多的经历，把他的梦想完全打破了。国民党反动派对外消极抗日，内政腐败专制，他觉得很是失望。他说还不如回到书斋中安心学术工作为佳。我问吴晗同志：“老吴，你是否也有回到书斋的打算？”他苦笑着说：“我还没有离开书斋过呢！”

但是，他不久终于离开书斋，投入反对国民党反动派的政治斗争中去了。昆明一别，我们又是十年未见面。我只知道他从 1943 年起，在党的帮助和教育下，他响应时代的号召，挺身投进斗争的激流中去。他这段转变过程和后来斗争的情况，他的许多朋友近来在悼念他的文章中写得很多，这里不再重复了。抗战胜利前后，我正在西北荒漠中从事考古工作和在历史语言研究所考古组作室内研究。我只听说他在昆明和在北平，和其他进步教授和学生在一起，展开对反动派的斗争。当时反动派恨之入骨，称他为“赤化分子”，叫他“吴晗诺夫”。他与被叫做“闻一多夫”的闻教授齐名。闻一多同志被反动派暗杀后，我们都替他担心。但他并没有被屈服，反而斗志更为昂扬。最后他由北平跑到党中央所在地西柏坡去。

北平解放后，吴晗同志以军代表的身份回到清华园，参加接管工作和后来学校的管理工作，但不久便负担起北京市副市长的职务。1950 年 7 月我接受中国科学院的聘约，北上北京到考古研究所工作，乘间到清华园访友。那时吴晗同志已当上副市长，但仍住在清华园西院的旧式平房中。十年未见，他已老得多了，头上添了几根白发，并且开始脱发。但是他还是有那么一股劲儿，甚至于可以说比从前更加朝气蓬勃、精力充沛了。那时他很忙，家中接见来客，几次城内打来电话。我们只匆匆地说上几句话，我便起身告辞了。临走时，他说：不久要搬到城里来住，可以有更多的机会见面。不过我后来始终没有去过他的副市长“官邸”，只在公共场合或会议上曾几度相见。他除了副市长的工作以外，还担任民盟领导工作。1957 年他光荣地加入了中国共产党。他全心全意地为党做了许多工作，是很有贡献的。

自从他积极参加政治活动以后，他没有大块时间可以坐下来专心从事史学研究了。但是他仍抓时间、挤时间来读书和写作。他这时期内很少写长篇的学术论文，但是却写下许多杂文、评论和札记，还修改或重写他从前的著作。在领导史学研究工作方面，他是中国史学会的理事，又是北京市史学会的会长。他还亲自领导主编过好几种小丛书（《中国历史小丛书》等），还主持过改绘杨守敬的《历代舆地图》（后改名《中国历史地图集》）的工作。他真是一个坚持社会主义道路而又有专业知识的领导干部。我还记得1951年2月初，在一次新史学研究会上，大家讨论到在中国科学院中应该筹建历史（古代史）研究所的问题。会后郭沫若院长曾和郑振铎所长商量，打算将考古所历史组划出来，成立一个历史（古代史）研究所，并且打算请吴晗同志来具体领导这个所的业务工作。后来考虑到北京市未必肯放他，这事便搁下来了。事虽未成，但可见他当时在史学界的声望。大家对他的组织能力是有很高评价的。

吴晗同志在保管首都文物方面，也起了重要的作用。他很重视出土的考古资料，认为“是最可靠的历史资料”（《学习集》）。1955年他同郭沫若、沈雁冰、范文澜、邓拓、张苏等同志一共六人，写报告请示国务院，要求发掘十三陵中的长陵。后来决定先试掘定陵。郑振铎同志反对这件事，以为当时考古工作很忙，这些不急之务可以暂缓。我还替郑同志作说客，知道吴晗同志是此一举的发起人，亲自劝说他不要急于搞这项发掘工作。我说：“老吴，你还记得我毕业后改行搞考古的时候，曾经问过你：如果由你来选择，你打算挖掘什么古迹。你不假思索地说：‘挖明十三陵’。但是现下你应该从全国整个考古工作的轻重缓急来考虑问题，不能以明史专家的角度来安排发掘工作。”他笑了，说记得有这样一回事，但是还是坚持要发掘，先发掘定陵。后来郑振铎同志以主管全国文物工作的负责人的名义打报告请示周总理。周总理接受郑同志的意见，由国务院下指示，短期内不准再发掘古代帝王陵墓。吴晗同志也便同意在定陵发掘后暂时不再发掘长陵，认为周总理的指示和郑同志的意见是正确的。1965年9月，我还陪同他到元大都后英房发掘工地去参观。这是一座保存比较良好的元代民房遗址。我建议加以保存，可以作为一个现场博物馆。他同意了，还吩咐在场的市文化局的一个同志作计划及预算。后来不到两个月，反动文痞姚文元写的黑文《评新编历史剧〈海瑞罢官〉》发表了，吴晗同志横遭迫害。这保存古迹的事不再提起了。他想保存的古迹也遭破坏无遗了。

他的治学精神的另一特点是谦虚不自满，乐意接受别人的意见。1959年9月他在《人民日报》上发表了一篇《论海瑞》。其中有一段引《海瑞行状》中的“特其质多由于天植，学未进于时中”一句话。他译为“他的本性是天赋的，大概读的书和当时的人不大一样”。我读了后，写封信给他，大意说：尊译“时中”一语，译文大成问题。《礼记·中庸》说：“君子之中庸也，君子而时中”。郑玄注：“时节其中”。孔颖达疏：“时节其中，谓喜怒不过节也”。这里是说他的学习还未达到“随时节制而不偏”的境界。古人处世治事之道，都称之为“学”，不一定指读书。他收到信后，立即回信说：“示悉。承教时中译文，甚是。这是我的疏忽，当在出集子时改正。谢谢。一隔几十年，头发都白了。得兄信，恍如重温旧谊，极喜。以后盼多指教”。过了几年，我有一次又给他去信。那是我在1963年春做胃切除手术后在小汤山疗养的时候。我在病房无事，便翻阅他所赠的《学习集》。我发现引文有问题，便写信给他，大意说：大作《〈敕勒川〉歌唱者家族的命运》一文中，引斛律金的话“明月猎得虽少，他射的鸟总是背上中箭”。就常理而论，这是错误的。鸟飞戾天，猎者仰射，着箭处应在胸部，不在背上。就训诂而言，《北史》和《北齐书》的《斛律金传》中都说：“光（即明月）所获禽兽或少，必丽龟达腋。”其中所引斛律金的话皆为“明月必背上着箭”。虽未确说是禽或是兽。但猎人骑在马上射兽，中箭处为背脊而非胸部。“丽龟”一辞，出于《左传·宣公十二年》：“射麋丽龟”，孔颖达疏曰：“丽为着之义。龟之形，背高而前后下。此射麋丽龟，谓著其高处”。鸟背并无龟形隆起，可见此乃指兽无疑。吾兄酷嗜钓鱼，而不习打猎，故易致误。他回信说：“承指出背上着箭是指的野兽而非飞鸟，甚是。我确是只会钓鱼，不会打猎。有渔无猎，只能算个半个渔猎社会的人，不如你全面也。出院后，请你吃一次小馆子，吹吹牛，如何?”实则我不仅不会打猎，并且也没有钓过鱼。他不仅虚夸了我，后来还真的请我吃一次馆子。那是一年以后的事，我已出了疗养院，恢复上班。5月间，石榴花正盛开。他在北海庆霄楼召集修改杨图委员会的一部分同志，商谈抽出有关北京城的几幅历史地图，另编一集。我不是杨图编委，但这次承他约我参加。会后在仿膳饭庄吃了一顿。谁知道后来“四人帮”逼害他时，竟把这次会议叫做“庆霄楼事件”，说是一起严重的反革命事件，阴谋搞政变。这是他的几大罪状之一，同时也牵涉了我，说我参预了这件反革命阴谋。谁叫你嘴馋，这是活该！当时某单位还特别派人三番两次来外调，要我写材料。那位外调人员指着他皮包里的文件说：吴晗都已经交代了。他交代的材料便在这里。我说：“他既已交代了，那便解决问题了。我确实不知底细，不知道有什么阴谋。既然是阴谋，难道人家还会在公开会议上宣扬吗?”他瞪着眼骂了我一顿，说我顽固不化，死不悔改。真是有口难分。但是他们也没有如愿以偿，没有获得假证明。

吴晗同志于1959年底动笔试写京戏《海瑞罢官》，写完修改后曾经上演。1965年11月10日反动文痞姚文元抛出了他的黑文后，批判《海瑞罢官》的运动便开始了。到12月底便逐渐展开。听说吴晗同志最初还很自信，认为这是学术问题，不是政治问题。他曾忿忿地说：“姚文元的文章连起码的史实都不顾。”后来被迫写自我批判，在12月30日《人民日报》上发表。文中虽承认“这不止是一个学术性问题，而是一个政治性问题”，但他仍以为通过这次的批评和讨论，展开百家争鸣，分清是非，可以提高学术水平。文中用大量的篇幅来考证退田、除霸、修吴淞江等的史事。有人以为吴晗同志的政治敏感性很强，实则他始终是个文人、学者，书生气很重。中年以后他喜欢谈政治，后来又投笔从政，但是并不懂得政治。有人说，吴晗同志写《海瑞罢官》直刺林彪、“四人帮”祸国殃民，刚正不阿，致遭毒手。实则1959年底他着手写这本戏时，林彪刚取代彭德怀同志当上国防部长，劣迹未显，“四人帮”则还未登台操权作孽；而且吴晗同志曾多次声明，这戏只是为了歌颂海瑞的刚毅精神，并没有隐射讽刺任何人物。我是相信他的话的。林彪、“四人帮”阴谋篡党夺权，借《海瑞罢官》以掀起批判运动，打开一个缺口，把矛头指向北京市委，指向党中央许多革命老前辈。吴晗同志和别的千千万万的无辜受害的好人们一样，成为这个阴谋的牺牲品。

1966年5月间，批判《海瑞罢官》运动已入高潮，并且已经开始批判“三家村”中另一位健将邓拓同志。有一天，向达同志进城开会，会后和我一起到东安市场中和平餐厅用餐。他对我说：“辰伯真害人不浅！他写了一本戏，害得我好几次远道来城里参加批判会。”又问我去过老吴的副市长“官邸”没有。我说从来没有去过。他叹口气说：从前我经过他家时，门前总是停着几辆小轿车。今天我经过时，双门紧闭，真是门前冷落车马稀了。我听了后，深有所感。回家后写了一首打油诗《赠吴晗》：“史学文才两绝畴，十年京兆擅风流。无端试笔清官戏，纱帽一丢剩秃头。”还没有等到我寄去，而传来关于他的消息越来越恶，遂未寄去。后来我便将诗稿毁掉，深恐被发现又得多挨斗一次。最初我还时常在报纸和小报上看到全市性斗争黑帮大会的挨斗者名单中有“反共老手吴晗”的名字，后来使阒然无闻了。好久以后，我才知道他已于 1969 年 10 月 11 日含冤逝世。他的最后遭遇，非常悲惨。他是被投入监狱，打成内伤，口吐鲜血，最后被折磨摧残致死。

粉碎“四人帮”后，吴晗同志的冤狱得到了平反。1979 年 9 月 14 日我参加了他的追悼会。会上看到了他的遗像时，他生前那种谈笑风生的形象又复呈现在眼前。回忆起将近五十年的往事，仿佛如昨。时光若驶，他已成为历史上的人物了。前几天，我参加了重建中国史学会的筹备会议，看到了当年（1951 年）该会理事名单，一共四十三人，已去世的便达二十七人之多，其中便有他的名字。吴晗同志终年六十岁。如果他不遭受“四人帮”的残酷迫害，可能他今天还生活在我们中间，生龙活虎一般地工作着，继续为中国史学做出贡献。不过，“野火烧不尽，春风吹又生”，年青一代的史学工作者正在迅速萌长、壮大。他们中有许多都曾受到他的影响，有的还是他的受业弟子。我相信，在不久的将来，我国史学园地中将是春色满园。我们更会想念他这位辛勤的园丁。他不仅用笔杆写作史籍，还用他的鲜血、他的生命，写出了悲壮的史篇。我们深刻地怀念他。他的崇高品质和治学精神将永远留在我们的心中。

（原载《社会科学战线》，第二期，1980 年）

怀念革命史学家吴晗同志

杜任之

革命史学家吴晗同志于1969年10月11日含冤怀恨去世了。1978年5月间，我在全国政协文化组发言呼吁为《海瑞罢官》（为吴晗）平反昭雪。会后，有人责难我“否定文化大革命”。实践是检验真理的标准，历史会作出评价。但我要深切怀念吴晗同志！

我是从吴晗同志的论文集《历史的镜子》认识吴晗同志而和他通信的。我送过他一本我编的《孔子论语新体系》。他说：“你把孔丘的言论系统化了，作为资料很有用处”。1948年夏，我因逃避山西土皇帝阎锡山对我的追捕，飞来北平，在清华同学会遇到吴晗同志。当时，我是以“太原地下民盟负责人”和他见面的。后来我到清华园去找他，要他为我找中共“城工部”联系，研究“我是到解放区，还是留在北平？”不多日，关世雄同志引崔月犁同志来到我的住处。我谈了我的情况，要他向党请示，后来他告诉我“留在北平搞民主运动”。10月间，我到清华去看吴晗同志，才知道他和爱人袁震同志已经到解放区去了。我未见到他感到失望，他到解放区，我又感到高兴！

北京解放后，吴晗同志从解放区回来，我们又见面了。他很关心地问我在北平的革命活动情况。当我谈到我们曾发起并参加“和平解放北平运动”，他再次和我热烈握手，说：“你是历史转变事件的参与者！”接着他和我谈到，他任北京市民盟支部主委，让我负责宣传工作。这年，天津市要举行五四运动三十周年纪念大会，请他去做报告。他因忙不能去，介绍我去做报告。还对我写的纪念五四运动的论文《阶级斗争与生产斗争》，提了补充意见。我同他这一段共事，深深感到他的确是革命的史学家，他把历史当作镜子，鉴别善恶与好坏；他对革命无限忠诚，对同志非常热情。当我告诉他组织调我回山西去工作的时候，他说："也好。否则，我们可以一起到清华园去，你讲你的社会发展史。"我们的革命友情越来越深了，虽不在一起，也时常想念他。

1956年我调中国科学院编委会工作后，不时顺便到北长街过访他。那时他正在筹划编撰《中国历史小丛书》。他总是谈论古今大事和人物，心随口出，态度爽朗，真是"快人快语，肝胆照人"。我曾经看见过他正在编写历史剧《海瑞罢官》。1961年我有幸看到《海瑞罢官》的演出。对海瑞的刚直无私、不畏强权、秉公执法、除暴安良的精神深受感动。文如其人，这个剧也体现了吴晗同志坚定的人民立场。

1965年冬，江青、张春桥和姚文元阴谋炮制的《评新编历史剧〈海瑞罢官〉》抛出来了。哲学研究所也"应时"开展讨论。我的发言大意说：《海瑞罢官》是一出好戏。看后，令人非常感动；剧的好坏，任凭观众的鉴定；观众对反面人物非常痛恨，对正面人物非常喜爱。《海瑞罢官》演出时，观众对"平冤狱、除霸"一场拍手称快；对海瑞被罢官感到可惜。这都证明这个剧的编写和演出是成功的。姚文元说《海瑞罢官》是编造出来"一个假海瑞"。我说，从历史剧某些情节讲，"反霸"、"反贪污"、"反投献"、"退田"、"疏江"，海瑞有对人民有利的一面，"罢官"不得人心。把海瑞形象写成那样高大完美，文艺创作是允许的、应该的。姚文元怎么能说是一个"假海瑞"呢？至于姚文元说"平冤狱"、"退田"是鼓动1961年的"包产到户"与"翻案风"。真是颠倒是非，胡说八道！吴晗同志1960年写的《海瑞罢官》怎么能写出1961年的某些地方的"包产到户"和"要求平反"呢?!当时会上有人"批判"我为吴晗辩护。"文化大革命"一开始，我立即遭到"大字报批判"和"群众"多次围攻，说我"维护'反共老手'吴晗，攻击文革成员姚文元"。这倒是真的。他们说我是"反党、反社会主义、反毛泽东思想"的"三反分子"，这的确是对我的诬蔑！有张大字报指责我"骂'文化大革命’对一些作家搞文字狱”。这种说法，在当时虽不符合事实（我未说此话），但在今天看来，至少是部分符合事实的。与此相关，借口我在运动中保护革命老干部，咒骂那个“理论权威”等“罪行”，我也被关进监狱，坐牢六年半。1969年10月间，在某医院关我的斜对过房间有一个被迫害而死的抬出去了。（现在回想起来，可能就是吴晗同志。）当时，我想到我也可能有这么一天，于是我鼓起勇气，要坚持活下去。后来我被转押到监狱后，我就每天高唱：“天高云淡，……不到长城非好汉！”直到许多老干部得到解放，我也恢复了自由。

当我知道吴晗同志受尽了百般诬陷、摧残、折磨，含冤怀恨而死，我感到异常悲愤！因此，我才不怕风险，在政协文化组发言，要求为吴晗同志昭雪平反！

吴晗同志啊！《评新编历史剧〈海瑞罢官〉》，被“四人帮”当成了篡党夺权的一块基石。这块石头竟压死了你！文痞姚文元的罪恶已被人民清算，把他永远钉在历史耻辱柱上了！那个“理论权威”虽死，他也免不了人民对他罪恶的清算！吴晗同志呵！你如有灵，可以放心了！

历史是无情的。谁是谁非，谁好谁坏，今天已经“了如指掌”。这是人民的胜利，也是革命历史学家的胜利！我们深切地怀念吴晗同志，要学习他生前的革命事迹，学习他高尚的品德和他严谨的治学精神。

（选自《吴晗和〈海瑞罢官〉》，北京，人民出版社出版，1979）

哭晗师

史　靖

吴晗老师冤死狱中，已经十年了。

林彪、“四人帮”之流制造的一场毁灭民族生机的浩劫，像噩梦一样地结束了。英明的党中央拨乱反正，正在为各种冤案错案假案平反昭雪，晗师和许多含恨而逝的同志们，可以瞑目了。

晗师是知名的历史学家，解放前在昆明同闻一多烈士等一道，也是深受青年敬重的民主教授。解放后长期担任北京市副市长，还兼任全国民主青联副主席和许多学术工作，同青年同知识分子始终保持密切的联系，他为党为人民也为青年做了许多贡献。

在国民党反动统治年代，他从爱国主义出发，凭着正义感，坚决反对蒋介石反动集团的倒行逆施，在党的领导下，积极参加民主运动，用笔，用口，用他精湛的历史知识，同青年共同战斗。当国民党反动派扼杀民主、禁锢人口不准议论国事时，他说，不准谈国事就谈历史嘛！历史是一面镜子，可以从我们民族的优良传统中得到鼓舞，培植爱国主义精神，树立战胜邪恶的信心；也可以从历代暴君奸佞的凶残卑劣行径，照出封建法西斯统治和特务罪行的根源。他就是这样用历史激起了许多正直人的义愤。

绝对没有料到，史书上所记述的许多虐杀臣民的酷刑，竟然重现在他身上，而且狠毒更远过于他所了解的古代！这位有卓越成就的学者，为人民忠诚服务的共产党员，花甲之年受尽折磨！夫人袁震同志也含恨先逝。

千古奇冤，万众悲愤！许多往事涌上心头，能不为冤死惨死的老师而痛哭！

回念艰难岁月，无论是抗日时期在西南联大，或是解放战争时期在清华园里，一个光明磊落、心地善良而正直无私的知识分子的形象，时时矗立在眼前。同许多老一代革命家、许多先烈、许多正派的学者文人一样，在他身上体现着我们民族的许多优秀品质！

1948年夏，他响应党准备召开新政治协商会议的号召，同其他民主人士先后进入解放区。解放后随军重返北京，更是兢兢业业，尽力为人民服务：首都人民不会忘记他在文教卫生事业方面的功绩；学术界不会忘记他在开展学术研究，活跃学术空气方面的贡献。如今，每当我们畅游“地下宫殿”，欣赏我国古代建筑艺术的时候，也就不能不想起他积极参与、支持开掘、整理和修建明陵这一巨大工程所作的努力。北京和各地青少年更不会忘记他在普及科学文化知识方面和对年青一代人业余学习的关心，他在国际文化交流方面也做了不少工作。他把全身心都献给党的事业，关心着祖国的命运，不辞辛劳，真是个不知疲倦的人！

更难忘的是在50年代后期的情况下，他以共产党员襟怀坦荡的精神，耿耿忠心，排除顾虑，为打破沉闷的气氛承担了许多可以推托的责任，在学术界、文艺界、出版界和民主党派的活动中，宣传贯彻党的“双百”方针，写了说了一些真实反映知识分子和人民心情的话，这自然博得许多同志和知识分子的同情尊重，也必然要遭到那伙正在伺机蠢动的野心家的忌恨！

人们都还记得，早在60年代初，一小撮以“左”的面貌出现的“理论家”，就已经用篡改历史、割断传统、阉割马列的手法和一些尖刻的言词，“枪打出头鸟”，拿道德问题做“突破口”，对吴晗同志进行围攻。开始他以为学术讨论各抒己见，不以为意。不久他似乎感到有人在故意纠缠了。那些“理论家”饱食终日靠贩运“帽”、“棍”混日子，而他的工作忙得不可开交，尽管效率高，笔头快，一个人的时间精力怎能应付得了有组织的纠缠！有一阵不免感慨地说，学习马列不够，通过讨论能多读点书也不错，要说自己的看法全不对，还要仔细想想！他说，不管怎样，人类文化总是有连续性继承性的，马克思主义的三个组成部分，就是对文化遗产既有扬弃又有抉择的嘛，我们这样伟大的民族，这样悠久的文化，怎么会没有值得继承珍惜的东西呢！

老师呵，您怎会知道那一阵纠缠，不仅是要制造理论上的混乱，而且正是要摧毁社会正常的道德规范，为他们以后大要不讲信义，弄虚作假，投机取巧，尔虞我诈，阿谀奉承以致损人利己，栽赃诬陷……那一套败坏道德品质的丑行鸣锣开道呀！这伙野心家以“理论”批评为掩饰，摆出一副“左”的架式，借口讨论道德、清官、历史人物评价等等问题，缠住吴晗、廖沫沙等同志，接着姚文痞就抛出围攻《海瑞罢官》的黑文，“一个围歼知识分子的大阴谋”正式出笼了。

读到黎澍同志声讨这个大阴谋的檄文，不由想起1965年5月间在上海见到的情景。一天下午，到一幢楼房里去找人写稿，进屋就便坐在书桌旁边，一看，桌上放的都是吴晗著作的各种版本，刚打算顺手翻翻时，主人连忙把我身边那堆书盖上，接着就让我坐到远离书桌的沙发上。当时还以为这是“客气”，这是些搞历史的在研究吴晗的著作哩！否！原来这伙人正在躲着干整人的勾当，为文痞之流制造千古奇冤的文字狱罗织“罪证”！回到北京，还没有来得及意识到这是什么问题，就去“四清”了，这个情况也没告诉他，实在是件憾事！半年之后由围歼吴晗开始的大阴谋，已肆无忌惮地从知识分子扩展到整个北京市委领导和许多老一代的革命家身上了。

冤狱重重，再也见不到相识多年，共过忧患的老师了。

见过晗师的人，都知道他精力充沛，谈吐豪爽，风趣横生，善于联系群众，忠诚执行政策，这样一个有才干有学识的正派党员，只活了六十岁（1909—1969）！正当他满怀热望力争为党为人民多做些工作的时刻，他生命力最旺盛，政治思想能力比较最成熟的时刻，一场飞来横祸不明不白地剥夺了他为人民服务的权利，剥夺了他为自己辩护的权利，而且连生命也被剥夺了。

六十年，生活很不平静。他眼见祖国在北洋军阀和国民党反动派的糟蹋下，国弱民穷，数不尽的内忧外患，他为自己也为父母弟妹的生活挣扎，更为祖国的命运担心。他靠辛勤苦读，钻研中国历史，“九一八”前后专攻明史，寄托着忧思。抗日战争中期，大家在灾难深重中喘不过气来，对蒋介石反动统治敢怒而不能言时，他嬉笑怒骂那个“从僧钵到皇权”的朱元璋，让人们一见那阴险狠毒、排除异己的手段，同十里洋场钻营出来的蒋介石所作所为何其相似！他尽情地鞭挞这个流氓皇帝，刚登上宝座就大兴文字狱、镇压老百姓……使国家元气大伤，这在乌云重压的抗日后方，宛如空谷足音，给当时年青一代人敲响了思虑的心声。他曾经多次修订改写这部传记，力求史实准确，决不牵强附会，但历史，特别是封建传统深厚变动不大的那几百年历史，常在作弄人们，许多人和事是那么酷似，他也不免要拿历史做镜子。从明史看现实，他说朱元璋屁股还没坐稳，就只顾万世一统，无情地消除异己，种下了兵弱民穷的根子，而他的子孙都是苛征暴敛，荒淫腐朽，终于招来不绝的“外患”，埋葬在农民起义的怒潮中。他从历史得到信心，也用历史鼓励着许多青年；他自己则从同情，支持直到亲自投入到党所领导的民主革命斗争。

当年在昆明，每逢国民党特务的黑名单风传时，同志师友都很激愤，他也总是蔑视凶顽，无所畏惧，痛斥明代的厂卫特务统治，有一回他讲了明初先后发生的胡惟庸、方孝孺等文字狱的始末，有的株连逾千，有的株连上万，夷灭九族，还要另加门生故旧，然而封建时代有骨气的文人也敢于宣称：“民不畏死，奈何以死惧之！”许多爱国知识分子深受启发，在白色恐怖中从事民主斗争常以此互勉！他绝不会料到，辛劳了十七年，竟在林彪、“四人帮”和那个顾问的诬陷下，成了新文字狱的主角！在短短时日里，株连所及地遍全国，人过万千，凡曾有来往联系以至同他见过一面或流露过同情的人……几乎都没有逃脱这场厄运！

果然，从此在这伙民族败类的控制下，“创造”出了一套可以任意置人于死地的构陷之术，一套随心所欲加罪于人的框枷，从打吴晗、打“三家村”起，上打许多老帅老将，下扫数不清的“臭老九”，党纪国法荡然无存，民主法制更置若罔闻！没完没了的批斗，没完没了的逼供信，伴随着层出不穷的“新动向”，使“牛棚”格外

"兴旺"！它无情地消蚀着无辜者的生命，留下了沾满血泪的玷污人类尊严的记录……晗师，您写过好多论文书稿，我也听过您讲的那独具一格的通史，"可惜"，您已不能把这些旷古奇闻添进您多次想动笔而一直未写成的史书中了。

您对待历史十分谨严，写历史剧都要一字一事有根有据，您可知道那些构陷者怎样制造你的"历史"吗？

有这样一幕"查账"的丑剧：几个倚仗权势的人，来"查"三十多年前昆明一个民主刊物的"账"！那是抗日战争胜利初，为迎接民主运动高潮，昆明出版了好多刊物。在 1945 年 9 月底，为争取团结更多的高级知识分子，又由闻一多师和吴晗师出面，邀约了一些同志创办了一个周刊，他们还负责筹措经费和联系地下印刷厂承印，由费孝通师主编，给一些教授和在大学工作的朋友提供了一个讲坛。那年月尽管不过是一般谈谈民主自由，也只出了十多期就被反动派封禁了。不过参加工作的人都以能为党领导的民主运动尽力感到光荣。谁也不会料到，在 60 年代，忽然有人来找我这个"发行人"追"查"这个 40 年代被国民党反动派封禁的刊物的"账"：要"查"吴晗哪儿来的钱？要"查"给了刊物多少钱？灵魂肮脏的人，无法理解那些知识分子会不怕危险不要报酬来办刊物，无法理解闻一多和吴晗等忍饥挨饿把筹集的钱去为民主斗争……竟妄图在这笔经费上打主意陷害忠良！

按照林彪、"四人帮"的手法，先把吴晗诬为"反共文人"，然后他的一切活动也就成了"反动"的了，有关的人都难幸免。有这样一个例子：1946 年暑假后，吴晗从昆明复员回到清华园，他的家是好些同志和青年同学们经常聚谈的地方，大家交换意见，议论时事，进行学习讨论，除此之外，后来又增添了一个重要原因，就是他有了一架收音机！那年头这东西一般人家都还没有，是军调部撤销时，叶剑英、徐冰同志送给他的。从此大家经常到他家去听新华社广播。有时谈话议论，为防止意外，就在桌上放着麻将牌或扑克牌，来了生人就像在玩牌一样。这本来是在国统区从事进步活动很普通的事，吴晗在解放后曾经写过文章纪念这段有意义的生活，可是握着“审查”“外调”之权的那种人，恰恰不去“查”“调”一下他所缺乏的这点常识。至于陪“调”的几位对旧社会并不陌生的人，却又故作聋哑随声附和，都把进步诬为“反动”，企图追索更多的无辜者！

历史又一次证明妄图否定好人的人，只能得到可鄙可耻的下场，而吴晗的形象更显其光彩。在昆明一起度过艰苦岁月的师友们，不会忘记在民主运动中，吴晗同闻一多都很受青年的敬重。这是因为他们同反动派斗争英勇坚定，刚毅果敢，作风正派，待人热诚，平易可亲，而又都是学有专长，在学界文坛享有声誉。因之先后毅然参加革命斗争更增人钦敬。对于晗师来说，还有一段为人乐道的经历：旧清华是个讲究资历等级森严的大学，没有留洋镀金的极少能在清华升任教授；吴晗用他的学术成就打破了清华的常规，成为“极少”的例外。他并没有陶醉于个人的名位，也不曾因有权要的器重而无原则地迁就，而是在“正统”的经院学府中沿着自己选择的道路行进。当他的言行迈步越出“正统”学府允许的限度时，威吓解聘之声就经常不断出现了。

他没有停步，积极参加民主运动，也刻苦钻研马列。在复员清华后，他协同费孝通教授辅导一批青年教研人员，自愿结合组织了一个学习讨论会（习明纳尔），社会学者同历史学者合作起来研究中国的社会结构，每周讨论一次，由一人先谈或宣读论文，大家围绕这个人提出的问题议论，最后由他和费师指点。每次照例议论热烈，谈笑风生，各抒己见，不强人同己，也不妄自菲薄他人，倡导了一个良好的民主学风。他们作为导师，言语不多，总是抓住关键，提出问题，触类旁通地启发诱导，使年轻人思考逐步深入，眼界开阔。由于时局发展，这个习明纳尔大约只持续了半年多，参加的人至今仍留有深刻的印象。他从不同学科的角度时常提示有意义的看法，更主要的是善于联系史实阐明马列的观点，使大家深受教益。但他从不长篇大论，指手画脚，只是就讨论的范围提供一些进一步研究的线索，在有时遇到认识不清观点错误的争论，他从不含糊表明自己的见解。

在这段难忘的学术活动中，他表示这两个学科合作十分必要，社会学一般比较重视现实社会的情况，历史学家一般比较集中注重史实史料的研究，二者密切结合岂不相得益彰！他是不同意为研究而研究或为历史而搞历史的，早在30年代初，借考据《金瓶梅》的作者，他明白地表示了对农民的同情和对剥削者的憎恨，而对时代背景的叙述着笔不多，观点则很鲜明。他的《朱元璋传》是谨严之作，解放初毛主席阅后曾同他进行过认真地讨论。他还写过不少书稿，文字简洁，其白如话，他主张用自己的语言表达自己的思想，不喜欢那种把作者本人的思想观点完全淹没在满篇引录之中的文章。这点好恶显然早就不符合那些自以为左的“理论家”们的胃口。

解放后，他承担了许多公职，工作很忙，同他想专门从事学术研究的心愿相违，曾经有过摆脱行政职务的想法。经过党和领导的劝导很快就“想通了”。相当长的一段时间专心致志于党分配给他的任务。以后随着社会主义事业的发展，要求发挥更多的作用，他又关心起学术研究了，涉猎的方面更广。尤其是在通俗普及方面的辛勤劳动，似乎更值得称道。许多人都还记得，是在社会上普遍要求重视学习，要求重视知识的时候，他同邓拓同志、廖沫沙同志等呼吁倡导，身体力行，写了好多篇脍炙人口的杂文笔记，那个掌“文革”大权的“顾问”先是一再“捧场”，曾几何时竟以“传知识，讲故事”为罪名置吴晗等同志于死地！

然而，历史做了公正人，他所写的杂文，所主编的几套通俗丛书，都经受得住时间的考验。而通过丛书的编写，调动了学有专长者的积极性；还发现人才，培养人才，帮助不少青年作者成长，这些功绩也随着时间日益显示其重要。现在那些被迫停印的书，也该到了平反昭雪打破禁锢的时候了！至于那些程度不同地受到株连的同志，在漫长的“牛棚”式的生涯中，尽管各自处境艰困，许多人担念的仍是祖国的命运，是民族文化学术的前途！人民总是怀念做过好事的人，发展文化无论普及还是提高，都需要他这样熟悉业务而又热心快肠、关怀青少年一代的人才呵！

人们称道他热心快肠，不妨稍稍联系一下晗师的家世，他的故家早年中落，青少年时期境遇清寒，全靠勤奋苦读上了大学成为学者。成就来之不易，体念也不同于他人，因之一贯关心爱护青年，同时，对一切能造福于人民，有益于社会主义的人才，都热情支援赞助，他为此而支付的时间精力和金钱，是难以计数的！这种慷慨无私的作风对于某些习惯于血统观念，好以出身品人的同志，是有深刻的教益的。近年深受欢迎的长篇历史小说《李自成》出版以前，吴晗同志可以说是最早予以肯定的人。他表里如一，称誉作者既长文艺，又知历史，十分难得。他以少有的速度审罢第一卷原稿，认为规模气魄以及文字都超过《水浒》。高兴地告知相识的同志，以能先看到这部稿子引为快慰。对作者虽素不相识，但热情款待，畅叙感怀，毫无“权威”架式。这在1957年后的气氛中，不仅是对一位正处逆境的同志个人的知遇，而且提供了一个不以庸俗偏见识人、大度豁达的榜样！

同他接触过的人还会有个相同的感受：爽朗明快，正直谦和。凡有所托，能办的事一定尽力应承，不能办的决不含糊虚假，至于不该办的总是直言相告坚持原则。他讲求实效，厌恶那种拖拖拉拉或遇事以“研究研究”为词敷衍应付的官僚习气。他经管参与的工作很多，还经常承担审稿任务，其效率之高，处理之快，令人惊服！

他写文章一向强调要环境安静，为此有好长一段时期没有动笔。50年代后期，又写起来了，而且写得很多。其实这时工作更忙也并不安静，是怎么回事呢？他说，因为人民需要！这时也发现他学会了一个“本领”，成天忙出忙进，人来人往，不知疲倦，稍有空隙就抓紧动笔，好些文章就是这样断断续续挤出来的，有时来不及修改甚至来不及细看一遍，就给报刊编辑同志取走了。文章出了漏子他只怨自己，从不推怪别人。再说，也从不借口忙就摆架子拒不见人，这是许多师友至今怀念不止的。

他同闻一多师在民主运动中结成的深厚战友情谊，更是传为佳话。论年纪，一多师长他十岁，论资望，一多师算是清华老辈，社会上声誉更高，但共同的理想结为忘年之交，无论在群众斗争中或在民主人士之间，他们密切配合有张有弛，机智灵活地贯彻执行党的意图，博得许多高级知识分子的信任。后来都迁入西南联大西仓坡教职员宿舍，两窗相对，大家有事多在晗师家商谈，闻师常应声而来，出主意，提意见，有时也会争论不休，最后行动总归一致，把广大师生同志都紧密团结在党的周围。

闻一多师惨遭国民党反动派杀害，吴晗悲愤流泪，写了好多篇哀悼文章，感情深挚，斗志益坚，给许多知识分子留下深刻的印象。1946 年底的一天，他说还有几个月就是闻先生牺牲周年，要用盛大的纪念，动员群众，抗议国民党的反动统治。那时他正同朱自清、潘光旦等老师积极进行《闻一多全集》的整理工作，还想有一本介绍烈士生平事迹的书，能赶上周年纪念就好了。他满怀激情地指出，活着的人要把烈士的事业进行到底，也要让更多的人了解烈士，让烈士永远活在人们心里！那本纪念闻师的小书——《闻一多的道路》就是在他的鼓励帮助下赶出来的，周年纪念前夕生活书店把小册子寄来，这个铁铮铮的硬汉看到它，泪珠扑索地落下连声说道：一多，一多，你的朋友学生都想念你呀！

其情其景，事隔三十多年，依然如在目前。我们的历史学家不信历史重演之说，然而历史有时毕竟又是那么惊人的相似，这一对亲密战友，一被蒋介石特务暗杀于昆明街头，一死于林彪、“四人帮”设置的冤狱！这样的悲剧容不得再演了，我们祖国为此支付的代价太大了。

闻一多烈士为争民主壮烈牺牲了，吴晗同志也可以说是为民主而献身。当沉闷的空气使人缄默无言时，他心地坦然，在“神仙会”上畅谈国事，在学术讨论中极力倡导实事求是的学风，在报刊上自己写也劝大家写，还同邓拓同志、廖沫沙同志合写《三家村札记》，提倡从实际出发，按规律办事，反对说空话说假话和华而不实的作风，主张脚踏实地为党为人民多做点有益的事。这怎么得了，触犯了惯于说假话、吹牛皮的政治骗子们的忌讳啦！

他却义无反顾，1959 年夏还说要宣传宣传海瑞。有人劝他少惹麻烦，他认为“我们今天需要的海瑞和封建时代的海瑞在社会内容上有原则的不同。”（《论海瑞》）但海瑞一生反对坏人坏事，反对贪污，反对奢侈浪费，反对邪门歪道，反对乡愿的斗争精神，一生处处事事为百姓设想，为民谋利，不向困难低头，百折不挠，言行一致，里外如一的优良品质，还是值得学习和提倡的。他希望有无数个新的站在人民立场、无产阶级立场，为建设社会主义而进行百折不挠斗争的海瑞，有敢于反对旧时代的乡愿和今天的官僚主义、能深入群众关心人民疾苦的海瑞。

接着，他在引起了弥天大祸的《海瑞罢官》里，再次提出“海瑞的刚直不阿，不为强暴所屈，不为失败所吓倒，失败了再干的坚强意志”，是值得学习和歌颂的。姚文痞一伙野心家，牵强附会地把“罢官”当作“要害”下毒手，其实，仅从吴晗所提到的海瑞那些好品德来说，也就够打痛这伙政治骗子的“要害”了。何况他在写的另一篇纪念当过明代兵部尚书于谦的文章中，痛斥奸佞欺君误国，残害忠良，岂不是更击中了林彪、“四人帮”的痛处吗？

这一小撮道德败坏，品质恶劣，极端害怕人民群众的民族败类，从迫害吴晗兴起的文字冤狱，标志着一场骇人听闻的大灾难，强加在我们民族头上了。在那腥风血雨漫漫长夜时，是非颠倒，善恶倒置，我们多么需要海瑞那样刚直不阿，敢于仗义执言，为民平冤的社会主义时代的忠良呵！也使人更加怀念光明磊落的吴晗同志！他又是多么酷似海瑞的形象！他也因宣传海瑞被迫害而家破人亡，哪一个正直的人不为此而悲愤！试看《海瑞罢官》冲破禁锢重返舞台，观众强烈的反响，不正是表明广大人民群众对吴晗和海瑞的深切同情和敬重吗！

1979年8月，晗师冤狱终于平反了。在我们社会主义国家发生这样一场悲剧，实在值得深思！我们不再悲伤和流泪，将从他所遭到的比海瑞更不幸的命运中，吸取血的教训，万众一心，维护和加强社会主义的民主和法制吧！真正实现安定团结，为四个现代化战斗吧！

敬爱的晗师，您和我们一同经历的民族灾难，已经一去不复返了。您，可以安息了！

吴晗同志与普及历史科学
——纪念北京市历史学会成立三十周年

张习孔

吴晗同志是一位学识渊博、治学谨严、正直不阿、实事求是的历史学家，北京市历史学会的创始人，第一、二届会长。他生平致力于中国古代史的研究工作，对明史造诣尤深，并发表过大量学术论著、读史札记、杂文、戏剧及知识性文章，为我国历史科学的繁荣和发展作出了不可磨灭的贡献。特别难能可贵的是，他还以最大的热情，惊人的魄力，积极地提倡、宣传和躬身实践历史知识的普及工作。

中国历史悠久，人口众多，历史载籍浩如烟海，在我国漫长的历史上，曾经有过许多伟大发明创造和丰富浩瀚的哲学、史学、文学、艺术的优秀成果，积累下异常丰富的斗争经验，出现过许多伟大的历史人物和著名的历史事件。这些都是我们民族的珍贵遗产。我们应当批判地加以继承，从中吸取有益的营养，来更好地为今天的伟大事业服务。但是，应该看到，我们的国家在经济、文化上还很落后，虽然我们有丰富的历史遗产，然而我们的广大人民在过去旧的历史时期，没有受教育、学文化的机会，文盲大量存在，对历史知识更是知之甚少，这怎么能实现祖国的四化建设大业呢？正是有鉴于此，吴晗同志以他的远见卓识，不止一次地强调向人民群众和青少年普及历史知识“是一件极为重要刻不容缓的事情”。他说：“单有提高，没有普及，只是少数人提高了，大多数人还是一穷二白，这是不符合我们党和国家的要求的。”他希望“使人人懂得点自己和别人国家的历史，掌握社会发展的规律，认识自己的前途，并通过历史的学习，更加热爱自己的祖国，热爱党，热爱人民，信心百倍地投身到社会主义事业的建设洪流中去”。他把普及历史知识作为进行爱国主义和共产主义教育的重要内容之一，为之倾注了全部心血和付出了巨大的劳动。其中影响最大、用心最勤的是他主编的两套规模空前的《中国历史小丛书》和《外国历史小丛书》。

吴晗同志为青少年学生编辑出版历史科普读物的想法由来已久。他在担任北京市文教领导工作后，曾多次同有关负责教育工作的同志谈到应当重视学生的校外教育，同时提出为青少年学生编写课外读物的问题。但当时条件尚不成熟，他的这一主张，未能立即付诸实行。1958年秋，在一次北京市全体中学历史教师大会上，吴晗向教师们作报告，提出为青少年学生编写一套比较全面系统的课外历史通俗读物的倡议，受到与会同志的热烈拥护。为了落实这项工作，吴晗邀请了一大批热心普及历史知识工作的专家、教授，组成了《中国历史小丛书》编委会，专门负责制定全面计划和分工审查稿件。他自告奋勇担任主编，同时指定北京教师进修学院历史教研室担任助编工作。为了开辟稿源，吴晗亲自出马，先后两次召开了包括市内五十所中学校长和文、史、政教师参加的会议，动员各校教师利用业余时间参加编写。

《中国历史小丛书》是普及读物，如何才能写得符合读者的要求是一个新课题。吴晗提出“深入浅出，生动活泼”的两条要求。他说：“要做好普及的工作，还必须深入浅出，道理要讲透，文字要让人尽可能地读懂。要化艰深的道理为日常说话，谁都听得进去，不要把简单的事物说得使人莫测高深。”为了探索专题史话的写法，他还两次邀请编委、专家和作者一道交换意见，交流经验，取得很好的效果。

吴晗担任繁重的行政工作，还有许多社会活动，工作是相当繁忙的。但无论在什么情况下，小丛书的每次编委会他都亲自到会主持。小丛书的每本原稿，他不可能都亲自审阅，但是每本书的二校样，他都要亲自过目作最后的审改，直至在政治性和科学性上都认为没有问题了，才签字付印。吴晗对待普及工作的严肃认真精神，深为人们所敬服。

在吴晗的积极领导和作者、编委、编辑们的共同努力下，从1959年至1965年，这套丛书由中华书局出版了近一百五十种（为原定总选题的一半），无论从数量或质量上说，都是空前的。1962年，当《中国历史小丛书》出版一百种的时候，我曾走访过科学、教育、文化出版各界和工农兵读者，并在一些中学召开师生座谈会，广泛征求意见。各方读者一致反映，这套丛书主题明确，内容丰富，形式活泼，文字通俗，是一套良好的历史科普读物，并赞扬吴晗“为人民做了一件大好事”。可是就是这样一套大有益于人民的书，竟被“四人帮”及其追随者诬蔑为“毒草”丛书；主编吴晗及一些编委、作者竟被打成“反党反社会主义分子”，有的被迫害致死。人妖颠倒，是非混淆，“四人帮”之鬼蜮心肠，毒于蛇蝎，人之恨之，不得比于人类！

“四人帮”被粉碎后，中华书局于1978年重新恢复出版小丛书，几年来，连新出和修订，共计出版二百三十多种，累计印数一千五百万册。从1982年起在出版单行本的基础上，又把古代史部分按内容分类，计划编辑出版《中国历史小丛书》合订本18种，现已出版的有“中国历史的童年”、“古代经济专题史话”、“古代文化专题史话”、“古代政治家传记”、“古代旅行家的故事”等十余种。在同类历史通俗读物中，《中国历史小丛书》是建国以来规模最大、门类最全、反映最好的一种。这套丛书的主要特点是：

第一，选题广泛扼要。《中国历史小丛书》的选题，“文化大革命”前确定为三百个，通过广泛的选题，力求比较全面地反映祖国几千年的历史概貌，反映祖国悠久文化的各个重要方面。就历史人物而言，这套丛书包括了在历史上有过杰出贡献和深远影响的著名政治家、思想家、文学家、科学家、军事家、旅行家、民族英雄以及重要帝王的传记一百一十多个；又如王昭君、冼夫人、文成公主以及明代三娘子等致力于民族友好的感人事迹，也可以从这套书中找到。在历史事件方面，单就农民起义而言，就包括了从秦汉至晚清的十三次农民反抗斗争，突出了劳动人民创造历史的这一主线。与其他同类读物不同的是，这套丛书在人物、事件之外，还包括了经济和文化专题史话、名城史话、五岳史话、名胜古迹史话以及对古代重要书籍和近几十年来发现的主要古人类文化遗址的介绍等选题。这不仅可以帮助读者了解中华民族的历史贡献和辉煌成就，还可通过丰富多彩的历史事实，激发读者的爱国热忱和民族自豪感。

第二，科学性与思想性并重。《中国历史小丛书》是这样一套历史普及读物，它以科学性为第一生命，努力给读者以确切的知识，不掺杂任何编造和虚构。例如，我国戏曲、小说中，有许多为人们所熟知的著名人物，如孟姜女、穆桂英等，尽管故事生动，但不能作为历史人物来介绍。这套书在强调科学性的同时，也注意到了它的思想性，其中最主要的一点就是贯彻爱国主义思想，如对历史上那些忠于祖国、锐意改革、抗击外来侵略、反对民族压迫、热爱祖国河山、为改造祖国自然进行探索的志士仁人，对农民起义、农民战争等重要事件及其杰出代表人物，都尽可能地列入了选题。有些书，还注意到了历史事件、历史人物在今天社会条件下对人民的教育意义和作用，使读者从中吸取有益营养，达到古为今用的目的。

第三，深入浅出，雅俗共赏。《中国历史小丛书》虽然是普及读物，每本书的篇幅只有两万字左右，但要写好它，既要求作者能够运用历史唯物主义观点，给读者以准确的历史知识，又要求在文字表述上生动活泼，具有吸引力。已出版的许多种“小丛书”，大部分能兼准确、生动于一身。特别是一些专家写的书，就更能体现这一原则。如贾兰坡的《北京人》、任继愈的《韩非》、何兹全的《祖逖北伐》、侯仁之的《徐霞客》、周一良的《明代抗倭援朝战争》、吴晗的《海瑞的故事》、戴逸的《北洋海军》及潘洁兹的《绘画史话》等，都是在深入钻研的基础上，按照“小丛书”的写作要求，做到了通俗易懂，引人入胜。所以，它既是青少年的课外读物，又可供文史教师作为教学参考，正如有的专家所说，“于史学普及之中，寓专攻欣赏之妙。”

在《中国历史小丛书》工作取得一定经验的基础上，吴晗遵照周恩来总理的提议，又主动地承担了主编《外国历史小丛书》的任务。编辑这套丛书的目的是“要向群众普及外国历史知识，要为出国人员提供参考资料”。在吴晗的主持和一些世界史专家的协助下，“文化大革命”前，这套丛书由商务印书馆出版了五十种，为向群众及外事人员普及外国历史知识和中学历史教师备课，提供了方便，作出了一定的贡献。

吴晗认为，普及历史知识必须从多方面着手，形式可以多种多样。根据广大城乡具有高小以上文化水平的青年、解放军战士和一般机关干部阅读历史读物的需求，吴晗又热心地主编了一套题名为《中国历史常识》的普及读物（共八册），由中国青年出版社出版。这套书的特点是采取问答的形式，给读者以必要的历史常识。出版后，受到广大读者的热烈欢迎和好评。粉碎“四人帮”后，中国青年出版社又在原书基础上，以中等文化程度的青年为主要对象，重新组织编写了《中国古代史常识》和《中国近代史常识》。

吴晗对于普及历史科学知识，不但热心组织，而且以身作则，带头实践。他在号召每位编委为《中国历史小丛书》各写一本书的同时，亲自写了一本《海瑞的故事》，起了很好的带动作用。他虽然工作很忙，但报社、杂志社找他写文章，往往有求必应。仅在1959年建国十周年这一年里，他就写了四十多篇普及性的文章，大部分收在他的《灯下集》中。吴晗写的许多篇文章，都能给人们以生动具体的历史知识，文字简朴，通俗易懂。例如他写过《谈迁和〈国榷〉》一文，向读者介绍一个具有顽强斗争、刻苦研究精神的明代爱国历史学家谈迁和他两次写作长达五百万字的历史著作——《国榷》的艰苦过程。谈迁第一次写成后，稿子被人偷走了，但他并不灰心，哭了一场以后，又重新搜集史料，调查访问，搞了七八年，终于第二次完成了《国榷》这部书。文字简洁生动，使人读了很受感动，很受教育。另外，他还写了一些着重于纠正读者从戏曲、小说中得来的不正确的历史知识的文章。如1959年中国京剧院和北京京剧团联合公演大型历史剧《赤壁之战》时，吴晗曾在《人民日报》上发表了《论〈赤壁之战〉里的周瑜、诸葛亮、张昭》一文，对广大群众熟悉的三国时代人物作了历史唯物主义的评介。在文章的末尾，作者特别对当时吴蜀两方统帅的年龄作一个有趣的考证：鲁肃三十七岁，周瑜三十四岁，诸葛亮二十七岁，从而澄清了人们从戏曲小说中得来的周瑜（周郎）比诸葛亮年轻的错误传统印象。

吴晗还通过他领导下的北京市历史学会和北京教师进修学院举办各种为广大群众、教师关心的、雅俗共赏的“历史讲座”。他自己曾经为中学历史教师讲过《从曹操问题的讨论谈历史人物评价问题》；为妇女和一般听众做过《谈武则天》的报告。他还邀请著名历史学家郭沫若、翦伯赞等担任主讲人。以上的讲座和报告，对普及和繁荣历史科学，都起到了积极的作用。

记得1961年，中央人民广播电台开办“历史故事”节目，电台记者向吴晗征求意见。他除表示赞同外，并主动为这个节目写了一篇《隋末农民起义领袖窦建德》的广播稿，而且亲自担任了第一讲的讲解，开了一个很好的头。以后中央电台这个节目连续办下去，办得很出色。1963年，北京出版社把电台广播过的稿子，加以选编，汇成《历史故事》，共出版了六集。吴晗又热心地为这套书写了总序。

在吴晗的亲自组织和领导下，“文化大革命”前的七八年里，通过编写普及读物，团结了一些同志，调动了一批写作力量，还培养了一些人才，提高了一些人的业务水平，吴晗对此是有重大贡献的。

编写历史剧，是吴晗提倡的普及历史知识的另一个方面。

在《论历史剧》一文中，吴晗写道：“正确的历史剧可以普及历史知识，是进行历史主义、爱国主义教育最有效的工具。”他提出历史家和戏剧家合作编写历史剧。在他的号召下，1961年，由他领导的北京市历史学会组织一些高校的历史工作者编写出从春秋到抗日战争时期的历史素材五十篇，编成《历史剧拟目》，由中华书局印行，当时对鼓励和繁荣历史剧的创作，起了一定的推动作用。

我们仅从以上一些事例，可以见到吴晗对于向广大人民群众和青少年普及历史科学知识，确是饱含激情、不遗余力的。

吴晗在积极主编和撰写历史通俗读物的同时，还不时地通过讲演、写文章宣传做好普及工作的重要意义。他向专家们大声疾呼说："为了我们的干部、工人、农民、士兵，也为了我们自己的孩子，我们有权利提出这个要求，要求各方面的学者、专家也来写一点通俗文章，通俗读物，把知识普及给人民。"他不满意一些专家对普及工作采取漠不关心的态度。他指出："目前有一种观点，认为只有写专门论文、专门著作才是学术研究工作，才是学者，才是专家。至于写通俗文章，写普及知识的小册子，那是低人一等的，是另一种人干的事，让他们搞去吧，我不搞这个。拿我自己为例，就曾听到人们批评：'这个人呀！只会写点通俗的小玩意！'"吴晗针对上述的不正确批评，风趣地回答说："是的，可敬的先生们，确是这样，可这说法得改正一下，对我来说，还不能说是只会，而是力求要写好通俗的东西……学术研究工作不为广大人民服务，不为工农兵服务，又为谁服务呢？"

吴晗以史学名家的身份，大力提倡普及历史知识，并以之为己任，是十分难能可贵的。在他的带动下，"文化大革命"前，有些专家在从事专门研究之余，也兼写些普及文章和读物，对促进历史知识的普及，繁荣我国的历史科学，都起了良好的作用。在当时全国范围内，曾一度出现了一个重视编写通俗文章和普及读物的热潮。这与吴晗的倡导是分不开的。郑天挺先生说：普及工作"是一项比提高更艰巨的任务，是许多专家不肯做的，没有绝大魄力也不能做，不敢做的"。这是十分中肯的评论。

（选自北京市历史学会秘书处编，《北京市历史学会成立三十周年纪念文集》，1990年12月）

缅怀我受益终生的吴晗导师

——纪念吴晗先生诞辰100周年

张海瀛

我是1964年初，拜吴晗先生为师攻读明史的。同年10月，我因下乡参加“四清”中断了正常的学习生活。按照吴晗先生的安排，日以继夜地攻读明史，虽说仅仅8个月，但它却确立了我学习和研究明史的方向，并在吴晗导师的指引下进入了攻读明史的殿堂，使我受益终生。2009年9月24日，是吴晗先生诞辰100周年。在这令人回首往事的时刻，吴晗先生循循善诱、亲切教诲我的音容笑貌，潮水般地涌上我的心头。兹遴选一些印象极深的片断，联系我的感受和体会，梳理成文，以资纪念。

当时，吴晗先生招有两个研究生。除我以外，另一位是中国科学院哲学社会科学部的张显清同志。吴晗先生考虑到我们两人的学习进度不同，便让我们分别求教，每周一次，我被安排在每星期五的下午。先生为了使我能够有一个较好的学习环境，又同院、系领导商定，除保证我每星期要有六分之五的业务学习时间外，还在院图书馆内给我开辟了一个研究室。从那以后，我就整天钻在这个研究室里攻读先生指定的书籍。吴晗先生对我每星期五的登门求教，十分重视。记得有一次，先生告诉我他要去西藏，下星期五不要来了。但到时候先生又打电话叫我去。我见到先生时顺便问了一句：“先生没有去西藏?”先生谈笑风生地说：“哪里！去了两天，总书记（指邓小平）找我有事，就把我叫回来了。我既已回来，你还是按时来为好，要不学习进度就受影响。”吴晗先生为开扩我的视野，还给我办理了北京市政府的介绍信，要我去温泉明清档案馆（那时不对外开放），查看明代档案，并要我定期汇报查阅情况和收获。

吴晗先生指导我读书时，多次告诫我，学习明史一定要从基本书读起，在基本书上下功夫，花力气。他说，《明史》、《明史纪事本末》、《明实录》，这些都是学习明史的基本书，非读不可。先让我读了一遍《明史·本纪》和《明史纪事本末》，接着就让我读《太祖实录》和《太宗实录》。当我读完《太宗实录》时，先生又教了我一种读书方法。他说，现在你要改变一下读书方法，要按列朝顺序，以朝为单元，从洪武朝开始，一朝一朝地读。比如说洪武朝吧，先读《明史·太祖本纪》，对洪武朝有个总的了解；再读《明史纪事本末》卷一至十四（洪武朝纪事本末），这样你对洪武朝的重大事件就知道得详细多了。因为《明史纪事本末》不是抄撮《明史》写成的。《明史纪事本末》成书在前，《明史》成书在后。这是《明史纪事本末》与其他纪事本末不同的地方。《明史纪事本末》中涉及的人很多，你再回头去参看有关的《明史·列传》，这样就把人与事联系在了一起，既便于掌握，又便于记忆。《明实录》量很大，材料非常丰富，是研究明史的主要史料来源。万斯同最推崇《明实录》，他撰写明史底本时就是以实录为指归的。明列朝实录，万斯同几乎可以背诵。王鸿绪的明史稿，不过是万斯同明史底本的改头换面。康熙十八年（1679）后，万斯同又以平民身份参加《明史》编纂，他不列名次，不拿薪俸，但却出力最大。在万斯同以前明代的一些史学家，对实录则有很多批评。《太祖实录》纂修过三次，这是批评的一个重要内容。《太祖实录》初修于建文之世，再修于永乐初年，三修于永乐九年。其实再修和三修的用意，就在于证明燕王朱棣确为高后所出，故懿文太子死后，伦序当立。现在我们又不去考证这些问题，其他部分的记载还是可信的。万历时把建文元年至四年的纪事附于洪武朝后，采用洪武纪年，这就是洪武朝只有三十一年而《太祖实录》中却出现了洪武三十二年至三十五年的由来。吴晗先生要求我读《太祖实录》时做两件事：一是编写洪武朝大事记，二是选择一两个题目抄录一些卡片。后来，先生审阅我编写的大事记时，首先肯定我踏实认真，但同时又指出，太烦琐了，很多不该写的都写了进去，已经不称其为大事记了。对我抄录的卡片，还比较满意。

我以朝为单元读完太宗朝时，先生让我作了一次全面汇报。随后说，读书一定要从基本书入手，但只读基本书还远远不够，从现在起再给你增加两部参考书，一是《国榷》，一是《明经世文编》。《国榷》是谈迁根据明代列朝实录、崇祯邸报以及百余种诸家著述写成的。谈迁编撰《国榷》的一个重要意图，就在于纠正明代列朝实录中的失实和错误之处，所以读《明实录》时，不能不认真去看它。由于《国榷》这部书没有刊行，所以也没有经过四库馆臣的胡乱删改，史料价值很高。《太祖实录》不承认建文朝的存在，《国榷》不但恢复了建文年号，而且还站在建文帝立场上纪事，如建文帝削除燕王号位后，《国榷》直呼永乐为燕庶人。《太祖实录》对杀戮诸将记载极为简单，只录某年某月某日某人死，不说是怎样死的。而《国榷》则不加隐讳地把事实记录了下来。通过这些不同记载的对照，就可使我们对某些史实的了解更接近或符合当时的历史实际。《明经世文编》是一部从历史实际出发，总结明代统治经验，经世致用的书。这部书现在不必全读，你看一下序言、影印附记、分类目录就可以了。你在读基本书时，也可围绕一两个问题，参看一下其中的有关疏奏，熟悉熟悉这部书，懂得这部书的编辑情况和使用方法即可，这对你以后的研究工作大有好处。

吴晗先生听了我阅读《国榷》和《明经世文编》的汇报后，又说，你翻阅这两部书后，收获很大、弄清了许多错综复杂的史实，这是很自然的事。要知道记载明代历史的书还多得很哪！要真正弄清许多错综复杂的史实，还需要翻阅很多很多的书。诸如傅维麟的《明书》、陈鹤的《明纪》、查继佐的《罪惟录》、张岱的《石匮遗书》、沈节甫的《纪录汇编》等等。若要了解明代的典章制度，就非读《明会典》、《明会要》不可。各种专著，如徐光启的《农政全书》、宋应星的《天工开物》等，也相当多。有关明代历史的野史笔记多达千种以上，若把各种文集和方志也算上，因为那里面保存了不少有价值的史料，简直是浩如烟海了。正因为书很多，读起来有点像老虎吃天，没法下口。所以我才再三强调，一定要从基本书读起，在基本书上下功夫。读了基本书，你就有了主心骨。有了主心骨，你再翻阅其他书时，才能够选取和驾驭那些有价值的史料。这就是开始阶段我只让你读基本书的原因所在。至于说到研究，基本书以外的书不是不重要，而是很重要。有时甚至比基本书更有用、更直接、更重要。但追根溯源，对这些书的阅读和使用，都不能不以基本书为依据。

吴晗先生在指导我搜集和掌握史料过程中，首先特别重视提高我的认识，培养我搜集和掌握史料的主动性、自觉性。先生经常说，不论做教学工作还是研究工作，都必须掌握充分的经过严格审查和鉴别的史料。史料是研究历史的基础，要弄清一个哪怕是很细小的问题，也必须掌握充分的史料，不然就没有说服力。文学家可以凭灵感，而史学家则只能靠史料。自古以来没有不搜集和掌握史料的史学家。其次，先生告诉我搜集和掌握史料时一定要注意广度。所谓广，就是要对明代列朝的历史，比如洪武、建文、永乐……都要有个基本的了解，这样才能掌握明史的全貌。这个工作可通过写读书提要、心得笔记、编制大事记或年表来完成。第三，先生要求我搜集和掌握史料时还必须注意深度。所谓深，就是对一些重大事件、具体问题、历史常识都要深入钻研，反复推敲，真正搞清楚。然后，再通过写摘要、抄卡片，加深理解，帮助记忆，把它变成自己的知识。在说到抄写卡片时，先生再三强调，抄写卡片一定要标明分类，加上标题，注明出处，一张卡片就记一件事。先生拿起我抄的一张卡片说，像这张卡片，把致仕还乡官员免除徭役和序尊卑的规定抄录在一起就不妥当，最好把它抄成两张卡片。遇到一条材料讲两个问题的情况时，你就要把它分别抄作两张卡片，既锻炼你分析史料的能力，又便于分类保存。在谈到卡片分类时，先生说，保存卡片要有个固定的总的分类法，不然就会乱套。但在使用时，则可根据需要临时再分成若干类。用毕，一定要按固定的分类归还原处，以便检阅。

在我积累了一些资料的基础上，先生又引导我沿着训练研究的方向前进了。先生让我选择个题目练习研究。那时我抄录的资料大部分是洪武朝的，再加上我对先生写的《朱元璋传》看过多次，还写了两三万字的笔记，所以拟就朱元璋由农民起义领袖蜕变为封建皇帝的历史过程进行一些探讨，先生同意了我的选题。在指导我练习这个选题时，先生首先要我做朱元璋年表，对于朱元璋思想发生变化的重要年代，比如从龙凤元年（1355）到洪武初年，纪事要力求具体、全面；其次，要我着重探讨儒士对朱元璋的直接影响，从李善长、李习、陶安到刘基、宋濂、叶琛、章溢，逐个进行具体的探讨；第三，要认真阅读有关研究朱元璋的文章和著作，从王崇武的《论明太祖起兵及其政策之转变》（见《历史语言研究所集刊》1941年第10本）到近年来出版的一些著作和文章，都要认真去读，要写读书提要和笔记，还要把发现的问题和自己的一些想法记录下来；第四，用最简洁的语言把自己要写的文章的中心思想写出来，按照文章的中心思想再编写写作纲目。先生强调指出，完成上述任务的过程，就是培养和训练研究能力的过程；一个人的研究能力，只有在完成研究任务的实践中，才能逐步培养和训练出来。在谈到怎样写学术论文时，先生说，好的学术论文必须具备两条：一是要观点明确，材料丰富，有独到见解；二是要结构谨严，语言精炼，通过史实讲道理，以理服人。这两条说起来很容易，做起来就难得多了。因为这里既包含着研究能力的严格训练，又包含着撰写文章的基本功力。在谈到怎样练习写作时，先生说，练习写作的最好办法就是多读书、多写作、多修改。学会自己修改自己的文章，这是练习写作的一个基本功。自己的文章写成后，要回过头来再读书，再看别人的文章，从中吸取营养，提高认识。认识提高后，再看自己的文章，再找漏洞，挑毛病，进行修改。有时小改，有时大改，有时甚至还得推倒重来。自己修改自己的文章，一定要有推倒重来的勇气，否则就改不上去。推倒重来不是做无用功，而是更上一层楼。不这样写不出好文章来。很多好文章，不是妙手写出来的，而是妙手改出来的。

原先我只读基本书时，进度较快，每周都能完成读书计划。翻阅《国榷》和《明经世文编》以来，就出现了完不成计划的现象。选择题目练习研究以后，完不成计划的现象日益严重。于是我就向先生如实做了汇报。先生说，这我清楚，近来我就没有检查你的读书进度。读基本书也要波浪式前进，有高有低，有快有慢。现在你已读了一些基本书，可以暂停一下。在翻阅史籍、积累资料、训练研究能力和写作能力方面，多下些功夫。这样，不仅对你提高业务水平大有好处，而且对你今后再读基本书也大有帮助。正当我在先生指引下跨入学习和训练基本功的时候，“四清”运动开始了。学校要我去参加“四清”，吴晗先生同意了学校的安排，我把前一阶段的学习情况写个小结，就参加“四清”运动去了。1965 年 6 月第一期“四清”结束后，我被留到顺义李桥“四清”留守组，一面工作，一面学习，并利用每月返京休假的机会，到吴晗先生家里汇报学习情况。

1965 年 11 月 10 日，反动文痞姚文元抛出批判《海瑞罢官》的黑文后，因乡下没有《文汇报》，我未曾及时看到。《北京日报》转载后，使我大吃一惊。我看了好几遍，越来看越觉得不是滋味。我读了《文汇报》12 月 1 日刊载的蔡成和同志题为《怎样更好地评价历史人物和历史剧》一文后，特别振奋，特别激动！因为这篇文章说出了我的心里话。蔡成和同志义正词严地揭露了姚文元全盘否定海瑞和《海瑞罢官》的卑劣伎俩。作者反问姚文元说，广大群众对海瑞这样的历史人物评价很高，印象很好，你为什么独独要说得海瑞一无是处，甚至是封建统治阶级的帮凶和走狗呢？照你这样的理解，那么人们又怎样区别岳飞、海瑞、文天祥和秦桧、严嵩等人之间的巨大差别呢？你是不是要打破他们之间的差别，要人们对他们一视同仁呢？作者愤怒地指出，姚文元的批判文章是“别有用心地硬要把封建统治和社会主义制度等同起来”，“硬要把‘退田’理解成瓦解人民公社，把‘平冤狱’理解成无法想象的东西”，作者质问姚文元，“你果真是这样想的吗？这是什么居心？”我百读不厌，爱不释手。接着，12 月 2 日的《文汇报》又刊登了燕人同志写的题为《对历史剧〈海瑞罢官〉的几点看法》一文，作者引证了大量的铁一般的史实，对剧中的海瑞和历史上的海瑞进行了具体的分析和比较，指出，剧中的海瑞是符合历史事实的真海瑞。从而有力地批驳了姚文元胡说的剧中的海瑞是一个不符合历史事实的假海瑞的谬论。我仔细读完后还写了笔记和摘要。随后，我带上这两张《文汇报》，专程返京去见吴晗先生。先生如同往常一样，热情地把我接到书房里。先生问我说，“你还在乡下吗？”我说还在。接着，我就把《文汇报》上批判姚文元的文章递给先生看。先生说：“姚文元根本不懂历史，不懂还要装懂。不顾起码的史实，捕风捉影，胡乱联系，无限上纲，那样能说服了谁呢！”我问先生是否准备写篇回敬的文章，先生说：“准备写，问题是怎么个写法。”先生问我有何看法？我说：“我看和郭沫若替曹操翻案差不多。”先生说：“不好类比，恐怕不那么简单，看来很有来头。”随后，我又说了些乡下的事，就告辞了。

12月30日，《人民日报》登出先生的自我批评后，我读了一遍又一遍，感到先生的检讨是十分诚恳的，很有说服力的。时逢新年休假，我又去拜访了先生。先生问我：“看报了没有？”我说：“拜读过了，而且读了好多遍。”先生问我：“你听到些什么反映和说法？”我说：“反映很多，说法不一。有的说，《人民日报》发表先生的自我批评，说明这场争论快要收场了；有的说，不像收场的信号，更像升级的信号。”先生说：“要是辩论升级，事态恶化，你的学习就有中断的危险。不过事在人为，有志者，事竟成。”说着先生拿来《朱元璋传》、《读史劄记》、《学习集》、《灯下集》、《投枪集》、《海瑞集》，分别在封面上写上：“送给海瀛同志，吴晗一九六六年元旦”，然后送给我，最后又把先生在高级党校讲授明史的讲稿，共四讲，也拿过来给了我。我含着泪花，抱着先生赠送的宝书，深深地鞠了个躬，告别了先生。

1966年1月26日，春节后，我同往年一样，去先生家拜年，先生热情地接待了我。先生问我，还去顺义吗？我说，还去，计划明天走。先生说：“现在上面情况错综复杂，你在乡下还好，那里比较平静。”随后，又说了一些勉励我的话，我就告辞了。万万没想到这次告别，竟成了我和先生的永别！

1972年夏，我由北京调回山西工作。“文化大革命”后，吴晗先生的冤案终于得到平反昭雪。1979年9月14日，我应邀专程赴京参加了吴晗先生的追悼会。站在先生的遗像前，许许多多的往事，涌上心头，我终于失声痛哭起来！会后，谢承仁先生说，他要整理吴晗先生在高级党校讲授明史的讲稿。我说，1966年元旦我去看吴晗先生时，先生把这个讲稿全部（共四讲）送给了我，很快我把这个讲稿送回了山西盂县老家，这是我保存下来的唯一的吴晗先生的遗物。后来，我从山西盂县老家取回这个讲稿，交给《北京师院学报》编辑部的杨生民同志。《北京师院学报》1978年第2期，以《明史简述》为题，署明吴晗遗稿，刊登了第一讲《明太祖的建国》，并加了如下一段编者按：

> 前北京市副市长、杰出的历史学家吴晗同志生前曾任我院历史系名誉教授，对我院和我院历史系的工作十分关怀，并经常来院讲学。1962年吴晗同志曾在中央高级党校讲授明史，他把这个讲稿交给我院谢承仁、张海瀛同志请他们帮助整理。“文化大革命”中，这两位同志把吴晗同志的遗稿妥善地保存了下来。吴晗同志是受林彪、“四人帮”残酷迫害含冤而死的。他的去世，是我国史学界的重大损失。为了悼念吴晗同志，现将吴晗同志遗稿照原文分期发表。

这期学报，我保存至今。《北京师院学报》将这四讲连续刊登后，1980年又以丛书形式，印成单行本行世，并送给我一本，在书的背面用铅笔写有“张海瀛提供”五个大字。学报编辑部总共给了400元稿酬，我收到这笔稿酬后，托张显清同志（他知道吴彰住处）将这400元稿酬全部转交给了吴晗先生之子吴彰，我知道当时吴彰穷困潦倒，这笔稿费对他而言犹如雪中送炭，可解燃眉之急。1980年，中华书局亦以《明史简述》为题，出版单行本，在全国发行。北京出版社1988年出版的《吴晗文集》，并未将《明史简述》收入。仅在《吴晗文集》第四卷《吴晗著作目录编年》一文中有这样一段记载：“《明史简述》，写作日期，1962.11；北京师范学院出版，1980；中华书局出版，1980.9”。看来，还有必要具体说明吴晗先生遗稿

《明史简述》的保存情况和发表过程，以便引起史学界同仁的关注。

1983年夏，我被任命为山西省社会科学院副院长，获得了一个展现从吴晗先生那里所学本领的机遇和平台。我在主持科研工作期间，创建了20世纪末全国第一个家谱资料研究中心。我之所以重视家谱，就来源于吴晗先生的谆谆教诲，先生曾经多次告诫我："族谱和方志，对于研究明史来说，犹如两座尚未开发的金矿。只要挖掘，定有收获。"所以我在主持点校《山西通志》过程中，顺便就征集、复制了一批家谱。1985年6月，"缅甸太原王氏家族会"致函太原市王茂林市长，要求查找开族始祖王子乔的资料；1986年，国务院侨办又转给太原市一封"泰国王氏宗亲会"来信，说他们的始祖有南京和太原两说，要求帮助查证哪一说可靠。这两封来信引起了山西省和太原市领导的重视，为回复这两封来信，组织专门班子，收集资料，调查研究。这样，收集与研究家谱遂被提上议事日程。其后，我又与国家档案局、中国社科院、南开大学、中华书局取得联系，在他们的大力支持下，由山西省社会科学院发起，成立了中国谱牒学研究会，从此揭开了家谱收集、整理和研究的新篇章。1991年2月23日《人民日报》海外版报道称："我国最大的中国家谱资料中心在山西省社会科学院建成。"吴晗先生如有在天之灵，当看到被他视为金矿的家谱，在改革开放条件下得到如此规模巨大的开发和利用，一定会含笑于九泉之下。

幸存者的回忆

吴 彰

我亲爱的爸爸、妈妈和姐姐遭到林彪、“四人帮”这伙封建法西斯强盗的残酷迫害，先后被他们夺去了宝贵的生命。十年前，我们是一家四口，如今只剩下我一个人了。

到处掀起批判“三家村”狂潮的时候，姐姐在北长街小学上五年级，我才在景山学校上一年级。转眼之间，周围的一切都变了，在众目睽睽之下，在盈耳的声讨中，我们灰溜溜地抬不起头来。疑团塞满了我们幼小的心灵，从我们一懂事就教育我们好好学习，听党的话的爸爸会是坏蛋吗？我们慈祥可亲的爸爸怎么会是坏蛋呢？可是人人都要口诛笔伐。学校里布置我们写批判爸爸的稿子，多么难啊，最后还是爸爸、妈妈起草，我们抄好上交。姐姐从学校回来，一看到爸爸、妈妈就忍不住哭了。爸爸眼里闪烁着泪花，搂着姐姐对她说：“彦，爸知道你委屈，爸对不起你，等你长大了就知道爸爸是好人了。”

不久，深夜里的猛烈砸门声就常常把人惊醒了，我老是吓得缩在妈妈怀里。他们翻过围墙，破门而入。整个院子贴满了“绞死”、“砸烂”的大标语。外国友人送给爸爸的礼品当作“四旧”砸烂了，电视机也不能幸免，就连爸爸珍存着的姐姐从三岁起画的图画，都在“这是什么玩意儿”的斥骂声里付之一炬。

我更是永远忘不了他们把爸爸跪绑在烈日下的枯树上，往他脖子里灌晒得滚烫的沙子。他们抡起皮带抽他，揪他的头发，拧他的耳朵，用各种想得出的法子侮辱他。爸爸三天两头被拉出去游斗。学校要斗，区里要斗，县里要斗，这里要斗，那里也要斗。爸爸每次被拉走，全家的心就像打水的吊桶一样。可遍体鳞伤的爸爸回到家反而笑着宽慰妈妈："今天看见彭真、薄一波啦，人家都是那么老的干部，我是陪绑的，怕什么。"

一度我们被迫划清界限——分家了。多年以后，从小被爸爸带大的姐姐说，她看到分家之前刹那间爸爸盯着她的眼光，心里像刀割一样难受。爸爸住在外屋，连热饭的火都没有，又不能出去，姐姐瞒着别人悄悄上街给爸爸买大烧饼和香烟。妈妈怎么会不心疼爸爸呢？看到他喝凉水啃烧饼就轻声对姐姐说："快把这壶开水给爸送去，可别让人看见。"姐姐待在一旁，巴望着的就是妈妈这句话。

家已经被抄过好几次。爸爸从青年时期节衣缩食积攒收藏了一生的珍本古书全部抄走了；记录着爸爸、妈妈一辈子点点滴滴血汗劳动的卡片抄走了；爸爸、妈妈辛勤工作的成果——他们全部的手稿，不管是发表过的还是未发表过的，一页不剩地抄走了；文物、字画抄走了；主席、总理、郭老等人和爸爸书信往还的手迹也抄走了。经过几次浩劫，残留下来的书籍就像爸爸二十五岁时在《碧血录》一书的空白页上写得那样"盖为残帙，不为人所重"。

1967年初，我们被扫地出门轰到城南一隅，和万里伯伯、张友渔伯伯家住在一起。家是姐姐一个人主持搬的。我年纪尚小，爸爸、妈妈不能也不敢出门。有一次，靠在墙上的大床垫倒了，把姐姐瘦小的身子压在下边，怎么也挣扎不动，过了几小时，来了人掀开床垫，她才出来。

我们一家的到来成了当地的头号新闻。从早到晚来往的人群络绎不绝，有时把楼道挤得水泄不通。后来简直无法"接待"了，爸爸、妈妈被迫站在四楼凉台一张凳子上，一天无数次地手持语录本向楼下的人山人海"请罪"。姐姐和我早已不敢上学了，去学校学什么呢？校内校外到处都是不堪入耳的辱骂，扔过来的石头块、粉笔头。家里的大门锁一次次被砸掉，已经换过两次的地方，门框再也不堪一击，快要倒了。玻璃一块块被打碎，只好在外边装上铁丝网。

没过多久，爸爸进了劳改队，在那儿被人打出内伤，口吐鲜血。他的身上总是旧创未平，新伤又起。当时像这样的伤谁敢去看呢？

云南白药变成了我们家必备的珍贵常用药。记得一个星期六的晚上，又是浑身青肿的爸爸艰难地挪到家里。姐姐淌着眼泪给爸爸敷药，爸爸疼得紧锁眉头，可还强作笑颜地安慰姐姐："彦，没关系，他们打爸的时候，爸一想你，身上就不疼了。"为了减轻家人的痛苦，爸爸很少提起他们怎么打他。还是十余年之后，听到和我一样幸存下来的廖沫沙伯伯谈起，才知道一点当时的情形。从那以后，爸爸就开始经常大口吐血了，但他一直瞒着家人。

1967年的农历八月十五是全家一起过的最后一个中秋节，那天月亮很圆，我们全家坐在凉台上。记得爸爸感激地提到在最困难的时候帮助过我们的修房工人，说将来一定要报答他。妈妈感慨地说："还谈将来干什么，死生未卜啊!"爸爸还对姐姐说："只要我不死，就一定要和姚文元干到底!"

可是，他们对倔强的爸爸下了毒手。他们给爸爸罗织构陷的罪名从来不敢告人，恐怕甚至连他们自己都不相信。1968年3月的一个星期六，爸爸又该回家了，姐姐和我趴在窗台上，紧盯着公共汽车站，搜寻着爸爸的身影，天黑了，饭凉了，爸爸没有回来。他们把爸爸投进了监牢。星期一爸爸走时还嘱咐我们："好好照顾妈妈，爸回来给你们一人讲一个故事。"但爸爸竟一去不复还了。

紧接着，妈妈在4月也被送入劳改队。他们哪里是想"改造"妈妈啊！妈妈身体弱不禁风，患有几种严重疾病，过去热天还穿棉袍子，现在却住在旧浴池里。她在那儿熬过了一个潮湿的酷暑和一个阴冷的严冬。妈妈的双腿瘫痪了。十四岁的姐姐每天骑车往返三十多里路去护理妈妈，干分派给妈妈的活儿。为了治妈妈的瘫痪，姐姐买来书和针，照着书在自己腿上练针灸，然后再去给妈妈扎。有的时候，拔不出针来，姐姐急得直要哭，妈妈就鼓励她："彦，别急，别急，你看妈都不怕。"后来，妈妈的腿居然奇迹般地让姐姐治好了。妈妈说，这不是女儿的医术高，而是女儿的心诚。

这期间，家里只剩我和姐姐。姐姐在妈妈的指导下管教我。白天家里没有人，那些"打、砸、抢"的好汉们又把剩下的东西席卷一空。我们是多么盼望爸爸、妈妈回到身边啊！

1969年3月17日，允许我们带妈妈去外边看病了。这是被关起来后她头一次回家，姐姐和我都高兴极了。没有晚饭，住在楼上的万里伯伯家给了一锅红豆稀粥。谁知道这竟是一顿最后的晚餐。夜半，妈妈靠在墙上大声喘气的声音惊醒了我们，我们慌忙把她送到医院，但因为我们的爸爸是吴晗，他们就百般推诿搪塞。3月18日清晨，妈妈从昏迷中苏醒，姐姐问妈妈："妈妈，你想吃东西吗？咱们有一个苹果。"妈妈说："彦，我想喝口稀饭。"我赶紧去向医生哀告，得到的却是冷冰冰的拒绝，妈妈难过得直掉眼泪。没过多久，本来可以救活的妈妈就在医院这个最最人道的地方死去了。第二天，姐姐带我去太平间给妈妈更衣，看到妈妈双眼半睁，面颊上还有几滴泪珠。妈妈是死不瞑目啊！姐姐用手合上了妈妈的泪眼，她亲吻着妈妈，一边用手绢擦掉妈妈的眼泪，自己的泪珠却像断了线一样落在妈妈的脸上。我们哭哇，哭哇，眼泪都干啦。在那个凉风凄凄、阴雨绵绵的3月18日，姐姐领着我，我们带着哭肿的眼睛去照相留念。

又是这一年的10月11日，来人接我们去看爸爸。我们高兴极了，可是又难过不安，见到了爸爸怎样对他提起妈妈呀？原来以为是去监牢，但突然姐姐从汽车里看到了医院的牌子，一股凉气顺着她的脊梁骨往上爬。他们对姐姐说："你爸爸今天早晨死了。"姐姐透过哭声问："我爸爸怎么不想看看我们呀？""昨晚他提出过要见你们，我们不知道你们住在哪儿。"我们绝望地哭呀喊啊，连在场的医生也忍不住流下了眼泪。可有人呵斥道："你们的爸爸是个很坏很坏的人，如果不和他划清界限，没有你们的好处！这件事不许告诉任何人，否则后果你们负责！"这样，我们连死去的爸爸也没有看到一眼。我们只哭着拿回了爸爸的血迹斑斑的裤子和抽剩下的香烟，爸爸的遗骨至今还没有下落。以后我们听说，爸爸戴着手铐被人押到医院看病，他满头的白发都被揪光了，还大口大口地吐着鲜血。我想爸爸是不会向江青、姚文元一伙低头的，所以他们才用这样的手段杀死他。爸爸那一年半在监牢里以及临终之前的情况也一定像刘仁伯伯那样凄惨。

妈妈、爸爸去世，我们只能把姐姐做的黑纱偷偷戴在内衣上，害怕再招来灾难和更凶的打骂。不知有多少个夜晚，我们是枕着哭湿了的枕头入梦的。

举目无亲，更加艰难的生活开始了。十五岁的姐姐和十一岁的我相依为命。姐姐记着妈妈临终之前“千万把弟弟带大”的嘱咐，她自己还是个孩子，却挑起了父母的重担。学校开家长会是姐姐去；我的功课是姐姐督促；得了病是姐姐照看；受人欺负是姐姐保护，我总是躲在姐姐身后；姐姐的学校去乡下劳动，我也跟着去。有时候，我调皮，姐姐生气打了我，她又和我一起哭。那些年姐姐不知有多少的辛酸苦楚，可是只能咽在肚子里，她向谁去倾诉呢？又有谁来保护姐姐呢？

正在长身体的时候，我们都吃得很多，可生活费又不够。只有我们的三姨（袁熙之）敢可怜我们。当时姨年近七十了，还冒险化装和我们约会，周济我们，给我们像样的饭吃。现在我还清楚地记得三姨看着我们姐弟俩狼吞虎咽的样子，心疼地说：“别急，别急，还有哪，小心撑坏了。”

我幸亏有一个好姐姐，爸爸、妈妈也有一个好女儿。

爸爸最早挨批斗的那段日子，姐姐才十二岁。一次，一伙人让爸爸跪在地上，围成一圈打他，正爬在院里海棠树上的姐姐看见了，她赶忙跳下树跑过去，朝一个正踢爸爸的人的小腿后面狠狠踢了一脚，大声叫道：“回你家打你爸爸去吧！”别的人开始发愣，后来笑了。那个人原要发作，一看是才到他腰那么高的一个小女孩儿，便指着爸爸说：“这就是他那个宝贝小崽子。”爸爸跪在地上，为姐姐出了一身冷汗。1967年4月的一个深夜，砰、砰、砰的砸门声把我们惊醒了，咣啷一声，撞锁撬掉了，门终于砸开了，人们一拥而入，接着就听见爸爸在小屋里挨打的声音和“你为什么不开门?!”的训斥。妈妈连吓带气在被窝里浑身哆嗦，姐姐一听见爸爸在挨打，挣脱了妈妈拉着她的手，穿着内衣光着脚就跳下床跑了过去，她钻过人群扑到跪在地下的爸爸身上，她高声背诵着十六条中：“要文斗，不要武斗，武斗只能触及皮肉，文斗才能触及灵魂”的段落，和人们辩论着。最后，为首的一个四十多岁的人只好对姐姐说：“你放心，我们把你爸爸带走是要批判他，我向你保证绝不会打他。”这一次，爸爸几天以后才回来，他对妈妈和姐姐说，“亏了我女儿啊！”“彦，爸这回没挨打，爸没有白疼你。”

那时候，没有人敢同妈妈说话，妈妈只得把姐姐当成大人一样和她谈话。妈妈对姐姐说：“彦啊，你是我的女儿，又是我的同志。”除生活费之外，钱全部被没收了。有一次，为买药应急之用，妈妈藏了五十块钱，只有她和姐姐知道在哪儿。不久，斗私批修时妈妈承认了。人家来审姐姐，她死也不说，直到当她面从蜂窝煤下翻出来，姐姐被说成是小顽固分子。为这事，妈妈还向姐姐道了歉。

“穷人的孩子早当家”，从十二岁起，里里外外，事无巨细全都落在姐姐身上了。我们童年的生活是多么无忧无虑啊，可现在看见别的孩子玩得兴高采烈只能在心里羡慕，妈妈躺在床上，除了一大盆衣服等着姐姐洗之外，她还要做饭。再说，别家的孩子不骂我们就不错了，怎么会在一起玩呢？

姐姐把妈妈的遗骨放在自己的床头上，两侧摆着姐姐和我做的小花圈，中间是姐姐给妈妈画得一张素描。“梦里依稀慈母泪”，在妈妈死后一年多的时间里，姐姐差不多天天梦见妈妈那半睁的双眼和脸上挂泪的样子。姐姐终生悔恨没有见到爸爸最后一面，因此对爸爸的死总是将信将疑。我们总是希望他们是在耍花招，其实我们的爸爸还活着，说不定哪天他就推门回来啦。但现实是多么冷酷啊！后来，按照1965年一张照片上的地点，那是仅存的一张全家合影，在一个清晨，姐姐的两个同学，当然也是“黑帮”子女，帮助我们把妈妈的遗骨埋到那里。姐姐挑选了山腰上一个环绕着苍松翠柏，可以极目远眺的地方。每到爸爸、妈妈的忌日，姐姐就带我去给妈妈扫墓。在那儿，姐姐给爸爸、妈妈写信，同他们一起分享我们那些难得的喜悦，向他们诉说那些不尽的苦衷。旋转的山风把信的纸灰越卷越高。其实，这个地方也就是姐姐期待着的栖身之处啊！

“我天真，但又成熟，乐观而又多愁善感。”这是姐姐的自画像，但天性活泼而又开朗的姐姐再也支撑不住精神和生活上那日益沉重的担子了，精神上的折磨和生活中的煎熬这双重的担子压得她喘不过气来，姐姐一度精神失常了。是啊，谁又能挑得起这副重担呢？姐姐说：“爸爸没有死，那天我还在报纸上看见他了呢。”她逢人便问：“人要是真死了，还会流眼泪吗？”

看到别人的父母一个个“解放”回家了，我们心里多么难受啊，我们是多么需要父母的爱抚啊！姐姐不愿到这样的人家去做客，她说：“看到人家的爸爸回家了，心里就难受死了。”实在太难了，姐姐想起爸爸曾对她说过，周总理和爸爸开过玩笑说：“吴晗，把你的宝贝女儿给我吧。”于是，姐姐给总理写了封信，要求总理收留我们，请周荣鑫伯伯转呈。不久，周伯伯转达总理的话给我们，让我们：好好学习，好好工作，好好保护身体。

1975年，邓小平伯伯出来主持工作，党的各项政策开始落实，再加上万里伯伯的关怀，我们的日子才好过起来。

可是没过多久，乌云又遮住了阳光。因为姐姐去要爸爸的结论、遗骨和抄走的书，他们就找借口把姐姐抓了起来，还再次抄了家。姐姐那天得了阑尾炎正要入院手术，身上还有精神病院当日开的证明，而他们却硬说姐姐装病装疯。

姐姐呼喊着邓伯伯的名字被押入牢房，他们又给她戴上脚镣，阑尾痛给止痛药吃，哭就给注射冬眠灵，门牙被打掉了，额头上打开了口子，他们用一间能住十几个人的牢房单独囚禁姐姐。中秋节那天，姐姐在牢房中想起全家一起度过的最后那个中秋节，此时彼时，彼地此地，死者与生者，姐姐用死向他们提出了抗议。姐姐没有如愿，刚把她抢救过来，便又送回了牢房。

感谢那些好心的看守，他们使姐姐能在孤寂的牢房中阅读鲁迅的著作。以前，姐姐爱骂人，她说这是周围空气污浊所致，骂一骂把脏东西吐出去，觉得心中痛快。是啊，我们就是在骂声中长大的。姐姐在狱中写道：“我当前最大的痛苦就是改不了说脏话的坏习惯。鲁迅先生，怎么办呢？爸爸、妈妈，你们急了，有时不也写出一两个脏字眼吗？”

她时时刻刻想着爸爸、妈妈，姐姐无畏而深情地写道：“现在我敢大声说我爸爸、妈妈是最好的，天底下再没有比我爸爸妈妈更好的了，他们没有辜负‘爸爸’、‘妈妈’的尊称。愿上帝保佑你们的在天之灵吧！”是一个同情姐姐的看守把这些文字偷偷交给了我们。

叫天天不应，叫地地不灵。我到哪里去给姐姐喊冤啊？周总理病重住在医院里，他们开始了对邓伯伯、万里伯伯疯狂陷害，周荣鑫伯伯不久就被他们整死了。执法者自己在野蛮地践踏着法律。能够帮助我们和想帮助我们的人被他们用肮脏的手段蒙蔽了，就连爸爸以前的警卫员都不放过。他们与那种无耻之尤、天良尽丧之徒同流合污。我束手无策，眼睁睁地看着他们把姐姐慢慢折磨得精神彻底崩溃。姐姐有幸住进了医院，但不许我们看她。病好了也不许接她回家，回家过年又来砸门抓人。他们竟然到医院去审讯姐姐这样一个病人。医护人员对这一系列毫无人性的行径无不表示愤慨，就连公安局的许多同志也对姐姐表示同情，有的同志甚至为姐姐流下了同情的眼泪。他们颠倒黑白，指鹿为马，用尽一切卑鄙的伎俩陷害她。“欲加之罪，何患无辞。”他们对爸爸、妈妈是这样，对姐姐也是这样。

他们是多么虚弱呀，连姐姐这样一个病人都怕得要死。他们到底想干什么?！杀人灭口！姐姐写道：“只有我给爸爸、妈妈作证人。”我也能给姐姐作证人，她受尽欺凌，而他们则把姐姐侮辱和损害到了无以复加的地步。姐姐虽然回了家，但如果需要，随时可以抓走她。近十个月的时间，姐姐已经被他们折磨得身心俱残啦！

别看我的姐姐是个病人，爱什么，恨什么她可很清楚。总理逝世的时候，她不吃饭，在医院里哭得死去活来。在他们陷害邓伯伯那阴暗的几个月里，我们商量好不写批判稿，躲避，缄默。姐姐带病坚持上半天班，上午开批判会，她下午去，下午开，她就上午去。姐姐曾经恨恨地说过：“如果有颗手榴弹，我就拿着它冲到姚文元家里炸死他！”在监牢中，他们引诱姐姐抨击江青，以便加罪于她。那是在姐姐被逼疯的前夕，可是姐姐清醒地写道：“幸亏是有许多好人的教育，不然，我真又会‘犯错误’了。”

黑云滚滚而来，气氛凝滞得令人难以忍受，1976年9月23日，在那黎明前最黑暗的时刻，刚满二十二岁的姐姐含恨死去了。她用自己的死向万恶的“四人帮”提出了强烈的抗议。

仅仅半月之后，“炙手可热势绝伦”的“四人帮”终于被人民钉上了历史的耻辱柱。当此之时，我怎么能不想起姐姐、爸爸、妈妈的冤魂呢？我的心像刀绞一样。陆游诗说：“王师北定中原日，家祭无忘告乃翁。”那天晚上，我把杯酒和着令他们心醉的消息泼洒在地上。我亲爱的爸爸、妈妈，我亲爱的姐姐，你们安息吧！安息吧！

我是噙着泪水，不时要停笔松口气写这篇文章的。十年来，亲人们一个个倒下，我怎么能不常常联想“斩草除根”这四个字呢？林彪和“四人帮”这些披着人皮的封建法西斯豺狼就正是这样干的。

衷心感谢党中央，给了我新生。今年我考上了大学，我一定努力学习，奋勇登攀，把全部力量献给祖国的四个现代化。

（选自《吴晗和〈海瑞罢官〉》，北京，人民出版社出版，1979）

吴晗自传

一、1909—1937

我出生于地主家庭。

1909年8月11日我出生于浙江义乌西乡苦竹塘，一个一百多户人家的小村子。

父名吴声，祖父是个佃农，有五个儿子，父亲是小儿子。靠着劳动力多，租一点田地，农闲经营做鞭炮、穿棕等副业，买了些地，逐渐上升为中农。到父亲出生后，家里人商量总得有一个识字的，送他上蒙馆。成年后祖父死了，分得五亩田，两间房子，后来被火烧了。二十多岁中了秀才，教了几年蒙馆。考入巡警学堂，毕业后作了石浦岱山巍山十几年警佐，贪污了好些钱，陆续买了二三十亩水田，盖了十几间房子。1921年失业回家闲居，过地主生活，靠每年五六千斤租谷过日子。1934年死去。在这十四年中，他曾经雇长工种了几年田，又曾和亲戚合股开了一个百货店。他只会喝酒、写字、打纸牌，自己不劳动，作买卖不去管事，被人骗光了。他一死，铺子倒闭，欠了几千元债务。

母亲蒋山荫是贫农女儿，我懂事的时候到外祖母家去，只有半间屋子，没有一分田地。她没有上过学，不识字，1949年死去。

我六岁上学，十二岁进浙江第七中学。同班的年岁大的学生教我吸烟打麻将，被学校发现了，记了很多次过。因为国文、历史成绩特别好才没有被开除。

父母经常采用打骂的方法来教育我。十四岁这年夏天，因小事被父亲痛骂，气极半夜出走，乱跑了一天，被人找回，以后很多年，和他关系一直不好。

在中学时代，读梁启超的《饮冰室全集》，很受影响。又喜欢读宋明人笔记和旧小说，对历史兴趣特别浓厚。

中学毕业后，家庭生活已经开始困难起来，1925 年在本村小学当教员。1927 年到附近第四小学当教员。

1927 年夏，考入杭州之江大学预科。读了一年考入上海吴淞中国公学大学部预科。第二年升入本科社会历史系。“中国文化”课的学年论文《西汉经济状况》，胡适很赏识，介绍大东书局出版，得了八十元稿费。暑假到北京考大学，来晚了，北大已考过，只好住公寓，成天上北京图书馆读书。过了一个月，经顾颉刚介绍我到燕大图书馆中日文编考部做编目工作，读了很多书。

工作半年积了一点钱。就辞去工作自修，插班进清华历史系二年级。

没有钱上学吃饭，胡适介绍我找清华历史系主任蒋廷黻。这位主任一看是胡适介绍的，立刻给我整理清代档案的工作，每天工作两小时，每月二十五元工资。并且预定我毕业后留校教明史。从这一年起，我开始专门研究明史。

在《清华学报》和《燕京学报》等大学刊物上先后发表我的论文。

照顾一个弟弟和两个妹妹上学，袁震治病的负担，父亲肺病死去，办丧事，百货店倒闭，欠了几千元债要我还。只好向学校预支一年薪水，又把吴店镇上的一所房子典出把债还了。我自己和袁震、弟弟妹妹的生活费和学费，却只能靠稿费维持。

1935 年任清华历史系教员，讲明史。

1936 年 3 月患肺病入医院休养，8 月出院回校。

1937 年任云南大学教授。

…………

在清华这几年，有几件事情对我的思想发生影响：

因为我是工读生，不工作不但自己活不下去，弟妹也上不了学。后来又加上袁震的养病费用，负担很大。父亲死后，又要还债。这样除上课工作以外，必须多读书，多搜集史料，多写文章，白天黑夜都得干。一般的学生活动都不参加，进步的我不懂，国民党的那一套我讨厌，成为一个超政治的完全不问世事的书呆子。亲密的朋友们叫我“腐儒”。

此外，清华是美国式的学校，学生很多是官僚的资产阶级的子弟，生活阔绰。我是一个穷学生，和他们合不来。既不会运动，也没有钱看戏看电影，开头几年连城里也不太去。选课也只选中国史方面的，受陈寅恪影响很大。

受胡适、顾颉刚、傅斯年的思想影响都很大。虽然和他们的往来并不多，读他们的文章却很多，治学的方法，以致立场基本上是胡适的弟子。胡适和陈寅恪的考据，顾颉刚的瞭古，都在我这时期的著作中留下深刻的烙印。虽然因为和另一些人接触，在文章里出现了一些经济基础社会背景的话，遭到他们的斥责，但是他们仍然很看重我，以为将来一定可以成为如他们所期望的资产阶级的学者。

他们想错了，我毕竟选择了自己的道路，人民革命斗争的道路，成为他们的敌人。这条道路很长，我走得很慢。

我和另外一些人发生了密切的关系。

袁震的姐姐袁傅之是党员，袁震在大革命时期参加过党。在日常生活中不知不觉地使我受了一些党的教育。

同乡吴琤，在乡间住不下去，敬山（同乡，后来参加党）要回家，吴琤替他工作，与我常在一起，后参加游击队，死在宁波。

中国公学的陈晖，到北平交通大学，他喜欢读进步理论书，有时我也跟着读。

弟弟吴春曦考入清华，参加民先。

是这些人逐渐影响了我的思想立场，胡适的影响相对削弱了。

二、1937—1948

在昆明住九年，一直到1946年8月回北平。1948年10月到解放区建平县。

1937—1940年在云南大学当文史教授。

从1937年—1940年，我还是和在清华时一样，埋头做学问，不过问政治。1940年以后，政治来过问我了。

我的老家母亲弟妹侄儿，六七口人都到了昆明，春曦上大学，浦月上高中，小妹浦星上小学，1937年春，袁震姐妹三人也到了昆明。

人口多了，薪资却一天天减少了，法币日益贬值，生活日渐困难。加上日机常轰炸，成天逃警报。前方仍是“转进”，越打越转进到腹地来了，四大家族发财贪污成为风气，老百姓活不下去，通货无限制地膨胀。昆明这个山城里充斥了美货，蒋介石特务统治，民主自由的影子一点也没有。对外屈辱，对内屠杀。对蒋匪政权的不满日益增强，在文章里，在讲坛上，写的说的都是这些。因为没有政权斗争经验，比较敏锐，和青年人合得来，常在一起，我的生活思想有了转变。

袁震的病日渐好转，袁傅之看护了她五年，1939年秋，她离开昆明到革命圣地延安去了。她以后的几年内，通过董老（指董必武同志——编者）和我们通信，因而我们也偶然和董老有通信关系。10月，我和袁震结婚。

春曦在西南联大毕业了，可以独立生活，在昆明这一大家人维持不下去，又苦于逃警报，1940年春，他陪着母亲和小妹和他一家回到浙江义乌去，浦月这年考上西南联大。

战争情况越来越不好，昆明受到威胁，西南联大决定在四川叙永办分校，派我去教中国通史。因袁震身体不好，走不了公路。只能乘飞机，来回路费比别人多，把书籍用具都卖了，弄得穷困不堪。9月回到昆明，路过重庆时，曾到曾家岩见过董老。

薪资收入伪法币数字逐月增加，币值却逐天减少，生活越发过不去了。袁震又经常生病，躺着不能起床，住在乡下，上课来回走四十里。有一次袁震必须入医院治疗，可是什么也没有卖的，凑不出钱，感慨得很，过年时写一副春联：“书归天禄阁，人在首阳山。”

对蒋介石政权由不满发展到痛恨了，讲历史一抓到题目就指桑骂槐，也开始参加一些政治性的社会活动了，走出书房，进入社会了。

袁震的同乡同学李文宜（党员）来看我们，她的爱人周新民（党员，作民盟工作，表面上是国民党员，云南省褚辅成的秘书）常和我们来往。他讲了许多过去不知道的道理，并介绍我见华岗同志，我第一次知道统一战线这件事。结果，我在1943年参加民主同盟，不久就被选为民盟中委，直接在党的领导下工作了。

从这时起，开始读联共党史、列宁生平事业简史，并订阅《新华日报》和《群众》杂志，眼界打开了，思想认识起了剧烈变化，积极主动地参加了党所领导的革命斗争。

从1943—1946年，我主要参加了以下几方面的活动：

学习：组织了座谈会，学习理论和分析时事，研究对国民党斗争的办法。这个座谈会由华岗领导，参加的有楚图南、潘光旦、曾昭抡、尚钺、罗隆基、潘大逵、李公朴、闻一多、冯素陶、周新民、李文宜、唐筱蓂和我。地点在唐家花园，由我和唐筱蓂商量搞了一个西南文献研究室作为掩护，这个室的工作人员多是联大学生中的党员，许多文件就在这个地方印刷。

办刊物：民盟支部办《民主周刊》，联大学生先后办了十几个小报，这个被查禁，那个又出来了。这些刊物我都写过文章。

成立民主青年同盟：和中国通史班上经常来往的学生洪季凯（党员）、谭正儒（党员）、肖松（党员）等同志商量，把进步青年组织起来，定名为民主青年同盟，简称民青，开始只有六七个人，后来发展到各校都有小组，成为学生运动中的骨干力量。

建立秘密印刷所：通过民青组织，搞了一个圆盘机，买和偷了一些铅字（经费向民盟要的），翻印了毛主席的《新民主主义论》、《论联合政府》，朱总司令的《论敌后战场》，对处在大后方的我们起了极大的教育指导作用。“一二·一”运动时的大量文件，也是这里印刷出来的。

争取和团结有民主倾向的教授：通过个人关系和联大教授张奚

若、钱端升、向达等人建立联系，争取他们参加签名，作公开讲演，送给他们书报刊物。

进行了以上一系列工作后，在这个基础上，在党的领导下，开展了昆明的民主运动，主要是学生运动。这几年中，通过护国纪念，保卫大西南，反内战，庆祝政协成功，要求重开政协，争取和平民主，纪念“五四”和“一二·一”运动，发出通电，举行群众大会，公开讲演，游行示威，参加签名和运动的人越来越多，力量越发壮大，国民党匪帮害怕了，使用暴力镇压。1945 年 12 月 1 日，杀死了四个学生，打伤了几十个。1946 年 7 月又先后暗杀了李公朴、闻一多。

在民盟内部，有团结也有斗争。

罗隆基、潘光旦、潘大逵曾在民盟会议上提出盟内不许共产党员参加的问题，周新民、李文宜都在场。在《民主周刊》的编委会上，潘光旦的文章也引起激烈的争论。在民青的领导问题上，罗隆基、潘大逵坚决要由民盟领导。这些问题我和闻一多等都提出不同意见，道理在我们这一边，力量也在我们这一边。后来，虽然照我们的主张做了，但思想上并未解决问题。

同样，在盟外也是如此。1945 年一次要发表一个少数教授签名的宣言，张奚若认为只有年岁相等的人才能签名。为了争取他们，我们这一些年轻人就此丧失了签名的权利。

有位教授在一次群众大会后举行游行示威的时候，他不肯参加游行，并对我说，你们做得太过火了，这是我最后一次参加大会。但是在回到北平以后，我们还是用种种办法争取他们参加了签名运动。

我和民青的关系非常密切，不但参加了第一次成立会，还参加了一些主要的工作会议。但是在“一二·一”运动前华岗同志离开昆明，我和党失去了联系，在运动紧要关头，和民青主要成员发生了严重争论。在运动开始，民青主张号召全市罢工、罢市，到末期，民青要无限期罢课，一直等到蒋介石政府完全答应所要求才复课。我认为罢工、罢市条件不具备，号召了做不到反而不好。要蒋帮完全做到所提的条件，是不可能的事，要适当收缩，准备力量，作长期打算。争论得不到解决，最后闹翻了，民青的联系改由闻一多负责。一直到回北平以后，我和民青才恢复工作关系。这个争论曾在1946年夏天到重庆时报告给董老和吴老（吴玉章同志）、王维舟同志，到北平后也报告给徐冰同志。

另一方面，小资产阶级的急躁病也给工作带来损失。在民盟的一次集会中，开会过久，许多人翻来覆去地坚持自己的意见，谈了几个钟头，还没有碰到正题。我忍受不了，发了一次脾气走开了。事后虽然作了检讨，改进还是不多。对类似的会虽然不再一怒走开了，还是会表现出不耐烦的神气，这个毛病最近一两年才稍有改正。

尽管如此，思想领域却大大开展了，过去没有想到的问题，开始阅读毛主席的著作而经常思索了。对党的认识比过去清楚了，相信党一定可以领导人民取得革命胜利了。在我被指定争取闻一多入盟去访问他那天晚上，谈了几个钟头，最后我们相约将来一定要争取参加共产党。

也曾发生过误会，现在中国人民大学工作的尚钺同志（党员，昆明时还不是党员），在1945年8月15日日本投降后，有一次劝我参加党。当时因为对尚钺同志不很信任，怕有问题，也因为还没有立刻要求入党的决心，就拒绝了。事后也曾把这些经过报告华岗同志。

1946年袁震又患子宫瘤，出血不止，昆明医院不能医治，联大要结束，复员到北平。我在结束了功课之后，便天天到航空公司买飞机票，买了一个多月，还是买不到。恰好罗隆基由重庆回昆明，他替我出了个花招，由他写信给航空公司经理，说是张学良要学明史，莫德惠建议我去教他，要立刻飞重庆。这一招很灵，当天买到飞机票，第二天就到重庆了。

路费除学校的复员费以外，另外又通过潘光旦的关系向盟员云南纺织厂的朱健飞借了一百万法币。

到重庆，见了董老、吴老、王老、周新民，又带我去见张友渔同志。

从重庆飞到上海，送袁震到医院，割治了子宫瘤。在她住院的时候，回乡去看母亲，才住了四天，听说县长要来，怕出事，立刻回上海。

华岗同志来看我，他给我一笔钱，补助路费。又和冯雪峰同志与上海的民主人士都见了面。到大同大学、圣约翰大学、中教联、小教联讲演，参加了上海车站欢送马叙伦的群众大会和游行。

7月11、15日，李公朴、闻一多先后被暗杀，消息都是联大学生刘时平（党员）告诉我的。悲愤之极，只好用文字来控诉。接连在《群众》、《周报》、《民主》、《文萃》和《文汇报》上发表许多篇追悼的文章。大约是在17、18日晚上，在张君劢住的地方看见周恩来同志。

8月底回到北平。民盟的同志汪骏（汪行远，党员）、沈一帆来找我，建立了关系，参加了文化界欢迎周扬同志的集会。又通过汪骏和苏联驻北平领事列夫斯基、参赞齐赫文斯基见面，和徐冰同志保持经常接触，我又直接在党的领导下工作了。

回到清华以后，从1946年到1948年这两年中，主要参加了以下一些活动：

民盟华北总支部和北平市支部工作，和民青的联系；

出版《民主周刊》、《中建半月刊》（现在的《新建设》）和一些秘密刊物，如《自由文丛》之类。

团结上层知识分子；

通过种种关系，介绍青年到老解放区；

通过苏联大使馆到清华放映苏联电影；

举办各种性质的座谈会。

回清华不久，就团结了一批少壮教授，如钱伟长、孟庆基（党员）、沈元、屠守锷等，通过他们去争取他们的老师参加各次签名运动。也争取了一批老年教授，如朱自清、金岳霖、陈寅恪等。通过他们有些文件连同周炳霖都签名了。

工作面也放宽了，不但和进步青年经常保持接触，还通过一些青年会组织团体等进行活动，清华、燕京的团体成员到我家里，坐满地板上开会。

也曾打算争取胡适，虽然昆明时候大家的决定，但应指出这时候实际上我对他还是抱有幻想的。在上海时，听说他在上海，写信要见他，他不理。到北平后，又到北大去见他，只说两句话，他就走开了。从此不再见面，切断了关系。事后听人说，他曾和人谈起，说吴晗可惜，走错了路。可见他们的阶级立场是很稳的，对我没有幻想。我应该承认，在此以前，我对胡适还是有一些封建感情的，别人骂他，我不作声。我这次见面后，在政治上他死不回头，感情联系也切断了。

从抗暴运动到反饥饿反内战运动，这两年北平的民主运动的骨干是民青和民联，配合的是大学里的进步教师，领导的是民盟。

民盟内部是有矛盾有斗争的。张申府和张东荪争领导权，都要当主委。我们研究，两张之间当时张申府不如张东荪，对张申府闹决裂采取了调和办法，推张东荪当华北总支主委，刘清扬当北平支部主委。张东荪因为我们支持他，就经常来找我，差不多每星期都来。到蒋政权强迫解散民盟，民盟上海的领导人出面宣布解散以后，我们在张东荪家开了一次会，我反对解散，没有结果。会后，张申府、张东荪没有得到我的同意，就在报上宣布解散了。我们决定你解散你的，我干我的。北平支部转为地下组织，由我负责。经常在我家开会。还通过徐冰同志留给我们的收音机，收听延安广播，抄送有关同志，把正确消息广泛传播，打击蒋帮的造谣。

民青也发生了问题，在“一二·一”运动后期，有些人退出民青成立了除夕社，专以打击民青为事。到北平后，斗争越发尖锐化了，除夕社甚至要公开宣布民青成员名单，我责备除夕社这样做是特务行为，吵得很凶，妨碍了工作。

“六·二”大游行，也发生严重争论。我和张奚若坚决不赞成，在我家讨论到半夜，最后还是取得一致意见，不搞游行，分别在各个学校开会。搞座谈会除通过民盟组织和《中建半月刊》以外还有两种，一种是请苏联同志参加的，一种是请当时认为进步的美国教授参加的。有时在我家里，有时在燕大严景耀、雷洁琼家里，大概搞过三四次。

此外，1946年还有一个座谈会，是由余心清、王冶秋组织的，他们想通过进步人士的座谈会，争取军阀孙连仲。谈了几次，有一次一个特务金典戎骂共产党，我和他吵起来了，谈不下去就散了。余心清策动起义数次找我，要求党派负责人来组织起义工作，又在外国使馆的宴会上乱说话，秘密电台也被破获了。党要我告诉在孙处工作的党员同志赶紧离开，我及时转达了。他们没有走，却被捕送南京。五人被杀，只有余心清在和谈时放出来。

伪中央银行陈行的儿子叫陈融生，在孙连仲那里做外事工作，和余心清有关系，在逮捕前好些日子，跑到我家里，要求到解放区，我通过孙国樑同志把他送走了。在逮捕这一天，王冶秋同志也来找我了，也通过关系替他化了装，回到解放区。

在此以前，军调部撤消的时候，徐冰同志让我走，我想不要紧，而且有很多工作要做，不肯走。只是把工作方式改变了一下，不在群众大会或游行队伍里露面。1948年暑假，按清华惯例，我已服务八年，可以休假一年，请求到美国。我取得了一年休假的权利，但准备去的不是美国而是解放区。时间系定九十月间，因为还有两件事要做，一件是重写《朱元璋传》，一件是有许多工作要安排，结果发生了突然变化，第一件事做完了，稿子送上海印；第二件事没有来得及做好，就匆忙走开了。1947年余心清被捕之后，突然清华校长梅贻琦找我谈话，说是国民党市党部通知他，余心清供出王冶秋是我放走的，王冶秋是共产党员，我问是余心清被捕在前，还是王冶秋逃走在前，说是余心清先被捕。我说余心清已在牢里，他怎么会知道王冶秋是我放走的呢？他无话可答。他们真要来逮，有学生群众，得要考虑考虑。过后是没有什么动静，也就放下心来。这时李维汉、刘仁同志通过于瑛琳同志来电寄钱来，亦要我走。商量一下，还可以再做些工作，把钱送给有些到解放区需要用钱的同志了。1948年8月19日，匪帮疯狂地围住各校逮人之后，空气越发紧张，这才下决心提前走。《中建半月刊》的编辑费请设法让出钱人王长仲到北平来，9月初陪我径飞上海，打算再由上海到香港，会合民盟的人一同设法进解放区。不料刚到上海，当天报纸消息说香港买飞机票要相片，并须经官方批准。这条路被堵死了，想种种办法，等了个把月，得到北平消息，说已经安排好了，又飞回北平，立刻坐车到天津，袁震已在天津等我。住了几天，崔月犁同志派人送我们进入解放区，到了自由天地。在上海的时候，张澜离平前筹措路费，严景耀夫妇给了我五十元美金，清华的美国教授温德给我一百五十元美金。温德这笔钱，解放后分作两次归还。还钱以前，曾经请示过刘仁同志。

这两年，由于党的爱护和培养，由于参加了实际工作，思想认识上又前进了一步，随时执行党的指示，完成党所交给的任务。汪行远同志先到解放区，几次回北平来，都见了面，谈了解放区的情况。张文松同志和我一起访问张奚若、许德珩等教授，征求他们对于召开政协的意见。范文澜同志来信要我多输送青年去学习，以及做其他工作，认识、行动有了领导，信心更加坚定了。

但是由于缺乏群众斗争的锻炼，由于没有系统地学习理论，虽然从来没有学过资产阶级的政治理论，在思想上却深深中了资产阶级议会制的先入为主的毒害，尽管学习过《新民主主义论》和《论联合政府》，文字上懂了，道理上却并没有懂得透彻。以前，在上海的时候，张澜、黄炎培、罗隆基交给我带到解放区的意见，主要是民盟参加联合政府，要保持退出的权利，成为在野党。这种违反新民主主义理论和联合政府原则的行为，当时不能加以驳斥。只是声明这个意见必须得到民盟的沈钧儒、章伯钧等人的同意后，才能作为民盟的意见呈送给中共中央。后来到解放区以后，沈、章从海道到东北，无从征求他们的意见。这件事就作罢了。

三、1948—1955

过了边界一条河以后，进入新的世界，新的生活。

在李家庄参加了学习座谈会，学习了新的知识，实际斗争的知识。

毛主席找我谈了两次话，我初步知道了工农联盟人民民主专政的意义。回来后就写信提出了参加党的要求。主席回信说：“我们同意你的要求。唯实行时机尚值得研究，详情恩来同志面告（1948 年 1 月 14 日）。”过了几天，周副主席找我去谈了一次，讲清楚道理。在平山几个月的生活，头脑换了，一副新的了，多年以来自高自大、自以为是的气焰，越来越收敛了。认识自己只是一滴水，流入了汪洋大海。自尊心一扭转，变成心虚胆怯了。一方面看到胜利在望，欢欣鼓舞，一方面又感到自己什么都不会，在新国家的建设工作中，能做什么呢？什么都不会做。只能教书。因此逢人就问怎么办？当时不懂得问题在于学习，在于从实践中学习，事实上如不这样做，即使教书也是不行的，更重要的是感情起了变化。在蒋介石统治区生活的日子里，对蒋介石的以党治国、独裁专政、万岁百岁，极端厌恶，听了恶心。初到解放区，听到专政、拥护共产党、毛主席万岁，很不习惯，心里以为好是好，何必搞这套形式。这是因为我不了解政权的本质面目，一个是反人民的，一个是为人民服务的，单从形式而不从本质去接受，自然会发生这种错觉。其实是我当时还没有和解放了的人民感情完全在一起，还没有体会到解放了的人民的真实感情。一句话，是小资产阶级知识分子的感情，而不是解放了的劳动人民的感情，但是，这种错觉很快就纠正了。经过学习，我用自己眼见的亲身的感受，纠正了自己的错误。不多日子以后，我从心坎里喊出毛主席万岁了，衷心拥护人民民主专政了，感激、拥护中国共产党了，并且要求参加共产党。

装满脑子里的旧东西逐步在减少，新的东西在增加，我有了进步了。

在李家庄的时期，读了毛主席选集和《国家与革命》等经典著作，但是，虽然理论上认识有了进步，但没有成为自己血肉的一部分，还不会联系实际，一碰到具体问题就又糊涂了，旧东西又冒出来了，更重要的还在于实践。

感谢党的教育培养，使我能够一路跟着走，一边扔包袱。

1949 年 2 月回到北平，赶上入城式。

开始是回到清华工作，任军管会副代表。后来任历史系主任、文学院长、校委会副主任委员。

参加了第一届政治协商会议。

参加了开国典礼后，到莫斯科参加苏联国庆典礼。在归国途中听见广播说是被选为北京市副市长，一则以喜，一则以惧。在这个工作岗位，边工作，边学习，一直到现在。

在民盟方面，被选为中央常委、北京市主委，一直到现在。

又被选为全国人民代表大会代表、中国科学院学部委员。

群众团体的工作，以前是全国青联秘书长，现在是副主席。

学术刊物方面：《历史研究》的编辑和《新建设》的编委会主任。

这六年是我从头开始学习的六年，也是真正为人民服务的六年。

正在第一次政协开会时，母亲死了，没有回去，后来父母安葬也没有回去。

家里有二三十亩水田，两所房子。1950 年写信给村农会主席，把田地房产连同家具一切都还给人民，切断了封建尾巴。浙江土改后，八口人又分得七亩二分田地，1953 年，春曦调京工作，带来土地证，商量决定把土地证寄回义乌县政府。

1953 年知道要发行公债了，开始储蓄，这两年买了二千元公债（自己储蓄一千二百元，预支版税八百元），编选了过去的论文，出版《读史劄记》，得了二千元，八百版税，准备明年买公债。

1943 年写的《明太祖传》，1948 年叫《朱元璋传》，这书有很多错误。今年又重新写过，已完成初稿，打算再用力改写，拿更高的标准要求自己，使之符合于青年读者的需要。

通过伟大的土地改革、抗美援朝、镇压反革命、三反五反、思想改造一系列运动和总路线的教育，得到进一步的改造，工作情绪也跟着发生了变化。

首先明确了阶级立场。过去自以为是工读出身，没有剥削过任何人，阶级立场是没有问题的。经过学习和工作。1949 年批判了自已的超阶级思想，写了《我是怎样克服超阶级思想》的文章，又以为问题解决了。这几年来，随时检查自己，虽然已经坚定地站在工人阶级的立场上，工作上没有犯过大错误，但是，在思想深处，仍然还残存着一些小资产阶级意识，不时蠢动。

经过批判胡适、胡风的运动以来，检查我过去的写作，例如《西汉经济状况》，就是胡适思想的反映。30 年代以后的著作，虽然有唯物主义的倾向，也还有一些胡适思想的渣滓。毛主席在 1948 年 11 月 20 日，信中所指示："在方法问题上，尚未完全接受历史唯物主义作为观察历史的方法论，倘若在这个方面努力下一番功夫，将来成就不可限量。"正因为我没有系统地专一地大力学习历史唯物主义，所以还存在着超阶级思想意识，今后必须遵照毛主席的指示，努力学习马克思主义理论和毛主席著作，彻底清除胡适思想的残余，努力使自己成为无产阶级历史工作者和机关干部。

对于统一战线的工作，多年来一贯执行党的政策，团结和争取了一部分上层和知识分子，做了一些工作，在民盟内部的上层分子中，主要是思想比较右的一些人，关系始终是搞不好（张申府在解放前公开写文章攻击党，1948 年底已为民盟开除。张东荪在解放后就不和我来往，断绝关系）。就总部和支部的工作对比，总部的工作我很少参加，支部的倒一贯抓得紧些，和总部的部分人关系疏远，支部比较团结。最近已经有意识地转变这种情况，争取多参加总部的会议，比较注意搞好关系。

就在政府工作的情况来说，这六年的变化很大。

1949 年到 1951 年这两年，一半时间在清华，一半时间在市府。两边工作。两边都摸不着头，情绪始终不稳定。一心想回学校专门教书。虽经多次写信向总理、市长要求回校，到 1951 年眼看回不了学校，再这样下去半心半意地工作是不行的了，才决心离开清华，把全部时间放在政府工作上，这是第一个阶段。

1951 年到 1954 年是第二个阶段。

三反教育了我，同时又参加了市长代表组的工作，深入到群众中去。1952 年的爱国卫生运动以后，到各区、各街道，到大杂院，到公共厕所、臭水坑，参加大会小会，和各阶层人民见面，认识了体验了劳动人民的智慧和组织起来的力量，对做好工作开始有了信心。

虽然如此，还是不会做工作，不会主动抓工作，不会抓重点，更谈不到有系统地有计划地做工作。成天忙乱、被动，成天开会，曾经统计过和二十多个单位有职务关系，平均每天开三四次会，光开会的时间平均每天八小时半，曾想做好工作，但是毕竟做不好，十分苦恼。

党不嫌烦地教育我，主席指示要钻进去。彭真同志多次指示，要有系统地研究和解决问题，要全面部署，统一安排，要到群众中去，要联系工厂和合作社。市委关于提高中小学教育质量的决定和代表会议的决议，使我进一步下决心钻研工作。这一年多来已经完全改变了过去的忙乱被动现象，心不那么虚了，胆子也大些了，工作比较深入了。

今年2月以后，增加了副市长，工作专业化了，目前我已经在按计划日程工作，经常和区长、校长、局长研究工作，讨论问题，到学校、到农村、到工厂去访问了。对许多问题也能够提出意见，心不那么虚，脚已经踏在实地，精神也觉得较愉快了。我理解到这仅仅是开始，前面的道路还长，我一定要遵照党的指示一步步地走向前去。努力作一个好党员，好干部，人民的好勤务员。

（选自《吴晗自传书信文集》，北京，中国人事出版社出版，1993）

吴晗同志事略

金若年

吴晗，字辰伯，原名吴春晗，生于1909年，浙江义乌吴店（南平镇）苦竹塘人。母亲蒋山荫，操持家务甚严谨。父亲吴琸珏，字文斋，爱好诗词，写得一手好字。清末时考入县学，那时叫做秀才，名为县学生，算有了功名，就在蒙童馆里执教。辛亥革命以后，到杭州进新学堂，念了几年书，毕业后一直当公务员，曾做过几年象山石浦地方的小官吏。吴晗的胞妹浦月，就因出生在石浦而得名。另一个妹妹浦星，比浦月小十岁。还有个弟弟叫吴春曦。他是长兄，对弟妹们关怀备至，父亲早亡，兼负教养之责，有“以兄代父”之美称。

吴晗自幼喜爱读书，对历史著作尤感兴趣。家传《资治通鉴》一部，他从青少年时代起就爱不释手，这是他孜孜不倦、刻苦攻读的第一部史书。他天资聪明，记忆力强，过目即能记其梗概。这部史书对他以后研究历史、著书立说是有直接关系的。谈到这部家传的《资治通鉴》，他还讲过这样一段故事：说他父亲兄弟五人，分家的时候，他的伯父们认为这书是全家公众的东西，要由五家均分，吵得他父亲直哭。四伯父和他父亲感情比较好，说“我们都不会念书，大家均分了不是白糟蹋，给了小弟算了吧”。这才免得“五马分尸”，这部书才得以给他保存下来。

他在本村念完私塾，就转到邻县金华傅村私立育德小学去念小学。以后又考取金华浙江省立第七中学。这时，他父亲失业回家，家道日趋中落，一家六口，日子已经不宽裕了。当时上中学，一学期要交二十八元银元的学膳费，要合一千四百斤谷子，每次上学都是赶着卖谷子，虽然如此，他父亲还是咬着牙送他去上学。1927年吴晗在这所旧制中学勉强地毕了业。这时家里已经无力供他继续升学，他只好回到村里去教书。教了不到一年，他和几个同学商量，打算到广州进黄埔军官学校，因筹不出路费，未去成。

后来他只身一人跑到杭州，考取了之江大学。母亲卖了首饰，加上宗祠的补助，才念了一年大学预科，后因之江大学停办，又到上海进中国公学大学部，念了两年，把他母亲的多年积蓄也全都用光了。

在中国公学的最后一学期，吴晗写了一篇论文《西汉经济状况》，卖给了大东书局，得了八十元稿费。这篇论文是在胡适的中国文化班上写的，当时很受胡适的赏识。这学期结束，胡适被迫离校。胡一走，吴晗也不愿意再留在中国公学上学，他决心去北平考清华大学。刚巧有了这笔稿费，就糊里糊涂地跑到北平，不想已经过了考期，只好住公寓，成天上北海边上的北平图书馆读书。呆了一个时期之后，由顾颉刚介绍他到燕京图书馆中日文编考部做馆员，半年后辞职，自修准备考大学。1931年夏天，终于考进了清华大学历史系二年级。当时没有钱，还是由罗尔纲设法借了八十元给他交了学费。之后，由胡适介绍，系主任蒋廷黻给了他一个“工读生”的机会。每天工作两小时，每月可得二十五元的报酬。

吴晗从这年起，经常写文章换稿费。资助他弟弟春曦来北平进高中念书，接着又帮助大妹妹浦月到杭州进了初中。他每月有十元左右的稿费，加上学校的工钱，兄弟妹妹三人分着用，生活很是艰苦。

1933年秋天，郑振铎创办《文学季刊》，编委有巴金、冰心、朱自清等人。吴晗当时虽然还是学生，因为经常为《清华周刊》、《清华学报》、《燕京学报》写些文章，也把他约为编委之一。在刊物出版之前，几乎经常在郑振铎家里见面。吴晗在《文学季刊》的创刊号上发表了《〈金瓶梅〉的著作时代及其社会背景》一文。这篇文章引起了当时清华园内不同的议论。郑振铎夸奖他说：“这篇文章好极了！好极了！”但是另外一些清华的教授看了却不以为然。有一位老教授曾对他说："你研究《金瓶梅》讲清时代也就算了，何必讲时代背景呢?"这是话里有话，原来那个时代是不许讲马克思、列宁主义的，不但不许讲，连时代背景之类也是忌讳的。

1934年，正当吴晗在清华毕业之前一个月，他父亲久病之后去世了。家里欠了一大笔债，和人合股开的铺子，在他父亲死后不久也倒闭了。家庭经济上发生了困难，因之，毕业后不能再进研究院进修了。那时候北平各大学中间流行着一句名言："毕业即失业"。大体上每个人在毕业前一年、半年就得费尽心思计较上哪里去。

吴晗是专治中国历史，专治明史，当时各大学的历史系还没有开明史课的。很幸运，他毕业后被留在清华大学当助教，讲明史课，后来升为讲师。

清华大学数学系教授熊庆来，于1936年调任云南大学校长，他因该校师资缺乏，曾在北平等地招聘教师。商得吴晗同意，聘他去云南大学担任历史系教授。吴晗在1937年"七七事变"爆发后四十天，来到云南大学任教。

1938年，在昆明成立云南省文化界抗敌协会时，当时负责全国文艺界抗敌协会的沈雁冰，从重庆到昆明，邀请少数昆明文化界人士开会，这个会也邀请了吴晗参加，着重研究宣传抗日民主、开展云南省文化界的工作问题。

吴晗的爱人袁震，他们在清华大学时就相识了。她比吴晗高几班，年龄也大三岁。她对文学、史学都颇有研究，青年时代她就发表过不少作品。她思想进步，1926年大革命时期参加过革命活动。可惜她体质较差，在清华时患了结核病，就是所谓的"骨痨"。她和吴晗相识后，两人感情非常好，吴晗对她照顾备至。正在这时候，吴晗的母亲打算把一个世交的女儿许配给他，吴晗知道以后，非常生气，坚决表示反对这种包办婚姻。后来他母亲知道他在北平已经有了一个患结核病的女朋友，就跟着同乡，哭哭啼啼从老家赶来北平，要吴晗中断和袁震的这种关系。这时，几个朋友为他出主意，把袁震藏起来，不让他母亲看见。同时告诉她说："袁震的病早已好了，她不在北平，因事到外地去了。"他母亲信以为真，住了几天，就回老家去了。

1938年，袁震的病愈来愈重。当时，日寇正在疯狂侵占我大片土地。她为了不愿留在沦陷区当亡国奴，拖着病弱的身体，在她的两位姐姐袁傅之、袁熙之护送下，跋山涉水，从北平到湖北，辗转地经香港、海防来到昆明。吴晗还专程从昆明赶到香港去迎接。当时，因袁震手术后不久，所以一直躺在石膏模床上，每天晒太阳也要抬出去，吃饭也要人喂。这时吴晗的母亲正在昆明，见此情景，感到非常伤心，哭哭啼啼一再劝说不让他俩继续相处下去。但是吴晗的态度很坚决。母亲说服不了他，只好动员他妹妹浦月去劝他，最后甚至要她警告她哥哥说："如果他跟袁震结婚，将会断子绝孙的，今后也不会有美满的家庭生活的。"坚决要他中断了这门亲事，另外为他找一个更理想的对象。妹妹把这些话如实地转告给他。他却回答说："一个人不能只在人家顺利的时候跟人好，而在别人遇到困难的时候，抛开人家，这将成为一个不义的人，为后人所耻笑，我决不做这种人。"他妹妹听了这一番话，觉得很对，就又去说服她母亲。母亲听了也无以回答。内心也很同情袁震的处境，但一想到他们将来要结婚，心里总是放不下。她表示：袁震在昆明举目无亲，疾病在身生活不能自理，经济上又非常困难，她宁愿把全家的财物变卖掉，送给她去治病和生活，唯一的条件就是他俩不能结婚。吴晗听了，坚决拒绝他母亲的建议。他说："一个人的精神是不能用钱财来换取的，要不然岂不成为一个市侩了。结婚与否，不决定于我，取决于她。她病好了，愿意结婚，我一定和她结婚，如果她不愿意结婚，我一定照顾她一辈子。"当时，他妹妹和母亲听了这一番发自肺腑的话，都感动得哭了，他母亲最后也只好放弃自己的主意，承认他俩的关系。袁震在吴晗和他一家人的精心护理下，病情日趋好转，1939年他俩在昆明黑龙潭的唐家祠结婚了。几十年来，他俩和睦相处，互相体贴照顾，成为一对被大家一致称颂的终身伴侣。因袁震长时期受到疾病的折磨，他们没有生育子女。直到解放以后，他们才抱养了一对儿女，精心照顾，爱护备至。

吴晗在昆明期间，虽说生活艰苦，工作、学习条件也很差，但他那种自小养成的发奋图强、克服困难、顽强学习和工作的刚毅精神，激励着他一边教学，一边仍孜孜不倦地博览群书，探讨究竟，埋头写作，这一时期他写了不少学术文章。

上海“八一三”战起，日寇的魔爪又延伸到华东沿海地区，并继续向腹地入侵。这时，沿海地区和沦陷区的大学决定内迁。北京大学、清华大学和天津私立南开大学合并在一起，先在湖南长沙成立一所临时大学，收留从三个学校来的流亡学生。由于战事日趋吃紧，几个月后这所临时大学又陆续内迁到大西南的昆明。到昆明以后，“临时大学”正式改名为“西南联合大学”。

吴晗算是清华出来的老人儿，想不到自己的许多老师、同学、好友，这时都因为战争的关系，能够重聚在昆明，更是感到格外高兴。大家也都希望他回西南联大去教书。他又何尝不这样想？清华大学是仿照美国大学的形式搞起来的，教授中十之七八都是留学美、英的。可是在它的人事安排上，却还是承袭着中国封建的传统，十分强调所谓的“论资排辈”。吴晗当时虽然已经是云南大学的教授，但是他1934年才毕业于清华，又没有出过洋，留过学，在清华大学只当过助教、讲师。所以要回清华教书，还得从讲师开始。当时，他是以云大教授的资格，在西南联大兼课。1941年，在叙永成立了一个“西南联大”的分校，由杨振声担任分校校长。吴晗这时正式离开了“云大”，到“联大”分校去教了一年书。分校结束，又回到昆明，他才正式成为“联大”历史系教授，开“中国通史”课，由于他立论新颖，能联系实际，引证大量史实，语言生动，深受同学们的爱戴。

1943年春，周恩来、董必武同志亲自选派了周新民、李文宜、华岗（化名林少侯）等先后到昆明，帮助民盟建立组织，做好争取团结知识分子的工作。华岗、周新民同志等到昆明后不久，首先组织了一个“西南文化研究会”的学术团体，把当时昆明文化教育界中有代表性的人物组织起来。吴晗积极参加了这个组织的许多活动。“研究会”每两个星期集会一次，这种集会在当时还是秘密进行的，有时在唐家花园的唐公墓旁的林荫下举行；有时又转移到滇池的船上召开，每次都有一个中心题目，由一位同志在座谈会上作学术报告或时事报告，然后大家座谈讨论，各抒己见。有时由于各人的立场、观点不尽相同，对问题争论得十分激烈。可是会后大家又都感到十分亲切、愉快，心情舒畅。闻一多的《兽、人、鬼》，吴晗的《论贪污》、《贪污史的一章》和《说士》等文章，都是他们在“双周座谈会”上所作发言的一部分内容。同时，在座谈讨论中，大家还不断学习党的政策方针，分析研究国内国际形势。以后，又得到了毛主席的《论联合政府》、《新民主主义论》和朱总司令的《论敌后战场》等党内的重要文件，以及《新华日报》、《群众》等刊物。大家如获珍宝，如饥似渴地抢着阅读，知道了更多的革命道理。

吴晗通过一段时期的学习和工作，思想进步很快，于1943年7月，经周新民、潘光旦两人介绍，在昆明正式加入民主政团同盟组织。

从这时候开始，吴晗在政治上起了一个质的变化，1943年，对于吴晗来说，的确是关键性的一年，转变的一年，觉醒的一年。可以说是他从旧民主主义走向革命的民主主义新起点的里程碑。

在这以前，吴晗在学术思想、政治思想方面受胡适、傅斯年的影响比较深。吴晗曾经是胡适的一个得意门生。吴晗在中国公学念书时，在胡适的帮助指导下写出了第一篇论文《西汉经济状况》。吴晗进清华大学当“工读生”是胡适介绍的。胡适办《独立评论》，吴晗也为它写过文章。吴晗在清华念书时，房里挂着胡适送他的对联，写着：“大处着眼，小处着手；多谈问题，少谈主义。”当时胡适在给吴晗的信中要他“训练自己作一个能整理明代史料的学者”。吴晗在清华快毕业时，胡适还在《大公报》上写文章，要大学生以吴晗为榜样，向他学习“埋头读书，不问政治”。因此，在那一段漫长的岁月中，吴晗的确是按照胡适的要求这样做的。

解放以后，吴晗经常对人说起他的转变过程。他说他的转变和进步主要靠两个老师，一个是共产党，从正面教育他，帮助他，使他懂得了许多革命的道理，分清了是非，认清了形势，增强了革命斗争的信念，特别是毛主席的伟大思想和理论，周总理的革命意志和崇高的品格，它像一盏明灯一样，在黑暗中引导他走向光明；另一个老师是国民党反动派，他们从反面教育了他。当时，国民党反动派在政治上贪污腐化，大官大贪，小官小贪；军事上内战内行，外战外行，全部武装对付共产党。对日本帝国主义的侵略，却节节败退，失地千里，还成天在报纸上大嚷其“转进”，对老百姓要粮、要壮丁、要钱，竭泽而渔。对公教人员呢？法币天天贬值，物价天天上涨，除了少数达官贵人之外，绝大多数人都活不下去了，只好起来造反、革命。

吴晗正是这种活不下去的人们中间的一个。当时他爱人一直在病中，有一段时间而且病得挺厉害，需要打针、吃药、输血。他一边工作，教书，一边还要买菜做饭，照顾爱人。弟妹年轻也都还要他帮助。实在逼得他没有办法了，只好把一些仅有的珍贵藏书典质给学校图书馆，暂时借用一点钱来勉强维持一家生活，为他爱人治病。

当时，正因为有共产党、国民党这两个老师，从正反两个方面教育了他，痛苦的现实生活教育了他。吴晗才能一反过去只顾埋头读书、著书立论、不问政治的倾向，勇敢地站到人民群众的一边，积极投向革命洪流，用他那热情奔放的情感，辛辣、明快、简练的语言、文字，针对当时国民党反动派的腐败统治，和李公朴、闻一多等许多民主斗士一道，发起了一次又一次猛烈的冲击。他经常参加各种座谈会、报告会、讲演会，公开抨击国民党反动派的倒行逆施、独裁统治，要求进行民主改革。吴晗在“联大”讲“中国通史”课，每次听众都在三四百人以上，除了学生，还有不少社会青年，也从城里赶来听他讲课。他运用大量历史事实，针对国民党的反动统治，给予彻底的揭露与鞭挞。青年们最喜欢听闻一多、吴晗讲课、作报告。

1944 年 9 月 19 日，民盟全国代表会议在重庆召开，吴晗同周新民等人代表云南省民盟组织参加了这次会议。会上，吴晗当选为民盟中央执行委员。

周新民、吴晗他们回到昆明以后，在党的领导和帮助下积极推动云南省的民盟工作，把一些文化教育界中有代表性的知识分子吸收到民盟中来，同时也发展了一批进步骨干担任民盟的各级领导工作。从此，云南省的民盟工作在党的领导和帮助下，蓬蓬勃勃地开展起来了。从而，进一步推动了昆明的民主运动的开展，四季如春的昆明城，民主气氛高涨，在当时的国民党统治区内，真正成为一个名符其实的“民主堡垒”了。

经过几个月的酝酿筹备，代表民盟云南省支部的机关刊物《民主周刊》终于在1944年12月9日创刊了。吴晗和闻一多都参加了《民主周刊》的编委工作，吴晗被推选为主编。

从“论资排辈”的观点看，当时吴晗在“西南联大”只能算是第三、四辈的了。闻一多早在青岛大学、清华大学当了多年教授，担任文学院院长、国文系主任的时候，吴晗还只是一个刚进清华大学读书的学生。尽管吴晗从1941年起，也回到西南联大当了历史系教授，但在闻一多面前，他还是以“晚辈”自称的。1943年开始，他们两人在党的领导和帮助下，一同参加了“西南文化研究会”，从此，为新民主主义革命而斗争的共同目标，把他们两人紧紧地联系在一起了。正如王一同志三十多年前发表的《闻一多与吴晗》一文中描写的那样：

> 两个书生，两个战士。
>
> 一个是鼓手，一个是炮手。
>
> 一头愤怒的狮子和一只凶猛的老虎。
>
> 闻一多和吴晗是昆明青年永远不会忘记的两个名字。
>
> 时代召唤着这两个有无比强烈正义感和无比勇敢热情的知识分子。当他们痛苦地而又痛快地走上历史新道路——中国新知识分子的道路时，两个人越走，手拉得越紧。
>
> 中途一个中了暗箭倒在血泊里了。另一个大声痛哭了一阵，更坚决地往前走着……

这是对于当年闻一多与吴晗的真实的写照。由于吴晗当时比较年轻，接触进步早、转变快，所以后来在争取闻一多参加民盟工作方面，吴晗和其他同志一道，也做了不少工作，并成为闻一多的入盟介绍人之一。从此，吴晗与闻一多朝夕相处，形影不离成为莫逆之交。他们经常在一起谈思想、谈工作、研究问题，讨论形势和斗争方法，他们共同起草修改文件，他们一道参加各种群众性的报告会、讲演会和座谈会。只要有闻一多在的地方，就一定能够找到吴晗。1944 年冬，“联大”在西仓坡新盖的两排教职员宿舍竣工了。吴晗、闻一多等二十多位教授的家都先后搬进去住。事情也正巧，他们两家正好门当户对地住在一起，彼此接触的机会就更多了。闻一多为了祝贺吴晗的乔迁新居，还特地为他用钟鼎文写了个横幅：

鸟兽不可与同群，吾非斯人之徒与而谁与。

这是摘录孔子《论语·微子篇》中的一段话。原文下面还有这样一段话没有写：“天下有道，丘不与易也。”全段的意思是说：“我们决不可以同飞禽走兽（实指国民党反动派）合群共处，如果我们不和人民在一起，那么又和什么样的人在一起呢?! 如若天下太平，我也就不会和你们一道来从事改革了。”这显然是闻一多借孔子的话，对当时革命态度的一种自白。以此书赠吴晗也是为了共勉吧。他们虽只有短短三年时间亲密相处，彼此却结下了深厚的革命友谊。

1945 年初，根据当时形势的需要，党为了更好地把知识青年组织起来，参加新民主主义革命运动，决定在昆明成立“民主青年同盟”的组织，当时，为了避免反动派的注意，开始时“民主青年同盟”工作由民盟出面来负责联系。当时吴晗在民盟内部分工上，也让他侧重于负责青年工作。所以“民青”的筹备成立和许多工作，吴晗、闻一多是直接参加了的。他们在“民青”成立以后不久，就以“民青”成员为骨干，以“联大”进步社团的名义组织了一次“联大路南旅行团”的活动，参加这次集体旅行的男女同学共有一百多人，春节的第二天，他们就从昆明出发，目的地是路南的“石林”——这是世界闻名的奇景之一。青年们走到哪里就把歌声与欢乐带到哪里，他们一路上还做了不少群众工作，和当地的少数民族青年举行联欢，同当地的青年学生举行座谈、联欢活动。在这十天的旅行生活中，闻一多一直同青年们生活在一起。

党为了宣传工作的需要，急需要自己有一个印刷厂，这时吴晗就积极想办法，多方设法联系，后来终于帮助“民青”成立了一个秘密印刷厂，大量翻印出版了毛主席的《论联合政府》、《新民主主义论》和朱总司令的《论解放区战场》等党的重要文件，和许多宣传学习材料，受到了广大群众的热烈欢迎。

吴晗从1943年起，他在党的帮助教育下，政治立场变了，思想作风变了，连他的文风也变了。他很少写学术论文，而是把他的全部时间和精力都贡献给当时昆明的民主运动和学生运动中去。用他那锋利的笔作为“投枪”，写了不少短小精干的杂文和评论，在昆明、重庆、上海、北平的报纸杂志上发表出来，公开揭露和痛斥国民党反动派的独裁统治和各种倒行逆施，教育了广大人民群众，也在革命实践中锻炼了自己。

1945年8月14日，日本法西斯侵略者无条件投降了。中国人民经过八年的艰苦抗战，终于胜利了。昆明也像其他城镇一样，听到这个消息后，人们高举双手，口里喊着：“胜利了！胜利了！”疯了似地一齐拥向街头。鞭炮声、锣鼓声、歌声和狂欢声交织在一起，从黄昏到清晨，人们一直沉浸在狂欢之中。胜利给人们带来希望和幻想，好像胜利了，一切都会变得美好起来。

吴晗也为这突如其来的胜利感到高兴。但他一直是持冷静的态度、批判的态度来看待这个“胜利”的。他写道：“逼人而来的胜利，送上门来的胜利，冲昏了一些人们的头脑……所有一切对国民政府政权有利的事都做了，只有一件事没有做——对人民有利的事”。他进一步写道：“我们站在人民的立场，平心静气地为人民呼吁，保证胜利属于人民，光荣属于人民，人民所要求的代价是民主，无保留的完整的民主。实行民主的准备工作，立刻可以做，做了立刻有成效，能够使万民欢腾，普天同庆的起码有两件事：第一惩办汉奸。第二，立刻颁布大赦令，赦免一切政治犯，包括战争以前和战争期中一切因政治原因而被捕的民族子弟。”

就在抗战胜利的锣鼓声中，国民党反动派却想独吞“胜利”果食，发动全面内战，实行一党独裁专政。他们一边进行反革命军事部署，蚕食解放区，一边在蒋管区内制造各种事端和流血事件。10

月 2 日对云南地方当局进行突然袭击，制造“云南政变”，逼龙云下台；11 月 25 日，联大等四校学生自治会联合举行时事晚会，讨论如何制止内战问题，结果遭到反动派包围。12 月 1 日，反动派竟在光天化日之下，调派军官总队，特务三四百人，分头袭击联大、师院、工校，用手榴弹、刺刀、步枪、手枪、木棍，向手无寸铁的青年学生任意进攻冲杀，制造了震惊全国的昆明“一二·一”大惨案。

吴晗面对现实，始终和闻一多等民主斗士一道，坚定地站在进步学生一边，积极组织教授罢教，发表声明，抗议国民党反动派的法西斯暴行，有力地支持了学生的正义斗争。在这一时期中，他写了许多政论性的文章，如《人身自由何在?》、《士兵们放下枪杆来!》、《抗议非法的武装干涉集会自由》、《〈一二·九——划时代的青年史诗〉序》和《“一二·一”惨案与纪纲》等。

1946 年 3 月 18 日，昆明市学联决定举行“一二·一”“四烈士”的殡葬典礼。送殡的队伍长达五华里，共有三万多人参加，从上午八时出发，走遍了整个昆明市的主要街道，无数的路祭，控诉了反动派的种种罪行，悲壮的挽歌，每字每句都是对敌人的挞伐。浩浩荡荡的游行队伍，回到墓地时，已近黄昏时刻，公祭仪式开始，闻一多讲话说：“四烈士永远安眠在民主堡垒里了，我们活着的，道路还远，工作还多。杀死烈士的凶手还没有惩办，今天我们在这里是许下诺言了：我们一定要为死者报仇，要追捕凶手。我们这一代一定要追还这笔血债，追到天涯海角。我们这一辈子追不到，下一代还要继续追……血债一定要用血来偿还的!”吴晗、尚钺等民盟负责人也都参加了陪祭。吴晗讲话时说：“两千年来，有些地方叫做圣地，如今，‘一二·一’四烈士埋在此地，此地成了光荣的地方——成了民主圣地!”

1946 年 6 月，西南联合大学宣布结束，同年 8 月，北京大学和清华大学复员回到北平，南开大学复员回到天津。

吴晗这时思想上很矛盾。一方面，民盟的工作需要他在昆明多留一段时间，把工作逐步转移给留在昆明的同志。同时为了掩护联大同学的安全复员北返，教授中的民盟成员，大家约定最后走。但另一方面，他爱人袁震当时病得很厉害，急于要回到上海去进行手术治疗。有的同志劝他还是早点走为好。他从4月16日起，到处托人，跑了二十天才弄到了他和他爱人的两张飞机票。在1946年5月7日，告别了使他留恋的、四季如春的昆明，乘飞机来到了多雾的山城——重庆。事也凑巧，吴晗到了重庆，正好碰上中航公司罢工，走不了，只好在山城中住了下来。在重庆他向党和民盟组织汇报了云南省的盟务工作和民青工作。他会见了当时还在重庆的李公朴和其他一些同志。这是他同李公朴最后的一次见面，两个月后，李公朴回到昆明，便遭到了国民党反动派的暗杀。

在重庆，吴晗等了三十三天，直到6月9日才到了上海。他感叹地说："滇道难，蜀道更难。"关于他爱人的病，经过在重庆和上海的彻底检查治疗，终于治好了，吴晗和袁震都感到很高兴，回北平以后可以共同工作了。

6月26日，吴晗从上海回到了阔别十三年的家乡——浙江义乌南平镇的苦竹塘村，去看望他的老母亲，和他童年时代一起念书戏耍的伙伴们，看看家乡十三年来的变迁。家乡的一山一水、一草一木对他都是十分亲切的，勾起他多少往事的回忆。他这次回乡时间虽短，只住了四五天，但看到听到的人和事却不少，给他留下了深刻的印象。他回到上海一口气接连着写了三篇"还乡散记"的文章：《记第八大队》、《浙道难》和《真空的乡村》，在上海《周报》上连续发表，详尽地记录了他的家乡十三年来的变迁和遭遇。

7月1日，他又匆匆地从义乌老家到杭州去看他的幼妹浦星，在她陪同下，尽情地欣赏这"西子"的湖光山色。杭州是他青年时代念过书的地方，旧地重游，使他备感亲切。第二天下午他回到上海，由于旅途的劳累，他病倒了。就在他的健康刚刚恢复不久，突然间两声炸雷从昆明传来，这就是1946年7月，在昆明发生的震惊全中国、全世界的"李公朴、闻一多惨案"。听到几年来两位朝夕相处、共同工作、共同斗争过的同志相继牺牲的消息之后，他被惊呆了，他像失去亲人一样痛哭不已。他含着悲愤写了《哭公朴》、《哭一多》和《闻一多先生传》，文章中介绍了他们两人的生平事迹，寄托他对他们的无限哀思，他为李公朴写下了这样的墓志铭：

> 七君子之狱，他坐牢没有死，
> 校场口血案，他挨打，打破了脑袋，没有死；
> 在昆明学院坡，被暗杀，他死了。
> 他为了团结，抗战，坐牢；
> 他为了团结，和平，民主，挨打；
> 他为了团结，和平，民主，而死；
> 这是一个人的一生，为民主而生，也为民主而死，
> 生为民主斗士，死为国殇！

吴晗为闻一多写下了这样的话：

> 父亲是忠臣，忠于人民，忠于国家；儿子是孝子，孝于人民，孝于忠臣的父亲。父忠子孝，表现了民族的正气
>
> …………
>
> 一多先生的一生，永远在追求真理，也永远在否定自己。到晚年他找到了，大喝一声，在这里了！锲而不舍，竟以身殉。这真理就是民主。走到真理的路只有一条，生活在人民中，为人民服务。

这些发自他肺腑深处的语言，也正是他自己提出的诺言和他终身为之奋斗的目标。吴晗参加了上海各界人士举行的“闻一多、李公朴烈士追悼大会”，发表了痛斥国民党反动派法西斯暴行的讲话，充分反映了他的大无畏精神。

1946年8月，吴晗的第一本文集《历史的镜子》由上海生活书店出版。同一个月，吴晗和他爱人一道回到了久别的北平。开始时，他们住在和平门内国会街北大三部宿舍。等清华园里的宿舍修好以后，他才搬进了清华园旧西院十二号去住。他对这所房子里的经历感到十分满意，对它有过如下的描写：

> 就在这所房子里，我度过两年多黑暗的岁月。
> 尽管外面的天是黑的，这所房子里却经常有明朗的笑声，热

烈的争论，民主青年同盟的同志，民主同盟的同志，有时候还有地下党的同志，经常在这里聚会。清华的同学不必说了，燕京、北大的同学也经常来。有的晚上人来多了，屋子坐不下时，便坐到院子里，没处坐，青年们便坐在地板上，谈这谈那，当然，谈得最多是当前斗争的种种问题。有的时候还开座谈会，邀请许多学校的进步教授（也有中间的），参加讨论，主题自然是当前形势。

为了扩大影响，燕京大学的团契（带有宗教性的组织）的青年朋友们，也有时候到这所老房子里来，一谈便是半夜，一句基督教的话也没有谈，谈的还是政治。

在这两年多期间，有许多运动的宣言、声明、通电等等，是在这所老房子里起草的，定稿以后，便按照情况分工，各人拉自己的关系去征集签名。

这所古老的陈旧的房子，经历了两年热烈的沸腾的兴奋的生活……

黑夜即将过去，黎明就在前头。这是吴晗在北平解放前两年的生活写照，他和许多同志一道，高举着革命的旗帜，冒着生命的危险，不知疲劳地日以继夜地学习、工作、战斗。

为了纪念闻一多，清华大学在1947年，组成了以朱自清、雷海宗、潘光旦、吴晗、浦江青、许维遹、余冠英七人参加的“整理闻一多先生遗著委员会”，负责整理出版《闻一多全集》。《全集》拟目由吴晗负责交给天津《大公报》、上海《文汇报》发表，并由吴晗出面约请郭沫若为《全集》写序言，他自己作了跋文。

1947年3月底，史靖写了《闻一多的道路》，吴晗为他写了序言。

吴晗来到北平以后，很快就和地下党取得了联系，并和民盟华北总支部、民盟北平市筹委会、民主青年同盟接上了关系，他和张光年同志等一起，集中力量搞好《民主周刊》（北平版）的编辑发行工作。吴晗在这一年中写了六十多篇有内容有分量的政论文和杂文，平均每月要写五六篇文章，这是他一生中写作最多的一年。这些作品来源于生活，来源于斗争的实践，起到了教育群众、动员群众、团结战斗的积极作用。

但是吴晗这时候在清华园里，却处处受到当权派的排斥和打击。清华大学改选评议会，没有他，成立了几十个委员会，哪一个委员会都没有他的名字，甚至连一个搞中国史的什么委员会也把他排除了。他并不因此而感到气馁。相反的，他工作得更积极，旗帜更鲜明，立场更坚定，下定决心要跟着共产党，把新民主主义革命进行到底。在这一段时期，他和教授、学生、青年和各界人士在一起，积极参加抗议美军强奸北大女生的抗暴示威游行，“五二〇”的反饥饿、反内战运动，争自由反压迫运动，以及震动全国的反美扶日运动等。在反美扶日运动中，为了揭穿国民党反动派的阴谋，抗议美国政府对中国人民的侮辱，吴晗和一些同志商量，决定发表一个公开声明，由大家分头去发动群众签名，声明内容是这样的：

为反对美国政府的扶日政策，为抗议上海美国领事卡宝德和美国驻华大使司徒雷登对中国人民的诬蔑和侮辱，为表示中国人民的尊严和气节，我们断然拒绝美国具有收买灵魂性质的一切施舍物资，无论是购买的或是给予的。下列同人同意拒绝购买美援平价面粉，一致退还配给证，特此声明。

吴晗拿着这份声明的稿子去找朱自清和其他教授签名，朱自清这时候的胃病已经很沉重了，只能吃很少的东西，多一点就要吐。面庞瘦削，说话声音低沉。他有大大小小七个孩子，日子比谁过得都困难。但是他看了稿子，毫不迟疑，立刻签了名。后来毛主席在《别了，司徒雷登》一文中，着重指出：“朱自清一身重病，宁可饿死，不领美国救济粮”。就是指的这件事。

国民党反动派一意孤行，于 1947 年 1 月向解放区发动全面进攻。3 月北平的军调部停止工作，中共办事处也同时撤退了。叶剑英同志、徐冰同志特地邀请吴晗等人吃饭、告别。为了宣传工作上的需要，吴晗向徐冰同志要了一架收音机，每天晚上用它来收抄解放区的新闻广播，并立刻传抄或油印，第二天就散发到城外城内各个点，这样，扩大了宣传，使大家对形势的认识更加了解，斗争意志更加坚定。由于怕暴露目标，还要经常转移地方。这架收音机为革命事业也出过不少力，解放以后，一直还保存在民盟北京市委会，留作永久的纪念。

1948年8月12日，吴晗的《朱元璋传》又一次修订。此书从1947年暑假到1948年暑假，整整花了一年零一个月的时间才断断续地写完。篇幅从原来的八万字，扩充到十五六万字，差不多增加了一倍，注明材料出处，又增加了五百多条小注，更重要的是有许多看法竟和初稿完全不同。这是他思想上、政治上更加成熟的一种表现。

石家庄解放以后，解放区需要大量的青年知识分子，经过短期训练，可以培养成为接管城市工作的干部。当时，党把输送青年到解放区去的一部分任务交给吴晗他们几个人去做。他们经过慎密考虑，妥善计划安排，输送了一批又一批的青年到解放区去，个别党员同志和各阶层的进步分子，在遭遇到危难时，也通过他们的这条线送到解放区去。在这方面吴晗和其他几位民盟同志冒着危险，做了大量的工作。

1948年"八一五"大逮捕以后，清华遭到搜查，同志们警告吴晗说，剿总的黑名单上有他的名字。到了实在非走不可的时候了，他才下决心离开清华园。经过了一些曲折，才由交通员带进了解放区。

吴晗到了石家庄解放区以后，曾到各处参观、访问、学习，看了许多，听了许多解放区的新人新事，很受启发。使他最受鼓舞终生难忘的是，他到解放区不久，就受到毛主席和周恩来副主席的亲切接见和鼓励。当时他自己写过一段生动的回忆说："不是毛主席教育了我，一直到今天，我还是会糊涂的，不清楚的，自以为是的，'超阶级'的。""听了关于土地改革、关于中共党史的报告，明白了土地改革是支持解放战争的基本环节，是消灭封建的必要步骤；明白了共产党二十六年来的成长壮大和发展，曾经犯过'左倾'右倾的错误；但是由于有了正确的领导，毛主席的领导，才能得到胜利，才能解放几万万人民。也明白了'没有共产党，就没有新中国'这个歌的意义，更明白了到处都喊'毛泽东万岁'的道理……"

"我也懂得了为什么无产阶级应该领导中国革命，为什么无产阶级是最进步的最坚强的最革命的最有力的道理。"最后他坚决表示：

“我选择了自己的阶级立场，我愿意站在无产阶级的立场上”。

如果说，1943年的吴晗已经有了一个转变，那还只能说是一个初步的转变。他从不问政治到关心政治、过问政治，积极参加反对蒋介石法西斯独裁统治的爱国民主运动。这次来到解放区，使他在政治思想上、阶级立场上起了一个带有根本性质的变化，他决心用实际行动为创造一个美好的社会主义祖国贡献一切。

1949年1月31日，北京和平解放了，不久吴晗以军管会代表的身份回到了清华园，开始接管清华大学的工作，同时他先后担任了清华大学历史系主任、文学院院长的职务。清华成立校务委员会以后，叶企荪当了主任委员，吴晗做了副主任委员，实际负责学校工作。同时他的确很想留在清华工作，想在教育工作中在学术研究上做出一番成就。但由于当时革命工作的需要，他从1949年11月开始，担任了北京市人民政府副市长的职务。他认真贯彻党的教育方针，为提高北京市中小学教育质量和发展业余教育做了大量的工作。对首都的文化教育事业做出了显著的成绩。在中共北京市委领导下，他积极推动并具体指导有关部门先后建立了北京师范学院、北京市教师进修学院、北京少年宫、少年科技馆、各区少年之家、首都图书馆、中国书店、北京天文馆、龙潭教学植物园和北京电视大学、广播函授学校、工读学校等，对于提高中小学教育质量，普及科学文化知识，做出了积极贡献。

吴晗在担任北京市爱国卫生委员会副主任期间，为了改变首都的环境卫生面貌，他费了很大的精力，经常深入工厂、农村、街道进行调查，发动群众开展爱国卫生运动，使北京市的卫生工作得到国内和国际的好评。

在发掘、整理和保存首都文物方面，吴晗也发挥了重要的作用。在他的倡议下，修缮了雍和宫，保护了古代冰川遗迹，以及其他有历史价值的文物古迹。遵照周总理的指示，他主持了明代定陵的发掘工作。

吴晗是我国著名的学者、历史学家。全国解放后，任中国科学院哲学社会科学部学部委员、中国科学院历史研究所学术委员、《历史研究》编委、北京市历史学会会长等职。他致力于历史研究几十年，对明代历史的研究造诣尤深，是我国少有的明史专家。他写的《朱元璋传》，前后经过二十年，写了四次。曾经毛主席看过，获得了好评。并根据毛主席的意见，做了进一步的修改，于1964年重新出版。他遵照毛主席的指示，组织力量标点《资治通鉴》，为历史科学研究做出了贡献。

全国解放以后，吴晗忙于政务工作，开始著述较少，1956年毛主席提出“百花齐放，百家争鸣”方针，他感到非常振奋，跃跃欲试，一再鼓励大家搞创作、写文章，为繁荣社会主义文化园地作贡献。他对自己严格要求，每天规定时间学习、写作，没有大块时间，就抓时间、挤时间，见缝插针。他向同志们表示决心，从1956年起，他一定要每年出一本书。开始时，他把过去写过的文章，重新加以审阅，编集出版，1959年起，他又大量地写作了，这一年就又写出了四十七篇文章。他先后出版了《读史劄记》（1956年），《海瑞的故事》（1959年），《投枪集》（1959年），《灯下集》（1960年），《春天集》（1961年），《学习集》（1963年）和《海瑞罢官》的京剧剧本。吴晗这一时期写作了大量独具风格的杂文，成为一个杂文作家。

吴晗同志不仅努力搞专门学术研究，而且对于广大人民和青少年普及历史知识，具有极大的热情。他亲自倡议并自告奋勇担任主编，出版了《中国历史小丛书》、《中国历史常识》、《外国历史小丛书》以及《地理小丛书》、《语文小丛书》，他还受毛泽东同志的委托，负责编辑了《中国历史地图集》，他在全国范围内进行组织协作，付出了辛勤的劳动。这些读物深入浅出，生动活泼，深受广大群众喜爱，对于提高青少年和广大工农干部的文化知识水平起了不小作用。

在贯彻党的统一战线政策和知识分子政策方面，吴晗也做了不少工作。解放以后，他一直担任民盟北京市委员会主任委员，1958年以后他又担任了民盟中央副主席。在民盟工作中，他始终认真贯彻党的政策，他坚持团结大多数，广泛地接触和团结了文化教育界和学术界的新老知识分子，他诚恳、热忱、爽朗、直率、平易近人。他能虚心地听取别人的意见，也能坦率地发表自己的意见，坚持自己的意见。在工作和学术问题上，他从不隐瞒自己的观点。

全国解放以来，吴晗怀着满腔的热忱，忠心耿耿投入社会主义革命和社会主义建设中，深得党和广大人民群众的信任。当选为一、二、三届全国人大代表，一届全国政协委员，二、三届常务委员，北京市一、二、三、四届人民代表大会代表，一、二、三、四届北京市政协委员、副主席。他还担任过中央人民政府文化教育委员会委员，全国青联秘书长、副主席，北京市人民监察委员会主任等职务。

1957 年吴晗光荣地加入了中国共产党，终于由一位高级知识分子成为一名光荣的无产阶级革命战士。他入党后，工作更为积极，除了认真地做好他所担负的行政工作，刻苦地从事学术研究工作外，还与邓拓同志、廖沫沙同志合作，在北京市委《前线》杂志上开辟了《三家村札记》专栏。吴晗的文章和著作，努力宣传马列主义、毛泽东思想和党的政策，反对资产阶级思想和各种歪风邪气，反对唯心主义和形而上学。他根据中央负责同志的建议，遵照毛泽东同志在 1959 年初，在上海中央工作会议上提倡学习海瑞刚直不阿的精神，写了《海瑞骂皇帝》、《论海瑞》和新编历史剧《海瑞罢官》，博得了广大群众的赞扬。

“文化大革命”一开始，1965 年 11 月 10 日，在江青、张春桥的直接策划下，反动文痞姚文元炮制的黑文《评新编历史剧〈海瑞罢官〉》，歪曲历史，颠倒黑白，给吴晗加上种种莫须有的罪名。1968 年中央“文化大革命”那个顾问康生更加凶狠地陷害吴晗，给他扣上叛徒、特务的帽子，关进监狱，对他进行百般的摧残和折磨，欲把吴晗置之于死地。吴晗面对这批凶狠的刽子手，大义凛然，毫不屈服，宁折不弯，海瑞“刚直不阿”的精神完整地在吴晗身上得到了体现。

吴晗在“四人帮”法西斯暴徒的长期摧残迫害下，终于在 1969 年 10 月 11 日含冤去世，终年六十岁。他的爱人袁震，本来身体不好，被株连受迫害，于1969年3月18日逝世。吴晗夫妇死后，他们的女儿吴小彦在失去父母的极端悲痛之中，又整天遭受恐吓威胁与凌辱，患了精神病，到处去寻找自己的爸爸妈妈。后来小彦也以“莫须有”的罪名被捕入狱，精神上进一步受到摧残，最后被逼得含冤死去。吴晗的弟弟吴春曦受株连迫害，身患重病，被拉去田里，当牛拉犁，当场惨死在田里。

吴晗同志被“四人帮”一伙，搞得家破人亡，广大工农兵群众、干部、知识分子无不深感悲痛和义愤。1979年8月，经党中央批准，中共北京市委为林彪、“四人帮”制造的所谓“三家村反党集团”冤案彻底平反，吴晗是“三家村”成员之一，也得到彻底平反昭雪，恢复了名誉。

吴晗同志的一生，是革命的一生，战斗的一生，全心全意为人民服务的一生，是永远值得我们学习和怀念的。

西汉经济状况

目　　次

一、绪　　论

读过中国史的人，都知道西汉是中国史上的一个最重要的时代，都承认刘彻、王莽是这个时代中的最重要的代表人物。从公元前206到公元22年，这二百二十八年中，一面结束了公元前1500年的旧账，一面下启至公元1929年的规划。截至1912年的国家设施行政，都还因循着而无大更革。刘彻是历史上的空前的大创制家，王莽是历史上的空前的大改革家。他们两人的创制和改革，一直影响到现在。他们使中国经济史起了空前的大变化。他们确定了当时及后代的社会的命运。

在制度方面说：土地制度、货币制度、赋税制度，都在西汉时代确定规模。就经济政策方面说：征盐铁、榷酒酤，是在西汉时最认为重要的两件事。农本主义，困商政策，更为两千年所继承的根本政策。就思想方面说：名田说、限田说、王田私属法，都是二千年后平均地权说的权舆。西汉的二百二十八年中，产生了一切后代所奉行所继承的制度、政策、主义、思想。这是如何重要的一个时代啊！

但是我们不满意的，是史家记载关于这时期的社会经济不很详细，以致我们不能详确地综合观察比较、探讨。我们抱着十二分的惋惜态度，来追悼这可贵的史料，在史家的笔下轻轻失去而幻灭，而沉失在黑暗中！

二、西汉历代的财政

汉兴，承秦之敝，民作失业，流离饥馑。米石五千钱，马匹直百金，民无盖藏，大农仰屋，天子不能具醇驷，将相或乘牛车。财政的恐慌情形，可以想见，于是约法省禁，轻田租十五而税一，以期与民休息。量吏禄度官用以赋于百姓。山川园池市肆租税之人，自天子以至封君汤沐邑，皆各为私奉养，不取于国家。漕转山东粟以给中都官，岁不过数十万石。当时经济学者鉴于战国秦代本末倒置之弊，乃重本抑末，令贾人不得衣丝乘车，重租税以困辱之。于是农民滋殖，盖藏日富，孝惠高后之间，天下大定，复弛商贾之律，但令市井子孙，不得入仕籍。孝文初，除盗铸钱令，乃民竞逐末，弃捐农事。吴王邓通，钱遍天下，游食之民既多，淫侈之俗日长，帝乃躬历节俭，开籍田以劝农，数年之间，帑藏充实。景帝益事贮蓄，诏三十而税一，为汉永制。至武帝之初，家给人足，仓库尽满。京师之钱，贯朽而不可校，太仓之粟，陈陈相因，红腐不可食。国用富溢，至斯极矣。乃外事四夷，内侈宫室，百姓劳苦，干戈日滋。百姓抗敝以巧法，财赂衰耗而不赡，入物者补官，出货者除罪，终武帝之世，算商车，置盐铁官，算缗钱舟车，榷酒酤，重敛诛求，民不堪命。昭帝即位，与民休息，令民得以律占租。宣元成哀平五世，率由旧章，无所更革，故虽屡蠲租赋，而国用颇裕。王莽代汉，更弦易辙，农商失业，食货俱废。边兵二十万人，仰县官衣食，用度不足，数横赋敛。又一切税吏民赀三十而取一，公卿以下至郡县黄绶吏，皆保养军马，徭役繁剧，旱蝗相仍，民摇手触禁，不得耕桑。上至公侯，下至小吏，皆不得奉禄，舍私赋暴敛，无以自存。盗贼蜂起，民不聊生。然而莽败时，省中黄金且有六七十万斤，金玉财物充牣御府，朘削齐民，私自封殖。此莽之所以亡也。

三、西汉的平民生活

有人说：看完一本京师同仁堂的破账簿，可以窥见二百年前的生活状况，同样地我们在《汉书》上《史记》上，找到一两条不完备的断文烂句，也可以推想到汉代的平民生活，是如何的简单，如何的朴素，如何的值得后人留恋、追念。

纪元前350年的平民生活——“一夫挟五口，治田百亩，岁收亩一石半，为粟一百五十石。除什一税十五石，余百三十五石，食人月一石半，五人终藏，为粟九十石。余四十五石，石三十为钱一千三百五十。除社闾尝新春秋之祠，用钱三百，余钱千五十，衣人率用钱三百，人岁终用钱千五百。不足四百五十，不幸疾病死丧之费，及上赋敛，又未与此。”这是一个非常翔实而又精确的古代农民生活状况的报告。他们辛苦了一年，可是还得亏空四百五十钱，倘使运气不好，那简直要没法应付一切的不幸事件。至于女人的生活：“冬民即入，妇人同巷相从，夜绩女工，一月得四十五日。”日夜连工，一日夜要做十八个钟头的工作。可是在任何记载上，绝对的寻不出她们的抗议或嗟怨的辞气。因为不如此便不能维持家庭最低的生活，而使男人的负担越重啊！根据上文的记述，得公元前350年农民生计支配表如下：

<table>
<tr><td colspan="3">一夫治田百亩</td><td colspan="3">冬夜妇人工作每日十八小时</td></tr>
<tr><td colspan="2">消费者</td><td>五口</td><td colspan="2">五口之衣</td><td>千五百文</td></tr>
<tr><td>收入</td><td colspan="2">粟一百五十石</td><td colspan="2">社闾尝新春秋之祠</td><td>三百文</td></tr>
<tr><td rowspan="2">支出</td><td>1</td><td>赋税十五石</td><td rowspan="2">不足</td><td rowspan="2" colspan="2">四千五十文</td></tr>
<tr><td>2</td><td>终年五口之食九十石</td></tr>
<tr><td>剩余</td><td colspan="2">四十五石为钱一千三百五十</td><td>总计</td><td colspan="2">千八百文</td></tr>
</table>

生活程度的高低，是视国家或社会的安谧与否而转移的。用经济学家的眼光来看，一石米价钱的高下，可以看出旁的物件的价格，同时也可以知道社会之就序与否的情形。因此就我能力所及的，作

西汉米价表——“秦汉时米百二十斤为石，乃权名，非量名。”——《十七史商榷》。

物名	时代	西历纪元	价格	
米石	汉初	公元前 200 年	五千钱	
米石			万钱	马一直百金
米石	汉宣帝	公元前 70 年	五千钱	
米石	汉元帝	公元前 40 年	三百余钱	
	二年		三千钱	齐地饥
米石	王莽	公元 20 年	二千钱	洛阳东
米斛			黄金一斤	光武纪

汉人饮食除谷类、茶酒外，有面粉。学齐呫哔：“王莽始有啖面之文。”普通制作饮食之法，率以：

盐豉　见宋玉《九辩》：“大苦咸酸”，注及《史记·货殖传》、《前汉书·食货志》。

醋　《汉武内传》：“但醋作酢。”

蜜及蔗浆　蜜见《汉武内传》，蔗亦作柘，柘浆见宋玉《大招》，《前汉·郊祀歌》：“柘浆析朝酲”。

香料除姜桂外，多用蒜荽及脂麻。张骞使西域得荽，香菜也。

制作肉食，别有烧割之一法，刘熙《释名》：“貊炙”全体炙之，各自以刀割食。

喜食犬、牛，故屠牛椎狗之事豪杰亦为之。嗜酒之风太甚，高祖初定天下，廷臣使酒争功，高祖颇厌之。武帝乃榷酒酤，非特用以防民食之不敷，亦以严费时佚事之禁也。然未几禁弛，群饮之风如故。此殆汉初军人，多来自民间，旧习未忘，遂播为风气欤！

王符《潜夫论·浮侈篇》曰：“昔孝文皇帝躬衣戈绨，革舄韦带。而今京师贵戚衣服饮食车舆庐第，奢过王制，固亦甚矣！且其徒御仆妾，皆衣组彩牒，锦绣绮纨，葛于升越，筩中女布，犀象珠玉，琥珀玳瑁，石山隐饰，金银彩缕，穷极丽美，转相夸诧。”《汉书·五行志》曰：“风俗狂慢，变节易度，则为剽轻奇怪之服，故有服妖。”可知当时衣服之好尚矣。

衣服的材料多用布，绫《西京杂记》罗《地理志》及郭宪《洞冥记》

纱段缯《蔡邕传》葛麻，有锦绣冠《舆服志》帻帽刘熙《释名》布巾《急就篇》。妇人则有冠子《事物原始》。衣之类有汗衫《中华古今注》，袄《物原》裳之类有袴褶《舆服志》事裤张萱疑耀抱腹，刘熙《释名》履之类有履，舄，不借，伏虎头鞋，《中华古今注》妇人之首饰，有五采通草花《物原》面花《酉阳杂俎》。衣正色，裳间色《玉藻》。普通之冠用弁《诗》：突而弁兮，贵族冠元端。夕服深衣。士不衣织，不衣狐白。裘用狐麛羔等兽皮为之。童子不裘不帛，其衣缁布，以锦缘之。带亦锦为之《玉藻》。凡男女之衣服，多用裘衣，短褐则为贱者之衣。

《汉书·贡禹传》师古注："裋者，谓童竖所著布长。襦也。褐，毛布之衣也。"

襶衣则为厨人之服。

《汉书》："董偃绿帻青厨加襶衣见武帝，幨人服也。"

至贾人则因国家政策关系，不得衣锦绣绮縠絺纻罽《汉高纪第一》，然反此则亦可知贾人前此所衣也。

衣服饮食的渐臻繁复，固为文明进化的一过程，不过其所以与所以然的结果，却在在与经济问题相表里而互为因果。换言之，民族愈进化，人民生活愈安适，则所要求者，常为如何能使愈优美妥善之方法。于是购置为愈强，而对于经济的要求愈热烈也。

四、西汉的经济政策

西汉时代，去古不远。其所秉承的传统政策，多含有历史的背景及经济学说的根据。自公元前200年至公元后20年，二百二十年中所保持的a. 农本主义b. 困商政策，颇见显著的效果。至于含有时间性的经济恐慌期的经济政策，如征盐铁、榷酒酤、鬻爵、平准，以遭儒家反对，虽收暂时的成效于当时，而随设随废，未足以概论西汉一代也。今将各说之学理上的根据及其效果，分别论之如下：

a　农本主义　《洪范》八政，首列食货，《白虎通》曰："古之人民皆食禽兽肉，至于神农，用天之时，分地之利，制耒耜，教民农作。”农民虽不必起于神农时代，然亦可见其由来之远矣。《管子》曰：“民无所游食，必农，民事农则田垦，田垦则粟足，粟足则国余。”《食货志》曰：“食足货通，然后国实民富而教化成。”以农为富国之本，教化之原。《礼记·王制》曰：“国无九年之蓄曰不足，无六年之蓄曰急，无三年之蓄，曰国非其国也。”《食货志》曰：“余三年食，进业曰登，再登曰平，余六年食，三登曰泰平。二十七岁遗九年食，然后至德流洽，礼乐成焉。”衣食足而知荣辱，贮蓄备而无饥寒，政教之本，端在于农。《易》曰：“天地之大德曰生；何以聚人曰财。”班固释之曰：“财者，帝王所以聚人守位，养成群生，奉顺天德，治国安民之本也。”神农之教曰：“有石城千仞，汤池百步，带甲百万而亡粟，勿能守也。”一切的治国安民、教育、礼乐、军事，都与农业有连带的关系。农本主义为古代学者同政治家的唯一的国家政策，也是西汉及后代所奉行不忒的国家政策。

大城市的集中，商业的得势，都与农本主义的发展相冲突，古代的学者都抱着同一见解，以为农商势不并进，要使农业发展，必须设法使商业失势，因此设立农业保护法以救济之，换言之，就是困商政策。

b　困商政策　中国在纪元前1500年的时候，农业已具雏形，历来的学者及政治家都以商人的不劳而获为可鄙。《孟子·公孙丑篇》：“有贱丈夫焉，必求垄断而登之，以左右望，而罔市利，人皆以为贱，故从而征之，征商自此贱丈夫始矣。”这是征商说的起因，在这时代的民众心理，只以商人之罔利为贱。以其贱故征以税，《管子·八观篇》：“悦商贾而不务本货，则偷处而不务积聚。”以商贾为妨农之务的观念，《商君书·算地篇》：“技艺之士用，则民剽而易徙，商贾之士佚且利，则民缘而议其上。”贱工为其易徙，贱商为其议上。《垦令篇》：“重关市之赋，则农恶商……有疑惰之心，农恶商，商疑惰，则草必垦矣。”重赋税使商农交恶，以利农作，这是汉代困商政策的渊源。《高纪第一》：“贾人毋得衣锦绣绮縠絺纻罽操兵乘骑马。”《惠纪第二》：“应劭曰：汉律人出一算，算百二十钱，惟贾人与奴婢倍算。”《食货志》：“孝惠高后时为天下大定，复弛商贾之律，然市井子孙不得为官吏。”《汉书·晁错传》：“秦民见行，如往弃市，因以谪发之，名曰谪戍。先发吏有谪及赘婿贾人，后有常以市籍者，又后以大父母常有市籍者。”视商人等于奴婢，不能享受社会上一般人所享受的权利，商人别有贱籍，连大父母有市籍的都不免充军遣戍的苦差，在经商的时候，又是苛税横加，被人贱视，汉代商业之不振，自在意中。但是推《货殖列传·平准书》的记载，则大企业家仍复雄视一世，可知当时困商政策之施行，被淘汰被排挤的只是些小企业家、小资产阶级。据经济学原理，资本集中，则小企业不振；据社会学原理，大城市集中发展，则乡村衰落。试按元始二年郡国户口统计，则二百万口以上之郡国占百分之三，百五十万口以上之郡国占百分之五，百万口以上之郡国占百分之六，五十万口以上之郡国占百分之三十，人口集中之原因，虽半由于移民之频数，其大半原因则在于商业的发展。由此可见困商政策之施行，实为失计，因为农作物的输入市场与得相当的酬报，势必有待于商人，农业与商业，实有相当的密切关系，故虽禁令频施，困辱备至，而其所因辱者，亦只肩挑贩卖的小商人与间接受损害的农人而已。

c　鬻爵　文帝时贾谊、晁错主张农本政策。谊劝帝躬耕籍田，以劝百姓而崇积聚。错复上重农贵粟之书，请令募天下入粟子边，得以拜爵除罪。其言曰：“方今之务，莫若使民务农而已矣。欲民务农，在于贵粟……以粟为赏罚。今募天下入粟县官，得以拜爵，得以除罪……取于有余，以供上用，则贫民之赋可损；所谓损有余补不足，令出而民利者也……爵者上之所擅，出于口而无穷，粟者民之所种，出于地而不乏，粟足支一岁以上，可时赦，勿收农民租。”文帝从之，令民入粟输边及郡县，得以取爵赎罪。景帝时复修卖爵令，而裁其价以招民。武帝时置武功爵，以奉战士。原晁错之意，以为用不值钱不费力的爵位去换豪强富民之粟，调剂贫富，着实上算。可是“豪强占田逾多，浮客输太半之赋，官家之惠，优于三代，富室之暴，酷于亡秦，虽屡蠲租税，而惠不及于齐民。其所流被，适足以豪强而已。”平民不得沾除租税之实惠，豪强转以吞并小资产阶级，豪强愈富，贫民愈多，与晁氏初愿，适得其反，或亦非创议者所能预料的吧！

d 平准 平准均输，是汉代第一大经济政策，国家穷乏，金融恐慌，社会摇动诸不安现象，都靠着平准而得暂时的救济。武帝时桑弘羊为大农中丞，令当诸所输于官者，皆令输其土地所饶，平其所在时价，官吏于他处卖之，输者便而官亦有利。元封中弘羊为治粟都尉，请置大农部丞数十人，分部主郡国，各置均输盐钱官。又令远方各以其物，如异时商贾所转贩者为赋，而相灌输，置平准于京师，尽集天下之货物，贵则卖之，贱则买之，故抑天下之物，名曰平准。一岁之中，太仓甘泉皆满，诸边有余谷，均输帛五百万匹，民不益赋而天下用饶。到昭帝时，儒家同法家曾经为施行平准而发生很剧烈的争论。究之中国虽以农业立国，而商业亦与农业有相当的交互关系，大企业家过分地操纵社会，破坏农业经济，固属不可，反之国家经营大商业，而无保护小商人的方法或救济之于后，以国家的财富与势力和小民争利，亦属过当。平准之制，虽收效果于目前，要亦不可施之久远。否则，社会上之失业者将日益增加，社会的进展将因之阻滞，而农业将亦无兴盛之可能矣。

e 征盐铁 齐制盐出官鬻，铁止重征。孝惠高后时，豪强大贾、得管山海之利，采铁鼓铸煮盐，富甲天下，而不佐公家之急。武帝时大兴征伐，财用匮竭，乃令管干盐铁，募民自给费，因官器作煮盐，官与牢盆，敢私铸铁器鬻盐者钛左趾，没入其器物。又置大农部丞数十人，分部主郡国名，往往均输盐铁官，郡不出铁者置小铁官，置盐官者凡二十八郡，置铁官者凡四十郡，除故盐铁家富者为吏，吏益多贾人，然官作盐铁苦恶，价贵，强令民买之，郡国多不便。昭帝始元六年，诏减天下盐价，元帝时尝罢盐铁官，三年又复之。终西汉之世，盐铁专卖之利，终未下溢。原盐铁之用，无间贫富，以百分率计，贫者之数约当富豪之百倍，征富一而贫民百，贫民愈贫，而富人愈得收其操纵之效，是以现代世界各国无征盐铁者，而我国沿汉之旧，且以盐税为岁入之大宗。朘削贫民，以益国库，良为经济学者所不取也。

f　榷酒酤　酒酤之禁，由来甚古，其义有二：A. 恶其乱性；禹恶旨酒，文王酒诰之意是也。B. 恐其糜粟以病民。武帝天汉三年初榷旨酒酤，昭帝元始末，丞相车千秋奏罢酒酤费酒斗四钱，始由政府专卖制一变而为征税制。王莽时始立法，官自酿酒卖之。以二千五百石为一率，开一垆以卖，月雠五十酿为准。一酿用粗米二斛麴一斛，得成酒六斛六斗。除米麴本价，计其利而什分之，以其七八官，其三及糟截灰炭给工器薪樵之费，于是置命士督五均六斡而民愈病。莽败，此制亦旋废。

五、西汉的均产政策

三代的井田制度，其详虽不可得悉，要亦为一种儒家所理想的平均地权政策，则可断言者也。西汉去古未远，孝宣、孝武诸帝，表彰儒术，罢黜百家，于是儒家之徒，竞言井田之制，以为欲除兼并之弊，得均富之利，其道非井田莫由，然以井田制度，破坏已久，骤而施行，恐不得当，于是董仲舒创为名田说，师丹、孔光承其学而广之，建议于朝，虽其说不行，然亦可窥见西汉新儒家所怀抱的经济政策及其政治思想也。王莽代汉，毅然行王田私属制，平均地权，解放奴婢，其任事之勇，思想之超越时代，实足为中国文化史政治史经济思想史放一异彩。惜其操之过急，为德不卒，太趋于复古思想，缺乏创造与革新之精神，为足惜也。

一、名田　董仲舒说武帝曰："古者税民不过什一，其求易供。使民不过三日，其力易足，民财内足以养老尽孝，外足以事上供税，下足以蓄妻子极爱，故民说从上。至秦不然，用商鞅之法，改帝王之制，除井田，民得买卖。富者田连阡陌，贫者无立锥之地。又颛川泽之利，管山林之饶，邑有人君之尊，里有公侯之富，小民安得不困……汉兴循而未改，古井田法虽难卒行，宜少近古，限民名田，以赡不足……"颜师古释之曰："名田者，占田也，各为立限，不使富者过制，则贫弱之家可足也。"井田废而贫富之阶级成，大资本家吞并小资产阶级与无产阶级，社会自然的均势因以打破，欲免除此种过分的不平衡与因此而发生的绝对的悬殊的现象，则过去的井田制度的恢复，实不可缓。然以其太理想化而不能施之实际，则退一步而消极地限制富强，使不得过限地操纵农村，一方面使平民亦得相当的田产，以维持其最低的生活费用。此说代表西汉第二期的儒家经济思想，可称之曰消极的均产政策或社会主义。

哀帝时师丹辅政建言："古之圣王，莫不设井田而后治乃可平，孝文皇帝承亡周乱秦兵革之后……故务劝农桑，帅以节俭，民始充实，未有兼并之害，故不为民田及奴婢立限，今累世承平，富豪吏民，赀数巨万……而贫弱愈困……宜略为限……"天子下其议，丞相孔光、大司空何武奏请诸侯王列侯皆得名田国中，列侯在长安，公主名田县道，及关内侯吏民名田，皆毋过三十顷。诸侯王奴婢二百人，列侯公主百人，关内侯吏民百人，期尽三年，犯者没入官。时丁傅、董贤用事，遂寝不行。此说继承董说而更肯定之，董说未见实施，至此丁傅、董贤仗外戚宠倖之势，兼并民田，横作威福，社会上之富豪吞并，亦已为不可掩的事实，于是明定限数，以期保持均势，完成董说之使命，使无权贵之阻，则均产之制，或不待二千年后之列宁、马克思、孙中山之平均地权说，而已在西汉实施其规划矣。

二、王田　王莽代汉，更名天下田曰王田，奴婢曰私属，皆不得买卖，其男口不满八而田过一井者，分余田与九族乡党，犯令法至死，后三岁莽知民愁，下诏诸食王田及私属，皆得买卖，勿拘以法。二百年来董仲舒、师丹所理想的均产政策，至莽而作更进一步的实施，收天下田为国有，民男口八得受田一井，奴婢不得买卖，虽其结果适与其愿望相反，然亦时代使然，以民众未受相当的训练，智识阶级溺于保守的陋说，其失败之咎，固非莽责也。

六、西汉的土地制度

世界上一切的文物制度，都跟着时代跑，或者更跑在时代的前面，土地制度自然也不能跳出这个圈外，中国在纪元前的土地制度的沿革，据说是这样的：

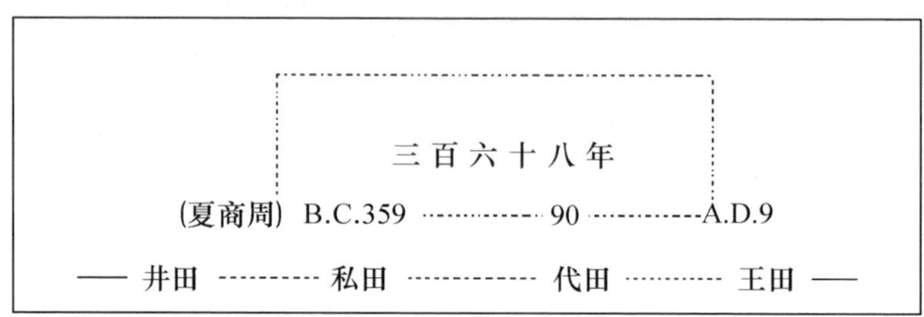

一、a　井田

井田制度是超越时代的，它是跑在时代的前面的，虽然在上古时候，地小民乏，或有施用的可能，不过这样完密、这样整齐的田制，恐怕非三代的学者或政治家所能想象，而且土地的分配，也决不能像豆腐干似的一方块一方块地区划清楚，不过在未得到有力的反证以前，也不得不利用它来说明周秦汉间儒家所理想的一种超时代制度：

司马法

1	百步	百田	三夫	三屋	十井	十通	十成	十终	十同	十封
步六尺	亩	夫 九夫为井	屋	井 方一里	通	成	终	同 方百里	封	畿 方千里

井方一里，分九方区，是为九夫，八家共之，各受私田八亩，公田十亩，是为八百八十亩，余二十亩以为庐舍，出入相友，守望相助，民受上田夫百亩，中田夫二百亩，下田三百亩，岁耕种者不易中田，休二岁者为再易下田，三岁更耕之，自爰其处，农民户人已受田，其家众男为余夫，亦以口受田如此，士工商家受田五口乃当农夫一人，若山林薮泽原陵淳卤之地，各以肥硗多少为差，民年二十受田，六十归田，七十以上，十岁以下，国家养之，十一以上，劝令习事。

b　私田

秦孝公用商君，坏井田，开阡陌（公元前359年），急耕战之赏，倾邻国而雄诸侯，土地制度由国有一变而为私有制，庶人之富有累巨万，而贫者食糟糠，有国疆者兼州域，而弱者丧社稷，汉兴承秦之敝，民无盖藏，富者田连阡陌，贫者无立锥之地，兼并愈甚，贫民愈多，豪强之徒，武断乡曲，商贾之士，利倾朝野，在此时期内（公元前 359—前 90 年），田产土地得私相买卖赠与，无所谓制度，其主有权为完全私人的而非国家的，其取得之方法，为完全经济的而非法律的。

c　代田

武帝末年（公元前 90 年）以赵过为搜粟都尉，行代田法，一亩三甽，岁代处，故曰代田，古法也。后稷始甽田，以二耜为耦，广尺深尺甽曰，长终亩，一亩三甽，一夫三百甽，而播种于三甽中。其耕耘下种田器，皆有便巧，率十二夫为田一井，一屋故亩五顷亩二百四十步，用耦犁二牛三人，一岁之收常过缦田亩一斛以上，善者倍之。

d　王田

王莽始建国元年（公元 9 年）令曰："古者一夫田百亩，什一而税，则国给民富而颂声作，秦废井田，是以兼并起，贪鄙生，强者规田以千数，弱者曾无立锥之居，又置奴婢之市，与牛马同栏，谬于天地之性人为贵之义。减轻田租，三十而税一，常有更赋，疲癃咸出，而豪民侵陵，分田劫假，厥名三十税一，实十税五也。故富者犬马余菽粟，骄而为邪，贫者不厌糟糠，穷而为奸，俱陷罪辜，刑不用错，令更名天下田曰王田，奴婢曰私属，皆不得买卖。其男口不满八而田过一井者，分余田予九族邻里乡党，故无田令当受田者如制度，敢有非井田圣制无法惑众者，投诸四裔以御魑魅。"后三年莽知民愁，下诏诸食王田及私属，皆得买卖，勿拘以法。

二、田数及土地与人口的分配

《汉书·地理志》元始二年（公元 2 年）垦田统计，天下提封田一万万四千五百一十三万六千四百五顷，其一万万二百五十二万八千八百九十八顷，邑居道路山川林泽，群不可垦，其三千二百二十九万九百四十七顷可垦不可垦。定垦田八百二十七万五百三十六顷。汉制二百四十亩为一顷，以定垦田，约计之，得一二六四九一二〇亩。当时口数为五千九百五十九万四千九百七十八人，人约得二十一亩。以可垦不可垦及定垦田计之，得四千五十六万一千四百八十三顷，人约得一百六十亩，以人得二十一亩计之，人岁入当粟十四石，以人得一百六十亩计之，人岁入当粟百石，前说失之少，后说失之多，以可垦不可垦田折半计之，益以定垦田之收入而折衷之，则平均人岁入当四十石，除其终岁之养而以三十税一之则率之，则国家得岁入粟四五千万石。

七、西汉的赋税制度

赋税是国家财政上最重要的收入。郑樵《通志·食货略》曰："计口而入谓之赋"；《汉书·食货志》："税谓公田什一及工商衡虞之入"，赋共车马甲兵士徒之役，充实府库赐予之用。税给郊社宗庙百神之祀，天子奉养，百官禄食庶事之费。收入与消费的规定，在汉代已有具体的规划，不过这是国家承平无事的经济计划，如遇有特殊情形或兵事的时候，这固定的收入，便不能维持过量的消费，而不得不别设新的经济政策，来应付这非常的局面，有时国库充实，或行幸所过，也不时地蠲免赋税，以求减轻百姓的负担。古代的税制，大抵多用什一之法，春秋时鲁宣公初税亩——什二——秦始皇收泰半之赋——三取二——为后来赋税制之权舆。汉初民生凋敝，失业饥馑，天子不能具醇驷，将相多乘牛车，于是约法省禁，轻佃租十五而税一，量吏禄度官用以赋于民，山川园池市肆租税之入，自天子以至封君汤沐邑，皆各为私奉养，不领于天子之经费，量入为出，民得转喘。文帝用贾谊新农业经济政策，奖殖农事，身为之倡。晁错倡入粟卖爵议，抑富授贫，国用大足，十二年诏赐天下民租之半，十三年除民田租。景帝二年令民半出田租，三十而税一。武帝元狩元年，董仲舒进名田之说不能用，元鼎六年因左右内史地名山川源甚众，细民未知其利，令内史稻田租繁重，不与郡同，其议减之，复因祠后土，修封禅泰山之故，令所幸地毋出租赋，末年行代田法。昭帝始元元年诏毋令民出今年田租，始元六年令民得以律占租。盖武帝之时赋敛繁重，律外而取之，至是始复其旧，元凤二年令三辅太常得以菽粟当赋，征本色以便农人。宣帝本始元年赦天下租税不收，三年诏郡国伤旱甚者民毋出租赋，四年有地震，诏亦如之。元康二年又免被灾之郡本年租赋。继以甘泉行幸，免所过田租一年，凤鸟来，除本年租赋。元帝初元元年令郡国被灾害甚者毋出租赋，二年地动有受灾者亦如之。成帝建始元年郡国被灾十四以上毋收田租，鸿嘉四年郡国被灾十四年以上民赀不满三万勿收租赋。平帝元始二年天下民赀勿满二万及被灾之郡不满千万勿收租赋。综计西汉一代，收入虽以赋税为大宗，而其余因地制宜之苛捐杂税，亦复繁重勿胜，兹举其可考者述如下：

A 赋 百二十钱为一算

一、算赋

a 平民

1 高帝四年八月初为算赋。

《汉仪注》：“民年七岁至十四岁出口赋钱人二十三，二十钱以食天子，三钱者武帝加以补车骑马。人年十五以上至五十六，出赋钱人百二十为一算，以给库兵车马。贾人奴婢倍算。”

2 孝惠六年令女子年十五以上至二十不嫁五算。

3 文帝诏人赋四十，丁男三年而一事。

4 武帝建元元年制八十复二算九十复甲卒。

5 诏帝始元六年罢榷酤官令民得以律占租。

6 元凤二年三辅太常得以菽粟当赋。

7 元平元年诏减口赋钱什三。

8 宣帝甘露二年减民算三十。

9 成帝建始二年减天下赋钱算四十。

10 平帝元始元年诏天下女徒已论归家顾出钱月三百。

b 商贾

1　汉律人出一算，算百二十钱，惟贾人与奴婢倍算。

2　诸贾人末作贳贷卖买居邑贮积诸物及商以取利者，虽无市籍，各以其物自占，率缗钱二千而算一，诸作有租及铸率缗钱四千算一，非吏比者三老北边骑士轺车一算，商贾人轺车二算，船五丈以上一算。

二、更赋——更迭力役之征——更有三品：

a　卒更　古者正卒无常人，皆更迭为之，一月一更。

b　践更　贫者欲得雇更钱者，次直者出钱雇之，月二千。

c　过更　天下人皆直戍边三日，亦名更律，所谓徭役也。虽丞相子亦在戍边之调，人人不能自行，又行者当自戍，三日不可往便边，故诸不行者出钱三百入官，官以给戍者，是为过更。凡民年二十而傅，给徭役，亦五十六而除。

三、户赋——汉制列侯封王食租税，岁率户二百，千户之君则二十万，朝觐聘享出其中，户赋征于封邑者不属中央。

四、军赋——赋以食将吏之同居亲属及故将吏之家，吏六百石以上，父母妻子与同居，及故吏尝佩将军都尉印，将兵及佩二千石官印者，家惟给军赋，他无所与。

B　税

a　田税

1　高祖轻田租什五而税一，复以用度不足，稍稍增取之。

2　惠帝即位，更复十五税一。

3　景帝用晁错新经济政策，定三十而税一为永制。汉制，田租掌之大农，储为国用。

b　山泽园池之税，掌之少府，后置水衡以分理之，所以给天子之供养，文帝后六年，弛之，王莽复设五均六管之令，采诸名山泽众物者税之。

c　献费　高帝十一年令诸侯王通侯常以十月朝献及郡各以其口数率人岁六十三钱，以给献费。

d　商车　武帝元光六年冬初算商车。

e　海税　武帝始征海税，以海丞主之，宣帝增海租三倍，以筑仓治船利漕运。

f 马口钱 武帝时租及六畜，有马口出敛钱，昭帝元凤六年令郡国无敛今年马口钱。

g 关市税 武帝太初四年，徙弘农都尉治武关，税出入者以给关吏卒食。

h 所得税 王莽令诸取鸟兽鱼鳖百虫于山林水泽及畜牧者。嫔妇蚕桑织纴纺织补缝工匠医巫卜祝及他方伎商贾贩人坐肆列里区谒舍，皆各自占所为于其所在地之县官，除其本，计其利，十一分之，而以其一为贡。

i 财产税 王莽末年令一切税吏民赀三十而取一。

C 国家收入

据平帝元始二年（公元 2 年）郡国户口统计，民户一千二百二十三万三千六十二，口五千九百五十九万四千九百七十八。以户钱二百计，其岁入之户赋，约二百四十余万缗，以算赋每口百二十钱计，其岁入之额，约七百余万缗，约计两赋，岁入当一千万缗强弱。据《汉书·地理志》，汉提封田一万万四千五百一十三万六千四百五顷，其一万万二百五十二万八千八百九十八顷，邑居道路山川林泽，群不可垦，其三千二百二十九万九百四十七顷可垦不可垦，定垦田八百二十七万五百三十六顷。今据定垦田约计之，中熟之岁，顷获百五十石，则顷征五石（三十而税一），约计之，国家岁入当四千五百万石，至于其他之杂税，及律外之租，虽然不能有精确的统计，大概估算起来，总在正当收入的十分之四以上，由此可得下列的统计：

户赋 岁入二百四十余万缗。

口赋 岁入七百余万缗。

田赋 岁入四千五百万石。

其他杂税 岁入四百万余缗。

岁入千八百万石。

总计 岁入钱一千四百万余缗。

粟六千三百余万石。

至于国家岁出，虽不可枚计，然按汉制量入为出之原则，则知岁出额当不致与岁入额相差额相差过甚；岁出额的重要支出，约可别为三项：

1　军费及不时的赐予。

2　祭祀费，天子生活费，政费。

3　建筑费，治河费，一切无名的消耗。

制用之机关则有：

一、大司农　掌属于国家之度支。

二、a　少府　掌属于君主个人之度支。

　　b　水衡　掌君主个人之收入。

虽区限整然，不过实际上是否如此，却又是另一问题了。

D　汉官俸禄表

古时制禄之数，皆用斗斛，《左传》言：豆区釜钟，各自其四，以登于釜。《论语》：与之釜，与之庾。《孟子》：养弟子以万钟，皆量也。汉承秦制，始以石为名。

> 《韩非子》："王因收吏玺自三石以上皆效之。"
>
> 《管子·禁藏篇》："民率三十亩，亩取一石，则入有三十石。"

故有中二千石，二千石，比二千石，千石，比千石，六百石，比六百石，四百石，比四百石，三百石，比三百石，二百石，比二百石，一百石，而三公号万石，按汉制百二十斤为石，然考《前汉书·百官公表》师古注：

> 汉制三公号称万石，其俸月各二百五十斛谷，其称中二千石者月各百八十斛，二千石者百二十斛，比二千石者百斛，千石者九十斛，比千石者八十斛，六百石者七十斛，比六百石者六十斛，四百石者五十斛，比四百石者四十五斛，三百石者四十斛，比三百石者三十七斛，二百石者三十斛，比二百石者二十七斛，一百石者十六斛。

则所谓万石，二千石以至百石者，第以为品级高下差别之称谓而已。今为表列之如下（见下页）：

按石重百二十斤，与一斛之数，不甚相远——顾亭林《日知录·俸禄篇》注："古时十斗为斛，一石即是一斛。"——则三公月俸万斛，实得乃三百五十石，佐史月俸百石，实得乃十六石，宣帝时米石五钱，若以钱计之，则三公月得千七百五十钱，佐史月得八十钱，微乎其微矣。

品级	官别	月俸
万石	三公	三百五十斛谷
中二千石	执金吾	百八十斛
二千石	右扶风	百二十斛
比二千石	光禄大夫	百斛
千石	武库令丞	九十斛
比千石	太中大夫	八十斛
六百石	郡丞	七十斛
比六百石	议郎中郎	六十斛
四百石	县长	五十斛
比四百石	侍郎	四十五斛
三百石	县尉	四十斛
比三百石	郎中	三十七斛
二百石	县丞	三十斛
比二百石	县丞	二十七斛
一百石	佐史	十六斛

（1）自丞相至佐史，凡十三万二百八十五人。
（2）昭帝神爵三年诏益吏百石以下俸十五。
（3）哀帝建平元年益吏三百石以下俸。

八、西汉的货币制度

前汉的货币制度，大抵因袭周秦，没有什么显著的改革。不过中间经过吴王邓通的即山铸钱，私铸令之随禁随弛，末年王莽之法古改制，币制因之紊乱，百姓困苦不堪，现在把汉前的币制同西汉历朝的币制列如下表：

A. 太公九府圜法

a 黄金方寸　重一斤

b 钱圜函方　轻重以铢为单位。

c 布帛广二尺二寸为幅，长四丈为匹。

B. 周景王患钱轻，更铸大钱，文曰宝货，肉好皆有周郭。

C. 秦并天下币为二等

a 黄金以溢（二十两）为名上币。

b 铜钱质如周钱，文曰半两，重如之。

D. 汉高帝令民铸

a 英钱。

b 黄金一斤（复周制）。

E. 高后二年行八铢钱

六年行五分钱

F. 孝文五年更铸四铢钱，其文为半两。

除盗铸令，使民放铸，吴以诸侯，邓通以权贵，即山钱，富埒天子，二氏钱遍天下。

G. 武帝

a 皮币　以白鹿皮方尺缘以绩，直四十万。

b 三铢钱　重如其文。

c 白金三品

1 白撰　重八两，圜之，其文龙，直三千。

2 以重差小，方之，其文马，直五百。

3 复小，椭之，其文龟，直三百。

d 五铢钱，周郭其文。

e 赤仄　以赤铜为其郭，一当五，赋官用，非赤仄不得行。

令盗铸诸金钱罪皆死。

元狩五年，令上林三官铸钱，至平帝元始中，成钱二百八十亿万余。

H. 王莽

a 四品并行

1 大钱　径寸二分，重十二铢，文曰大钱五十。

2 契刀　其环如大钱，身形如刀，长二寸，文曰契刀五百。

3 错刀　以黄金错，其文曰一刀，直一千。

4 五铢钱

b 罢错刀，契刀，五铢钱，更作金银龟贝钱布之品，名曰宝货。五物，六名，二十八品。

1 钱货六品，直如文（见下表）。

币名	径重	文曰
小钱	径六分重一铢	小钱直一
	七分　三铢	幺钱一十
	八分　五铢	幼钱二十
	九分　七铢	中钱三十
	一寸　九铢	壮钱四十
大钱	寸二分十五铢	大钱五十

——自小钱以至大钱，以次为别，不设名。——

2 黄金一品，重一斤，直钱万。

3 银货二品：

朱提	重八两为一流	直一千五百八十
它银		直一千

4 龟宝四品：

元龟岠冉	长尺二寸	直二千一百六十	为大贝十朋
公龟	九寸	五百	壮贝十朋
侯龟	七寸以上	三百	幺贝十朋
子龟	五寸以上	百	小贝小朋

5 贝货五品：

大贝	四寸二分以上	二枚为一朋	直二百一十六
壮贝	三寸六分以上		五十
幺贝	二寸四分以上		三十
小贝	一寸二分以上		十
不盈寸二分漏度不得为朋，率枚直钱三。			

6 布货十品：

布名	长重	文曰
小布	长寸五分重十五铢	小布一百
幺布	寸六分　十六铢	幺布二百
幼布	寸七分　十七铢	幼布三百
厚布	寸八分　十八铢	厚布四百
差布	寸九分　十九铢	差布五百
中布	二寸　二十铢	中布六百
壮布	二寸一分　二十一铢	壮布七百
弟布	二寸二分　二十二铢	弟市八百
次布	二寸三分　二十三铢	次布九百
大布	二寸四分　一两	大布一千

莽下令，敢有非井田，挟五铢钱者，为惑众。投诸四裔，以御魑魅。

c　天凤元年复申下金银龟贝之货，颇增减其价值，而罢大小钱，改作货布。

1　货布　长二寸五分，广一寸，首长八分有奇，广八分，其圜好径二分半，足枝长八分，闲广二分。其文右曰货，左曰布。重二十五铢，直货泉二十五。

2　货泉　径一寸，重五铢，文右曰货，左曰泉，枚直一。

总校两汉一代的货币本位，以铜为元素，其余黄金、朱提为辅币，皮币、布帛、龟贝，又为次辅币。虽各朝之制度因法令而异其形式，而其所采用之币制本位，则仍因循前代，无所变革。盖货币制度的发展，与国民经济有重要关系，货币的发展变迁，与国家财政的发展变迁，恒为平行的进步。货币制度的成立，固可视为经济进步的实据，抑亦为文化成熟的特征。王莽采用龟贝，汉武采用皮币，察其外表，似为进化或复古，实则当时武功喧赫，匈奴外藩，赏赐恒以亿万计（附录一）。现金的流出过甚，国家财政因而动摇，他若妇女的以金属物为妆饰，宫殿祠宇的以金箔涂饰，金马露台诸建筑物的消耗，社会经济的集中于大资本家及少数贵族，在在都引起金融的不安与缺乏，开矿鼓铸之术，在彼时尚未十分发达，且有时悬为厉禁；是以消耗溢出多而出产额几等于零，当局者采用代币以救济暂时的恐慌，实为经济进化应有的步骤也。

九、西汉的人口问题

人口的增殖，与社会秩序的保持平衡与否，有相互的密切关系，他若经济状况的稳定，天灾人祸的免除，乡村与城市发展的消长，亦为人口滋殖与减少的原因。

汉初人口，遭六国争斗，祖龙屠杀，陈吴刘项吞灭之余，不过五六百万，自公元前206年至公元2年，二百年间休养生息，滋殖到六千万，二百年中增加十倍，大城市的发展，亦与人口的增殖成正比例，考其原因，约有下面数端：

a 移民的频数（附录二） 自高帝九年（公元前198年）至成帝鸿嘉二年（公元前19年）一百七十余年中前后官办的移民运动，凡十七次，其中所移为富豪大族者凡八次。

（公元前198——127——96——83——73——19——）

b 财富的增加 七次之移民运动，形成大城市的畸形的发展。其中八次的富族移殖，其被移殖的资格为赀财若干以上或富豪大贾，此巨额的金钱，因流动而发施其增殖的能力，城市增加财富，其发达自在意中。

c 城市的商业化 西汉一代虽屡屡保持其护农困商政策，然法律自法律，事实自事实，大商业的发展，仍不因政府的压迫而阻其生机，商业繁盛，大城市亦因此而骤增其数量。

人口与地域的分布，如下表：

前汉元始二年郡国户口统计表

——A. D. 2——《汉书·地理志》

	郡名	户数	口数	县数
1	京兆尹	一九五七〇二户	六八二四六八口	一二
2	左冯翊	二三五一〇一户	九一七八二二口	二四
3	右扶风	二一六三七七	八三六〇七〇	二一
4	弘农郡	一一八〇九一	四七五九五四	一一
5	河东郡	二三六八九六	九六二九一二	二四
6	太原郡	一六九八六三	六八〇四八八	二一
7	上党郡	七三九三八	三三七七六六	一四
8	河内郡	二四一二四六	一〇六七〇九七	一八
9	河南郡	二七六四四四	一七四〇二七九	二二
10	东　郡	四〇一二九七	一六五九〇二八	二二
11	陈留郡	二九六二八四	一五〇九〇五〇	一七
12	颍川郡	四三二四一九	二二一〇九七三	二〇
13	汝南郡	四〇一五八七	二五九六一四八	三七
14	南阳郡	三五九三一六	一九四二〇五一	三六
15	南　郡	一二五五七九	七一八四五〇	一八
16	江夏郡	五六八四四	二一九二一八	一四
17	庐江郡	一二四三八三	四五七三三三	一二

续前表

	郡名	户数	口数	县数
18	九江郡	一五〇〇五二	七八〇五二五	一五
19	山阳郡	一七二八四七	八〇一二八八	二三
20	济阴郡	二九〇〇二五	一三八六二七八	九
21	沛　郡	四〇九〇七九	二〇三〇四八〇	三七
22	魏　郡	二一二八四九	九〇九六五五	一八
23	巨鹿郡	一五五九五一	八二七一七七	二〇
24	常山郡	一四一七四一	六七七九五六	一八
25	清河郡	二〇一七七四	八七五四二二	一四
26	涿　郡	一九五六〇七	七八二七六四	二九
27	勃海郡	二五六三七七	九〇五一一九	二六
28	平原郡	一四四八三七	六六四五四三	一九
29	千乘郡	一一六七二七	四九〇七二〇	一五
30	济南郡	一四〇七六一	六四二八八四	一四
31	泰山郡	一七二〇八七	七二六六〇四	二四
32	齐　郡	一五四八二六	五五四四四四	一二
33	北海郡	一二七〇〇〇	五九三一五九	二六
34	东莱郡	一〇三二九二	五〇二六九三	一七
35	琅琊郡	二二八九六〇	一〇七九一〇〇	五一
36	东海郡	三五八五一四	一五五九三五七	三八
37	临淮郡	二六八二八三	一二三七七六四	二九
38	会稽郡	二二三〇三八	一〇三二六〇四	二六
39	丹阳郡	一〇七五四一	四〇五一七〇	一七
40	豫章郡	六七四六二	三五一九六五	一八
41	桂阳郡	二八一一九	一五六四八八	一一
42	武陵郡	三四一七七	一八五七五八	一三
43	零陵郡	二一〇九二	一三九三七八	一〇
44	汉中郡	一〇一五七〇	三〇〇六一四	一二
45	广汉郡	一六七四九九	六六二二四九	一三
46	蜀　郡	二六八二七九	一二四五九二九	一五
47	犍为郡	一〇九四七九	四八九四八六	一二
48	越巂郡	六一二八〇	四〇八四五〇	一五
49	益州郡	八一九四六	五八〇四六三	二四
50	牂柯郡	二四二一九	一五三三六〇	一七
51	巴　郡	一五八六四〇	七〇八一四八	一一
52	武都郡	五一三七六	二三五五六〇	九
53	陇西郡	五三九六四	二三六八二四	一一
54	金城郡	三八四七〇	一四九六四八	一三
55	天水郡	六〇三七〇	二六一三四八	一六
56	武威郡	一七五八一	七六四一九	一〇

续前表

	郡名	户数	口数	县数
57	张掖郡	二四三五二	八八七三一	一〇
58	酒泉郡	一八一三七	七六七二六	九
59	敦煌郡	一一二〇〇	七六七二六	九
60	安定郡	四二七二五	一四三二九四	二一
61	北地郡	六四四六一	二一六八八	一九
62	上　郡	一三八六三	六〇六六五八	二三
63	西河郡	一三六三九〇	六九八八三六	三六
64	朔方郡	三四三三八	一三六六二八	一〇
65	五原郡	三九三二二	二三一三二八	一六
66	云中郡	三八三〇三	一七三二七〇	一一
67	定襄郡	三八五五九	一六三一四四	一二
68	雁门郡	七三一三八	二九三四五四	一四
69	代　郡	五六七七一	二七八七五四	一八
70	上谷郡	三六〇〇八	一一七七六二	一五
71	渔阳郡	六八八〇二	二六四一一六	一二
72	右北平	六六六八九	三二〇七八〇	一六
73	辽西郡	七二六五四	三五二三二五	一四
74	辽东郡	五五九七二	二七二五三九	一八
75	元菟郡	四五〇〇六	二二一八四五	三
76	乐浪郡	六二八一二	四〇六七四八	二五
77	南海郡	一九六一三	九四二五三	六
78	郁林郡	二四三七九	七一一六〇	一〇
79	苍梧郡	二四三七九	一四六一六〇	一〇
80	交趾郡	九二四四〇	七四六二三七	一〇
81	合浦郡	一五三九八	七八九八〇	五
82	九真郡	三五七四三	一六六〇一三	七
83	日南郡	一五四六〇	六九四八五	五
	国名	户名	口数	县数
84	赵　国	八四二〇二	三四九九五二	四
85	广平国	二七九八四	一九八五五八	一六
86	真定国	三七一二六	一七八六一六	四
87	中山国	一六〇八七三	六六八〇八〇	一四
88	信都国	六五五五六	三〇四四八四	一七
89	河间国	四五〇四三	一八七六七二	四
90	广阳国	二〇七四〇	七〇六五八	四
91	甾川国	五〇二八九	二二七〇三一	三
92	胶东国	七二〇〇二	三二三三三一	八
93	高密国	四〇五三一	一九二五三六	五
94	成阳国	五六六四二	二〇五七八四	四
95	淮阳国	一三五五五四	九八一四二三	四

续前表

	国名	户名	口数	县数
96	梁　国	三八七〇九	一〇六七五二	八
97	东平国	一三一七五三	六〇六九七六	七
98	鲁　国	一一八〇四五	六〇七三八一	六
99	楚　国	一二四七三八	四九七八〇四	七
100	泗水国	二五〇二五	一一九一一四	三
101	广陵国	三六七七三	一四〇七二二	四
102	六安国	三八三四五	一七八六一六	五
103	长沙国	四三四七〇	二三五八二五	一三

总计：

郡国　一〇三

县邑　一五八七

户数　一二二三三〇六二（一一八七四九一七）

口数　五九五九四九七八（五五九七二五〇六）

平均数　每户五人

每郡国单位有一一八七六七户

五七八五九二口

每县邑单位有七七〇八　户

三一二五一口

大城市之百分数：

A. 二百万口以上之郡国	三	3%
B. 百五十万口以上之郡国	五	5%
C. 百万口以上之郡国	六	6%
D. 五十万口以上之郡国	三十	30%
E. 二十万口以上之郡国	二九	29%
F. 十万口以上之郡国	二一	21%
G. 十万口以下之郡国	九	9%

秦兼诸侯，置三十六郡，其所杀伤，三分居二。犹以余力，行参夷之刑，收大半之赋。北筑长城，四十余万。南戍五岭，五十余万。阿房骊山，七十余万。陈项又肆其余烈，故新安之坑，二十余方。彭城之战，睢水不流。至汉高祖定天下，民之死伤，亦数百万。自孝惠至文景与民休息，六十余岁，民口大增；武帝承其资蓄，军

征三十余岁。地广万里，天下之众，亦减半矣。及霍光秉政，乃务省役，至于孝平，六世相承，虽时征行，不为大害，民户又息。元始二年（A. D. 2），郡国三百，县邑千五百八十七（《帝王世纪》作千四百八十七），民户千二百二十三万三千六十二（《帝王世纪》作千三百二十三万三千六十二，近人统作一千一百八十七万四千九百十七），口五千九百五十九万四千九百七十八（《帝王世纪》作五千九百一十九万四千九百七十八，近人统计作五千五百九十七万二千五百〇六。郑樵《通志》卷六十一《食货略》，口与此同，惟户作千二百二十三万三千，意其举整数而言耳）。西汉之盛，至斯为极。

十、西汉的都市问题

古代盖无乡市之别。《公羊传》宣十五年何注文："民春夏出田，秋冬入保城郭。"此地所说的城郭，不过是农民积储粮糗终岁休宴的地方而已。后来人事日繁，需要尤急，工商业因此便骤形发展，于是工人、商人、官吏都把闤阓城阙为恒居，"国"、"野"的分别遂判：野旷为村落，国衍为城市。

城市发达的原因，固由政治势力的集中，与夫经济状况的稳定发展。然其主要原因的为农业失势，则殆不可讳言。

西汉一代的政治家及学者所最焦心痛首的问题，厥为农业与商业的轩轾欤。贾谊说汉文帝曰：

> 民不足而可治者未之尝闻，古之人曰："一夫不耕，或受之饥。一女不织，或受之寒"。生之有时而用之亡度，则物力必屈……今背本而趋末，食者甚众，是天下之大残也……生之者甚少而靡之者甚多……今毆民而归之农，皆著于本，使天下各食其力，末技游食之民，转而缘南亩，则蓄积足而人乐所矣。——《汉书·食货志上》

师古注曰："本，农业也。末，工商也"。以工商业为末事，欲毆诸农以增加生产率，游食者亦使服农，以减除耗折的消费。则汉初农业失势的情形，可以想见。晁错以为：

> 今农夫五口之家，其使役者不下二人，其能耕者不过百亩，百亩之收，不过百石……四时之间，亡日休息……勤苦如此，尚复被水旱之灾，急政暴虐，赋敛不时，朝令而暮改，当具有者半贾而卖，亡者取倍称之息，于是有卖田宅鬻子孙以偿债者矣。而商贾大者积贮倍息，小者列坐贩卖，操其奇赢，日游都市，乘上之急，所卖必倍。故其男不耕耘，女不蚕织。衣必文采，食必粱肉，亡农夫之苦，有仟陌之得……此商人之所以兼并农人，农人之所以流亡者也。今法律贱商人，商人已富贵矣，尊农夫，农夫已贫贱矣……而欲国富法立，不可得也。方今之务，莫若使民务农而已矣。欲民务农，在于贵粟。——《汉书·食货志上》

农业的所以失势，在于劳苦而得不偿失。商人则安坐而渔重利，一劳一拙，相形之下，或则弃农而就商，或则游食而不事事，或则终为操奇计赢的商人所兼并，以是农村衰颓，经济势力集中在大城市，农人流亡，奔赴都会以求生活，其结果则为生产率骤减，消费率的增加适与成一反比例。贾谊对于这种情形，只取了一个消极的重农主义——殴民而归之农——晁错却更进一步，主张提高粟价，使农民得有相当的生活。在态度上讲，晁错是比较的积极。但是他不知道“水涨一尺，船高十寸”的原理，粟价的高低，是与其余的生活必需品成比例的。结果依然是保持原状，而都市发展的突进，即形成于这种情况之下。

城市的成因，大概不外是受下列三种形态的影响：

a. 政治的

b. 军事的

c. 商业的

其结果则成为：

a. 政治的城市

b. 军事的城市

c. 商业的城市

但在古代，则无所分别。原城市之用意，盖筑为崇墉，以保积聚，以防盗寇，而商旅亦于是集焉。其后政务渐扩，大规模的攻掠亦因之而发生，即以为行政首长的所在地，为发施号令的中枢，或取军事上的便利，以为攻守的准备。故最初的都市，皆为政治的军事的都市。

战国时旧都次第剪灭，并为七雄，政治势力，渐趋集中。而大都市亦随之而起，如：

《齐策》："临淄之中七万户……临淄甚富而实，其民无不吹竽、鼓瑟、击筑、弹琴、斗鸡、走狗、六博、蹋鞠者。临淄之涂，车毂击，人肩摩，连衽成帷，举袂成幕，挥汗成雨，家殷人足，志高气扬。"

《史记·孟尝君传》："孟尝君在薛招致诸侯贵客及亡人有罪者……以故倾天下之士，食客数千人……邑人不足以奉客。""太史公曰：吾尝过薛……问其故曰：孟尝君招致天下任侠奸人入薛中，盖六万余家矣。"

《越绝书》记："吴大城周四十七里二百一十步二尺，陆门八，其二有楼，水门八，南面十里四十二步五尺，西面七里百二十步三尺，北面八里二百二十六步三尺，东面十一里七十四步一尺，吴郭周六十八里六十步。"所记里步，详细如此，想非臆造。

《越绝书》又言："吴市者，春申君所造，阙两城以为市，在湖里"。市而阙两城为之，其大可想。

春秋前的商业，不足以成都市，商业都市盖萌芽于春秋之末，而渐盛于战国中叶以后，而大盛于汉，当时政治都市，实惟各国之都城。然自工商业勃兴，则地的交通便利，为货物集散绾毂者，自然为商旅所萃，而新都市兴焉。

《史记·吕不韦列传》："为韦，阳翟大贾也。"

《史记·货殖列传》："范蠡乘扁舟，游五湖，在陶为朱公，朱公以陶为天下之中。诸侯四通，货物所交易也。"

西汉盛时，长安以政治首都同时并为商业首都，壮丽殷阗迈越前古：

《三辅决录》："长安城面三门，四面十二门，皆通逵九达，以相经纬。衢路平正，可并列车轨。三涂洞开，隐以金椎，周以林木。左出右入，为往来之径，行者升降，有上下之别。"

《三辅黄图》："长安市有九，各方二百二十六步。六市在道西，三市在道东，凡四里为一市，致九州之人，在突门夹横桥大道，市楼皆重屋。又有旗亭楼，在杜门大道南。又有当市楼，有令署以察商贾货财买卖贸易之事，三辅都尉掌之。"

班固《西都赋》："建金城其万雉，呀周池而成渊，披三条之广路，立十二之通门，内则街衢洞达，闾阎且千，九市开场，货别隧分，人不得顾，车不得旋，阗城溢郭，傍流百廛，红尘四合，烟云相连。"

张衡《西京赋》："廓开九市，通阛带阓，旗亭五重，俯察百隧。"

市民品流复杂，习俗豪奢。

《西都赋》："于是既庶且富，娱乐无疆，都人士女，殊异于五方，游士拟于公侯，列肆侈于姬姜。乡曲豪俊，游侠之雄，慕节原尝，名亚春陵，连交合众，驰骛乎其中"。

《汉书·地理志》："……是故五方杂厝，风俗不纯，其世家则好礼文，富人则商贾为利，豪杰则游侠通奸。濒南山，近夏阳，多险阻，轻薄易为盗贼，常为天下剧。又郡国辐辏，浮食者多，民去本就末，列侯贵人，车服僭上，众庶仿效，羞不相及，嫁聚尤崇侈靡，送死过度。"

《史记·货殖列传》所举当时大都市如下：

A. 关中区域

（一）长安　关中自汧、雍以东至河、华，膏壤沃野千里……秦文孝缪居雍，隙陇蜀之货物而多贾，献孝公徙栎邑。栎邑北却戎翟，东通三晋，亦多大贾。武昭治咸阳，汉都长安，四方辐辏，并至而会，地小人众……

（二）巴蜀　巴蜀亦沃野，地饶卮、姜、丹沙、石、铜、铁、竹、木之器，南御滇僰，僰僮，西近邛笮，笮马旄牛，然四塞。栈道千里，无所不通，唯褒斜绾毂其口。

（三）天水陇西北地上郡

天水陇西北地上郡与关中同俗，然西有羌中之利，北有戎翟之畜，畜牧为天下饶。

B. 三河区域

（一）河东之杨，平阳

杨，平阳西贾秦翟，北贾种代，种代石北也。地边胡，数被寇，人民矜懻忮，好气任侠；为奸，不事农商，然迫近北夷，师旅亟往，中国委输，时有奇羡……故杨平阳陈掾其间，得逐所欲。

（二）河内之温轵

温轵西贾上党，北贾赵、中山，中山地薄人众，犹有沙丘纣淫地余民，民俗懁急，仰机利而食。

（三）河南之洛阳

洛阳东贾齐鲁，西贾梁楚。

（四）颍川及南阳之宛

颍川南阳，夏人主居也……南阳西通武关郧关，东南受汉江淮，宛亦一都会也，俗杂好事，业多贾，其任侠交通颍川。

C. 燕赵区域

（一）赵故都邯郸

邯郸亦漳河之间一都会，北通燕涿，南有郑卫，郑卫俗与赵相类，然近梁鲁，微重而矜节，濮上之邑徙野王，野王为气任侠。

（二）燕故都燕

夫燕亦勃碣之间一都会也，南通齐赵，东北边胡。上谷至辽东，地踔远，人民稀，数被寇，大与赵代俗相类，而民雕悍少虑，有鱼盐枣栗之饶，北邻乌垣扶余，东绾涉貉朝鲜真番之利。

D. 齐鲁梁宋区域

（一）齐故都临淄

齐带山海，高壤千里，宜桑麻，人民多文采布帛鱼盐，夫临淄亦海岱之间一都会也……其中具五民。

（二）陶雎阳

夫自鸿沟以东，芒砀以北，属巨野，此梁宋也。陶雎阳亦一都会也……好稼穑，虽无山川之饶，能恶衣食，致其畜藏。

E. 楚越区域

（一）西楚之楚故都江陵

夫自淮北沛陈汝南南郡，此西楚也。其俗剽轻，易发怒，地薄，寡于积聚。江陵故郢都，西通巫巴，东有云梦之饶。

（二）西楚之陈

陈在楚夏之交，通鱼盐之利，其民多贾徐僮取虑。

（三）东楚之吴

彭城以东，东海吴广陵，此西楚也。其俗类徐僮，朐缯以北俗则齐，浙江南则越，夫吴自阖闾春申王濞三人招致天下之喜游子弟，东有海盐之饶，章山之铜，三江五河之利，亦江东一都会也。

（四）南楚之楚故都寿春及合肥

衡山九江江南豫章长沙是南楚也。其俗大类西楚，郢之后徙寿春，亦一都会也。而合肥受南北潮，皮革鲍木输会也。

（五）越之番禺

九疑苍梧以南至儋耳者，与江南大同俗，而扬越多焉。番禺亦一都会出，珠玑、犀、玳瑁、果布之凑。

据《货殖传》所言："关中之地，于天下三分之一，而人众不过十三。然量其富，十居其六。"故右表所谓关中区域者实占当时全国财富的过半。而其唯一大都市即京师——长安。巴蜀陇西诸地，实不过长安的贸易区域及物品供给地而已。故传中亦不数其都市之名，盖关中都市的发达，为绝对之集中状态也。此外大都市则在今河南七，在河北山西山东安徽各二，江苏湖北广东各一，其他诸省无闻，可见当时经济状况北丰而南啬，其在北地则西部尤殷焉。然考北丰南啬而西部特盛之由，则以商业发展与城市进步的因果律为其主要原因。商业经济集中发展的成效且驾政治势力的集中而上之，亦可见贾谊晁错之农业救济政策的失败，政府贱商政策的施无成效，而西汉农村的衰颓为何如矣。

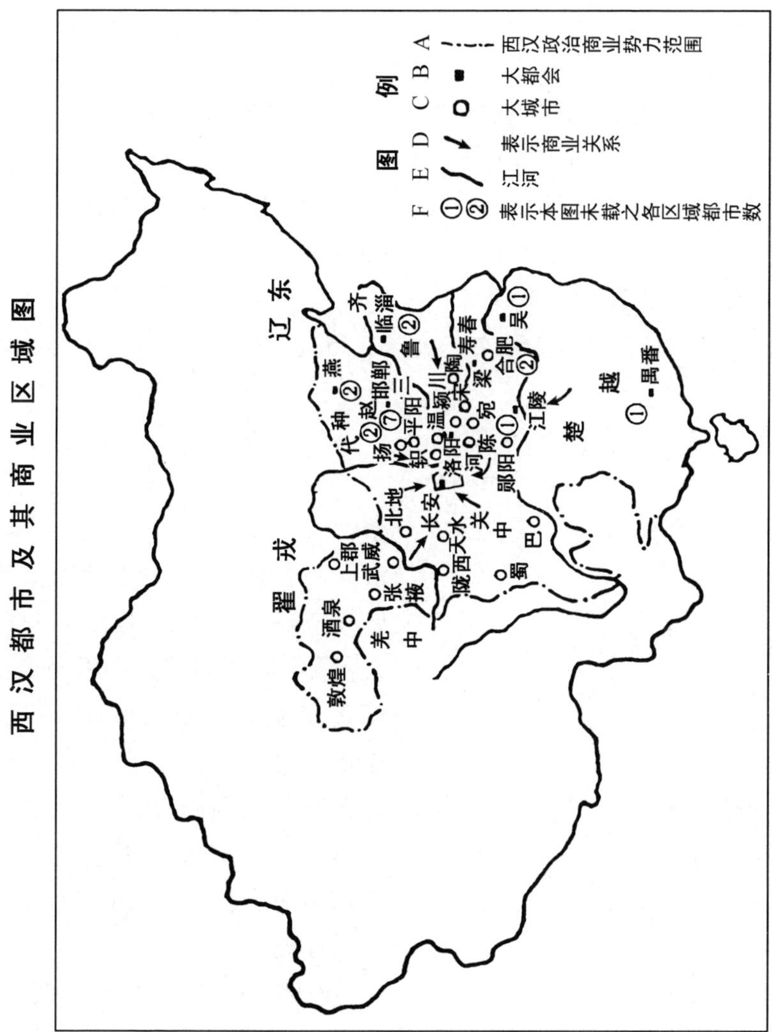

西汉都市及其商业区域图

十一、西汉的农业灾害

西汉以农业立国，实行的政治家及议论的思想家，胥以农本主义为立国的宏图，而侪工商为末技。平时则奖励劝诱，驱民归农，遇有荒欠，则免赋募赈，救济多端，此读《前汉书》《食货志》及十二《本纪》，亦可以知其梗概矣。农业的于西汉国家经济，既如此其重要，则农业的本身利害，其有关于国计民生可知，爰将西汉一代自高帝五年——公元前206——至平帝元始二年——公元2年——二百年间的农业灾害列表于后。

——据《前汉书》《天文志》、《五行志》、《食货志》、十二《本纪》——

西汉纪元	西元 B. C.	灾　祲
高帝五年	206	楚亡。 汉兴，承秦之敝，诸侯并起，民皆失业而大饥馑，凡米石五千，人相食，死者过半，高祖乃令民得卖子就食，蜀汉既定，民无盖藏。
惠帝二年	193	地震陇西，压四百余家。
五年	190	大旱，江河水少，谿谷绝。
高后二年正月	186	武都山崩，杀七百六十人，地震至八月乃止。
三年夏	185	汉中南郡大水，水出流四千余家。
四年秋	184	河南大水，伊洛流千六百余家，汝水八百余家，南阳沔水万余家。
八年	180	江水汉水溢，流水万余家。
文帝元年四月	179	齐楚地山二十九所同日俱大发水溃出。

二年六月	178	淮南王都寿春，大风毁民室杀人。
三年秋	177	天下旱。
五年	175	吴暴风雨，坏城府民室。楚王都彭城大风毁市门杀人。
六年春	174	天下大旱。
后三年春	161	大雨昼夜不绝三十五日，蓝田水出流九百余家。燕坏民室八千余所杀三百余人。
后六年四月	158	大旱，蝗。
景帝三年	153	七国反，蝗。
中三年秋	147	大旱，蝗。
中四年夏	146	蝗。
后元年五月	144	民大疫死，棺贵，至秋止。
后元二年秋	143	大旱。
武帝元光五年秋①	135	螟。
六年夏	134	大旱，蝗。
建元三年春	138	河水溢于平原，大饥，人相食。
四年	137	旱。
五年	136	大旱，蝗。
元光三年	132	河水决濮阳，泛郡十六。
六年夏	129	大旱。
元朔五年春	124	大旱。
元狩元年	122	大雨雪，民多冻死。
三年夏	120	大旱。
秋		遣谒者劝有水灾郡种麦，举吏民能假贷贫民者以闻。
元鼎二年春	115	雪平地厚五尺，民多冻死。
夏		大水，关东饥死者以千数。

① 此行及下行年号、年代有误，似为衍文。——编者注

三年	114	关东郡国十余饥，人相食。
五年秋	112	蝗。
元封四年夏	107	大旱，民多渴死。
六年	105	大旱，蝗。
太初元年夏	104	蝗，从东方飞至燉煌。
二年秋	103	蝗。
四年夏	101	蝗。
天汉元年夏	100	大旱。
三年夏	98	大旱。
征和元年夏	92	大旱。
二年八月	92	地震压杀人。
三年秋	90	蝗。
四年夏	89	蝗。
昭帝始元二年	85	诏曰：往年灾害多，今年蚕麦伤。
四年	83	诏曰：比岁不登。
六年	81	大旱。
五年夏	76	大旱。
宣帝本始三年夏	71	大旱，东西及千里，诏郡国伤旱甚，毋出租赋。
四年	70	地震河南以东四十九郡，坏城郭，杀六千余人。诏曰：今岁不登，已遣使者振贷困乏，其令太官捐膳省宰，乐府减乐人，使归就农业……载谷入关者，得毋用传。
地节元年	69	假郡国贫民田。
四年	66	郡国被水灾。
元康二年	64	天下被疾疫灾。
神爵元年秋	61	大旱。
元帝初元元年	48	渤海水大溢，六月，关东大饥，

		民多饿死。琅玡人相食，民疾疫。
九月		关东郡国十一大水，饥，或人相食，转旁郡钱谷以相救。禾麦伤。
永光元年三月	43	陨霜，伤麦、稼、麻，天下大饥。
三年冬	41	地震。
五年秋	39	颍川水出，流杀人民。
建昭二年十月	37	齐楚地震。
成帝建始元年	32	十二月大风，郡国被灾。
二年夏	31	大旱。
三年秋	30	关内大水，流杀人民无算。
四年秋	29	水灾，漂流兖豫二州。
河平元年三月	28	旱，伤麦，民食榆子。
四年十月	26	流民入函谷关。
阳朔二年	23	关东大水。
鸿嘉三年夏	18	大旱。
四年	17	渤海清河河溢，被灾。
成帝永始三年夏	14	大旱。
四年	13	大旱。
绥和二年九月	7	地震自京师至北边郡国三十余，坏城郭，凡杀四百十五人。
哀帝建平元年	6	河南颍川水出，流杀人民。
平帝元始二年	2A. D.	郡国大旱，蝗遍天下，青州尤甚。

综计

大旱　二十七

水灾　二十一

蝗螟　二十

风灾　四

疾疫　三

地震　七

饥馑（人相食）　七

为灾八十九，而寇盗兵燹不与焉。案前代史家通习，每喜侈言祥瑞而匿灾馑。现代遗存的史书中所得考见者，在史学家秉笔当初，又不过用以警惕人主，另有作用，初不计其有关于一代经济史的如此其重大也。兹表所列，容有遗漏舛误，然亦可以窥见当时经济状况的一斑，今就武帝一朝而论之，则

大旱　十

水灾　六

蝗螟　十

饥馑　三

地震　一

为灾三十，占西汉一代灾馑总数三分之一。再就武帝一朝征伐征发统计之如下：

	（西元前）	（征伐及征发）	（灾燹）
建元三年	138	遣严助发会稽兵浮海救东瓯。	大饥，人相食，次年蝗。
六年	136	击闽越，未至。	前一年大旱。
元光元年	135	遣李广屯云中，程不识屯雁门，寻罢。	
二年	134	五将军将三十万击匈奴。	
三年夏	133	发卒十万人救决河。	河水决泛郡十六。
五年夏	132	发巴蜀治南夷道，发卒万人治雁门阻险。	螟。
六年	131	穿漕渠通渭。四将	夏大旱，

		征匈奴遣韩安国屯渔阳。	蝗。
元朔元年秋	130	卫青李息击匈奴。	
二年	129	卫青李息击匈奴。募民徙朔方十万口。	
三年秋	128	徙朔方城。	
五年春	126	卫青将六将军十万人击匈奴。	大旱。
六年春	125	卫青将六将军十余万人击匈奴。	
夏		卫青复将六将军复绝幕。	
元狩元年	122	淮南王反，死者数万人。	大雨雪，民冻死。
二年春	121	霍去病征匈奴。张骞李广击匈奴于右北平。	
三年	120	灭陇西北地上郡戍卒半，发谪吏穿昆明池。	水灾，大旱。
四年夏	119	卫青霍去病将十万骑步军踵军后数十万人击匈奴。	
元鼎五年秋	112	五将军十万余人开南越。	蝗。
六年冬	111	二将军十万众征西羌，三将军击东越。公孙贺赵破奴击	

		匈奴。	
元封元年	110	置十二部将军勒兵十八万骑，亲将巡边。	
二年	109	遣杨仆荀彘将罪人击朝鲜。遣郭昌卫广发巴蜀兵平西南夷。	
四年	107	遣郭昌屯朔方。	
			夏大旱，民多渴死。大旱。
六年	105	遣郭昌击益州昆明。	蝗。
太初元年	104	筑塞外受降城。发天下诞民遣李广利征大宛，天下奉其役运。	蝗从东方飞至燉煌。
二年	103	赵破奴将二万骑击匈奴不还。	蝗。
三年	102	筑五原塞外列城遣韩说将兵屯之，路博德筑居延。	次年蝗。
天汉元年	100	发谪戍屯五原。	大旱。
二年	99	李广利将三万骑出朔方，公孙表李陵出居延击匈奴。泰山琅玡群盗徐勃等阻山攻城。	
四年	97	四将军将二十万人征匈奴。	前一年大旱。
征和二年	91	巫蛊事作，死者	地震，

		数万人。	大旱。
三年	90	三将军将十三万人征匈奴。	蝗。次年蝗。

——据《前汉书·武帝本纪》

统计五十年中，凡征伐征发建筑五十，其中：

征伐，三十二

征发，八

建筑，七

叛乱，三

约计之，则五十年中人民的受国家征召而舍弃业务，或死亡于疆场，或因而感受失业的痛苦的约五百万人，以每人的家属五口计，则得二千五百万人，以供给军需——苛税、杂捐、军役——及战区的损失者倍计之，得五千万人——“西汉人口最高数五千六百万”——以前者计，按照西汉一代的最低生活程度，约人年需钱三千（?），则因壮丁的被征召而损失的费用为钱十万五千万。以人耕百亩计，则土地的因而荒芜不治者五万万亩。其间接受损害者的所失额当十倍于此。直接受战区的损害者的所失额当二十倍于此，其影响于国家经济为何如！其影响于社会经济为何如！其影响于人民经济为何如！

按农业灾害表所列，则西汉一代的灾馑，武帝朝占三分之一，以区域论，则关中关东一带为当时唯一的农业发展地，以灾馑的次数论，则水、旱、蝗、疫，关东所被独多。而就征伐征发表论，则旱蝗之后，继以兵事，兵事未了，灾疫又兴。或当农季而被征发，或婴饥馑而奉役运，犹复朝令暮改，巡幸不时，榨髓求浆，枯骨不厌，地主失产，流为平民，平民流转，倒毙沟壑。农村的组织，根本动摇，农业经济，完全毁灭，《前汉书·武帝本纪》：“元狩四年冬——西元前119——有司言关东贫民徙陇西北地西河上郡会稽凡七十二万五千口。”流民转徙至于七八十万，则当时的农业状况可知矣。

农业经济的被毁灭，农村组织的被破坏，固直接受灾浸、兵事的影响，然按《前汉书·武帝本纪》天汉四年——西元前97——发天下七科谪及勇敢士征匈奴。张晏曰："吏有罪一，亡命二，赘婿三，贾人四，故有市籍五，父母有市籍六，大父母有市籍七，凡七科也"。则无论本身现在是商人，从前是商人，父母是商人而本身非商人，祖父母是商人而本身非商人的平民，都被谪发，与罪人亡命同列，而抛弃一切的业务，去应罪为商人子弟的兵役了。一切的商人有血统关系的准商人，都离开市场，商业市场全归灭绝，与农业同其命运。于是这无工业无商业而农业也立即归于灭绝的畸形社会，顿发生一特殊的异常的绝后的倾向。农人离开田野，工人抛弃工具，去过着原始时代的流民生活去了，商人离开市场，被拉去当兵了，货币等于无用，制度成为赘疣。平牝马匹直二十万，例之其他日常必需品，其增加率可知，而朝廷赏赐，辄复黄金数十万斤。宫苑囿，有增无已，国库荡然，民无盖藏，西汉一代财政的竭蹶，经济情形的混乱，于此为甚。

以百分率比之，则武帝朝经济状况的不安与破坏的原因，可析之如下，

A. 农业灾害——水、旱、蝗、疫——壮丁被应兵役——　30％
B. 商人失业——商人勒赴兵役——　25％
C. 兵事费用——战费、赏赐费、建筑费——　40％
D. 巡幸及营造　15％

由上所述，作西汉一代经济状况盈绌表：

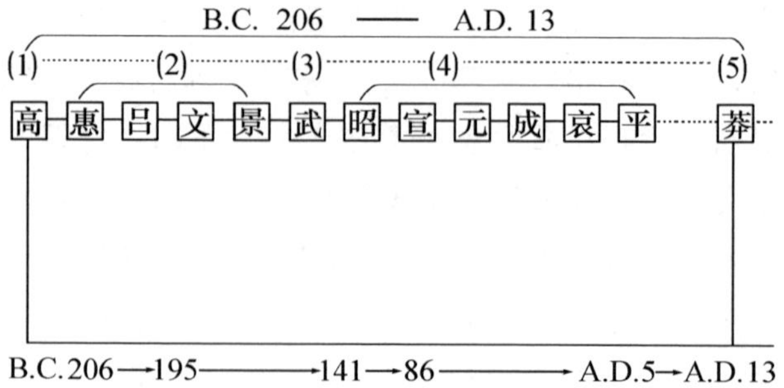

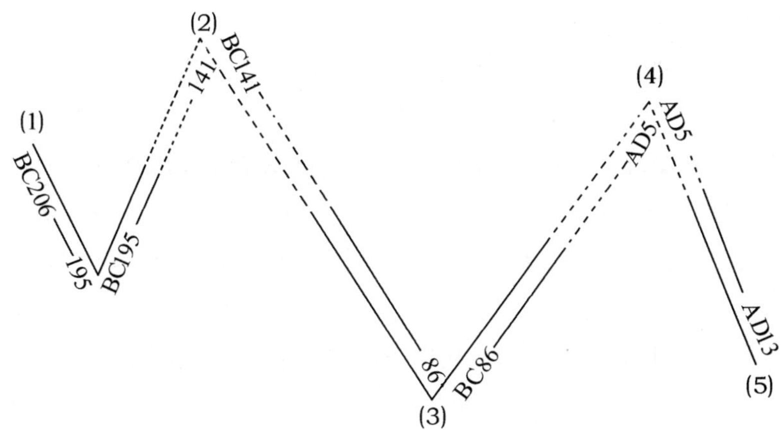

十二、结　论

自近三十年来新史学勃兴的收获，把二千年来中国恒河沙数的一切平民士大夫智愚贤不肖所盲目想象的三皇、五帝、揖让、三代至治的迷梦揭去，便骤然地把中国的历史剪断，缩短了一大部分，在未把剪去的部分审查确定以前，自西元前 722 到西元后 13，这七百年中的史实，是比较重要而值得我们注意的。

把中国史当成世界史的一个单位看，西汉一代在历史上的意义，其重要较之任何国任何时代，均无足比拟。假使汉武帝及其子孙不倾全国的兵力财力把匈奴赶跑，现在的欧洲史的页数，无疑地要缺少二分之一，也许不会引起亚尔萨斯、鹿林州的争论，也许空前的大战失其可能性，也许阿利安族因得不到新的血液而衰老，也许二十世纪的欧洲还停在波斯帝国的铁鞭下而迟疑。

把中国史放在空间的立场上看，则西汉一代是从封建制度到郡县制度，从多方面经济到单纯经济，从游浪生活到固定生活的桥梁。在学术思想方面，由诸子百家而成为儒家独面。在经济生活方面，由农工商经济而成为单一的农业经济。它确定了宗法社会的规模，它建设了国家经济的地位。

从横面看，就西汉一代本身的立场来作概括的分析。如前西汉一代经济盈绌表所列：

第一时期 206——195B. C. ——乱后民疲大农仰屋
——穷乏期

第二时期 195——141B. C. ——国富逐渐增涨达最高点
——殷庶期

第三时期 141——86B. C. ——国富逐渐贫蚀达最低点
——穷乏期

第四时期 86B. C. ——5A. D. ——滋生休养元气渐复
——生息期

第五时期 5——13A. D. ——遭新莽乱民穷财尽
——亏蚀期

其人民、社会、国家的经济情形的消长，水波状的起伏的循环率，与对内对外的军事行起，及因此而造成的新经济政策与经济现状的牴牾性，法家儒家因之而引起的争论，造成两政党的互相执政，终之王莽毅然的改革及其失败的社会的与经济的背景。凡此一切，均给予后代以永远的典型与影响。

如以现代经济学的眼光来解释中国的工、商、农业的经济的落伍的原因，在《西汉经济状况》研究终结以后，至少我们可以说，二千年来的工业、农业、商业之所以不发达的最大原因，是中了新儒家的传统思想的毒，因为当时任何一世代的执政者，几乎成为世袭的新儒家的独裁。一般新儒家谬误的经济观念，以为驱民归农，是唯一的保护农业的政策，然而他们除了于农业遭了意外的灾难之后，才去设法消极的救济，如免赋、免役、给赈等等方法之外，从来不曾顾虑到如何去巩固农村的组织，如何去增加农事产额的比率，如何去保障农民工作者的安全，如何去改良农器与种子以求效率的增进，虽然这些比较近代化的方法，我们或者不能以此苛责二千年前的西汉人，不过从这一点出发，因循苟且，无积极思想，不负责任的劣根性的评价，西汉人实应先负其责。

至于工业、商业，从来便视为不在政府保护范围以内的职业，有时且横加以无理由的压迫，如市井子弟，不得衣绣乘马，不得入仕，有市籍或祖先有市籍者有尽先应兵役之义务，种种意外的摧残，终使才吐蓓蕾的幼稚的商业与流产的工业遭受同样的命运，而夭灭，残废。

由于新儒家对于农、工商业经济观念的歧异，使二千年来的农工商业永远陷于矛盾的、稚气的、微弱的、灰色的环境中。

再就反面观察，在新儒家得势以后，“士”的在社会上的地位与观念，便骤然地比以前提高了几倍，这种倒溯的趋势，使“士”的阶级成为社会上最高的目标，成为万流之壑。“士”的数量，遂依时间的比例而为级数的增加，其潜在的势力，执了二千年来政治舞台的牛耳，浸假演成为三士的人生观，即：

1. 志士——年壮有为，角力于政治舞台，即所谓劳心者。

2. 名士——事业成就，优游泉石，所谓闲阶级。

3. 居士——敛影林下，遁入虚无，所谓待死的消极者。

“士”自壮而衰，由志士而名士而居士，其对于国家、社会的有无贡献且勿论，其生活的背景则纯为劳力者的寄生虫，举凡其家庭中有血统关系的亲属，朋友辗转依就，如蛆附骨，成为寄生虫的附加物，社会上遂于无形中增加重量的经济负担，生产者的数额，因“士”的阶级与观念的形成而日渐减少；另一方面，机械的消费者却因同一原因而逾量的增加。两者在社会背面的关系与挣扎，经过历史上的长时间，形成了现在的僵死的局面。

综合以上所述，在经济的本身方面，在社会的畸形阶级方面，在农工商业的经济背景与思想方面，“士”的阶级与其潜势与现在的关楔，国家的政制名物，传统思想，从现在的实质以推及二千年前的种切，时时有发生密切关系的可能，所以我们如欲了解现在的“果”，那对于二千年前所造成的“因”——西汉经济状况——不能不加以注意与研究。

附录一：西汉的黄金问题

据《前汉书》、《史记》作西汉黄金赏赉表：

A. 汉高祖以黄金四万斤与陈平，使为楚反间，不问其出入。

B. 娄敬说帝都关中，田肯说帝当以亲子封齐，即各赐黄金五百斤，赐太公家金五百斤。

C. 叔孙通定朝仪，赐黄金五百斤。

D. 吕后崩，遗诏赐诸侯王各千斤。

E. 陈平交亲周勃，用黄金五百斤。

F. 文帝即位，以大臣诛诸吕功，赐周勃五千斤，陈平灌婴各二千斤，刘章刘揭各千斤。

G. 吴王濞反，募能斩汉大将者，赐五千斤，列将三千斤，裨将二千斤，余将一千斤。

H. 梁孝王薨，藏府余黄金有四十余万斤。

I. 武帝以公主妻栾大，赍金十万斤。

J. 武帝赐平阳公主千斤，赐卜式四百斤。

K. 卫青击匈奴大奏凯还，军受赏二十余万斤。

L. 昌邑王赐故臣君卿千斤。

M. 宣帝立，赐霍光七千斤，广陵王五千斤，诸王十五人各百斤，赐孔霸二百斤，王霸百斤。

N. 元帝赐段会宗陈汤甘延寿各百斤。

O. 成帝赐王根五百斤。

P. 王莽聘史氏女用三万斤，赐孝单于千斤，顺单于五百斤。

Q. 莽末年省中黄金万金者为一匮，尚一百六十匮，黄门铜盾尚方处处各百数匮。

约计之，得黄金二百四十七万七千三百斤。

此多量之黄金，是在二千年前的西汉君主及贵族的家财，用以赍赐有功或别种事件的，由此类推而以十倍之，得四千五百万斤，假设此数为西汉黄金之总额，似不为过，果尔，则此数较之现代世界债权人的国富似可抗衡而无愧，然何以一到东汉——三国——魏——晋——即不复出现此巨量的数额，或巨量的赏赐或费用的见诸记载？

后世黄金缺少的原因，诚不外：

A. 禁开采。

B. 妇女装饰品。

C. 殉葬，窖藏。

D. 佛教输入。

E. 流出外洋。

数因，然何以东汉去莽时未远，佛教的输入未久，而亦不见此项天文学数字式的黄金？汉前何以黄金的数字不若是之多？

就是退十步而论，即就赏赐的总数二百四十七万斤而论，开矿鼓铸的技术，在西汉的记载中，初未见十分发达，产金的区域亦未有确证可以证明西汉特多。则此数百万斤之黄金来路何自？

如谓黄金特多于西汉而置西汉以前不论，则为无来路。如谓黄金特多于西汉而置东汉及以后不论，则为无去路，如谓黄金之采铸术特精于西汉，则又无左证以证明之，如谓西汉的黄金为金属的总称而非后世所谓的黄金，则《食货志》固明告吾人以黄金直钱万，而其他金属如铜、铁、锡，又名目俱在。

如《汉书》、《史记》所记可靠，则此天文学数字式的黄金问题，且为中国史上的永久哑谜。否则，《汉书》、《史记》亦不过三家村酒店老板的一篇糊涂账而已。

我希望有人注意这问题而予以详确的解决，并且希望我自己将来能发现现在假设的错误或可靠。

附录二：西汉的移民统计

（1）	高帝五年九月（西前 202）	徙诸侯于关中。
（2）	九年冬（西前 198）	徙齐诸田楚昭屈景怀燕赵韩魏后以实关中，与利田宅几十余万口。
（3）	十一年（西前 196）	令丰人徙关中者皆复终身。
（4）		令士卒徙入蜀汉关中者皆复终身。

(5) 武帝建元三年（西前138）赐徙茂陵者户钱二十万田二顷。
(6) 元朔二年（西前127）募民徙朔方十万口。
(7) 徙郡国豪杰及赀三百万以上者于茂陵。
(8) 元狩四年（西前119）关东贫民徙陇西北地西河上郡会稽凡七十二万五千口。
(9) 元狩五年（西前118）徙天下奸猾吏民于边。
(10) 元鼎六年（西前112）分武威酒泉地，置张掖燉煌郡，徙民以实之。
(11) 元封三年（西前108）武都氐人反，分徙酒泉郡。
(12) 太始元年（西前96）徙郡国吏民豪杰于茂陵云陵。
(13) 昭帝始元三年（西前84）募民徙云陵赐钱田宅。
(14) 四年（西前83）徙三辅富人云陵赐钱户十万。
(15) 宣帝本始元年（西前73）募郡国吏民赀百万以上徙平陵。二年以水衡钱为平陵徙民起第宅。
(16) 地节三年（西前67）胶东流民自占八万余口。
(17) 元康元年（西前64）徙丞相将军列侯吏二千石赀百万者杜陵。
(18) 成帝阳朔二年（西前23）关东大水诏流民欲入函谷天井壶口五阮关者勿苛留。
(19) 鸿嘉元年（西前20）徙郡国豪杰赀五百万以上五千户于昌陵。
(20) 四年（西前17）诏流民欲入关辄籍内，所之郡国，谨遇以理，务有以全活之恩。
(21) 平帝元始二年（西元2年）重徙江湖贼董成等二百余人云阳赐公田宅。

上表所列（1）（2）（7）（12）（14）（15）（17）（19）八次，所移皆为富豪大族，内（2）（17）（1）三次为贵族，（7）（12）（14）

（15）（17）（19）六次为富豪吏民，而其中（7）（15）（17）（19）四次且有财产须超过某项程度之规定，（2）（5）（13）（14）（15）五次则应徙者且予以田宅或金钱上之奖励。

其最足令吾人注意的，则（1）（2）（5）（7）（12）（13）（14）（15）（17）（19）十次所移之富豪大族，其所移之地点，皆在关中——京师附近。

（3）（4）（6）（8）（9）（10）（11）（16）（18）（20）十次，所移皆为平民，（3）（4）（6）（9）（10）（11）六次为被动的。（6）（9）徙以实边，（3）（4）以实关中，（10）（11）则有政治上的关系为之主动。（8）（16）（18）（20）是自动的，无量数的贫民为生活所逼，由关东流入关中，其因与果，纯为经济问题的变化。

一百八十年中，移民二十一次，其中十七次纯由官办。考移民运动之发生，实导源于娄敬，因袭为汉家制度——每当易朝，其亲政之初，必先营山陵而移以拱民卫之——然自西元前 196 至 138，64 至 23——更易数代，未见记载，殆史之漏文也。

移民运动的发生，固导源于政治作用，而以政治势力中心点的长安，逐次增加巨量人口于其周围，其中有贵族、富人、官吏、豪杰，一切社会上的资产阶级，俱集中于首都附近，金融集合，购买力的增加与消费额的骤高为级数的比例，则商业经济的勃兴，商业都市的发展，自为其当然的结果也。

一九三〇年作

（上海大东书局出版，1941 年 2 月）

昆仑奴考

公元1863年，在中国的民族革命的首领洪秀全定都金陵下令放奴婢禁娼妾（1853A.D.）之后的十年，美国大总统阿伯拉罕·林肯（Abraham Lincoln）公布释奴令。在这中间，从1860到1865的六年中，美国的南北部发生了一场极激烈的释奴战争。

这场为解放黑奴（Negroes）而起的战争，结果是解放了几千万的黑色人种，从高压的残酷的待遇下给还了他们的身体的自由，生命的保障。在历史上也表明了它的光荣的意义。

不过就反面看，正是因为有了这场连绵六七年，流血数百万的可怕的战争，才使我们知道解放黑奴运动在历史上的地位。因为这件事是付了如此一笔巨大的代价才完成的。再进一步看，是因为有了一本著名的暴露黑奴惨无人道生活的《黑奴吁天录》（*Uncle Tom's Cabin*）的出现而引起世人一致的注意，而努力于解放黑奴运动而引起这次为人道为正义的战争。

在阿拉伯人的、土耳其人的著名的中世纪故事《天方夜谭》（*Arabian Nights*）上，我们时常看见有不识不知的黑奴在服侍着他的养尊处优的主人。在许多的十字军故事（Crusade's Story）上，我们也时常看有无数的黑奴在为他的主人——武士荷刀执盾。在无量数的诗歌、故事、神话上，无论是西班牙人的，英国人的，土耳其人的，我们也不时看见有黑奴在劳动着的事实。

因此，这些无量数的关于黑奴的叙述，使我们的脑筋中不知不觉地形成了一个对黑奴的整个的生活的概念。同时也引起了一个黑奴制度是欧美非洲人的历史上专有的一个制度，一件事实。

然而，事实上并不如此固定，从许多不完全的零章断句的文献中，我们发现在中国，在林肯布释令以前的一千二百年，在六世纪或更前的时候，中国已有黑奴制度的存在。

以下我要叙述的是六世纪以来的中国黑奴的史实，中国黑奴的来路，中国黑奴的特点与技术，及其关于黑奴的史料。

一

昆仑奴最早见于文献的怕是《隋书·陈棱传》与《隋书·四夷传》中的《琉球国传》。《通志》卷一百九十四《四夷传·琉球》条说：

> 初（陈）棱将南方诸国人从军，有昆仑人颇解其语，遣喻降之，琉球不听。

《文献通考》卷三二七《四裔考》P2《琉球》条所载与此同。再看《隋书·四夷传·琉球》条：

> 大业三年（607A. D.）遣朱宽入海至琉球，明年复往，使陈棱击之。

陈棱击琉球是西元608年的事，那么至少，我们可以说昆仑人是在这时期已经有在中国服军役或竟是奴隶的了。

昆仑山是一个岛名，在东京湾中，近安南南部海岸。《南史》说："自林邑以南，皆拳发黑身，通号为昆仑"。《旧唐书·林邑国传》也说："自林邑以南，皆拳发黑身，通号为昆仑"。昆仑有军屯山、军突弄山、昆仑国、昆吨山诸异名。晋张华《博物志·水门》，采吴自牧《梦粱录·江船海舰》条，宋赵汝适《诸蕃志·阇婆国》条，《宋史·外国传·阇婆国》条，《文献通考》卷三二四《四裔考·阇婆》，元汪大渊《岛夷志略·昆仑》条，明张燮《东西洋考》卷九《舟师考》，费信《星槎胜览·昆仑山》条，《四夷馆考》下《暹罗馆》，黄衷《海语》卷三《昆仑山》，清胡学峰《海国杂记·大昆仑》，都有大同小异的关于昆仑之记载，今略举三书列之如下：

> 泠海半月，至昆仑国。——《宋史·外国传·阇婆国》条。

按《文献通考》所载与此同。《酉阳杂俎》亦有《昆仑国》。

其山节然于瀛海之间，与占城及东西竺鼎峙相望。山高而方根盘旷远海之名曰昆仑。凡往西洋商贩，必得顺风七昼夜可过。俗云："上怕七洲，下怕昆仑，针迷舵失，人船莫存"。——按宋吴自牧《梦粱录》作"去怕七州，回怕昆仑"——此山产无异物，人无居室，而食山果鱼虾，居树巢而已。——罗振玉影印本《星槎胜览》

古者昆仑山又名军屯山，山高而方根盘几百里，截然于瀛海中，与占城、西竺鼎峙而相望，下有昆仑洋，因是名也……有男人数十人，怪形而异状，穴居而野处。即无衣褐，日食山果鱼虾，夜则宿于树巢……——元汪大渊《岛夷志略》P. 65《昆仑》

山名叫做昆仑，国名也叫做昆仑，洋名也叫昆仑，昆仑是南洋诸国王的姓，大臣的官号，看：

隋时其国王姓古龙，诸国皆姓古龙，讯耆老言：古龙无姓氏，乃昆仑之讹。——《通典》卷一八八，《扶南国》

其大臣曰敦郎索滥，次曰昆仑帝也。又次曰昆仑敦和，次曰昆仑帝索甘。其言昆仑古龙声相近，故或谓为古龙者。——同上，《槃槃国》

由于有昆仑洋、昆仑山、昆仑国，就推而远之，把属于这一带的人叫做昆仑人。

二

昆仑是黑人即马来人种的一个专用名词，专指一种拳发黑身的人种。所以这名词在中国后来就变成一种黑色的人的形容词，如：

李太后初为宫人，在织坊中，长而黑，宫人谓之昆仑。——《晋书》

慕容彦超称阎昆仑。——《五代史》

真定墨君和，眉目棱岸，肌肤若铁，年十五六，赵王镕初即位，曾见之，悦而问曰：此中何得昆仑儿也！即呼为墨昆仑，即以皂衣赐之……当时闾里有生子或颜貌黑丑者，多云无陋，安知他日不及墨昆仑耶。——《刘氏耳目记》

有琵琶康昆仑最熟……先是段和尚善琵琶，自制西凉州，昆仑求之不与，至是以乐之半与之，乃传焉，今曲调梁州是也。——《幽间鼓吹》（按康昆仑并见《国史补·韦应物》条及《太平广记》卷二〇五《汉中王瑀》条。）

文人学士有时也拿昆仑来做对象描写或开一点无害于事的玩笑。如：

“狂生崔涯与张祐齐名”。嘲一妓云：“虽得苏方木，犹贪玳瑁皮；怀胎十个月，生下昆仑儿。”——唐范摅《云溪友议》卷五。

“昆仑儿，骑白象，时时锁着狮子项，奚奴跨马不搭鞍，立走水牛惊汉宫”……——唐顾况《杜秀才画立走水牛歌》(715—815A. D.)

苏颋初未为父环所知，后见颋咏昆仑奴诗：“指头十颋墨，耳朵两张匙”。为客所称，乃稍亲之。——《开元传信记》

把以上的例记归结起来说，我们知道在八世纪时已经有人拿昆仑奴来做题材写诗，有人把昆仑做混名，有人拿昆仑儿来开玩笑。这样，我们可以知道在七世纪时昆仑奴已经普遍的为中国人所知，或者也已经普遍的为中国的有产阶级所豢养了。

所在再进一步的来说明昆仑奴的来路。

A. 乐有小琴小鼓，昆仑奴蹈曲为乐。——《文献通考·四裔考·三佛齐》。

B. 太平兴国二年（977A. D.）遣使贡方物，其从者目深体黑，谓之昆仑奴。——同上，《大食》

C. 海岛多野人，身如黑漆拳发，诱以食而擒之，动以千万，卖为蕃奴。——《岭外代答》卷三，《昆仑层期国》(1178A. D.)

D. 昆仑层期国西有海岛，多野人，身如黑漆蚪发，诱以食而擒之，卖与大食国为奴，获价至厚。托以管钥，谓其无亲属之恋也。——宋赵汝适《诸蕃志·海上亲国》（1242—1258A. D.）。

E. 沙华公国，其人多出大海劫夺，得人缚而卖之阇婆。——同上

F. 波斯国在西南海上，其人肌里甚黑，鬓发皆蚪……无城廓。——同上（按此为马来波斯非伊兰波斯）

G. 番官勇猛，与东边贼国——丹重、布啰、琶离、孙他——故论——为姻。彼以省亲为名，番舶时遭劫掠之患，甚至俘人，以为奇货，每人换金三两或二两。……土人壮健凶恶，色黑而红，裸体文身，翦发跣足。——同上，《苏吉丹》

H. 买人为奴婢，每一男子，鬻金三两，准香货酬之。——同上，《占城》

I. 外国贼舟……多就是港口抢劫本地人往别国卖，每一人鬻金四两或五两。——《事林广记》卷八，《岛夷杂志》，《佛啰安》

J. 海岛内有野人，身如漆，国人布食诱捉，卖与蕃商作奴。——同上，《昆仑层期国》

K. 南海贫民，妻方孕，则诣富室指腹以卖之，俗谓指腹卖，或己子未胜衣，邻之子独可卖，往货取以鬻，折杖以识短长，俟己子长与杖等，即偿贷者。鬻男女如粪壤，父子两不戚戚。——《南海异事》

L. 洪武三年（1370A. D.）王昔里八达刺遣使奉金等表贡方物及黑奴三百人。——明张燮《东西洋考》卷三，《下港》（按《星明四夷考》卷上《爪哇》所载与此同）（1617A. D.）

M. 毛思贼者婆罗属夷世，劫掠海上生人至彭亨卖之，代作昆仑奴，不如指者则杀之以供祭，每人得值三金。——同上，卷四《彭亨》

据AB三佛齐、大食有昆仑奴，据D大食的昆仑奴是由昆仑层

期国掠卖来的。昆仑奴的出产地据 CDEFGHIJK 是昆仑层期国，沙华公国、波斯国、苏吉丹、占城、佛啰安、南海，许多属于南洋群岛尤其是附近安南爪哇的几个小岛。是属于马来人种的血统的野人。获得的方法是由于掠夺，惟有 K 是由父母出卖的。昆仑奴的价格，通常是由二金至五金，不如命（意?）的可以杀死祭神，去路是大食、阇婆（爪哇）、三佛齐（旧港）以及各地的蕃商。到中国来的手续，如 L 是由爪哇国王贡献三百人，因为接壤的关系，或由安南、暹罗、三佛齐、爪哇诸地间接输入。或由商业关系，从蕃商或本国的商人输入。据《隋书》及《通典》所载，则由于宗主国的关系，来服兵役或来当奴隶，均属可能的也是必然的假设。

三

两广一带因为与南洋接壤的关系，所以蓄养昆仑奴的特别多。

宋世广中富人多蓄黑奴，有一种人水眼不眩者谓之昆仑奴。——朱彧《可谈》

喜欢蓄养黑奴的原因，是因为他们无亲属之恋，可托管钥，更特别因为他们耐劳而且有特别的技能，他们来自水国，当然他们更惯习于水，由于这个概念，就形成了下列的几个故事。

曾有亲戚为南海守，因访韶右而往省焉……赠海船昆仑奴名摩诃，善游水而勇捷……每遇水色可爱，则遗剑环于水，命摩诃取之，以为戏乐。——《甘泽谣·陶岘传》，出《太平广记》卷四百二十

唐周郁自蜀沿流尝得一奴名曰水精，善于探水，乃昆仑白水之属也。——《原化记》，出《太平广记》卷二二三

故大尉相国李德裕，贬官潮州，经鳄鱼滩，损坏舟船，平生宝玩古书图画，一时沉入，遂召船上昆仑取之，见鳄鱼极多，不敢辄近，乃是鳄鱼之窟宅也。——唐刘恂《岭表录异》

更因为昆仑奴的容貌凶猛丑恶，习惯言语宗教不与中国人同的缘故，由于好奇心的刺发，形成了下面的一个故事，使昆仑奴成为一个与朱家、郭解一流的人物：

> 唐大历中（767—779A. D.）有崔生者，为千牛。往视勋臣一品疾。一品命一衣红绡妓擎一瓯与生食，生郝不食。一品命红绡妓以匙进之。生去，一品命红绡妓送出，生既归，神迷意夺。时家中有昆仑奴磨勒负生入一品宅，达红绡所，复负生与红绡出，红绡遂归于生。后十余年崔家有人见磨勒卖药于洛阳市。——《裴金刑传奇》，出《太平广记》卷一九四

把一个浑浑噩噩的昆仑奴，侠化神化成为一个勇敢、聪明，武艺绝人、义侠、飘忽的典型人物，从这点上可以看出十世纪人的尚武文学的观念与时代背景及昆仑奴的奴隶制度的发展到一个什么地步。

> 到天坛南，遇一昆仑奴，驾一黄牛耕田，问曰："此有张老家庄否?"昆仑奴扶拜曰："大郎子何久不来！庄去此甚近，某当前引"。——《续玄怪录·张志传》

这一段故事的意义表明了在唐宋时代的奴隶制度中的昆仑奴的蓄养的普遍化，虽然是一个神话，一个由闭着眼说鬼话的道士或无聊文人所造作的神话，不过无论如何多少总含有一点时代的真实性的。这一点由时代所给予的真实性，这一点由时代所给予的背景，就为我们解释了当时的昆仑奴的生活状况。

在唐末的时候，似乎广州的昆仑奴的数额已经突变的激进，据外人某种文献说，黄巢破广州的时候，屠杀了外国人十二万，这话也许可信，大约这时期广州的昆仑奴因数额的增进，他们潜在的势力也跟着增进了，一旦高压力过重，就生出一种伟大的自然的反抗出来：

> 广州刺史路元璇，渎货无厌，多所渔虐；一昆仑奴入后堂割其首去，群昆仑奴和之，遂陷广州。（忘出何书）

这是唯一的昆仑奴的自动的革命，在我们所能找到的材料中，似乎也只有这么一件事，足以代表昆仑奴的反抗的事实的。

一九三〇・五・二九

初稿于吴淞南潘家宅一号

参考书目

1.《隋书・四夷传》

2.《通志・四夷传》

3.《通考・四夷传》

4.《南史》

5.《旧唐书・林邑国传》

6. 晋张华：《博物志》

7. 宋吴自牧：《梦粱录》

8. 宋赵汝适：《诸蕃志》

9.《宋史・外国传》

10. 元汪大渊：《岛夷志略》

11. 明张燮：《东西洋考》

12. 明费信：《星槎胜览》——罗振玉影印本

13.《四夷馆传》

14. 明黄衷：《海语》

15. 清胡学峰：《海国杂记》

16. 唐段成式：《酉阳杂俎》

17.《通典》卷一八八

18.《晋书》

19.《五代史》

20.《刘氏耳目记》

21.《国史补》

22. 宋李昉：《太平广记》

23. 唐范摅：《云溪友议》

24. 唐顾况：《杜秀才画立走》

25.《开元传信记》
26. 宋周去非：《岭外代答》
27.《事林广记》卷八，《岛夷杂志》
28.《南海异事》
29.《皇明四夷考》
30. 朱彧：《可谈》
31. 唐刘恂：《岭表录异》
32.《续去怪录·张志传》

（原载《现代学生》一卷一期，1930年10月）

跋明嘉靖本《甘泉先生文集》

《甘泉先生文集》四十卷，明嘉靖十五年（1536）江都刻本，分内外二编，内编二十八卷，外编十二卷，共三十六册。页二十行，行二十一字，卷首有湛氏门人闻人诠序一则，每卷正文前有："门人江都沈珠绵州高简类编校正琼山陈思诚同校江都火增刊行"题识一行。

按甘泉生当有明盛世，敦身励行，名满天下，其学以随处体认天理为主，与姚江之致良知说颉颃，二氏门人亦复互讪壁垒不相下。生平著作等身，《甘泉文集》其一也。

考《明史·艺文志》："《甘泉前后集》一百卷"，《明史稿志》七十七《艺文》四所载同。与此本卷数不符，知非一书。《八千卷楼书目》卷十六："《甘泉集》三十二卷，明湛若水撰，广东刊本"与《四库总目》卷一七六："甘泉集三十二卷，广东巡抚采进本"相同。然《四库总目》谓其："语录居十之九，诗文其赘余耳。"与四十卷本之全载诗文者不合，所言卷目亦全不符。《千顷堂书目》卷二十一则作："湛若水《甘泉集》六十六卷，又《后集》三十三卷，又《外编》十二卷，又《甘泉文录》十二卷。"共一百三十二卷。《广东通志》卷一九四《艺文略》七并录《四库》著录之广东刊三十二卷本及《明志》之百卷本。据此则晚出诸刻，并被著录，顾最先行世之四十卷本反作遗珠，亦可怪也！

问求其故，证之洪垣所记，盖甘泉原稿本四十八册，其十五册先行世为广东刊之三十二卷本，内容什九属语录，此盖因四十卷本行世在前，故此本所收不及甘泉七十一岁以前之诗文也，时二本并行如唇齿，无所轩轾。稍后所余之三十三册复续出为百卷本，婺广相去窎远，此本出或更在洪死后，为洪所不及见，故《四库》亦未由著录焉。继又合刊前出十五册为百三十二卷本，即《千顷堂》所著录者是，此本汇录甘泉毕生著述，蔚为大观，出后四十卷本陡为减色，驯至湮沉，不为世人所知。厥后三四百年来之公私藏书家言甘泉著作者多举次出之广东刊三十二卷本，继出之百卷本，最后出之百二十卷本以应，而此行世最前之江都刻四十卷本，遂复无人齿及。即乾嘉盛世诸儒，如主修《四库》之纪昀，《广东通志》之阮元，亦复数典忘祖，茫焉不知，遑论其他？

此本计收甘泉文六百九十一篇，诗七百四十八首，每作泰半系有年月，余亦可参伍排比得之，据《涵芬楼书目》知《甘泉集》有《广东文献》本，疑即《四库》、《八千卷楼》、《广东通志》等书所著录者，暇中当求得按较一过，借证臆说。一九三一年一月八日读后记其原委如此。义乌吴春晗。

（原载《燕京大学图书馆报》第一期，1931年1月）

跋馆藏明弘治本《经礼补逸》

《经礼补逸》九卷，四册

半页十行，行二十四字。

元汪克宽著，明弘治十年（1497）程敏政校刊本。

卷首有明洪武二年临江诸生曾鲁序一首，汪克宽自序一首。卷末有明弘治十年程篁墩敏政跋。

按《明史·儒林传》：克宽字德辅，一字仲裕，学者称环谷先生。祁门人。泰定壬寅举于乡，元亡不仕。明初征修《元史》，以老病辞归，洪武五年卒于家（1304—1372）。

篁墩跋谓："著书凡十余种，皆扩前贤所未发，有益学者。然惟《春秋胡传纂疏纲目凡例考异》盛行，余多不传。盖闻先生既没，悉被一人绐去，掩为己有。《经礼补逸》一篇尤号精确，不可得见，可见者侍郎鲁公之序尔……其子儒学生启百计购得之，其原本虽被改窜，然有附丽而无邪补，所改窜亦不过以焉为也以乎为哉之类，真赝之迹，皦然明甚。先生玄孙文汇从玄孙仁智等与恕保亟图刊布，祁门令武昌韩君伯清实来相之，予因为手校，使学者得以致高山景行之思焉……"

第据《四库总目》卷二十引程敏政《篁墩集》谓"'……先生元孙文汇等力图刊布，因为手校，且摹先生之像于编首，别为附录一卷云'。此本有附录关文行状之类而无其像，亦无敏政此跋，或后人别得改窜之本刻之欤？"今按此本编首无先生像，卷末无附录关文行状之类，而有敏政一跋，第又小有歧异。则此本决非《四库》所收之马裕家藏本及附录一卷本明甚。

邵氏《标注》卷二。所举《经礼补逸》有通志堂本，明弘治中程敏政校刊本，陆氏所藏十卷附附录一卷之弘治本。按明弘治程敏政本即馆藏本，陆氏藏本疑即四库诸臣所未见之附录一卷本，第卷数不同，又未能决其必是，惜皕宋书归东瀛，未能持与此本一质，识其所改窜并异同为何如也。

（原载《燕京大学图书馆报》第十一期，1931年6月）

跋《经礼补逸》*

九卷，四册，页十行，行二十四字。

元汪克宽著，明弘治十年（1497）程敏政校刊本。

卷首有明洪武二年临江诸生曾鲁序一首，汪克宽自序一首，卷末有明弘治十年程敏正跋。

按《明史·儒林传》："克宽字德甫，一字仲裕，学者称环谷先生，祁门人，泰定壬寅举于乡，元亡不仕，明初征修《元史》，以老病辞归，洪武五年卒于家（1304—1372）。"程敏政跋谓："著书凡十余种，皆扩前贤所未发，有益学者，然惟《春秋胡传纂疏纲目凡例考异》盛行，余多不传，盖闻先生既没，悉被一人绐去，掩为己有。《经礼补逸》一篇，尤号精确，不可得见，可见者侍郎鲁公之序尔……其子儒学生启百计购得之，其原本虽被改窜，然有附丽而无刓补，所改窜亦不过以焉为也以乎为哉之类，真赝之迹，皦然明甚！先生玄孙文汇从玄孙仁智等与恕保亟图刊布，祁门令武昌韩君伯清实来相之，予因为手校，使学者得以致泰山景行之思焉……"

然据《四库总目》卷二十，《礼》二：《经礼补逸》九卷，两淮马裕家藏本引程敏政《篁墩集》谓："……先生元孙文汇等力图刊布，因为手校，且摹先生之像于编首，别为附录一卷云。"此本有附录关文行状之类，而无其像，亦无敏政此跋，此或后人别得改窜之本刻之欤！此本编首无先生像，卷末无附录关文行状之类，而有程敏政一跋，第又少有歧异。则此本决非四库诸臣所见本，明甚。

《四库简明目录》标注二云《经礼补逸》有通志堂本，有明弘治中程敏政校刊本，陆氏所藏十卷附附录一卷之弘治本，则《经礼补

* 这篇《跋〈经礼补逸〉》与上一篇《跋馆藏明弘治本〈经礼补逸〉》，谈的是同一本书，内容大致相同，文字略有不同，写作时间和发表的报刊与时间也不同，为尽量保存吴晗的资料，这里将这两篇文章一并收入。——编者注

逸》之存于天壤间者，且与此本而四矣。惜陆氏书归东瀛，不获持与此本一质也。

（原载《清华周刊》，第三十七卷第九、十期，1932年5月7日）

明嘉靖本《甘泉先生文集》考证

一

《甘泉先生文集》内外编四十卷，明嘉靖十五年（1536A. D.）江都刻本，分内编二十八卷，外编十二卷，共三十六册，页二十行，行二十一字，卷首有闻人诠序①：

> 甘泉先生全集序
>
> 奉敕　提督南畿学政山西道监察御史门人余姚闻人诠撰
>
> ……有刻甘泉先生文录于淮扬者……有刻樵风于嘉禾者……有刻西都风咏于吴门者……（多不精备）诠窃忧之，乃命扬郡博士弟子高子简，乡进士沈子珠②，博采精校，汇类编摩，去分部之烦，合诗文之粹，定为内外两编……仍命江都学火生增刻梓，置诸新泉精舍，俾末学者咸得有所宗云。时嘉靖十有五年春正月上元辛未

本书每卷正文前有“门人江都沈珠绵州高简类编校正琼山陈思

① 《绍兴府志》卷四八《乡贤》五：“闻人诠字邦正，余姚人，嘉靖丙戌进士，少从学于王守仁，为宝应令，擢御史，以论救王应鹏受廷杖，为南京提学御史，以士无实学，校刻《五经》、《三礼》、《旧唐书》行世。”《绍兴府志》说他少受学于王守仁，不知他中年又受学于湛甘泉，《文集》内篇卷九有叙寿闻人母称诠为闻人生，卷一七有《答闻人宝应》、《复闻人侍御》二书，《文集》序诠自称门人，知诠在未任宝应令以前，已受业于甘泉之门，至嘉靖十四、五年诠出为南京提学，时甘泉适在新泉讲学，因属沈珠、高简、火增为编印甘泉文集也。此时湛王二派隐然相对，从学者多出入湛王，如蒋信、周冲之徒，诠之并师王湛，正是当时风气，无足怪者。

② 《甘泉县志》卷一四《人物文苑》：“沈珠字汝渊，江都人，中正德丙子乡试，卒业南雍，从祭酒湛若水受体认天理之学。若水徒满四方，而珠为都讲，迨老益洞澈其旨，时人宗之，称艾陵先生。”

诚同校江都火增刊行”题识一行。

内容系诗文集性质，计包含：

1. 章疏三十三篇
2. 序二百三十八篇
3. 杂著九十一篇
4. 赋颂三十一篇
5. 记六十二篇
6. 传十一篇
7. 书九十四篇
8. 论策十一篇
9. 碑志表七十三篇
10. 文四十七篇
11. 四言诗五十五首
12. 五言古诗三百六十八首
13. 七言古诗二十四首
14. 歌三十首
15. 五言绝句七十四首
16. 五言律诗六十五首
17. 五言排律十二首
18. 六言诗十八首
19. 七言绝句一百三首
20. 七言律诗一百五首
21. 七言排律三首

共文六百九十一篇，诗七百四十八首。书中凡遇有庙讳，及涉及皇室之文字，均抬高一格写。

据闻人诠序我们知道在此书未刊以前，已经有了淮扬本的《甘泉先生文录》，嘉禾本的《樵风》，吴门本的《两都风咏》，几种的单行本子，可是这些本子都不大好，有的是“漫而无纪”，有的是“举而未备”，有的又“偏而匪全”，都不能使人满意。

因为这样，所以闻人诠便委托沈珠和高简——湛甘泉的门生——担任做编校的工作，去分部之烦，合诗文之粹，成为内外两编，分成四十卷的最完备的《甘泉先生文集》，担任刊印的是火增——也是湛氏门人之一——这时湛甘泉七十一岁，在南京做礼部尚书的官。按《文集》内编卷二引年疏十四年十一月十二日南京礼部尚书湛以年七十乞恩引休，有旨不准。《广东通志》卷二七四《列传》七："历南京吏、礼、兵三部尚书，置新泉三山二庄，讲学于新泉书院……老请致仕，年七十五……"知甘泉当此书成时，一面在南京做官，一面在新泉书院讲学。

为便利称述起见，以下我们称这本子为明四十卷本。

《四库全书总目》卷一七六别集类存目三说：

> 《甘泉集》三十二卷（广东巡抚采进本）
>
> 明湛若水撰，若水有《二礼经传测》，已著录，据若水门人洪垣①所记，其集本四十八册，刊以行世者十五册，此本凡《樵语》一卷，《新论》一卷，《雍语》一卷，《二业合一训》一卷，《大科训规》一卷，《书》一卷，《新泉问辨录》一卷，《新泉问辨续录》一卷，《问疑录》一卷，《问疑续录》一卷，《金陵问答》一卷，《金台问答》一卷，《书问》二卷，《古乐经传或问》一卷，《序记章疏》三卷，《讲章》一卷，《杂著》一卷，《约言》一卷，《语录》一卷，《扬子折衷略》一卷，《非老子略》一卷，《诗》二卷，《归来纪行略》一卷，《岳游纪行略》一卷，《祭文碑铭》二卷，《外集》一卷，盖语录居十之九，诗文其余赘耳。

所说卷数内容与明四十卷本完全不合，决非一书。据目中有《归来纪行略》、《岳游纪行略》二书，按甘泉以七十五岁乞休，《广东通志》说："老请致仕，年七十五，因取道江浙，泛钱塘，游憩于武夷，久之，慕罗浮之胜，构精舍于朱明洞，建书院于青霞谷……未尝至家。""年八十又至衡山，建白沙书院。"《明儒学案》说："年

① 《明儒学案》卷三九："洪垣，字峻之，号觉山，徽之婺源人，嘉靖壬辰进士，以永康知县入为御史，转温州知府，闲住归凡四十六年而卒，年近九十。"

登九十，犹为南岳之游。”是乞休与游岳均在七十五岁后事，则此书之成当在甘泉死后或九十岁以后，约迟明四十卷本三十年左右，因甘泉诗文均已收入明四十卷本，故此书——三十二卷本——无复收之必要，纪陆辈未见明四十卷本，不悉此故，以为“语录居十之九，诗文其余赘耳”为不称其名，亦势所必至也。

执贽甘泉，甘泉曰：“是可传吾钓台风月者”。

《续汇刻书目》卷一一集部别集类：

《甘泉集》，明湛若水撰。谨案《四库存目》作三十二卷，此仅三十一卷。

按《四库存目》虽作三十二卷，然夷考其实仍为三十一卷。

《八千卷楼书目》卷一六集部别集类：

《甘泉集》三十二卷　明湛若水撰　广东刊本

按此本即《四库书目》所谓广东巡抚采进本。

《千顷堂书目》卷二一集部（适园丛书）：

弘治乙丑科十八年

湛若水《甘泉集》六十六卷，又《后集》三十三卷，又《外编》十三卷，又《甘泉文录》二十一卷。

亦与明四十卷本不合。所谓《甘泉文录》，或即闻人诠所说的淮扬本，《外编》十二卷似与明四十卷本合，但其他之九十九卷，则又无处安插，当系另为一书，闻人序中所谓《樵风》、《两都风咏》二书，疑亦有被收入此书之可能，当俟续考。

《明史·艺文志·艺文四》说：

湛若水《甘泉前后集》一百卷。

王鸿绪《明史稿·志》七十七《艺文四》所载与此同。疑此百卷本即由《千顷堂书目》所著录之一百三十二卷本割取《甘泉集》六十六卷，《外编》十二卷，《甘泉文录》二十一卷而成。所余之三十二卷就另成被《四库》所著录的《甘泉集》。证之《广东通志》卷一九四《艺文略七》：

《甘泉文集》，明湛若水撰（存）

《四库全书目》三十二卷

《明志》《前后集》一百卷

卷数与《千顷堂书目》所著录者相同，此假设或不无成立之可能也。

总结以上所说的，《甘泉集》有几个不同的本子，最初的淮扬本的《甘泉文录》，嘉禾的《樵风》，吴门本的《两都风咏》，后来被收入百三十二卷本中（?）。这几种本子都不大完备，所以才有嘉靖十五年（1536）江都刻四十卷本，这本子包含湛甘泉七十一岁以前的诗文，是第一次出现的《甘泉文集》。约在 1551 至 1570 的二十年中，又出现了一个广东刻的三十二卷本，这本子因为四十卷已经收罗了湛氏大部的诗文，为避免重复计，只收入少数未被四十卷本所收的，即甘泉七十一岁以后的著作，另外汇收了湛氏的讲学之作，差不多居全书十分之九，因为内容是语录居多的关系，所以只称为《甘泉集》。和三十二卷本同时或稍后又出了一个百三十二卷本，这本子把三十二卷本和最初在四十卷本以前的几本单行本全行收入，成为《千顷堂书目》所著录的百三十二卷本，这本子包括语录、诗文集和其他著作，可以说是最完备的《湛甘泉全集》，到了后来，仍旧分了家，原来的三十二卷本被收入《四库书目·别集类》存目，仍旧因袭以前的《甘泉集》的名称。另外的一百卷，便由《甘泉集》和《后集》的名义，合称为《甘泉前后集》，即《明史·艺文志》和《明史稿》、《广东通志》所著录者是。

《四库书目》说："据若水门人洪垣所记，其集本四十八册，刊以行世者十五册"。此十五册即广东刻三十二卷本，所余之三十三册，或即为百卷本之先声，婺广相去穹远，此三十三册刻成百卷本，或汇刻四十八册成百三十二卷本时，洪氏必未及知，洪氏所记，仅及其及身所知，当时已刻之三十二卷本，其百卷本，或百三十二卷本，因未及见，而未由著录也。《四库书目》仅据洪说，无论百卷本或百三十二卷本，即四十卷本亦未之知。故所著录者仅为由四十八册中之十五册所刊成之广东刻三十二卷本也。至于四十卷本，则始终未被卷入这分合的潮流，并且因为有了百三十二卷本以后，也已渐渐被人所忽视而遭埋没之厄运，历按近数百年之公私藏书家之著述，如《绛云楼藏书目》、《抱经楼藏书志》、《季沧苇藏书目》、《孙氏祠堂书目》、《爱日精庐藏画志》、《郘亭知见传本书目》、《荛圃藏书题跋》、《士礼君题跋记》、《拜经楼藏书题跋》诸书，均未见著录，即号称淹博主修《四库全书》之纪晓岚（昀）、陆耳山（锡熊）、封疆大吏之阮文达（元）均未及见此书，其他更无论矣。

查《甘泉县志》卷六《学校》："嘉靖五年巡盐御史戴金重修，湛若水有记。"后录《湛若水重修江都县儒学记》，注：出《甘泉先生集》。《广东通志》卷一九四《艺文略六》：

《古文小学》六卷，明湛若水撰　未见。

见《明志》《甘泉文集》若水《进古文小学疏》："臣闻小学者大学之本……"

《扬子折衷》六卷　存　《甘泉文集》有自序

前二文均见四十卷本（《进古文小学疏》见内编卷二，《重修江都县儒学记》见内编卷十四，《扬子折衷》略序未见），书名称《甘泉先生文集》，《甘泉文集》，可以知道它原来所引的决不是三十二卷本，而是明四十卷本或百卷本或百三十二卷本，不过明四十卷本数百年来未经学者著录，纪、陆、阮等且未之见，则所引或出收罗较多之由四十八册刊成之百三十二卷本，亦未可知。

以上我们可以暂时作这样一个假设：《湛甘泉集》有三十二卷本、一百三十二卷本、百卷本和另外的几种单行本的不同本子，这些本子都曾被人著录收藏，惟有这四十卷本，刊版时期最早的第一次出现的《甘泉先生文集》，却很不幸地被埋没了差不多四百年，从未有人知道过它。

这本子所包含的一千多篇的诗文，泰半系有年月，那没有的也可以把它参伍排比出来，是研究当时学术思潮的极好史料。

二

甘泉生卒年月，据《名人年谱》，生成化七年，卒嘉靖三十四年乙卯（1471—1555），年八十五。

《明儒学案》则以为存年九十五岁，生成化二年丙戌，卒嘉靖三十九年庚申（1466—1560），《明史·儒林传》亦据此说，二说相差至十年之巨，案《甘泉先生文集》内编卷二，嘉靖十四年十一月南京礼部尚书湛引年疏：

> 臣自少孤身，父母爱惜，就学最迟，年十六而后入乡校，二十二而后入府庠，二十七而举于乡，一至礼部，即以母陈侍养无人，不能离去左右，不赴会试者一十三年，既四十矣，感于母言，起赴春闱，乙丑见录于有司，举翰林庶吉士，读书中秘者二年余……授编修供职七年余，后以母故禄不及养，因忧病自废者八年。世宗立钦取原职，一年秩满升侍读，一年升南京国子监祭酒，三年升南京吏部左侍郎，一年有余，钦取改礼部，寻转左，五年而升今职，且二年有余，年及七十矣……

嘉靖十四年十二月奉圣旨：

> 卿虽年七十，精力未衰，宜照旧用心供职，所辞不准，吏部知道！

嘉靖十四年乙未（1535）甘泉七十岁，从此年上溯七十年，恰为成化二年丙戌（1466），无疑地《名人年谱》是错的。至于卒年，《明儒学案》卷三七说“庚申四月丁巳卒，年九十五”和《广东通志》卷二七四《列传》七《湛甘泉传》：“年九十五卒于所居小禺洞”同。由此可定《名人年谱》卒于嘉靖三十四年之误。

湛甘泉的事迹，我们可以由以下诸书看出：

《明儒学案》卷三七《湛甘泉传》：

> 湛若水字元明，广东增城人，从学于白沙，登弘治乙丑科进士第，选庶吉士，擢编修，时阳明在吏部讲学，先生与吕仲木（柟）和之，久之使安南册封国王。正德丁亥奉母丧归，庐墓三年，筑西樵讲舍，士子来学者先令习礼，然后听讲，兴起者甚众。嘉靖初入朝，升侍读，寻升祭酒、礼部侍郎，历南京吏、礼、兵三部尚书，致仕。生平足迹所至，必建书院以祀白

沙，从游者殆遍天下，登九十犹为南岳之游。庚申四月丁巳卒，年九十五。

《明史》卷二六三《儒林传》二：

湛若水字元明，增城人，弘治五年举于乡，从陈献章游，入南京国子监。十八年会试，学士张元祯、杨廷和为考官，置第二赐进士，选庶吉士，授翰林院编修。时王守仁在吏部讲学，若水与相应和，寻丁母忧，庐墓三年，筑西樵讲舍，嘉靖初入朝上经筵讲学疏，明年进侍读，迁南京国子监祭酒，作心性图说以教士。拜礼部侍郎，仿大学衍义补作格物通上于朝，历南京吏、礼、兵三部尚书，南京俗尚侈靡，为定丧葬之祭颁行之。老请致仕，年九十五卒。

若水生平所至必建书院以祀献章，年九十犹为南京之游，过江西，邹守益等相戒勿轻有所论辨。

若水初与守仁同讲学，后各立宗旨，守仁以致良知为宗，若水以随处体验天理为宗，守仁言若水之学为求之于外，若水亦谓守仁格物之说不可信者四，又曰："阳明与吾言心不同，阳明所谓心指方寸而言，吾之所谓心者体万物而不遗者也，故以吾之说为外。"一时学者遂分王湛之学。湛氏门人最著者永丰李怀，德安何迁，婺源洪垣，归安唐枢。

怀之言变化气质，迁之言知止，枢之言求其心，大约出入王湛两家之间而别为一义。垣则主于调停两家而互救其失，皆不尽守师说也。

蒋信字实卿，常德人，初师王守仁，嘉靖初贡入京师，复师湛若水。湛为南祭酒，门下士多分教，信初从守仁游时未以良知教，后从若水游最久，学得之湛氏为多。

时宜兴周冲字道通，亦游王湛之门，尝言湛之体认天理即王之致良知也。与信集师说为《新泉问辨录》。两家门人，各相非笑，冲为疏通其旨焉。

《广东通志》卷二七四《列传》七：

湛若水字元明，初名露，字民泽，避远祖讳改为雨，增城人，父爗，母陈氏，弘治五年举于乡，从陈献章游，白沙以其沉潜许之。尝与书曰："民泽足下，发来书甚好，日用处随处体认天理，著此一鞭，则何患不到古人佳处也。"自是潜心默会，日有所得，遂焚去路引，誓不复仕，后定今名若水云（洪垣撰墓志）……十八年乙丑会试第二赐进士，选庶吉士，授翰林院编修，时王守仁在吏部讲学，若水与相应和，所取士吕柟、王崇庆辈从而和之，由是道名大著，学者称甘泉先生。

寻出使册封安南，安南国王馈金却不受，阳明赠以诗有"白沙门下更何人？"之句（黄志）。

明年寻丁母忧，庐墓三年。筑西樵讲舍。

嘉靖初入朝……迁南京国子监祭酒，历南京吏、礼、兵三部尚书，置新泉三山二庄，讲学于新泉书院。

老请致仕，年七十五，因取道江浙，泛钱塘，游憩于武夷久之。慕罗浮之胜，构精舍于朱明洞，建书院于青霞谷，自撰罗浮志一卷，日夕端坐石上，未尝至家（李默撰传），年九十五卒于所居小禺洞。

若水年八十又至衡山，建白沙书院，年九十犹为南京之游。

隆庆初赠太子少保，礼部题请谥曰文简（粤大记）。

以上三传繁简不同，据之作甘泉年表如下：

成化二年丙戌（1466）甘泉生 （一岁）

成化八年壬辰（1472）王阳明生 （七岁）

成化十七年辛丑（1481）甘泉入乡校 （十六岁）

成化二十三年丁未（1487）入府庠 （二十二岁）

弘治五年壬子（1492）举于乡，从陈献章游 （二十七岁）
一至礼部，遂家居十三年

弘治十三年庚申（1500）陈献章卒，年七十三 （三十五岁）

弘治十八年乙丑（1505）举进士，选庶吉士，
授翰林院编修 （四十岁）

正德九年甲戌（1514）使安南册封国王 （四十九岁）

正德十年乙亥（1515）母陈氏卒，奉丧归，庐墓三年。案《明儒学案》作丁亥，正德纪元无丁亥。误。

筑西樵讲舍以教士

嘉靖元年壬午（1521）入京复职　（五十七岁）

嘉靖三年甲申（1524）升侍读　（五十九岁）

嘉靖四年乙酉（1525）升南京国子监祭酒　（六十岁）

嘉靖七年戊子（1528）王守仁卒，年五十七　（六十三岁）

嘉靖十四年乙未（1535）升南京礼部尚书，在甘泉书院讲学，是年上疏引年，不许。　（七十岁）

嘉靖十五年丙申（1536）《甘泉先生文集》刻成于江都　（七十一岁）

嘉靖十九年庚子（1540）以老乞休，取道江浙，泛钱塘，游憩于武夷久之，后结庐宅居罗浮，未尝至家　（七十五岁）

嘉靖二十四年乙巳（1545）游衡山，建白沙书院　（八十岁）

嘉靖三十四年乙卯（1555）游南京，过江西，邹守益等相戒勿轻有所辩论　（九十岁）

三十二卷本《甘泉集》刊行

嘉靖三十九年庚申（1560）四月辛巳卒于所居小禹洞　（九十五岁）

百卷本《甘泉集》刊行

…………

百三十二卷本《甘泉集》刻成

（原载《清华周刊》第三十六卷第七期，1931年12月19日）

《山海经》中的古代故事及其系统

中国古代传说中的人物，见于《山海经》中的有以下这些：

大皞，少昊，黄帝，帝喾，帝尧，帝俊，帝舜，帝丹朱，禹，夏后启（夏后开），共工，相柳，鲧，夸父，常羲，娥皇，叔均，重黎，祝融，王亥，登比，羲和，稷，颛顼，炎帝，老童，伯夷，后土，雷祖，昌意，奚仲，等等。

现在试把各人的故事，归纳起来，成为一个具体的系统。

一、黄　帝

a. 其中多白玉，是有玉膏，其原沸沸汤汤，黄帝是食是飨，是生玄玉，玉膏所出，以灌丹木，丹木五岁，五色乃清，五味乃馨，黄帝乃取峚山之玉荣，而投之钟山之阳。——《西山经》

b. 西北海之外，赤水之西，有先民之国，食谷使四鸟。有北狄之国，黄帝之孙曰始均，始均生北狄。——《大荒西经》

c. 大荒之中，有山名曰融父山，顺水入焉。有人名曰犬戎，黄帝生苗龙，苗龙生融吾，融吾生弄明，弄明生白犬，白犬有牝牡，是为犬戎，肉食，有赤兽。——《大荒北经》

d. 黄帝妻雷祖生昌意，昌意降处若水，生韩流。韩流擢首谨耳，人面豕喙，麟身渠股，豚止，取淖子曰阿女，生帝颛顼。——《海内经》

e. 东海之渚中有神人面鸟身，珥两黄蛇，践两黄蛇，名曰禺虢。黄帝生禺虢，禺虢生禺京①，禺京处北海，禺虢处东海，是惟

① 禺京即禺疆，古代京疆音同。《海外北经》："北方禺疆人面鸟身。珥两青蛇，践两青蛇。"正与禺虢形状丝毫无异。

海神。——《大荒东经》

f. 黄帝生骆明，骆明生白马，白马是为鲧。——《海内经》

g. 有人衣青衣名曰黄帝女魃，蚩尤作兵伐黄帝，黄帝乃令应龙攻之冀州之野，应龙畜水，蚩尤请风伯雨师纵大风雨，黄帝乃下天女曰魃，雨止，遂杀蚩尤，魃不得复上，所居不雨。叔均言之帝，后置之赤水之北，叔均乃为田祖，魃时亡之，所欲逐之者令曰神北行，先除水道，决通沟渎。——《大荒北经》

黄帝是一个神，他所飨所食的是玉膏丹木，他也有妻有子有孙。他的子孙有的是海神，有的是国王，有的是类似人的畜类，他曾与蚩尤战，部将是一条应龙和一位天上降下来的女神魃。

把黄帝的家系排列成表如下：

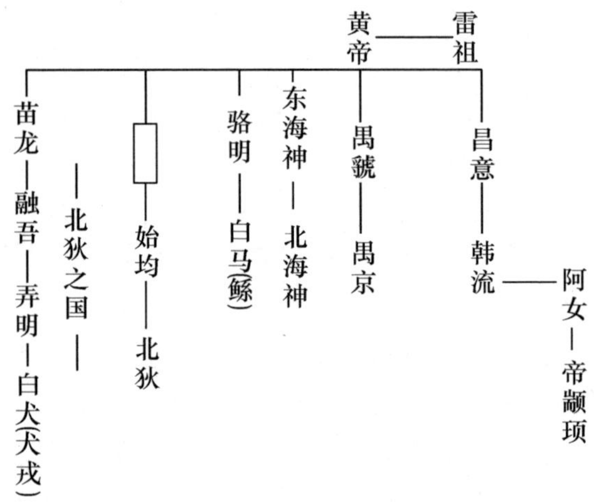

二、颛　　顼

a. 有国曰颛顼生伯服，食黍，有鼬姓之国。——《大荒南经》

b. 有国名曰淑士，颛顼之子。——《大荒西经》

c. 有榣山。其上有人号曰太子长琴。颛顼生老童[①]，老童生

① 老童即耆童，（西山经）：“又西一百九十里曰騩山，其上多玉而无石，神耆童居之，其音常如钟磬，其下多积蛇。”

祝融①，祝融生太子长琴，是处榣山，始作乐风。——《大荒西经》

d. 颛顼生老童，老童生重及黎，帝令重献上天，黎邛下地，下地是生噎，处于西极，以行日月星辰之行次。——《大荒西经》

e. 大荒之中，有山名大荒之山。日月所入，有人焉三面，是颛顼之子，三面一臂，三面之人不死，是谓大荒之野。——《大荒西经》

f. 有叔歜国，颛顼之子，黍食使四鸟。——《大荒北经》

g. 西北海外，流沙之东，有国名中辐，颛顼之子，食黍。——《大荒北经》

h. 西北海外，黑水之北，有人有翼，名曰苗民。颛顼生驩头，驩头生苗民，苗民釐姓，食肉。——《大荒北经》

i. 又有成山，甘水穷焉。有季禺之国，颛顼之子，食黍。——《大荒南经》

j. 有鱼偏枯名曰鱼妇，颛顼死即复苏，风道北来，天乃大水泉，蛇乃化为鱼，是为鱼妇，颛顼死即复苏。——《大荒西经》

k. 有池名孟翼之攻颛顼之池。——《大荒西经》

l. 东北海之外，大荒之中，河水之间，附禺之山，帝颛顼与九嫔葬焉。丘西有沉渊，颛顼所浴。——《大荒北经》

m. 务隅之山，颛顼葬于阳，九嫔葬于阴。——《海外北经》

n. 汉水出鲋鱼之山，帝颛顼葬于阳，九嫔葬于阴，四蛇卫之。——《海内东经》

以上我们看不出颛顼有什么事迹，只是他的儿子很多。据j拿颛顼与鱼妇并列，“颛顼死即复苏”，似乎颛顼是一个水族动物。lmn三条中之九嫔，处处与颛顼并列，当是颛顼的妻子，也许是九个妃嫔？也许是一人而名叫九嫔？葬地一会儿在东北海之外，一会儿在汉水，可见《山海经》的作者决不止一人，也决不是在同一时代内所完成的作品。三篇中“附禺”、“务隅”、“鲋鱼”，均同音，又皆以颛顼与九嫔，阴与阳对举，可见这三篇的作者虽不同，来源却是同

① 祝融有二，一为炎帝之后，另见《海外南经》：“南方祝融兽身人面乘两龙。”

一的。

把颛顼的家系列表如下：

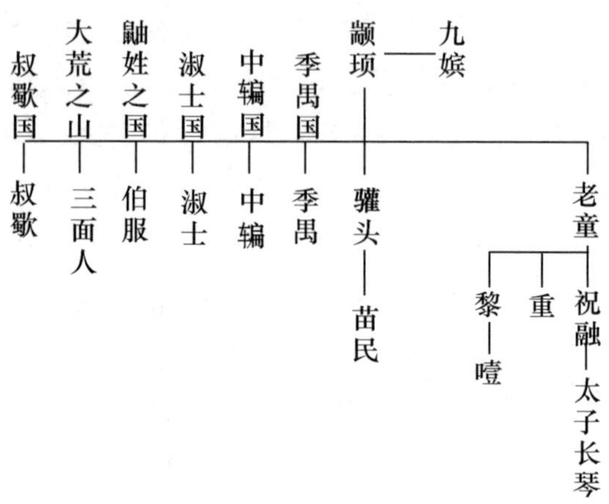

三、帝　　俊

帝俊即帝舜，俊龟甲文作夋，《山海经》中帝舜与帝俊杂用，俊与舜同音，据

1.《大荒南经》："大荒之中有不庭之山，荣水穷焉，有人三身，帝俊妻娥皇生此三身之国，姚姓……南旁名曰从渊，舜之所浴也。"

上文称帝俊而下文称舜。

2.《大荒南经》："有苍梧之野，舜与叔均所葬也。"

《大荒西经》："帝俊生后稷……后稷之弟曰台玺生叔均。"

可知帝俊之与帝舜之同为一人，毫无疑义。

帝俊的事迹可汇举如下：

A. 帝俊的妻女

a. 舜妻登比氏生宵明烛光，处河大泽，二女之灵，能照此所方百里，一曰登北氏。——《海内北经》

b. 大荒之中，有不庭之山，荣水穷焉。有人三身，帝俊妻娥皇生此三身之国，姚姓，黍食，使四鸟，有渊四方，四隅皆达，北属

黑水，南属大荒，北旁名曰少和之渊，南旁名曰从渊，舜之所浴也。——《大荒南经》

c. 东南海之外，甘水之间，有羲和之国，有女子名曰羲和，方日浴于甘渊，羲和者帝俊之妻，生十日。——《大荒南经》

d. 有女子方浴月，帝俊妻常羲，生月十有二，此始浴之。——《大荒西经》

登比氏或登北氏，羲和，常羲，娥皇，看去似乎是不同的四个人，其实只是两个人。《大荒西经》中之常羲即《大荒南经》中之羲和，此观二篇所举“方浴日”情事相同，常羲与羲和之羲字相同可知，由常羲衍为羲和。由羲和复衍为《大荒南经》之娥皇。和娥同音，古人名原无定字，由故老传说及地方神话再间接成为文字的记载，每每容易将一名衍为数名，或数名合成一人。此地帝俊的妻子，在数量上实在只有登比氏和常羲二人。

B. 帝俊的子孙

a. 帝俊生禺号，禺号生淫梁，淫梁生番禺，是始为丹，番禺生奚仲，奚仲生吉光，吉光是始以木为车。——《海内经》

b. 帝俊生晏龙，晏龙是为琴瑟。帝俊有子八人，是始为歌舞。帝俊生三身，三身生义均，义均是始为巧倕。① 是始作下民百巧，后稷是播百谷，稷之孙曰叔均，是始作牛耕，大比赤阴，是始为国，禹鲧是始布土，均定九州。——《海内经》

c. 大荒之中有山名曰合虚，日月所出，有中容之国。帝俊生中容，中容人食兽木实，使四鸟，豹虎熊罴。——《大荒东经》

d. 东荒之中，有山名曰壑明俊疾，日月所出，有中容之国。——《大荒东经》

e. 有司幽之国，帝俊生晏龙，晏龙生司幽，司幽生思士，不妻，思女不夫，食黍食兽，是使四鸟。——《大荒东经》

f. 有白民之国，帝俊生帝鸿，帝鸿生白民，白民销姓，黍食，

---

① 《海内经》：“又有不距之山，巧倕葬其西。”

使四鸟，虎豹熊罴。——《大荒东经》

g. 有黑齿之国，帝俊生黑齿，姜姓，黍食，使四鸟。——《大荒东经》

h. 有困民国，勾姓，而食，有人曰王亥，两食操鸟，方食其头。王亥托于有易河伯仆牛，有易杀王亥取仆牛，河念有易，有易潜出，为国于兽方食之，名曰摇民；帝舜生戏，戏生摇民。——《大荒东经》

i. 有襄山，又有重阴之山，有人食兽曰季釐，帝俊生季釐，故曰季釐之国。——《大荒甫经》

j. 有臷民之国，帝舜生无淫，无淫降臷处，是谓巫臷民，巫臷民朌姓，食谷，不绩不经服也，不稼不穑食也，爰有歌舞之鸟。鸾鸟自歌，凤鸟自舞，爰有百兽，相群爰处，百谷所聚。——《大荒南经》

k. 有西周之国，姬姓，食谷，有人方耕名曰叔均。帝俊生后稷，稷降以百谷，稷之弟曰台玺，生叔均，叔均是代其父及稷播百谷①，始作耕，有赤国，妻氏有双山。——《大荒西经》

C. 葬地及其他

a. 兕在舜葬东，湘水南，其状如牛，苍黑一角。——《海内南经》

b. 苍梧之山，帝舜葬于阳，帝丹朱葬于阴。——《海内南经》

c. 氾林三百里，在狌狌东。狌狌知人名，其为兽如豕而人面，在舜葬西。——《海内南经》

d. 湘水出舜葬东南陬，西环之入洞庭下，一曰东南西泽。——《海内东经》

e. 有阿山者，南海之中，有氾天之山，赤水穷焉。赤水之东有苍梧之野，舜与叔均之所葬也。爰有文贝离俞鸱久鹰贾委维熊罴象虎豹狼视肉，有荣山，荣水出焉，黑水之南，有玄蛇食麈。——《大荒南经》

f. 南方苍梧之丘，苍梧之渊，其中有九嶷山，舜之所葬在长沙

① 《大荒北经》："叔均乃为田祖。"

零陵界中。——《海内经》

g. 有五采之鸟，相乡弃沙，惟帝俊下友，帝下两坛，采鸟是司。——《大荒东经》

h. 有缗渊……有水四方，名曰俊坛。——《大荒南经》

i. 丘方圆三百里，丘南帝俊竹林在焉。——《大荒北经》

以上 be 两条是冲突的。b 说帝舜与帝丹朱同葬，e 说与叔均同葬，这可见这两篇的作者的各不相谋，而决不是出于同一人的手笔。f 条竟说到九嶷山、长沙、零陵这些周秦以后的地方名辞，使我们知道至少这一篇《海内经》是成于战国或竟至汉初人之手。g 条说帝俊下友五采之鸟，似乎帝俊的本身有羽族之可能。

以下把帝俊的家系列成一表：

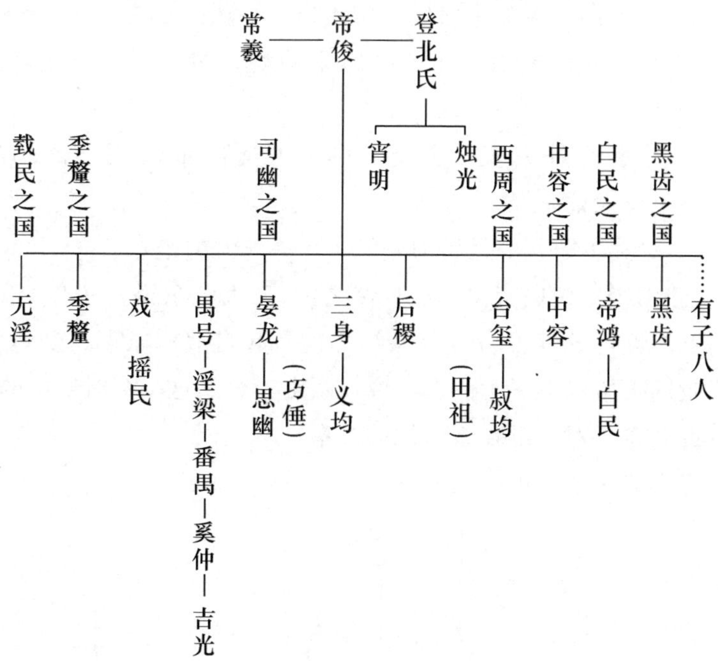

四、大　皞

a. 有木青叶紫茎，玄华黄实，名曰建木，百仞无枝，有九欘，

下有九枸，其实如麻，其叶如芒，大皞爰过，黄帝所为，有窫窳龙首食人。——《海内经》

b. 西南有巴国，大皞生咸鸟，咸鸟生乘釐，乘釐生后照，后照是始为巴人。——《海内经》

五、少　皞

a. 又西二百里曰长留之山，其神白帝少昊居之。其兽皆文尾，其鸟皆文首，是多文玉石，实惟员神磈氏之宫，是神也，主司反景。——《西山经》

b. 有缗渊，少昊生倍伐，倍伐降处缗渊。——《大荒南经》

c. 有人一目当面中生，一曰是威姓，少昊之子，食黍。——《大荒北经》

d. 东海之外大壑，少昊之国，少昊孺帝颛顼于此，弃此琴瑟。——《大荒东经》

e. 少昊生般，般是始为弓矢。——《海内经》

《西山经》说白帝少昊居长留之山，《大荒东经》又有少昊之国。所谓五方五行五气五帝等等谶纬之说，起自战国末期，到秦汉而大盛，我们很可以下一个假设，说《西山经》是这一个时期中的作品。

据d少昊对于颛顼有师保的关系。

少皞的家系，可作表如下：

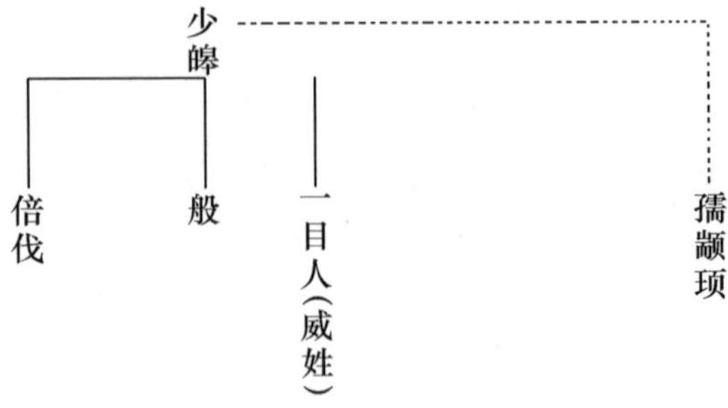

六、炎 帝

a. 炎帝之孙伯陵，伯陵同吴权之妻阿女缘妇，缘妇孕三年，是生鼓、延、殳，始为侯。鼓、延是始为钟，为乐风。——《海内经》

b. 炎帝之妻赤水之子听訞生炎居，炎居生节并，节并生戏器，戏器生祝融，祝融降处于江水，生共工，（一）共工生术器，术器首方颠……共工生后土，（二）后土生噎鸣，噎鸣生岁十有二。——《海内经》

c. 有互人之国，炎帝之孙名曰灵恝，灵恝生互人，是能上下于天。——《大荒西经》

d. 又北二百里曰发鸠之山，其上多柘木，有鸟焉，其状如乌，文首白喙赤足，名曰精卫，其名自詨。是炎帝之少女名曰女娃，女娃游于东海，溺而不返，故为精卫，常衔西山之木石，以堙于东海。——《北山经》

（一）共工之臣名曰相繇，九首蛇身自环，食于九土，其所歍所尼，即为源泽，不辛乃苦，百兽莫能处。禹堙洪水，杀相繇，其血腥臭，不可生谷，其地多水，不可居也，禹堙之，三仞三沮，乃以为池，群帝因是以为台，在昆仑之北。——《大荒北经》

有系昆之山者有共工之台，射者不敢北向。——同上

共工之臣曰相柳氏，九首以食于九山。相柳之所抵，厥为泽溪，禹杀相柳，其血腥不可以树五谷种，禹厥之，三仞三沮，乃以为众帝之台，在昆仑之北，柔利之东。相柳者九首人面蛇身而青，不敢北射，畏共工之台。——《海外北经》

（二）大荒之中，有山名曰成都载天。有人珥两黄蛇，把两黄蛇，名曰夸父。① 后土生信，信生夸父，夸父不量力，欲追日景，逮之于禺谷，将饮河而不足也。将走大泽，未至死于此。——《大荒北经》

---

① 夸父有两，一为应龙所杀。《大荒北经》："应龙已杀蚩尤，又杀夸父，乃去南方处之。故南方多雨。"

关于夸父，有下列这些传说：

a. 夸父与日逐走入日，渴欲得饮，饮于河渭，河渭不足，北饮大泽，未至道渴而死，弃其杖化为邓林。——《海外北经》

b. 又西九十里曰夸父之山……其北有林焉，名曰邓林。——《中山经》

c. 其兽焉其状如夸父而彘毛。——《东山经》

逐日同饮于河渭，这不过是古代人对于大自然的神秘所生出的一种幻想。c条有兽状如夸父而彘毛，不说夸父状如兽，而说兽状如夸父，这可见夸父不但是一位非人的畜类，而且是被用为兽类中的标准典型。

共工的臣子相繇是九首蛇身的，那共工的形状至少也不如普通人一样的圆颅方踵。后土的孙子夸父是一位高等畜类。炎帝的女儿死后变鸟。曾孙互人，能够上下于天。由这事实推上去，按照进化的公例，炎帝之为一种原始的低能动物，实为不可否认的事实。

炎帝的家系，可排列成表如下：

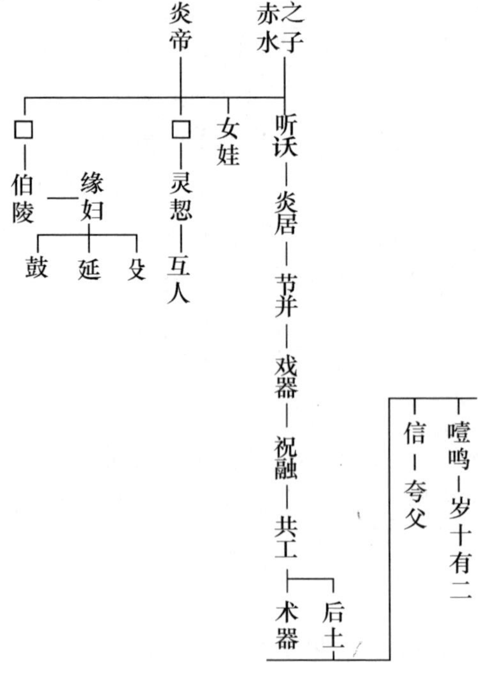

七、鲧与禹

a. 禹鲧是始布土，均定九州。——《海内经》

b. 洪水滔天，鲧窃帝之息壤，以堙洪水，不待帝命，帝令祝融杀鲧于羽郊。鲧复生禹，帝乃命禹布土以定九州。——《海内经》

c. 有榆山，有鲧攻程州之山。——《大荒北经》

d. 又东十里曰青要之山，实纵帝之密都，是多驾鸟，南望墠堵，禹父之所化，是多仆垒蒲卢，魋武罗司之。——《中山经》

e. 大荒之中，有人名曰驩头。鲧妻士敬，士敬子曰炎融，生驩头，驩头人面鸟喙，有翼，食海中鱼，杖翼而行，维宜芑苣穋杨是食，有驩头之国。——《大荒南经》

f. 有毛民之国，依姓，食黍，使四鸟。禹生均国，均国生役采，役采生修鞈，修鞈杀绰人，帝念之潜为之国，是此毛民。——《大荒北经》

g. 禹所积石之山在其东，河水所入。——《海外北经》

h. 禹堙洪水，杀相繇。其血腥臭不可生谷，其地多水，不可居也。禹堙之，三仞三沮，乃以为池，群帝因是以为台，在昆仑之北。——《大荒北经》

i. 禹杀相柳，其血腥不可以树五谷种，禹厥之，三仞三沮乃以为众帝之台，在昆仑之北，柔利之东。——《海外北经》

j. 水西有湿山，东有幕山，有禹攻共工国山。——《大荒西经》

k. 大荒之中，有山名曰先槛大逢之山，河济所入，海北注焉。其西有山，名曰禹所积石。——《大荒北经》

l. 一曰禹令竖亥步自东极于至西极。——《海外东经》

把以上的事迹，简括的总计一下：

（1）禹为鲧子。鲧偷了帝的息壤来堙洪水，这举动事先没有得帝的许可，帝就差祝融把他杀于羽郊，后来化为异物，鲧死以后，帝才命禹布土，定九州。

（2）禹、鲧同受命布土定九州。

（3）鲧曾攻程州。

（4）禹曾攻共工。

（5）禹堙洪水，杀相繇（相柳）。

（6）禹令竖亥步东西极。

鲧、禹的家系，可列表如下：

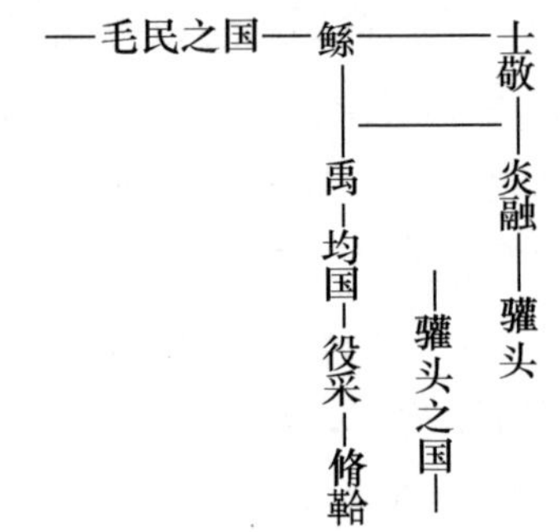

八、夏后启

a. 西南海之外，赤水之南，流沙之西，有人珥两青蛇，乘两龙，名曰夏后开。开上三嫔于天，得九辩与九歌以下此天穆之野，高二千仞，开焉得始歌九招。——《大荒西经》

b. 大乐之野，夏后启于此舞九代，乘两龙，云盖三层，左手操翳，右手操环，佩玉璜，在大运山北，一曰大遗之野。——《海外西经》

c. 三身国在夏后启北，一首而三身。——同上

d. 夏后启之臣曰孟涂，是司神于巴人，请讼于孟涂之所，其衣有血者乃执之，是请生，居山上，在丹山西。——《海内南经》

夏后启的形状与动作的描写，已经很清楚地告诉我们他是一个神，这左手操环，左手操翳，珥两青蛇，乘两龙的叙述，很可以拿来形容佛教寺宇内第一道门所位置的四大金刚，或是四大天王，《封神榜》中的魔家四将。这四大天王中有拿伞（翳）的，有拿蛇的，

有拿环的。这两者的关系，或是由夏后启而衍为四大天王，或由佛教而影响及夏后启或《海外西经》的作者，都是可能的。

夏后启既然是一个神，当然他的臣子孟涂，也可司神于巴人了。

九、伯夷及南岳

伯夷父生西岳，西岳生先龙，先龙是始生氐羌，氐羌乞姓。——《海内经》

有寿麻之国，南岳娶州山女名曰女虔。女虔生季格，季格生寿麻，寿麻正立无景，疾呼无响，爰有大暑，不可以往。——《大荒西经》

伯夷父是西方民族氐羌的祖先，南岳是南方热带国家或民族的祖先。

十、羿的故事

a. 有人曰凿齿，羿杀之。——《大荒南经》

b. 昆仑虚在其东，虚四方，一曰在岐舌东，为虚四方，羿与凿齿战于寿华之野，羿射杀之，在昆仑虚东。羿持弓矢，凿齿持盾，一曰戈。——《海外南经》

c. 帝俊赐羿彤弓素矰，以扶下国，羿于是始去恤下地之百艰。——《海内经》

羿用矢射杀凿齿于寿华之野，帝俊赐他彤弓素矰，以扶下国。据 c 条看，羿的地位似乎和春秋时代的齐桓晋文相仿，或稍过之。

十一、稷

a. 帝俊生后稷，稷降以百谷。稷之弟曰台玺，生叔均。叔均是

代其父及稷播百谷，始作耕。——《大荒西经》

b. 帝俊生晏龙……后稷是播百谷，稷之孙曰叔均，始作牛耕。——《海内经》

c. 南望昆仑，其光熊熊，其气魂魂。西望大泽，后稷所潜也；其中多玉，其阴多摇木之有若，北望诸𣹔，槐鬼离仑居之。鹰鹯之所宅也，东望恒山四成，有穷鬼居之，各在一搏。——《西山经》

d. 又西北四百二十里曰峚土，其上多丹木，员叶而赤茎，黄华而赤实，其味如饴，食之不饥，丹水出焉，西流注于稷泽。——《西山经》

e. 又西三百七十里曰乐游之山，桃水出焉，西流注于稷泽。——《西山经》

f. 后稷之葬，山水环之，在氐国西。——《海内西经》

g. 流黄酆氏之国中方三百里，有涂四方，中有山，在后稷葬西。——《海内西经》

h. 西南黑水之间，有都广之野，后稷葬焉。爰有膏菽膏稻膏黍膏稷，百谷自生，冬夏播琴，鸾鸟自歌，凤鸟自舞，灵寿实华，草木所聚，爰有百兽，相群爰处，此草也，冬夏不死。——《海内经》

后稷台玺叔均父子叔侄三人，世为田祖，真可称为农家！据《大荒北经》，叔均上获事黄帝，下及方耕西周，这也是个滑稽的事情。

据c后稷潜于大泽，拿来和他对举的是槐鬼离仑，鹰鹯，穷鬼。则后稷之本身或为一巨大之水族动物，或近于鬼神的非生物？

十二、帝，女娲，尧与汤及其他

a. 帝　又东二百里曰姑媱之山，帝女死焉，其名曰女尸，化为䔄草，其叶胥成，其华黄，其实如菟丘，服之媚于人。——《中山经》

又西北四百二十里曰钟山，其子曰鼓，其状如人面而龙身。是与钦䲹杀葆江于昆仑之阳，帝乃戮之钟山之东曰嵱崖。钦䲹化为大鹗，其状如鹏而黑文白首，赤喙而虎爪，其音如晨鹄，见则有大兵。鼓亦化为鵕鸟，其状如鸱，赤足而直喙，黄文而白首，其音如鹄，见则其邑大旱。——《西山经》

帝令竖亥步，自东极至于西极，五亿十选九千八百步，竖亥右手把算，左手指青丘北。——《海外东经》

贰负之臣曰危，危与贰负杀窫窳，帝乃梏之疏属之山，桎其右足，反缚两手与发，系之山上木，在开题西北。——《海内西经》

刑天与帝至此争神，帝断其首，葬之常羊之山。乃以乳为目，以脐为口，操干戚以舞。——《海外西经》

以上五篇中所举的光杆儿的帝，很难知道这帝究竟是谁？据《西山经》和《海内西经》所载，这帝爱管闲事，并且尽有权力去处理他所爱管的闲事，合著《海外西经》刑天和他老人家争神的神话，很明显的使我们能够肯定这帝是上帝，是原始人所崇拜的万能的天帝。

b. 女娲　有神十人名曰女娲之肠，化为神，处栗广之野，横道而处。——《大荒西经》

c. 尧　帝尧台帝喾台帝丹朱台帝舜台，各二台，台四方，在昆仑东北。——《海内北经》

帝尧帝喾帝舜葬于岳山。爰有文贝离俞鸱久鹰延维视肉熊罴虎豹朱木赤枝青华玄实。——《大荒南经》

狄山帝尧葬于阳，帝喾葬于阴，爰有熊罴文虎蜼豹离朱视肉吁咽文王皆葬其所。一曰汤山，一曰爰有熊罴文虎蜼豹离朱鸱久视肉虖交，其范林方三百里。——《海外南经》

䃌丘爰有遗玉，青马视肉杨柳甘柤甘华百果所生，在东海，两山夹丘，上有树木，一曰嗟丘，一曰百果所在，在尧葬东。——《海外东经》

帝舜在《大荒南经》中又多了一个葬的地方。此地帝尧帝丹朱帝喾三位古帝，除了葬地和纪念物以外，丝毫没有什么事迹告诉我们，可见这三位在《山海经》中的地位是无关重要的，也许还是东西汉间一班专门作假的学者如刘向辈所故意羼入，来证明尧的存在性？如就本文而论，《大荒南经》和《海外南经》所说同伴的或同葬的都是一些扁毛四足的飞禽走兽，物以类推，帝尧帝喾的本来形相是什么？我想也毋庸多事，把它说明了。

d. 汤有人无首操戈盾立，名曰夏耕之尸，故成汤伐夏桀于章山，克之，斩耕厥前，耕既立无首，走厥咎，乃降于巫山。——《大荒西经》

十三、蚩尤，昆吾，穷奇，夔，窫窳及其他

a. 蚩尤　蚩尤作兵伐黄帝，黄帝乃令应龙攻之冀州之野，应龙畜水，蚩尤请风伯雨师纵大风雨，黄帝乃下天女曰魃，雨止，遂杀蚩尤。——《大荒北经》

大荒东北隅中，有山名曰凶犁土丘，应龙处南极杀蚩尤与夸父，不得复上，故下数旱，旱而为应龙之状，乃得大雨。——《大荒东经》

b. 昆吾　大荒之中有龙山，日月所入，有三泽水名曰三淖，昆吾之所食也。——《大荒西经》

白水出焉，而生白渊，昆吾之师所浴也。——《大荒南经》

c. 穷奇　穷奇状如虎有翼，食人从首始，所食被发。——《海内北经》

又西二百六十里曰邽山，其上有兽焉，其状如牛猬毛，名曰穷奇，音如獆犬，是食人。——《西山经》

d. 夔　东海中有流波山，入海七千里。其上有兽状如牛，苍身而无角，一足出入水则必风雨，其光如日月，其声如雷，其名曰夔；黄帝得之，以其皮为鼓，橛以雷兽之骨，声闻五百里，以威天下。——《大荒东经》

e. 窫窳　又北二百里曰少咸之山，无草木，多青碧。有兽焉，

其状如牛而赤身人面马足，名曰窫窳。其音如婴儿，是食人。——《北山经》

窫窳龙首，居弱水中，在狌狌知人名之西，其状如龙首，食人。——《海内南经》

窫窳者蛇身人面，贰负臣所杀也。——《海内西经》

贰负之臣曰危，危与贰负杀窫窳，帝乃梏之疏属之山，桎其右足，反缚两手与发，系之山上木，在开题西北。——《海内西经》

f. 帝江　有神焉，其状如黄囊，赤如丹火，六足四翼，浑敦无面目，是识歌舞，实为帝江也。——《西山经》

g. 九丘　有九丘，以水络之，名曰陶唐之丘，有叔得之丘，孟盈之丘，昆吾之丘，黑白之丘，赤望之丘，参卫之丘，武夫之丘，神民之丘。——《海内经》

根据以上所录，作《山海经中古代大事表》，《山海经中古史人物表》，《山海经中古史系统表》，《山海经中诸国表》如后：

表一　　《山海经中古代大事表》

黄帝——令应龙魃杀蚩尤
　　　　得夔以其皮为鼓
　　　　叔均为田祖
颛顼——孟翼之攻颛顼
　　　　太子长琴始作乐风
帝俊——番禺始为舟
　　　　吉光始为车
　　　　晏龙始为琴瑟
　　　　有子八人始为歌舞
　　　　义均始为巧倕
　　　　后稷始播百谷
　　　　叔均始作牛耕
　　　　禹鲧是始播土，均定九州
少昊——孺帝颛顼于少昊之国
　　　　般始为弓矢
炎帝——鼓延是始为钟，为乐风
鲧——鲧攻程州

窃帝之息壤以堙洪水，帝令祝融杀之于羽郊，化为异物。

禹——禹攻共工

帝令禹布土定九州

令竖亥步东西极。

杀相繇（相柳），堙洪水。

夏后启——得九辩与九歌，始歌九招，舞九代。

羿——杀凿齿于寿华之野

帝俊赐羿彤弓素矰，以扶下国。

帝——帝令重献上天，黎邛下地

戮鼓与钦䲹于峿崖

断刑天首

令祝融杀鲧于羽郊

令禹布土定九州

令竖亥步东西极

梏窫窳于疏属之山

脩鞈杀绰人，帝念之潜为之国，是此毛民。

危，贰负-杀窫窳

汤——伐桀

表二　　《山海经中古史人物表》

人名	形状	事业	分国	其他
黄帝		杀蚩尤	北狄之国 犬戎 轩辕之国 司彘之国	
韩流	擢首谨耳，人面豕喙，麟身渠服，豚止。			黄帝孙
禺虢	人面鸟身珥两黄蛇践两黄蛇	东海神		黄帝孙
禺京	人面鸟身珥两青蛇践两青蛇	北海神		禺虢子
女魃	衣青衣	止雨，杀蚩尤	赤水之上	自天下
应龙		杀蚩尤，夸父		自天下
叔均		为田祖，始作耕		帝俊孙

续前表

人名	形状	事业	分国	其他
颛顼		与孟翼战	鼬姓之国 淑士国 叔歜国 中辅国 三面人 苗民 季禺之国	
太子长琴		始作乐风	摇山	颛顼孙
重		上天		颛顼孙
黎		下地		颛顼孙
噎		行日月星辰之行次	西极	黎子
老童（耆童）		音常如钟磬	騩山	颛顼孙
宵明烛光		二女之灵能照此方百里	处河大泽	登比氏女
娥皇	三身		三身之国	帝俊妻
羲和		方日浴于甘渊	羲和之国	帝俊妻
常羲				帝俊妻
登比氏				舜妻
帝俊		命羿彤弓素矰，命禹鲧是始播土定九州	中容之国 司幽之国 白民之国 黑齿之国 摇民国 季釐之国 蒧民之国 西周之国	
番禺		始为舟		帝俊孙
吉光		始为车		帝俊孙
晏龙		始为琴瑟		帝俊子
八子		始为歌舞		帝俊子
义均		始为巧倕		帝俊孙
后稷		始播百谷		帝俊子
大皞			巴国	

续前表

人名	形状	事业	分国	其他
少昊		主司反景，孺帝颛顼于少昊之国	长留之山　少昊之国一目人　缗渊	
般		始为弓矢		少昊子
炎帝			互人之国	
女娃	其状如鸟文首白喙赤足	化为精卫	发鸠之山	炎帝少女
鼓，延		始为钟，为乐风		炎帝孙
互人		能上下于天		炎帝孙
共工				炎帝孙
后土				炎帝孙
相繇（相柳）	九首蛇身自环，人面而青	被禹所杀	食于九土	共工臣
夸父	珥两黄蛇，把两黄蛇	逐日而死		后土孙
鲧	殛于羽郊，化为异物	攻程州　布土定九州，窃息壤堙洪水，帝命祝融杀之。	骓头之国　青要之山	黄帝孙
禹		令竖亥步东西极。布土定九州，攻共工，杀相繇，堙洪水。	毛民之国	鲧子
夏后启	珥两青蛇乘两龙左手操翳，右手操环。	上三嫔于天得九辩九歌，舞九代。	赤水之南　大乐之野	
孟涂		司神于巴人	在丹山西	夏后启臣
羿		杀凿齿于寿华之野帝俊赐以彤弓矰矢，以扶下国		帝俊臣
台玺		田祖		叔均父
女尸		化为䔄草	姑媱之山	帝女
鼓	人面龙身	杀葆江，被帝戮，化为鵕鸟	钟山	钟山子

续前表

人名	形状	事业	分国	其他
钦䲹		杀葆江，被帝戮，化为大鹗		
贰负		与危杀窫窳	疏属之山	
危		与贰负杀窫窳	疏属之山	贰负臣
刑天		与帝争神，被杀，乃以乳为目，以脐为口，操干戚而舞。	常羊之山	
女娲		有神十人名曰女娲之肠。	栗广之野	
尧			葬岳山？狄山？	
帝喾			葬岳山	
帝丹朱			葬苍梧之山	
汤		伐夏桀		
夏耕之尸	无首操戈盾立		巫山	
蚩尤		作兵伐黄帝被杀		
昆吾			龙山	
穷奇	如虎有翼，食人，其状如牛，猬毛，音如獆犬。		邽山	
夔	状如牛苍身而无角，其光如日月，其声如雷，一足出入水，则必风雨。	黄帝得之以其皮为鼓，声闻五百里	流波山	
窫窳	如牛赤身人面马足，声如婴儿，食人。	被贰负与危所杀	少阳之山弱水	
帝江	龙首。状如黄囊，赤如丹火，六足四翼，浑敦无面目。	识歌舞		

表三　　**《山海经中古史系统表》**

一、黄帝系

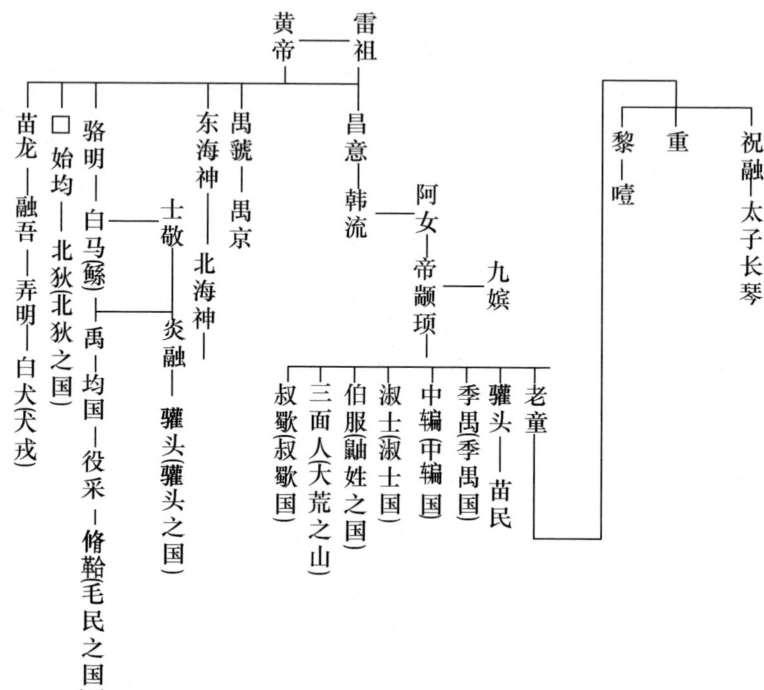

二、帝俊系

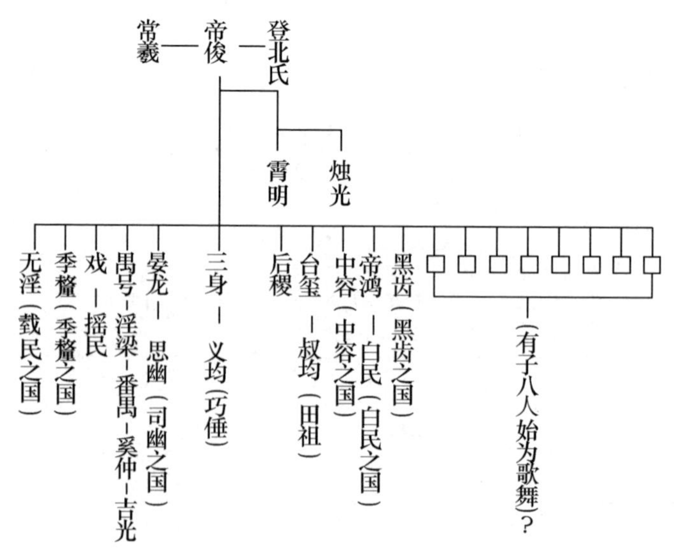

三、大皞系

大皞—咸鸟—乘厘—后照—（巴人）

四、少皞系

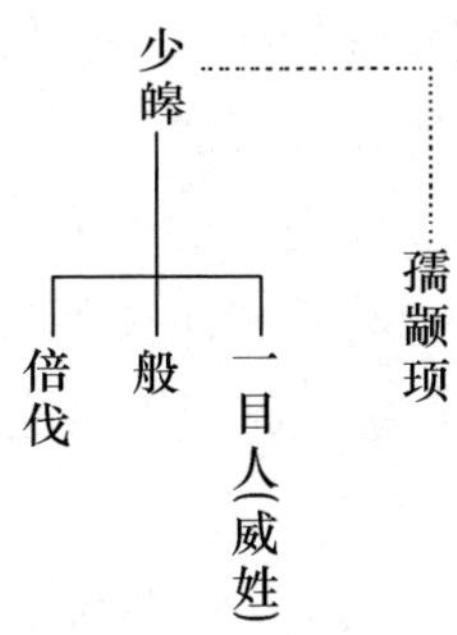

五、炎帝系

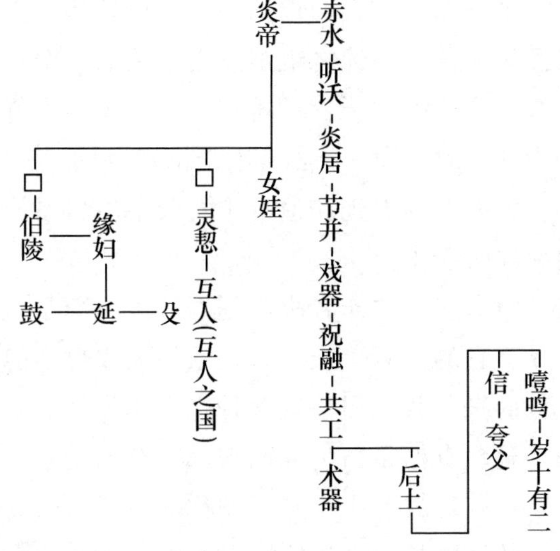

六、伯夷系

伯夷父—西岳—先龙—氐羌

七、南岳系

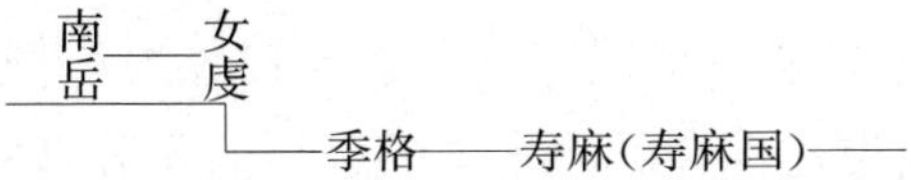

在以上的七个家系中，有一点是非常值得我们注意的，就是：

1．黄帝妻雷祖生昌意……《海内经》

2. 韩流取淖子曰阿女，生帝颛顼……《海内经》

3. 鲧妻士敬，士敬子曰炎融……《大荒南经》

4. 舜妻登比氏生宵明烛光……《海内北经》

5. 伯陵同吴权之妻阿女缘妇……是生鼓延殳……《海内经》

6. 炎帝之妻赤水之子听訞生炎居……《海内经》

7. 南岳娶州山女，名曰女虔，女虔生季格……《大荒西经》

为什么不说鲧娶士敬生炎融？而说鲧妻士敬，士敬子曰炎融！为什么不说炎帝娶赤水生听訞？而说炎帝之妻赤水之子听訞！绕这么一个大弯呢？

从这一点上，我们可以知道以女性为本位的氏族组织，确曾存在于中国古代。所谓氏族的组织，就是有共通的祖先，以氏族名称相区分，以血缘之关系相结合而成的一个共同团体。太古时代之家系，通常以女性为本位，氏族之组织是由想象的一个女性祖先和她的子女及她的女系之子孙之子女所构成，其家系由女性而继续，降至家系以男性为本位的时代——私有财产出现以后——氏族之组织，便是由想象的一个男性的祖先和他的子女及他的男系子孙子女所构成，其家系由男性而继续。

我们知道《山海经》的作者决不是禹，也决不是益，甚至不是西周以前的作品。它的作者不止一人，它的完成也不能划然地说属于某一个制裁的时期。我们可以断然地说《山海经》是出于十个人以上或更多的手笔，有的是由传闻而来的，有的是就以前的记载而加以自己的想象，有的故意羼入些不相称的材料来作为某一事件的利用。它的时代是从战国开始以至东汉魏晋。

《山海经》所叙述的是史前时代的民间传说同故事，这一些已被后来人所记载的同未被记载的传说同故事，在事实上有被保存到较后的时代的可能，在这一种被保存被记载的传说同故事，虽然可以有几分或较多的真实性！它的来源是现实的反影同初民的信仰！不过总是虚构的成分居多。所谓被保存的故事中的可靠的几分真实性，就是那某一故事或传说所形成以及产生的时代的社会背景，不过到了经过若干年代以后，社会的组织由渐进或突进的演变，而发现了与前一时代的基础组织的根本差异，执笔记载这某一故事或传说的作者，就难免将自己的时代的社会背景，不知不觉地添了上去，不过那最初被保留的几分真实性，到这时期至少还被保留了一些，这是可以断言的。

现在我们可以来解释为什么《山海经》中所叙述的家系，一部分以女性为原始的祖先，而一部分又以男性为祖先，一部分又糅合男女二性，仅仅于文字的叙述中，显露出女性的地位较重要于男性的缘故了。

在以上所举的六个例子中，显示出史前时代以女性为本位的社会组织的存在的无可置疑，雷祖阿女士敬登比氏缘妇赤水都是这一时代的每一个氏族所拟想的原始的祖先，在这时期每一氏族都以女性为他们的共通祖先，普通男子的地位低于女子，这一想象的女性祖先，不一定是人类而是属于能生产的禽鸟，野兽，或虚拟的神鬼。到了后来，生产工具逐渐进步，由石器而铜器而铁器，社会生活方面，由渔猎而游牧而农耕，男性逐渐成为家族中主要的生产者，他方面由于掠夺婚的盛行，使女性的地位日渐低落，自然而然的男性变成一部落或一氏族中的供给者和支持者，这样，便形成了所谓以男性为本位的父系家族，当然这时期的氏族祖先，也采取了以男性为本位的传说中的英雄，或猛勇凶残的兽类了。

黄帝韩流鲧舜伯陵炎帝……这些便是这一时期所采用的想象的氏族的共通祖先。

最后人类完全进入文明时代，社会组织日趋繁复，生产工具日益精进，供给过于需求，形成了原始的生产过剩的事实，于是商业上以货易货的习惯，从而普遍，另一方面，以人口为货品的卖买婚也由此而起。这样，男性便成为部落中、社会上独裁的专制者，男女两阶级间形成了绝对的悬殊景象。

这时期的家族的祖先，也同样地为男性所独占，而女性则被安置于无足重轻的赘余地位。

《山海经》中的古代故事的记载，正在这一时期之后若干年，这样，以前所经历的三个不同的演进阶段，便被完全保存在这一记载中。

每一故事的记载者一方面掺入了自己的时代的社会背景，一方面又客观地保存着一些原来的景象，另一方面又主观地把前一时代加上后一时代的事实，使之调和。所以我们在《山海经》中所发现的是以上所举的既以女性为共通祖先，而又加上一位男性的传说中的英雄的混合家系。由于这一种无意的混合，那几分原始以来被保存的真实性，虽被减削，却仍有相当的成分被遗留着。这被遗留的一点，就使我们了解史前时代至有史时代所经历的三个不同的演进阶段，和女系本位的社会组织确曾存在于中国古代社会的这一事实的明证。

表四　　《山海经中诸国表》

《大荒北经》

国名	位置	氏族	形貌	其他
牛黎之国			无骨	儋耳之子
犬戎国	赖丘		人面兽身	黄帝孙白犬，肉食。
中辐	西北海外 流沙之东			颛顼子，食黍
继无民		任姓	无骨子	食气鱼
苗民	西北海外 黑水之北		有翼	颛顼孙，食肉
一目人		威姓		少昊之子
深目民之国		盼姓		食鱼
无肠之国		任姓		
无继子				食鱼
儋耳之国		任姓		
毛民之国		依姓		禹孙脩鞈
始州之国				有丹山
北齐之国		姜姓		使虎豹熊罴
叔歜国				颛顼子，黍食使四鸟
大人之国		釐姓		黍食
肃慎氏之国	不咸山			
胡不与之国		烈姓		黍食

《大荒西经》

互人之国			能上下于天	炎帝孙
三面人	大荒之山			颛顼子
一臂民				
盖山之国				有朱木
寿麻之国			爰有大暑 不可以往	南岳孙寿麻
寒荒之国				有二人女祭女蔑
轩辕之国				
丈夫之国				
女子之国				
先民之国	西北海之外 赤水之西			食谷，使四鸟
北狄之国	西北海之外 赤水之西			黄帝孙
西周之国		姬姓		食谷
赤国				叔均之国
长胫之国	西北海之外 赤水之东			
白氏之国				有大泽之长山
淑士国				颛顼之子
沃之国	沃之野			凤鸟之卵是食，甘露是饮

《大荒南经》

羲和之国	东南海之外 甘水之间			
驩头之国	大荒之中		人面鸟喙，有翼，食海中鱼	鲧孙
张弘之国	海中			食鱼，使四鸟
鼬姓之国		鼬姓		颛顼孙
焦侥之国		几姓	小人	嘉谷是食
蜮民之国	蜮山	桑姓		食黍，射蜮是食
臷民之国		盼姓		食谷，帝舜孙
季釐之国	重阴之山			食兽，帝俊子
不死之国		阿姓		甘木是食
盈民之国		于姓		黍麦，又有人方食木叶
卵民之国	成山，甘水		其民皆生卵	
羽民之国	成山，甘水		其民皆生羽	
季禺之国	成山，甘水			食黍，颛顼子
三身之国	不庭之山甘水穷焉	姚姓		黍食，使四鸟

《大荒东经》

女和月母之国				
中容之国	东荒之中壑明山			
壎民之国	大荒之中猗天苏门			
困民国		勾姓		
摇民国				
玄股国	招摇山，融水			黍食，使四鸟
夏州之国				
盖余之国				
黑齿之国		姜姓		黍食，使四鸟，帝俊子
嬴土之国			有柔仆民	
青丘之国				有狐九尾
白民之国		销姓		黍食，使四鸟，帝俊孙
司幽之国				食黍，兽，使四鸟，帝俊孙
君子之国	东曰之山		衣冠带剑	
中容之国	大荒之中合虚山			食兽，木食，使四鸟，帝俊子
蒍国				黍食，使四鸟
小人国			名靖人	
大人之国	东海外大言山，波谷山			
少昊之国	东海外大壑			

《海外东经》

埻端国	昆仑虚东南流沙中			
玺唤国	昆仑虚东南流沙中			
大夏国	流沙外			
竖沙国	流沙外			
居繇国	流沙外			
月支之国	流沙外			

《海内经》

朝鲜国	东海之内北海之隅		其人水居	
夫毒国	东海之内北海之隅		其人水居	
壑市国	西海之内流沙之中			
氾叶国	西海之内流沙之西			
朝云之国	流沙之东黑水之西			
司彘之国	流沙之东黑水之西			黄帝后
禺中之国	若水			
列襄之国	若水			
盐长之国			鸟首名曰鸟氏	
巴国	西南			大皞之后
流黄辛氏				城中方三百里
朱卷之国				有黑蛇青首食象
赣巨人	南方			人面长臂黑身有毛反踵
黑人			虎首鸟足	两手持蛇方啗之
嬴民			鸟足	
苗民				有神曰延维
氐羌		乞姓		伯夷父后
玄丘之民	大玄之山			
赤胫之民				
大幽之国				
钉灵之国			其民从厀以下有毛马蹄善走	

《海外南经》

结匈国	西南		结匈	
羽民国	东南		长头身生羽长颊	
讙头国	在毕方东		人面有翼鸟喙方捕鱼	或曰讙朱国
厌火国	在讙朱东		身黑色，生火出其中	

续前表

三苗国	在赤水东		其为人相随	一曰三毛国
䘲国	在三毛东		其为人黄，能操弓射蛇	
贯匈国	在䘲国东		匈有窍	
交胫国	在穿匈东		交胫	
不死民	在穿匈东		黑色寿不死	
岐舌国	在不死民东			
三首国	在岐舌东		一身三首	
周饶国	在三首东		短小冠带	一曰焦侥国
长臂国	在焦侥东		捕鱼海中	两手各操一鱼

《海外西经》

三身国	在夏后启北		一首三身	
一臂国	在其北		一臂一目一鼻孔	有黄马虎文
奇肱之国	在其北		一臂三目有阴有阳	乘文马
丈夫国	在维鸟北		衣冠带剑	
巫咸国	在女丑北			
女子国	在巫咸北		两女子居水周之	
轩辕之国	在女子国北		人面蛇身交尾上	其不寿者八百岁
白民之国	在龙鱼北		白身被发	有乘黄
肃慎之国	在白民北			有树名曰雄常，先入伐帝于此取之
长股之国	在雄常北		披发	一曰长脚

《海外北经》

无䏿之国	在长股东		无䏿	
一目国	在其东		一目中其面而居	
柔利国	在一目东		为人一手一足反厀曲足居上	一云留利之国人足反折
深目国	在其东		为人举一手一目	
无肠之国	在深目东		长而无肠	
聂耳之国	在无肠东		两手聂其耳县居海水中	使两文虎
博父国	在聂耳东		其为人大	左手操青蛇，右手操黄蛇
拘缨之国	在其东		一手把缨	一曰利缨之国
跂踵国	在拘缨东		人大，两足亦大	一曰大踵

《海外东经》

大人国	在䟽丘		其为人大坐而削船	
君子国	在其北		衣冠带剑好让不争	衣兽，使二大虎在旁
青丘国	在其北			其狐四足九尾
黑齿国	在其北		为人黑	食稻，啖蛇
玄股之国	在雨师妾北		衣鸟食驱	
毛民之国	在玄股北		身生毛	
劳民国	在毛民北		黑	或曰教民

《海外南经》

伯虑国	在郁水南			
雕题国	在郁水南			
离耳国	在郁水南			
北朐国	在郁水南			
枭阳国	在北朐西		人面长唇黑身反踵有毛见人笑亦笑	
氐人国	在建木西		人面鱼身无足	
匈奴	在西北			
开题之国	在西北			
列人之国	在西北			

《海内西经》

流黄酆氏之国	在后稷葬西			中方三百里，有涂四方
东胡	在大泽东			
夷人	在东胡东			
貊国	在汉水东			地近于燕

《海内北经》

犬封国	大行伯之东			即犬戎国
鬼国	大贰负之尸北		人面一目	
戎			人首三角	
林氏国				有巧兽曰驺吾
盖国	在巨燕			
朝鲜	在列阳东			
射姑国	在海中			属列姑射山环之
明组邑	居海中			

（原载《史学年报》第三期，1931 年 8 月）

《清明上河图》与《金瓶梅》的故事及其衍变

——《王世贞年谱》附录之一

《金瓶梅》是明嘉隆间产生的一部小说，所描写的是嘉隆时代的市井社会的侈靡鄙俚的生活。它的细致生动的白描技术和汪洋恣肆的气势，在未有刻本以前即已为当时文人学士所叹赏惊诧，因为它的对于性的无忌惮的大胆的叙述，社会上一般拘谨本分的人便众口一声地以为“猥亵”而予以摈斥，甚至怕把它刻板行世而会有堕落地狱的危险，但终不能不佩服它的技术的高妙。另一方面一般神经过敏的人又自作聪明地以为这书是“别有寄托”，替它捏造成一串可歌可泣的悲壮的故事。不过无论社会对于它的批评怎样，三百年来，它的作者却都一致公认为王世贞而无异辞。

他们的根据是什么呢？尽管他们自以为是地各有所主，不过概括说起来，可以分为几点：

（1）根据沈德符的话，说这书是嘉靖中大名士做的。这一位失名的名士，经过几度的做作，就被指实为王世贞。

（2）因为书中所刻划的蔡京父子，据说是影射当时权相严嵩父子的，王家和严家有仇，所以王世贞写这部东西的目的是（A）报仇，或（B）讽刺。

（3）是根据本书的技术和才气立论的，他们先有了一个主观之见，以为像这样的作品非王世贞不能写。

现在我们不管他们所说的是否合理，且把他们的意见抄一些在下面，看到底这书是王世贞做的不是。

一、《金瓶梅》的故事

《金瓶梅》的作者虽然已被肯定为王世贞，但是他为什么要写这东西？他的目的何在？却众论纷纭，家家都有一块“本堂虔诚制配”的招儿，把它归纳起来，不外是：

A. 复仇说 对象(1) 严世蕃

(2) 唐顺之

B. 讽刺说 对象——严氏父子

为什么《金瓶梅》会和唐顺之发生关系呢？这里面又包含着另外的一个故事——《清明上河图》的故事。

a.《清明上河图》与唐荆川

“世传《金瓶梅》一书为王弇州（世贞）先生手笔，用以讥严世蕃者，书中西门庆即世蕃之化身，世蕃小名庆，西门亦名庆，世蕃号东楼，此书即以西门对之。”“或谓此书为一孝子所作，用以复其父仇者，盖孝子所识一巨公实杀孝子父，图报累累皆不济，后忽侦知巨公观书时必以指染沫，翻其书叶。孝子乃以三年之力，经营此书，书成黏毒药于纸角，觊巨公外出时，使人持书叫卖于市曰‘天下第一奇书！’巨公于车中闻之，即索观，车行及其第，书已观讫，啧啧叹赏，呼卖者问其值，卖者竟不见，巨公顿悟为所算，急自营救已不及，毒发遂死。”今按二说皆是，孝子即凤洲（世贞号）也，巨公为唐荆川（顺之），凤洲之父忬死于严氏，实荆川谮之也。姚平仲《纲鉴絜要》载杀巡抚王忬事，注谓“忬有古画，严嵩索之，忬不与，易以摹本，有识画者为辨其赝，嵩怒，诬以失误军机杀之。”但未记识画人姓名，有知其事者谓识画人即荆川，古画者《清明上河图》也。

凤洲既抱终天之恨，誓有以报荆川，数遣人往刺之，荆川防护甚备，一夜，读书静室，有客自后握其发将加刃，荆川曰：

"余不逃死，然须留遗书嘱家人。"其人立以俟，荆川书数行，笔头脱落，以管就烛，佯为治笔，管即毒弩，火热机发，镞贯刺客喉而毙。凤洲大失望！

后遇于朝房，荆川曰："不见凤洲久，必有所著。"答以《金瓶梅》，其实凤洲无所撰，姑以诳语应耳。荆川索之急，凤洲旧，广召梓工，旋撰旋刊，以毒水濡墨刷印，奉之荆川。荆川阅书甚急，墨浓纸黏，卒不可揭，乃屡以纸润口津揭书，书尽毒发而死。

或传此书为毒死东楼者，不知东楼自正法，毒死者实荆川也。彼谓以三年之力成书，及巨公索观于车中云云，又传闻异词耳。——《寒花盦随笔》

这是说王忬进赝画于严嵩，为唐顺之识破，致陷忬于法，世贞图报仇，进《金瓶梅》毒死顺之的。刘廷玑的《在园杂志》也提到此事，不过把《清明上河图》换成辋川真迹，把识画人换成汤裱褙，并且说明顺之和王忬先有宿怨。他说：

明太仓王思质（忬）家藏右丞所寓辋川真迹，严世蕃闻而索之，思质爱惜世宝，予以抚本，世蕃之裱工汤姓者，向在思质门下，曾识此图，因于世蕃前陈其真赝，世蕃衔之而未发也。会思质总督蓟辽军务，武进唐应德顺之以兵部郎官奉命巡边，严嵩觞之内阁，微有不满思质之言，应德颔之。至思质军，欲行军中驰道，思质以己兼兵部堂衔难之，应德怫然，遂参思质军政废弛，虚縻国帑，累累数千言，先以稿呈世蕃，世蕃从中主持之，逮思质至京弃市。

到了清人的《缺名笔记》又把这故事变动一下，撇开了王世贞，却仍把其余部分保留着，成为《金瓶梅》故事的另一传说：

《金瓶梅》为旧说部中四大奇书之一，相传出王世贞手，为报复严氏之督亢图。或谓系唐荆川事，荆川任江右巡抚时有所周纳，狱成，罹大辟以死。其子百计求报，而不得间，会荆川解职归，偏阅奇书，渐叹观止。乃急草此书，渍砒于纸以进，盖审知荆川读书时必逐叶用纸黏舌，以次披览也。荆川得书后，览一夜而毕，蓦觉舌本强涩，镜之黑矣。心知被毒，呼其子曰："人将谋我，我死，非至亲不得入吾室。"逾时遂卒。

旋有白衣冠者呼天抢地以至，蒲伏于其子之前，谓曾受大恩于荆川，愿及未盖棺前一亲其颜色，鉴其诚许之入，伏尸而哭，哭已再拜而出。及殓则一臂不知所往，始悟来者即著书之人，因其父受缳首之辱，进鸩不足，更残其支体以为报也。

b. 汤裱褙

识画人在另一传说中，又变成非大儒名臣的当时著名的装潢家汤裱褙了。这一说起来最早的要算沈德符的《野获编》，他的时代后世贞不远，他的祖父又都和王家世交，所以后人都偏重这一说：

严分宜（嵩）势炽时，以诸珍宝盈溢，遂及书画骨董雅事，时鄢懋卿以总鹾使江淮，胡宗宪、赵文华以督兵使吴越，各承奉意旨，搜取古玩，不遗余力，时传闻有《清明上河图》手卷，宋张择端画，在故相王文恪（鏊）胄子家，其家巨万，难以阿堵动，乃托苏人汤臣者往图之，汤以善装潢知名，客严门下，亦与娄江王思质中丞往还，乃说王购之，王时镇蓟门，即命汤善价求市，既不得，遂嘱苏人黄彪摹真本应命，黄亦画家高手也。

严氏既得此卷，珍为异宝，用以为诸画压卷，置酒会诸贵人赏玩之，有妒王中丞者知其事，直发为赝本，严世蕃大惭怒，顿恨中丞，谓有意绐之，祸本自此成。或云即汤姓怨弇州伯仲自露始末，不知然否？——卷二《伪画致祸》

这一说是《清明上河图》本非王忬家物，由汤裱褙托王忬想法不成功，才用摹本代替，末了还是汤裱褙自发其覆，酿成大祸。顾公燮《消夏闲记摘抄》作《金瓶梅》缘起王凤洲报父仇一则即根据此说加详，不过又把王鏊家藏一节改成王忬家藏，把严氏致败之由，附会为世蕃病足，把《金瓶梅》的著作目的改为讥刺严氏了：

太仓王忬家藏《清明上河图》，化工之笔也。严世蕃强索之，忬不忍舍，乃觅名手摹赝者以献。先是忬巡抚两浙，遇裱工汤姓流落不偶，携之归，装潢书画，旋荐之世蕃，当献画时，汤在侧谓世蕃曰："此图某所目睹，是卷非真者，试观麻雀小脚而踏二瓦脚，即此便知其伪矣。"世蕃恚甚，而亦鄙汤之为人，不复重用。

会俺答入寇大同，忬方总督蓟辽，鄢懋卿嗾御史方辂劾忬御边无术，遂见杀。后范长白公允临作《一捧雪传奇》，改名为《莫怀古》，盖戒人勿怀古董也。

忬子凤洲世贞痛父冤死，图报无由，一日偶谒世蕃，世蕃问坊间有好看小说否？答曰有，又问何名，仓卒之间，凤洲见金瓶中供梅，遂以"金瓶梅"答之，但字迹漫灭，容钞正送览。退而构思数日，借《水浒传》西门庆故事为蓝本，缘世蕃居西门，乳名庆，暗讥其闺门淫放，而世蕃不知，观之大悦。把玩不置。

相传世蕃最喜修脚，凤洲重赂修工，乘世蕃专心阅书，故意微伤脚迹，阴搽烂药，后渐溃腐，不能入直，独其父嵩在阁，年衰迟钝，票本批拟，不称上旨，宠日以衰。御史邹应龙等乘机劾奏，以至于败。

徐树丕的《识小录》又以为汤裱褙之证画为伪，系受贿不及之故，把张择端的时代由宋升至唐代，画的内容也改为汴人掷骰（详见后）：

汤裱褙善鉴古，人以古玩赂严世蕃必先贿之，世蕃令辨其真伪，其得贿者必曰真也。吴中一都御史偶得唐张择端《清明上河图》临本馈世蕃而贿不及汤。汤直言其伪，世蕃大怒，后御史竟陷大辟。而汤则先以诓骗遣戍矣。

余闻之先人曰《清明上河图》皆寸马豆人，中有四人樗蒲，五子皆六而一犹旋转，其人张口呼六，汤裱褙曰："汴人呼六当撮口，而今张口，是操闽音也。"以是识其伪。此与东坡所说略同，疑好事者附会之。近有《一捧雪传奇》亦此类也，特甚世蕃之恶耳。

c. 况叔祺及其他

梁章钜《浪迹丛谈》记此事引王襄《广汇》之说，即本《识小录》所载，所异的是不把识画人的名氏标出，他又以为王忬之致祸是由于一诗一画：

> 王襄《广汇》："严世蕃常索古画于王忬，云值千金，忬有临幅绝类真者以献。乃有精于识画者往来忬家有所求，世贞斥之，其人知忬所献画非真迹也，密以语世蕃。会大同有虏警，巡按方辂劾忬失机，世蕃遂告嵩，票本论死。"
>
> 又孙之騄《二申野录》注："后世蕃受刑，弇州兄弟赎得其一体，熟而荐之父灵，大恸，两人对食，毕而后已。诗画贻祸，一至于此，又有小人交构其间，酿成尤烈也。"
>
> 按所云诗者谓杨椒山（继盛）死，弇州以诗吊之，刑部员外郎况叔祺录以示嵩，所云画即《清明上河图》也。

综合以上诸说，归纳起来是：

（1）《金瓶梅》为王世贞作，用意（A）讥刺严氏，（B）作对严氏复仇的督亢图，（C）对荆川复仇。

（2）唐荆川谮杀王忬，忬子世贞作《金瓶梅》，荆川于车中阅之中毒卒。

（3）世贞先行刺荆川不遂，后荆川向其索书，遂撰《金瓶梅》以毒之。

（4）唐王结怨之由是荆川识《清明上河图》为伪，以致王忬被刑。

（5）《金瓶梅》为某孝子报父仇作，荆川因以被毒。

（6）汤裱褙识王忬所献辋川真迹为伪，唐顺之行边与王忬忤，两事交攻，王忬以死。

（7）《清明上河图》为王忬家物①，世蕃门客汤臣求之不遂，托

① 此说与上文矛盾，似有缺字。——编者注

王忬想法也不成功，王忬只得拿摹本应命，汤裱褙又自发其覆：遂肇大祸。

（8）严世蕃强索《清明上河图》于王忬，忬以赝献，为旧所提携汤姓者识破。

（9）世蕃向世贞索小说，世贞撰《金瓶梅》以讥其闺门淫放，而世蕃不知。

（10）世贞赂修工烂世蕃脚，不能入直，严氏因败。

（11）王忬献画于世蕃而贿不及汤裱褙，因被指为伪，致陷大辟。

（12）王忬致祸之由为《清明上河图》及世贞吊杨仲芳诗触怒严氏。

以上一些五花八门的故事，看起来似乎很多，其实只包含着两个有联系性的故事——《清明上河图》和《金瓶梅》。

二、王世贞父子的被祸与《清明上河图》

按《明史》卷二〇四《王忬传》：嘉靖三十六年“部臣言蓟镇兵，额多缺宜补。乃遣郎中唐顺之往覈，还奏额兵九万有奇，今惟五万七千，又皆羸老，忬等均宜按治……三十八年二月把都儿辛爱数部挟朵颜为乡导寇滦河……京师大震。御史王渐方辂遂劾忬罪，帝大怒切责忬令停俸自效。五月辂复劾忬失策者三，可罪者四，遂逮忬下狱……明年冬竟死西市。忬才本通敏，其骤拜都御史及屡更督抚也，皆帝特简，所建请无不从。为总督数以败闻，由是渐失宠，既有言不练主兵者益大恚，谓忬怠事负我。嵩雅不悦忬，而忬子世贞复用口语积失欢于嵩子世蕃，严氏客又数以忬家琐事构于嵩父子，杨继盛之死，世贞又经纪其丧，嵩父子大恨，滦河变闻，遂得行其计。”

当事急时，“世贞与世懋日蒲伏嵩门涕泣请贷，嵩阴持忬狱，而时为谩语以宽之。两人又日囚服跽道旁遮诸贵人舆搏颡请救，诸贵人畏嵩，终不敢言。”——《明史》卷二八七《世贞传》。

王忬死后，一般人有说他“死非其罪”的，也有人说他是“于法应诛”的，他的功罪我们姑且不管，要之，他之死于严氏父子之手，却是一件不可否认的事实。

我们要解决以上所记述的故事是否可靠，第一，我们先要追求他和严氏父子结仇的因素，关于这一点最好拿他自己的话来说明。

《四部稿》卷一二三《上太傅李公书》：

> ……至于严氏父子之所以切齿于先人者有三：其一乙卯冬仲芳兄（杨继盛）且论报，世贞自揣，托所知为严氏解救不遂，已见其嫂代死疏辞戆，少为笔削，就义之后，躬亲含殓，经纪其丧，为奸人某某（按即指况叔祺）文饰以媚严氏。先人闻报，弹指唾骂，亦为所诇。其二杨某为严氏报仇曲杀沈炼，奸罪万状，先人以比壤之故，心不能平，间有指斥。渠误谓青琐之抨，先人预力，必欲报之而后已。其三严氏与今元老相公（徐阶）方水火，时先人偶辱见收葭莩之末，渠复大疑有所弃就，奸人从中构牢不可解。以故练兵一事，于拟票内一则曰大不如前，一则曰一卒不练，所以阴夺先帝（嘉靖帝）之心而中伤先人者深矣。预报贼耗则曰王某恐吓朝廷，多费军饷。虏贼既退，则曰将士欲战，王某不肯，兹谤既腾，虽使曾参为子，慈母有不投杼者哉！

以上三个原因是（1）关于杨继盛，（2）关于沈青霞，（3）关于徐华亭。始终看不出有什么书画肇祸之说，试再到旁的地方找去，《明史》卷二八七《王世贞传》说：

> 奸人阎姓者犯法，匿锦衣都督陆炳家，世贞时官刑部搜得之，炳介严嵩以请，卒不许。吏部两拟提学，皆不用，次年遂出为青州兵备副使。

《野获编》卷八《恶谑致祸》：

> 王弇州为曹郎，故与分宜父子善，然第因乃翁思质（忬）方总督蓟辽，姑示密以防其忮，而心甚薄之。每与严世蕃宴饮，辄出恶谑侮之，已不能堪。会王弟敬美继登第，分宜呼诸孙切责以“不克负荷”诃诮之，世蕃益恨望，日谮于父前，分宜遂欲以长史处之，赖徐华亭（阶）力救得免，弇州德之入骨。后

> 分宜因唐荆川阅边之疏讥切思质，再入鄢剑泉（懋卿）之赞决，遂置思质重辟。

这是说王忬之得祸，是由于世贞之不肯趋奉严氏，和谑毒世蕃，可用以和《明史》相印证。所谓恶谑，丁元荐《西山日记》曾载有一则：

> 王元美先生善谑，一日与分宜胄子饮，客不任酒，胄子即举杯虐之至淋漓巾帻，先生以巨觥代客报世蕃，世蕃辞以伤风不胜杯杓，先生杂以诙谐曰："爹居相位，怎说出伤风?"旁观者快之。

也和《清明上河图》之说渺不相涉。

现在我们来推究《清明上河图》的本身和它的沿革，考察它为什么会和王家发生关系，衍成如此一连串故事的由来。

《清明上河图》到底是一幅怎样的画呢？李东阳《怀麓堂集》卷九《题清明上河图》一诗描写得很清楚详细：

> 宋家汴都全盛时，四方玉帛梯航随，清明上河俗所尚，顷城士女携童儿。城中万屋翚甍起，百货千商集成蚁，花棚柳市围春风，雾阁云窗粲朝绮。芳原细草飞轻尘，驰者若飚行若云，虹桥影落浪花里，捩舵撇篷俱有神，笙歌在楼游在野，亦有驱牛种田者，眼中苦乐各有情，纵使丹青未堪写！翰林画史张择端，研朱吮墨镂心肝，细穷毫发夥千万，直与造化争雕镌。图成进入缉熙殿，御笔题签标卷面，天津一夜杜鹃啼，倏忽春光几回变。朔风卷地天雨沙，此图此景复谁家？家藏私印屡易主，赢得风流后代夸。姓名不入宣和谱，翰墨流传藉吾祖，独从忧乐感兴衰，空吊环州一抔土！丰亨豫大纷彼徒，当时谁进流民图？乾坤俯仰意不极，世事荣枯无代无！

这图的沿革，钱牧斋说：

> 嘉禾谭梁生携《清明上河图》过长安邸中，云此张择端真本也……此卷向在李长沙家，流传吴中，卒为袁州所钩，袁州

籍没后已归御府，今何自复流传人间？书之以求正于博雅君子。天启二年壬戌五月晦日。——《初学集》卷八五《记清明上河图卷》

按长沙即李东阳，袁州即严分宜。据此可知这图的经过是：

（1）李东阳家藏

（2）流传吴中

（3）归严氏

（4）籍没入御府

一百年中流离南北，换了四个主人，可惜不知道在吴中的收藏家是谁？推测当分宜籍没时，官中必有簿录，因此翻出《胜朝遗事》所收的《文嘉钤山堂书画记》，果然有详细的记载，在名画部宋有：张择端《清明上河图》。

图藏宜兴徐文靖（徐溥）家，后归西涯李氏（东阳），李归陈湖陆氏，陆氏子负官缗，质于昆山顾氏，有人以一千二百金得之。然所画皆舟车城郭桥梁市廛之景，亦宋之寻常画耳，无高古气也。

这样，这画的沿革便拉长成：

（1）宜兴徐氏

（2）西涯李氏

（3）陈湖陆氏

（4）昆山顾氏

（5）钤山堂严氏

（6）籍没归御府

六个阶段，寿承家和世贞世交，他自己也是世贞好友之一，他在嘉靖四十四年（1565A. D.）应何宾涯之召为阅官借严氏书画，到隆庆二年（1568A. D.）整理旧所记录成《钤山堂书画记》时，世贞适新起用由河南按察副使擢浙江布政使司左参政分守湖州，如王氏果和此图有关，并有如此惨酷的故事包含在内，他决不应故为遗漏。至于文中所谓“有人以千二百金得之”，这人据《明史》三〇八《奸臣传・严嵩传》“世蓄好古尊彝奇器书画，赵文华、胡宗宪、鄢懋卿之属，所到辄辇致之，或索之富人，必得而后已。”和《野获编》伪画致祸（见前）一条相印证，当然不言可喻了。

在以上所叙述的《清明上河图》的经历系统中，很显明地安插不下王忬或王世贞的一个位置，那么，这图到底是怎样才和王家在传说中发生关系的呢？按《四部续稿》卷一六八《清明上河图别本跋》：

张择端《清明上河图》有真赝本，余均获寓目，真本人物舟车桥道宫室皆细于发，而绝老劲有力，初落墨相家，寻籍入天府为穆庙所爱，饰以丹青。

赝本乃吴人黄彪造，或云得择端稿本加润删，然与真本殊不相称，而亦自工致可念，所乏腕指间力耳，今在家弟（世懋）所。此卷以为择端稿本，似未见择端本者，其所云于禁烟光景亦不似，第笔势遒逸惊人，虽小麄率，要非近代人所能办，盖与择端同时画院祇候，各图汴河之胜，而有甲乙者也。吾乡好事人遂定为真稿本，而谒彭孔嘉小楷，李文正公记，文征仲苏书，吴文定公跋，其张著杨准二跋，则寿承休承以小行代之，岂惟出蓝！而最后王禄之陆子傅题字尤精楚。陆于逗漏处，毫发贬驳殆尽，然不能断其非择端笔也。使画家有黄长睿那得尔？

其第二跋云：

按择端在宣政间不甚著，陶九畴纂《图绘宝鉴》，搜罗殆尽，而亦不载其人。昔人谓逊功帝以丹青自负，诸祇候有所画，皆取上旨裁定。画成进御，或少增损。上时时草创下诸祇候补景设色，皆称御笔，以故不得自显见。然是时马贲、周曾、郭思、郭信之流，亦不致泯然如择端也。而《清明上河》一图，历四百年而大显，至劳权相出死构，再损千金之值而后得，嘻！亦已甚矣。择端他画余见之殊不称，附笔于此。

所说的一一和文、钱两人相合，这两跋都成于万历三年（1575 A. D.）以后，假使他家和这图有关，这两跋决不至于如此轻描淡写。何况他又明说这图有二本，一为权相出死构，再损千金之直而后得，后籍没归御府。一图为临本为爱弟敬美所藏呢。

由以上的论列，我们知道一切关于王家和《清明上河图》的记载，都是任意捏造，牵强附会。无论他所说的是辋川真迹，是《清明上河图》或《上河图》，是黄彪的临本，是王鏊家藏本，或是王忬所藏的，都是“无中生有”。应该完全推翻。事实的根据一去，当然唐顺之或汤裱褙甚至第三人的行谮或指证的传说，都一起跟着肃清了。

但是，像沈景倩、刘廷玑、顾廷夔、梁茝林等人，在当时都是很有名望的学者，时代相去又不甚远，为什么他们都会得“捕风捉影，因讹承讹”呢？

这原因据我的推测，以为是：

(1) 是看不清《四部稿》两跋的原意，误会所谓“权相出死力构”的事迹是指他的家事，因此而附会成一串故事。

(2) 是信仰《野获编》作者的时代和他与王家的世交关系，以为他所说的话一定可靠，而靡然风从，群相应和。

(3) 是故事本身的悲壮动人，由好奇心的搅动，不予考虑，即据以记述，甚或替它装头补尾，虽悖“求真之谛”亦所不惜。

次之，因为照例每个不幸的故事中，都有一位丑角在场驼木梢，汤裱褙是当时的名装潢家，和王严两家都有来往，所以顺手把他拉入作一点缀。至于有的说他的指证是出于无意，或受贿不及，或素有仇隙的种种异说，那只能怪他们的时代和地域不给他们以一度商洽的机会，闭户造车的结果当然不能是家家一式的。

后来汤裱褙的名色大概有些不合脾胃，或者是嫌未免有点太冤他了，恰巧当时大名鼎鼎的唐顺之曾有疏参王忬的事迹，王忬之死多少他应负一点责任，所以就革掉裱褙匠而代以理学家了。到了范允临的时候，似乎又因为唐顺之到底是一代大儒，不好任意得罪，所以在他做的剧本——《一捧雪传奇》中仍旧替回了汤裱褙，在几百年来，这剧本到处上演，剧情的凄烈悲壮，深深地感动了若干千万的老实百姓，于是汤裱褙便永远留在这剧本中做一位挨骂的该死丑角。

三、《金瓶梅》非王世贞所作

最早提到《金瓶梅》的，是袁宏道的《觞政》：

> 凡六经语孟所言饮式，皆酒经也。其下则汝阳王甘露经酒谱……为内典……传奇则《水浒传》、《金瓶梅》为逸典……——（十之掌故）

这时尚未有刻本，已极见重于文人，拿它和《水浒》并列了。可惜他只给我们以一个价值的暗示，而没提出它的著者和其他情事！稍后沈德符的《野获编》所说的就比他详细多了，他说：

> 袁中郎《觞政》以《金瓶梅》配《水浒》的为典，余恨未得见，丙午（1606A. D.）遇中郎京都，问曾有全帙不？曰第睹数卷甚奇怪，今惟麻城刘延白承禧家有全本，盖从其妻家徐文贞录得者，又三年小修上公车，已携有其书，因与借钞絜归，吴友冯犹龙见之惊喜，怂恿书坊以重价购刻，马仲良时榷吴关，亦劝余应梓人之求，可以疗饥。余曰："此等书必遂有人版行，但一出则家到户传，坏人心术，它日阎罗究诘始祻，何词以置对？吾岂以刀椎博泥犁哉！"仲良大以为然，遂固箧之。未几时而吴中悬之国门矣。然原本实少五十三回至五十七回，偏觅不得，有陋儒补以入刻，无论肤浅鄙俚，时作吴语，即前后血脉，亦绝不贯串，一见知其赝作矣。
>
> 闻此为嘉靖间大名士手笔，指斥时事，如蔡京父子则指分宜，林灵素则指陶仲文，朱勔则指陆炳，其他亦各有所属云。——卷二十五《金瓶梅》

关于有刻本前后的情形，和书中所影射的人物，他都有提述到，单单我们所认为最重要的著者，他却只含糊地说了"嘉靖间大名士"了事，这六字的含义是：

(1) 作者是嘉靖时人。

(2) 作者是大名士。

(3)《金瓶梅》是嘉靖时的作品。

几条嘉靖时代若干大名士都可适用的规限，更不妙的是他指这书是“指斥时事”的，平常无缘无故的人要指斥时事干吗呢？所以顾公燮等便因这一线索断定它是王世贞的作品，牵连滋蔓，造成上述一些故事。

果然这一附会立刻便生了效力，康熙乙亥（1696A. D.）刻的《金瓶梅》谢颐做的序便说：

> 《金瓶梅》一书传为凤洲门人之作也。或云即凤洲手，然洋洋洒洒一百回内，其细针密线，每令观者望洋而叹。

到了《寒花盦随笔》、《缺名笔记》的一些人的时代，便索性把或字去掉。一直到民国时代的《小说考证》还认定是弇州之作而不疑：

> 《金瓶梅》之出于王世贞手不疑也。景倩距弇州时代不远当知其详。乃以名士二字了之，岂以其诲淫故为贤者讳欤！——《小说考证》二 P96

其实一切关于《金瓶梅》的故事，都只是“故事”而已，客气一点说是：“文人弄笔，不可置信。”说得露骨一点，就是：“捕风捉影，造谣生事。”为辩明史实的真伪计，此地给他们以一个总攻击，把一切荒谬无理的传说，一起踢开，送还《金瓶梅》以一个原来的面目。

第一，我们要解决一个问题，要先捉获住它的要害点，关于《清明上河图》在上文已经证明和王家无关，次之就是这一切故事的焦点——作《金瓶梅》的缘起和对象严世蕃或唐荆川之被毒或被刺了。因为这书据说是作来毒严氏或唐氏的，如两人并未被毒或无被毒之可能时，这一说当然不攻自破。

A. 严世蕃是正法死的，并未被毒。这一点《寒花盦随笔》的作者倒能辨别清楚，顾公燮便不高明了，他以为王忬死后世贞还去谒见世蕃，世蕃索阅小说，因作《金瓶梅》以讥刺之。其实王忬被刑在嘉靖三十九年（1560A. D.）十月初一日，殁后世贞兄弟即扶柩返里，十一月廿七日到家，自后世贞即屏居里门，到隆庆二年（1568A. D.）始起为河南按察副使；另一方面严嵩于四十一年五月罢相，世蕃也随即被刑。在忬死后世贞方痛恨之不暇，何能觍颜往谒贼父之仇？且事后返里屏居，中间无一日停滞，南北相隔，又何能与世蕃相见？即使可能，世蕃已被放逐，不久即死，亦何能见？如说此书之目的专在讽刺，则严氏既倒，公论已明，亦何所用其讽刺？且《四部稿》中不乏抨责严氏之作，亦何庸写比洋洋百万言之大作以事此无谓之讽刺？

再顾氏说严氏之败是由世贞贿修工烂世蕃脚使不能入直致然的，此说亦属无稽。据《明史》三〇八《严嵩传》所言：

> 嵩虽警敏，能先意揣帝指，然帝所下手诏语多不可晓，惟世蕃一览了然。答语无不中。及嵩妻欧阳氏死，世蕃当护丧归，嵩请留侍京邸，然自是不得入直所代嵩票拟，而日纵淫乐于家。嵩受诏多不能答，遣使持问世蕃，值其方耽女乐不以时答，中使相继促嵩，嵩不得已自为之，往往失指。所进青词又多假手他人不能工，以是积失帝欢。

则世蕃之不能入直是因母丧，嵩之败是因世蕃之不代票拟，也和世贞根本无关。

B. 关于唐顺之的。按《明史》卷二〇五：顺之出为淮扬巡抚，兵败力疾过焦山，三十九年春卒。王忬死在是年十月，顺之比王忬早死半年，世贞何能预写《金瓶梅》报仇？世贞以先一年冬从山东弃官省父于京狱，时顺之已出官淮扬，二人何能相见于朝房？顺之死前王忬半年，世贞又安能遣人行刺于顺之死后？

总之，这些传说的荒谬绝伦，拙劣疏漏，就是稍有常识的人都不会相信，我们真不懂他们为什么这样不高明的捏造，更奇怪的竟会有人一致附和！这真是一个奇迹！

第二，我们退一步假定《金瓶梅》是王世贞做的。根据的是沈德符的话，但是难题接着就来了。这问题是《金瓶梅》不是一部苟陋的作品，我们要考虑在王世贞的著作生活中，能否有构成如此大作的一个空间？这一问题的解答据我的《王世贞年谱》的《编年序事》的连接，是不能腾出一个位置给《金瓶梅》的。次之，“嘉靖中大名士”是一句空洞的话，假使我们可以把它牵就为王世贞，那么，我们又为什么不能把它归到曾著有杂剧四种和托名天都外臣编有《水浒传》（?）的汪道昆？为什么不是以杂剧和文采著名的屠赤水王百谷或张凤翼？那时的名士多如牛毛，又为什么不是所谓前七子广五子后五子续五子以及其他的山人墨客？我们有什么反证说他们不是“嘉靖间的大名士”？为什么他们一定不能做，一定要把这荣誉硬送给著述等身为一代文宗的王世贞？为什么呢？

第三，我们再退一步承认王世贞有作《金瓶梅》的可能。（自然，他不是不能做）但是问题是他是江苏太仓人，并且是土著，我们有什么保证可以断定他不“时作吴语”？《金瓶梅》用的是山东的方言，他虽曾在山东做过三年官（1557—1559），但是我们能有证据说他在这三年中，并且是在“身总繁剧，盗警时闻”的状况中，他曾学会了甚至和土著一样地使用他们的方言吗？假使不能，我们又有什么权力使他变成《金瓶梅》的作者呢？

抄得太多了，在此作一个结论吧！根据以上的论断，我的结论是：

(1)《清明上河图》和王家毫无关系。

(2)《金瓶梅》非王世贞所作。

(3) 一切《清明上河图》和《金瓶梅》涉及王世贞的故事，都出于捏造，不足置信。

最后要附带提及的，是《一捧雪》剧本中担任丑角的汤裱褙（臣）是实有其人的。《四部稿》卷五十一有送他的两首诗，索性抄在下面：

汤生装潢为国朝第一手，博雅多识，犹妙赏鉴家其别余也。出故纸索赠言，拈二绝句应之。

钟王顾陆几千年，类汝风神次第传，
落魄此生看莫笑，一身还是米家船。

金题玉躞映华堂，第一名书好手装，

却怪灵芸针线绝，为他人作嫁衣裳！

1931年夏偶然在《婺书》中发现了胡应麟的卒年，趁着手头有书的机会，摭拾一点材料写了一部《胡少室年谱》，接着又得了一个休假的机会，读了不少的明清人著述，在钱竹汀的《潜揅堂集》中找出一卷《弇州山人年谱》，嫌他写得太简略，不但对于他的思想和学术方面的成就未有提及，就连他的事迹也遗漏了不少。因此就随时留神札记，按年增补，重写成一部《王世贞年谱》，大概也有四五万字，约比原书多出十分之八九，这个暑假总不算空过了。

这一篇东西原应排入《王世贞年谱》1560年内的，可是材料太多了，如一起装进去，恐怕要闹大肚子的笑话，因此索性提出，另外加了一点材料，编成年谱的附录。

本来是想再写一点关于《金瓶梅》的真正作者的考证，和这已经写成的合为上下篇的。但是时间实在不允许我，这个志愿只好留待他日了。

一九三一，八月二十七日后记

（原载《清华周刊》，第三十六卷第四、五期，1931年12月5日）

《〈清明上河图〉与〈金瓶梅〉的故事及其衍变》补记

在《〈清明上河图〉与〈金瓶梅〉的故事及其衍变》一文中（原文载《清华周刊》第三十六卷第四、五号合刊），我曾引用当时人及当事人自身的记载如李东阳《怀麓堂集》、王世贞《弇州山人四部稿》、文嘉《钤山堂书画记》、钱谦益《初学集》诸书关于《清明上河图》的内容和来历的叙述，证明《清明上河图》的故事和王忬家根本无关。同时收集了《寒花盦随笔》、《在园杂志》、《缺名笔记》、《野获编》、《消夏闲记》、《识小录》、《广汇》、《浪迹丛谈》、《二甲野录》诸书中提及《清明上河图》和《金瓶梅》的故事的因果关系的，用比较和归纳的方法和最关重要的当事人所处的时间、空间及其他的可能性的推求，证明《金瓶梅》非王世贞所作。根据以上两个论证及其相互的关联，加以推断，得到一个肯定的结论，这结论是："一切《清明上河图》和《金瓶梅》的故事涉及王世贞的，都出于捏造，不足置信。"

作此文后的一年中，无意中又发现了一些零碎资料足以证实和补充我所下的三个关于《清明上河图》和《金瓶梅》的故事的论断的，因原文已发表，无法补充进去，特补记于此。

在前文中，曾引钱谦益《初学集》卷八十五《记清明上河图》卷一跋，推知《清明上河图》在明代收藏家的经历是：

（1）李东阳家藏

（2）流传吴中

（3）归严嵩

（4）籍没入御府

所谓"流传吴中"一阶段，据文嘉《钤山堂书画记》的记载，这图的沿革是：

（1）宜兴徐氏（溥）

（2）西涯李氏（东阳）

（3）陈湖陆氏

（4）昆山顾氏

（5）钤山堂严氏

（6）籍没归御府

按田艺蘅《留青日札》严嵩条记嘉靖四十四年八月抄没清单有："石刻法帖三百五十八册轴，古今名画缂刻丝纳纱纸金绣手卷册共三千二百零一轴。内有……宋张择端《清明上河图》……乃苏州陆氏物，以千二百金购之，才得其赝本，卒破数十家，其祸皆成于王彪汤九张四辈，可谓尤物害民。"

此条记载极关重要，他所告诉我们的是：

（1）《清明上河图》乃苏州陆氏物。

（2）其人以千二百金向购，才得赝本，卒破数十家。

（3）诸家记载中之汤裱褙或汤生行九，其同恶为严氏鹰犬者有王彪张四诸人。

考陈湖距吴县三十里，属苏州，田氏所记之苏州陆氏当即为文氏所记之陈湖陆氏无疑，第二点所指明的也和文氏所记吻合。由苏州陆氏到昆山顾氏的渊源，据《钤山堂书画记》："陆氏子负官缗，质于昆山顾氏。"两书所说相同，当属可信。所谓昆山顾氏，考《昆新两县合志》卷二《顾梦圭》传：

> 顾懋宏字靖甫，初名寿，一字茂俭，潜孙，梦圭子。十三补诸生，才高气豪，以口过被祸下狱，事白而家壁立，依从父梦羽蕲州官舍，用蕲籍再为诸生。寻东还，游太学，举万历戊子乡荐，授休宁教谕，迁南国子学录，终莒州知州，自劾免。筑室东郊外，植梅数十株，吟啸以老。

按梦圭为嘉靖癸未（1523A.D.）进士，官至江西布政使。他家世代做官，为昆山大族。其子懋宏十三补诸生。嘉靖四十一年（1562A.D.）五月严嵩事败下狱，四十四年三月严世蕃伏诛，严氏当国数十年，时代恰与顾懋宏相当。我疑心传中所谓“以口过被祸下狱，事白而家壁立”一段隐约的记载，即指《清明上河图》事。假使这一推测是不错的话，那这一段故事的解释便不难迎刃而解了。

在以上所引的各家记载中，所可注意的是“赝本”问题，王世贞《四部稿·〈清明上河图〉二跋》明说他所见的有两个真赝不同的本子。赝本为吴人黄彪造，当即《留青日札》所说的王彪，黄王或为传闻之讹。和田氏所记恰合。由此可证在《清明上河图》的历史沿革中，确曾有过“——权相出死力购以千二百金得之，才得其赝本，卒破数十家”一段悲惨的故事在。这一悲剧的主人公或为顾懋宏（?）丑角是汤九，净角是严氏父子。由是知明清诸记载均不为无根，不过他们硬要把这故事加在王忬父子头上，使悲剧的气味更加浓厚，主角更有精彩，张冠李戴，骗了这几百年来的读者罢了。

王世贞跋中所说的张著杨准二跋，见孙凤《孙氏书画钞》，张跋详述张择端之名号仕履，可补世贞二跋之不足。杨跋历叙这图的沿革和内容，也可和李东阳《题清明上河图》一诗互相发明。迻录如下：

> 翰林张择端，字正道，东武人也。幼读书游学于京师。后习绘事；本工其界画，尤嗜于舟车市桥郭径，别成家数也。按《向氏评论图画记》云：“西湖争标图，清明上河图，选入神品。”藏者宜宝之。大定丙午清明后一日燕山张著跋。

杨跋所记官匠私易真本售于贵官某氏和陈氏因窘急售图于杨氏二事，恰将二百年后的事迹作一引子，这也是一桩巧事。杨跋云：

> 右故宋翰林张择端所画《清明上河图》，金大定间燕山张著跋云《向氏书画记》所谓选入神品者是也。我元至正之辛卯，准寓蓟日久，稍访求古今名笔以新耳目；会有以兹图见喻者，且云图初留秘府，后为官匠装池者以似本易去，而售于贵官某氏。某后守真定，主藏者复私之以鬻于武林陈某，陈得之且数年，坐他事稍窘急，又闻守且归，恐遂速祸怨，思欲密付诸贤士君子，准闻语即倾橐购之，盖生平癖好在是也。
>
> 卷前有徽庙标题，后有亡金诸老诗若干首，私印之杂识于

> 诗后者若干枚。其位置若城郭桥市屋庐之远近高下，草树马牛驴驼之小大出没，以及居者行者舟车之住返先后，皆曲尽其意而莫可数计，盖汴京盛时伟观也……至正壬辰九月望日西昌玉华素士杨准跋，字公平。

以上所引述的都属于此图未归钤山堂严氏以前的沿革，关于被籍没以后的踪迹，王世贞《觚不觚录》说：

> 分宜当国而子世蕃挟以行黩，天下之金玉宝货无所不致。其最后始及法书名画，盖以免俗且斗侈耳。而至其所欲得，往往假总督抚按之势以胁之，至有破家殒命者，而价亦骤长。
>
> 分宜败什九入天府，后复佚出大半，入朱忠僖家，朱好之甚，豪夺巧取，所蓄之富几与分宜埒。后殁而其最精者十二归江陵，江陵受他馈遗亦如之，然不能当分宜之半，计今籍矣。

由此可知《钤山堂书画记》所登录入御府的书画，后又大半散出。钱谦益未读《觚不觚录》，以为："袁州籍没后已归御府，今何自复流传人间？"未敢信嘉禾谭梁生所携图为真，作跋以求正于博雅君子，也可说是少见多怪了。

假使把《清明上河图》在这五百年中的经历，概括的叙述一下，可列成授受系统表如下：

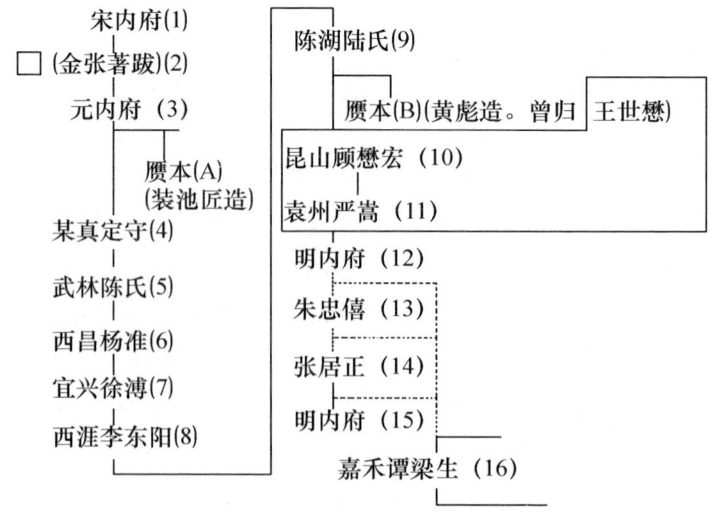

关于《金瓶梅》的作者，清礼亲王昭梿曾就消极方面证明非王世贞所作，他说：

> 《金瓶梅》其淫亵不待言。至叙宋代事，除《水浒》所有外，俱不能得其要领，以宋明二代官名羼杂其间，最属可笑。是人尚未见商辂《宋元通鉴》者，无论宋金正史！弇州山人何至谫陋若是，必为赝作无疑也。①

作小说虽不一定要事根据史实，不过假如是一个以史学名家的学者作的小说，纵使下笔十分不经意，也不至于荒谬到如昭梿所讥。王世贞在当时学者中最称博雅。时人多以有史识史才许之，他自身亦以此自负。且毕生从事著述，卷帙之富为前所未有，多为后来修史及研究明代掌故者所取材。假使是他做的，真的如昭梿所说："何至谫陋若是！"不过昭梿以为《金瓶梅》是赝作，这却错了。因为以《金瓶梅》为王世贞作的都是后来一般造谣生事的著作家，《金瓶梅》的作者从未自身声明过著作的所有权，在《金瓶梅》的本文中除掉应用历史上的背景来描写当时的市井社会——一般资产阶级的放纵的生活以外，也丝毫找不出有作者的什么本身的暗示存在着。作者既未冒王世贞的名字，来增高他的著述的声价，硬说他是赝作，岂不太冤？

综合以上所说的，我的结论是：

(1)《清明上河图》的故事和王世贞无关。由原来的昆山顾懋宏(?)和严家对抗的动人的悲剧，被后入附会成王家的故事。

(2)《金瓶梅》非王世贞作。

一九三二，四，五日于北平西郊

(原载《清华周刊》，第三十七卷第九、十期，1932年5月7日)

① 《啸亭续录》二。

明正德本《李征伯存稿》跋尾

《李征伯存稿》十三卷，明李兆先撰。兆先字征伯，号领庵，大学士文正公子，生成化十一年乙未，卒弘治十四年辛酉（1475—1501），年仅二十有七。事迹具详卷末东阳所为志中。

集凡十三卷，前十一卷为诗赋杂文，第十二卷为东行稿，至卷十三则墓志及同时人慰问之作也。是集之成，盖出征伯友人之手，据卷首弘治乙丑（1505）乔宇序："征伯既没，余悲其旧作散失，乃与二三同志图所以为不朽者……吾兄中书舍人本大与赵君训夫手录成帙，将锓梓以行。"卷末附有正德丁卯征伯妇翁潘辰跋一则。则自始辑以迄成书，历时盖三年矣（1505—1507）。

书页十行，行二十字，版心刻有李征伯存稿卷之几一行。卷一首页有"绳斋"——（或为绳绳斋）——及"衍圣公私印"二朱章。按本书卷十二东行稿中印有天津道中奉和圣公韵、奉和圣公登舟之作、奉和圣公新桥驿之作、奉和圣公过德州之作、留别知德题知德扇诸什。其《述菑赋》：序中"庚申八月（1500A. D.）云阳李生兆先归其妹于阙里，遂获瞻拜遗址。"盖衍圣公为兆先妹倩，东游则送妹于归也。考《阙里广志》卷二世系表：

闻韶　弘治十六年袭封（1482—1546）

六十二代闻韶字知德，弘绪长子。

卷十二有嘉靖十九年赠衍圣公孔闻韶妻李氏为夫人制，卷二十严嵩撰衍圣公可亭孔公墓志铭："……祖讳弘绪：考讳闻韶俱袭封衍圣公，祖妣李氏，太师文达公女，前妣李氏，太师文正公女。"是则知德为闻韶字，绳斋则其别号，或孔氏世传藏书之府也。第闻韶以十六年袭封，征伯不应于前三年预称为圣公？此盖诗中所称为圣公者闻韶父弘绪，称知德者闻韶也。是时盖圣公父子入都述职，兆先则乘孔父子之东归，伴行兼以送妹也。征伯以次年短命死，其友二乔赵训夫等为辑梓其遗集，成书后闻韶得庋其一，四百年中，辗转流传，迄归本馆，亦可宝矣。”

原书无卷目，此本卷首附有：“嘉庆三年戊午秋八月廿九庚申寒露抄，李征伯存稿目”六纸。字迹苍老，惜无题识，不能定为何人所录，致足惜也。一九三一，一，三，十，读后跋于编考室。

《绿野仙踪》的作者
——梧轩杂记之一

《绿野仙踪》这部书，向来不知道是谁人所作，坊刻本（光乙未集谊堂校刊本）有两篇不具名氏的序，第二序中有一句话提到作者："余于甲申岁六月得见吾友百川《绿野仙踪》八十回。"可是只是光脑儿一个名字，到底不知道是谁，序文又无年月，连这位无姓名的百川先生是哪一个时代人也不知道。民元上海书局石印本卷首有侯陶二序具年月姓氏，惟文中仍删去，作者名字，使人茫然。

今夏偶得见一旧抄本，卷首有自序一首，后有坊刻本所收二序，始知作者为李百川，第一序为山阴陶家鹤作，第二序为洞庭侯定超作，陶序成于乾隆二十九年，侯序成于乾隆三十六年。其自序自述作此书之经过云：

> 余家居时最爱谈鬼，每于灯清夜永际，必约同诸友，共话新奇，助酒阵诗坛之乐，后缘生计日蹙，移居乡塾，殊歉嫌固陋寡闻（按嫌字疑衍），随广觅稗官野史为稍迁岁月计，奈薰犹杂糅，俱堪喷饭，后读情史说邪艳异等类数十余部，较前所寓目者似耐咀嚼，然仰板衣褶，究非荡心骇目之文，继得江海幽通九天法箓诸传，始信大界中真有奇书，余彼时亦欲破空捣虚，做一百鬼记，因思一鬼定须一事，若事事相连，鬼鬼相遇，描神画吻，较施耐庵《水浒》更费经营，且拆袜之才，自知线短，如心头触胶盆，学犬之牢牢，鸡之角角，徒为观者姗笑无味也。旋因同志怂恿，余亦心动久之。未几迭遭变故，遂无暇及此，丙寅又代人借四千余金，累岁破产弥缝，仅偿其半，癸酉携家存旧物，还货扬州，冀可璧归赵氏，做一潇洒贫儿，无如洪崖

作祟（按祟当作祟），致令古董涅萦，若非余谷家叔宦游盐城，恃以居停糊口，余宁仅漂泊陌路耶！居盐两月，即为竖所苦，百药罔救，家叔知余聚散萦怀，于是岁秋七月奉委入都之前二日，再四嘱余著书自娱，余意著书非周流典坟，博瞻词章者未易下笔，勉强效颦，是无翼而学飞也，转思人过三十，何事不有，逝者如斯，惟生者徒戚耳，苟不寻一少延残喘之路，与兴噎废食者何殊？况岷峦绝巘，积石可成，飞流悬瀑，积水可成，诗赋古作固不可冒昧结撰，如小说二字，千手雷同，尚可捕风捉影，攒簇纻染而成者也。又虑灰线草蛇，莫非衅窦，以穷愁潦倒之人，握一寸毛锥，特闻幽踪，则祢衡之骂，势必笔代三挝，不惟取怨于人，亦且损德于己，每作此想，兴即冰释。然余书中若男若妇，已无时刻，不目有所见，耳有所闻于饮食魂梦间矣。冬十一月就医扬州，旅邸萧瑟，颇愁长夜，于是草创三十回，名曰《绿野仙踪》，付同寓读之，多谬邀许可，丙子余同祖弟说严授直隶辽州牧，专役相迓至彼九阅月仅增益二十一回，戊寅舍弟丁母艰，余羞回故里，从此风尘南北，日与朱门作马牛，劳劳数年，于余书未遑及及也。辛巳有梁州之役，途次又勉成数回。壬午抵豫，始得苟且告完，污纸秽墨，亦自觉鲜良（二字疑误）极矣。总缘蓬行异域，无可遣愁，乃作此呕吐生活耳。昔更生述松子奇踪，抱扑著壶公逸事，余于列化传内添一额外神仙，为修道之士悬拟指南，未尝非吕纯阳欲渡尽众生之意也。至于章法句法字法有无工拙，一任世人唾之骂之已尔，夫竹头木肩，尚同杞梓之牧，马渤牛溲，并佐参苓之用，余一百回中，或有一二可解观者之颐，不致视为目丁喉刺，余荣幸宁有极哉！（金陵周竹蹊先生言说部百无一二自叙者，况下已有侯陶二公序文，宜删宜删，故从其说。）

据序下小注知道此序之所以不见收于坊刻本，是周竹蹊劝他删掉的，书为乌丝栏写本，序半页八行，行十六字，正文半页九行，行二十五字，鱼尾上刊“绿野仙踪”四字。抄写多有误字，知非原稿本，卷首画像极工，冷于水作长须道人，与坊刻之作美秀少年者不同，他像亦皆不俗有意趣。纸已陈旧破烂，触手即灰，虽然不是原稿本，不过也不会是乾隆以后所传抄的。

在抄本陶序："余于甲申岁二月得见吾友百川《绿野仙踪》一百回"。坊刻删去李字，又节成八十回，就使我们这些年来都茫然于这书作者的姓氏而无可究诘。

从这一篇幸未被删的自序中，可钩稽出下列事迹：

（1）作者为李百川，生平潦倒，不甚得意，三十岁前家尚小康，乾隆十一年（1746）为了替朋友借四千金的赔累破产，以后从人作幕，足迹遍豫晋诸省。

（2）作者一叔字余谷在盐城作官（1753），一族弟号说岩乾隆二十一年（1756）官辽州知州，友人陶家鹤是绍兴人，侯定超是洞庭人，周竹蹊是南京人，据序中言："癸酉携家存旧物远货扬州。"和他友人的籍贯一印证，则作者之为江南人可决。由他的朋友关系推测，他的籍贯决不会出江浙二省外。

（3）作者言："年过三十"始著是书，假定他是在三十四五时写这书的，则应生于康熙五十八年左右（1719—），乾隆二十年成书，时年四十四五。

据序可作一作者生世简谱如下：

康熙五十八年（1719）	作者生？
………………	读江海幽通九天法箓诸传，拟作一百鬼记，未就。
………………	迭遭变故。
乾隆十一年（1746）	代人借四千余金赔累，破产弥缝，仅得其半。
乾隆十八年（1753）	携家藏旧物，远货扬州，落魄往盐城依叔余谷，居两月卧病，七月余谷奉委入都，嘱其著书自娱。十一月就医扬州，旅邸无聊，始作《绿野仙踪》，成三十回。
乾隆二十一年（1756）	同祖弟说岩官辽州知州，遣人相

	迓，居辽州九阅月续成二十一回。
乾隆二十三年（1758）	说岩丁母艰回籍，作者自此游幕南北，数年中遂未著笔。
乾隆二十六年（1761）	有梁州之役，途次续成数回。
二十七年（1762）	游幕河南，全书撰成。
乾隆二十九年（1764）	二月《绿野仙踪》为其友山阴陶家鹤所见，为之作序。
乾隆三十六年（1771）	洞庭侯定超为作序。

目录后有一短跋，后题“虞大人前评”，大约这位大人，或者即是作者历年游幕中的东道主之一。正文前有一诗一词：

> 休将世态苦研求，大略悲欢静里求（求字误），泪尽谢翱心意冷，愁添潘岳梦魂羞。孟尝势败谁鸡狗？庄子才高亦马牛！追想令威鹤化语，每逢荒冢倍神游。

> 逐利趋名心力竭，客里风光又过些时节，握管灯前人忆别，泪痕点点无休歇，咫尺江天分楚越，目断神惊，应是此身绝，梦醒南柯头已雪，晓风吹落西沉月。——右调蝶恋花

揆其语气，当即作者自悼身世之词。

此本比通行本多二十回，现把两本回目并列于后①：

	光绪乙未集谊堂本	百回写本	
1.	陆都管转孤忠功主	……辅孤………	(1)
	冷于冰下第产麟儿	…………………	
2.	做寿文才传俭士口	…………………	(2)
	充幕友身入宰相家	…………………	
3.	议赈疏口角出严府	…………………	(3)
	失榜首灰心守故乡	…………………	

---

① 集谊本回目数字不用括弧，百回写本用（ ），集谊本回目为百回写本所同者用……表明之，其同有而回数相隔远者以数字表明之，如41（50）即集谊本之第四十一回为百回写本之第五十回之意。他仿此。

4. 割白镪旅舍恤寒士	……………………（4）
洒血泪市曹矜忠良	易素服官署哭恩师
5. 惊死亡永矢修行志	……………………（5）
嘱妻子割断恋家心	………断割………
6. 走荆棘幸脱卧虎口	柳国宾都门寻故主（6）
评诗赋大失腐儒心	冷于冰深山过大虫
7. 泰山庙于冰打死儿	走荆棘投宿村学社（7）
八里铺侠客赶书生	评诗赋得罪老腐儒
8. 吐真情结义连城璧	太山庙于冰打女鬼（8）
设假局欺骗冷于冰	八里铺侠客赶书生
9. 冷于冰食秽吞丹药	吐真情义结连城璧（9）
火龙氏传法赐雷珠	设假局欺骗冷于冰
10. 仗仙剑柳社收厉鬼	冷于冰食秽吞丹药（10）
试雷珠佛院诛妖狐	火龙氏传法赐雷珠
11. 桃仙客龙山烧恶怪	仗仙剑柳社收厉鬼（11）
冷于冰玉洞降猿精	试雷珠佛院诛妖狐
12. 韩铁头大闹泰安州	桃仙客龙山烧恶怪（12）
连城璧被擒山神庙	冷于冰玉洞焚神香
13. 救难友州官遭戏谑	韩城头大闹泰安州（13）
医刑伤城璧走他乡	连城璧被擒山神庙
14. 金不换扫榻留城璧	救难友州官遭戏谑（14）
冷于冰回家探妻儿	医刑伤城璧走他乡
15. 别契友凤岭逢木女	……………………14（15）
斩妖鼋川江救行商	………………………
16. 杜夫人刎颈全大节	别契友鹤………（16）15
朱公子倾囊助多金	…………客………
17. 丧心兄弃弟归故里	请庸医文魁毒病父（17）
长舌妇劝姒过别船	索卖契淑女入囚牢
18. 入憨局输钱卖弟妇	骂贱奴刎颈全大义（18）
引强盗破产失娇妻	赠烈妇倾囊助多金

19.	悔前愆弃妇思寻弟 拯极厄救夫又保妻	兄归乡胞弟成乞丐 婶守志亲嫂作媒人	（19）	
20.	金不换闻风赠路费 连城璧拒捕战官兵	…………………… ……………………	（20）	
21.	信访查知府开生路 住怀仁不换续妻房	…………………… ……………………	（21）	
22.	断离思不换遭刑杖 跳运河沈襄得义财	…………………… 跳运河沈襄得外财	（22）	
23.	救难裔月夜杀解役 请仙姬谈笑打权奸	入赌局输钱卖弟妇 引大盗破产失娇妻	（23）	
24.	埋骨骸巧遇生死友 设重险聊试道中人	恤贫儿二士趋生路 送贞妇两鬼保平安	（24）	
25.	会盟兄喜随新官任 入贼巢羞见被劫妻	出祖居文魁思寻弟 见家书卜氏喜留宾	（25）	
26.	闻叛逆于冰随征旅 论战守文炜说军机	救难裔黑夜杀解役 请仙女谈笑打权奸	（26）	
27.	克永城阵擒师尚义 出夏邑法败伪神师	埋骨骸巧遇金不换 出重险聊试道中人	（27）	
28.	易军门邦辅颁新令 败管翼贼妇大交兵	会盟兄喜随新官佐 入贼巢羞见被劫妻	（28）	
29.	斩金花于冰归泰狱 杀大雄殷氏出贼巢	返虞城痛惜亲骨肉 回怀庆欣遇旧知交	（29）	
30.	囚军营手足重完聚 试降书将帅各成功	闻叛逆于冰随征旅 论战守文炜说军机	（30）	
31.	沐皇恩文武双得意 搬家眷夫妇两团圆	…………………… ……………………	（31）	27
32.	连城璧盟心出古洞 温如玉破产出州牢	…………………… ……………………	（32）	28
33.	冷于冰施法劫贪吏 猿不邪采药寄仙书	斩金花于冰归泰岳 杀大雄殷氏出樊笼	（33）	

49.	嗅腥风力华寻妖物 伏神针桥畔得天书	抱不平萧麻训妓女 打怨鼓金姐恨何郎	(49)	
50.	温如玉时穷寻旧友 冷于冰得道激天罡	传情书帮闲学说客 入欲网痴子听神龟	(50)	41
51.	指前程惠爱林公子 渡远津矜全温如玉	…………………… ……………………	(51)	42
52.	买衣米冷遇不平事 拔胡须辱挫作恶儿	…………………… ……………………	(52)	43
53.	访妖仙误逢狐大姐 传道术收认女门生	萧麻子想钱卖册页 挡人碑装醉闹花房	(53)	
54.	温如玉游山逢蟒妇 朱文炜催战失佥都	…………………… ……………………	(54)	44
55.	寄私书一纸通倭寇 冒军功数语杀张经	爱才郎金姐贴财物 别怨女如玉下科场	(55)	45
56.	结婚姻郎舅图奸党 损兵将主仆被贼欺	…………………… ……………………	(56)	46
57.	议参疏一朝膺宠命 举贤良两镇各勒王	郑龟婆闲唆拼性命 苗秃子惧祸弃家私	(57)	
58.	读火牌文华心恐惧 问贼情大猷出奇谋	投书字如玉趋州署 起赃银思敬入囚牢	(58)	
59.	剿倭寇三帅成伟绩 斩文华四海庆升平	…………………… ……………………	(59)	47
60.	叶体仁席间荐内第 周小官窗下戏娇娘	…………………… ……………………	(60)	48
61.	买书房义儿认义母 谢礼物干妹拜干哥	臭腥风庙外追邪气 提木剑云中斩妖奴	(61)	
62.	跳墙头男女欣欢会 角醋口夫妇怒分居	掷飞针刺瞎妖鱼目 倩神雷拣得玉匣书	(62)	
63.	阻佳期奸奴学骗马 题姻好巧妇鼓簧唇	…………………… ……………………	(63)	50

……………………（94）74
……………………张华
做媒人苗秃贪私贿（95）
娶孀妇如玉受官刑
……………………（96）
……………………
……………………（97）77
……………………
……………………（98）78
……………………
……………………（99）79
……………………
……………………（100）80

自西元1762《绿野仙踪》成书以后，中间经过百数十年很冷落地不为文人学者所重视。直到最近，方始被人赏识，鲁迅《小说旧闻钞·杂说》页一四一引小说小话述及此书云：

> 盖神怪小说而点缀以历史者也。其叙神仙之变化飞升，多未经人道语。而以大盗，浪子，猿，狐为道器，其愤尤深。烧丹一节，虽以唐小说中杜子春传为蓝本，而能别出机杼，且合之近日催眠学家所实验者，固确有此理，非若女仙外史之好强作解事而实毫无根据者比也。唯平倭一节，诋胡梅林（宗宪）不留余地，不知何意？梅林将业，虽不足观，然功队尚足相掩，在当时节镇中不可谓非佼佼者，正未容一笔抹杀也。相如江陵（张居正），将如梅林，而明人小说中每痛毁之，盖必别有不满意于当时社会者在焉。

郑振铎氏尤备致推许，在他的《文学大纲·十八世纪的中国文学》上说：

> 《红楼梦》与《儒林外史》俱为写现时社会的小说，人物也多是实在的。《绿野仙踪》则一反之，专写怪幻的神仙异迹，然

其笔墨之横恣可爱，却使人决不至以其荒唐无稽而弃之。《绿野仙踪》凡八十回，作者仅知为百川而不知其真姓名，成书之时则在乾隆二十九年（1764）。书中之主人翁为冷于冰，叙他修道隆怪诸奇迹，并叙其弟子温如玉连城璧金不换猿不邪诸人事，也诸极神奇变幻之致。全书最可爱的地方，乃在：

(1) 首数回叙冷于冰为严嵩客，见不惯那势利的官场，又看着忠臣杨继盛的被杀，觉着富贵功名都为飘风疾雨，因决心去修道。作者写龌龊之官场，虽不过寥寥的二回，却已可抵得南亭亭长之《官场现形记》一部，第四回叙杨继盛之死，极为动人，远胜于《鸣凤记》及《表忠记》诸剧本。

(2) 全书中叙温如玉嫖妓受欺，作者在那里把妓院的情景写得极真切，一切假情的妓女，爱钱的鸨儿，帮闲的食客，个个都写得生动异常。《花月痕》中把妓女写得太高尚了，未必是真实的人物，这书里的金钟儿玉磬儿却是真实的人，我们随时可以遇到的。较之一般所谓"青楼小说"之《九尾龟》之流，作者所写，只有更真实。

(3) 最后数回，叙诸弟子各入幻境，历受诱惑，作者确是用着大力量，写得异常的紧张，能使读者迷惑而随了他们入那幻境，直至最后才突然的明白。

批评得很是确当。可惜他们所见的都是仅有全书五分之四的坊刻八十回本，在原来的百回本中，从第六十四回至七十回温如玉梦游南柯一段，虽其旨义因袭唐人，而其倜傥俶佹，精警突兀则有过之无不及，真可谓"青出于蓝"。第五十三回："萧麻子想钱卖册页；挡人碑装醉闹花房"为流氓篾片的生活、行为，却恰到好处。第八十八回"读圣经贡生逐邪气"写念八股死书的齐贡生栩栩生动，一些好文章都被坊刻删去了，这真是本书的厄运！

书中述明代史实如师尚诏之乱，严嵩父子弄权，戚继光俞大猷之平倭，杨继盛张经李天宠之屈死，赵文华胡宗宪之趋附严氏，邹应龙林润之因袁太监内应疏效严氏，一一皆据《明史》各传及当时人撰述，无甚增减。其体裁以可靠之史实为经，以描写官场、市井琐事、社会情态，及盗贼、猿狐、鄙夫、狎客、武人、迂儒、妓女等人物之各个个性行动为纬，虚实相兼，而尤寄慨于言外，如书中叙身属官裔士夫阶级之温如玉始终不悟，屡入歧途，历数劫始成正果（温如玉结局八十回本被删改，大失原意），另一面则极力描述一猿一狐之勇猛精进，与大盗出身之连城璧之义侠精神，农人出身之金不换之朴诚敦实，于无意中暴露小资产阶级之劣根性，渲染尽情。在神怪、历史小说的成功以外，也是一部值得读的社会小说。

本书作者李百川的生平概略，虽然我们已从他自己的序文中得知梗概。可是他的正名，籍贯，卒年，其他事迹却无可稽征。考坊刻本之“洒血泪市曹矜忠良”一回，百回本作：“易素服官署哭恩师”，此段描写最卖力，然不见于百回本，由此可知此本尚非定本，这一回的改插当在西元1762以后，坊刻本当由后出之定本删节行世。据序谓一叔余谷官盐城，检《淮安府志·职官志》乾隆十八年左右无李姓仕宦，大概系佐贰杂职，所以不见仕履。次据“乾隆二十一年同祖弟说岩官辽州知州”一事，我们只要能找出李说岩的履历或小传，则一切问题都可迎刃而解，不幸查了光绪十八年重修的《山西通志·职官谱》，所收职官只限道府以上，知州以下绝不著录。辽州《直隶州志》据所知又只有康熙十二年和雍正十一年所修的两种，时代都在李百川以前，不能给我们以什么启示。这真是一个极大的不幸，尤其是对于作者，我们只能空洞地奉以敬意，而不能作详尽的论列。我们盼望将来能找到一部乾嘉后重修的辽州志，使这位已被湮没了百年的作家重新和我们握手。

（原载《清华周刊》，第三十六卷第十一期，1932年1月）

《梅龙镇》本事考
——梧轩杂记之二

京剧中最脍炙人口之《游龙戏凤》一折，确本之坊间小说《正德下江南》一书。昨晚校中曲学部公演剧目有此一折，同学有举以相质者，或疑为子虚乌有，或疑为武宗虽荒淫当不至过甚若是，或则以为出于曲人附会，无足置信，聚讼纷纭，莫衷一是。用特检校旧文，举其所自。手头无书，不复广事征引，但记所忆，决此疑案云。五月二十五日于二院。

忆儿时癖嗜小说，但求恣意浏览，不复有所省择，所寓目中有《正德下江南》一种，记明武宗事。大意谓武宗私行江南，悦一酒家女，便成婚媾。约回朝后征取，以随身物为信。后忽遗此信物，此酒家女亦以久不见迎，郁郁而卒。迨后武宗省记，敕使往迎，则已无及矣。此事大略梗概如是，不读坊间小说已十余年矣，亦不复能记其详也。文辞结构虽粗陋散漫，无足观。然颇不落一般团圆小说窠臼。京剧《梅龙镇》一剧，即取材于是书也。

按武宗冶游事迹，具见实录，清修明史，局于“不忍斥言人主之过”，凡实录所载诸事，皆删不录。清儒毛奇龄尝辑史臣所弃，总会实录之文，成《武宗外记》一书。其中所记乐工杨腾妻刘氏一事，与小说及京剧合，疑小说取材于实录，京剧《梅龙镇》复衍小说成文也。约举其文如次：

> 正德十三年四月。初上驻偏头时，大索女乐于太原，偶于众妓中，遇见色姣而善讴者拔取之。询其籍，本乐户刘良之女，晋府乐工杨腾妻也。赐与之饮，试其技，大悦。后自榆林还，再召之，遂载以归。至是随行在，宠冠诸女，称美人。饮食起

居必与偕，左右或触上怒，阴求之，辄一笑而解。江彬诸近侍，皆母呼之曰刘娘娘云。

宸濠反，上南征，移刘美人居通州，约上先行而后迎美人以从。临行，美人脱一簪请上佩之，且令迎者执为信，过芦沟上驰马失簪，大索数日不得去。及至临清，上遣迎美人，美人曰："非信不敢行。"上乃独乘舸晨夜疾行至张家湾亲迎之，并载而南。当发临清时，内外从官无知者，既而始觉，然追不能及。

十四年十二月，上自以数骑猎扬州城西，遂幸上方寺。自此数出猎，大扰，赖刘姬谏而止。

上挟刘姬遍幸诸佛寺，敕绣大旛幢盖及佛幔经帘等遍刺威武大将军镇国公某与夫人刘氏施用。

武宗饮酒家宿妓事，《实录》云：

尝游宝和店，令内侍出所储摊门，身衣估人衣，首戴瓜拉。自宝和至宝延凡六店，历与贸易，持簿算，喧不相下，别令作市正调和之。拥至廊下家，廊下家者中官住永巷卖酒家也，筝篥琵琶嘈嘈然，坐当垆妇于其中，杂出牵衣蜂簇而入。濩茶之顷，周历诸家，凡市戏跳猿鬁马斗鸡逐犬，所至环集。且实官人于勾栏，扮演侑酒，醉即宿其处，如是累日。尝夜微行至教坊司，观诸乐所用器物。

自十二年私自巡行后，自后无岁不往宣府，营建镇国府第，间出居之，乐而忘归。《实录》记其时行动谓：

每夜行见高屋大房，即驰入，或索饮，或搜其妇女，居民苦之。凡车驾所至，近侍先掠良家女以充幸御，至数十车，在道日有死者，左右不敢闻，且令有司饩廪之，别具女衣首饰为赏赉，远近骚动，所经多逃亡，上不知也。

南巡举止，且较此更为荒唐：

十二月朔至扬州。太监吴经①矫上意刷处女寡妇，民间汹

① 按吴经，王世贞《国朝丛记》作于经，见《香山碧云寺》条。

汹，有女家掠寡男配偶，一夕殆尽。乘夜夺门出逃匿，门者不能止。经乃密觇寡妇及娼优家，夜半遣数骑促开城，传呼驾至，令通衢燃烛，光如昼。经乃率官校径入所知家，捽诸妇出，有匿者破垣毁屋，必搜得乃已，无一脱者。

哭声震远近。寻以诸妇分寄尼寺住，有愤恚不食死者。

即在平时巡幸，亦专事抢掠良家妇女，《实录》云：

工部浣衣局所养妇女甚伙，岁用柴炭至十万斤，今请再增给，许之，以是时巡幸所过，其阅选妇女，多留浣衣局故也。

由以上所记观之，则小说及《梅龙镇》所记武宗之调情猎艳，不过纨绔行径，与此之无法无天，凭藉势位，鱼肉百姓，穷凶极欲之罪恶，固犹有间也。专制帝王之淫威乃至如是！

（原载《清华周刊》，第三十七卷第十二期，1932年5月）

香山碧云寺
——梧轩杂记之三

王世贞《国朝丛记》："余始游香山碧云寺，怪其瑰壮靡丽之极，而不知所创者何人，后知其人为手经，大珰也，而不谓财力之饶裕若此，及考正德时事尽得之。经始为御马监太监，以便给得幸上，请赠父泰为锦衣卫都指挥史，母王氏夫人，赠祠额护敕。复导上于通州张家湾等确商要舟车之税，极为苛悉，岁入银八万之外，即以自饱，斥其余羡为寺于香山，而立冢城于后，所费金以万万计，上亦幸幸焉。故为之赐额及敕。而经后随上南幸，其宠亚于诸贵，会上得疾久，多所，恚恶，一日忽厌经而逐之，尽革其官与所赐蟒玉，使辫发从小珰受翰林师教诲。及嘉靖立，下狱瘦死，籍其家。"——《弇州史料后集》三十二。

（原载《清华周刊》，第三十七卷第十二期，1932年5月）

《今古奇观》
——梧轩杂记之四

《倒运汉巧遇洞庭红》一则，出周玄暐《泾林续记》，录如下：

闽广奸商，惯习通番，每一舶推豪富者为主，中载重货，各以己资市物往，牟利恒百余倍。有苏和本微不能置贵重物，见福橘每百价五分，遂多市之，至泊处，用碟四十各盛四橘，布舶面上。夷人登舟竞取而食，食竟后取置袖中，每碟酬银钱一文，苏意嫌少，夷后增一文，所得殆万钱，每钱重一钱余，盖已千金矣，舟归遇风，泊山岛下。随众登陆间行，至山坳见草丛中有龟壳如小舟，长丈许。苏心动，倩人舁至舶上，众大笑，谓安用此枯骨为。苏不服，日夜坐卧其内。及抵岸，主人出速客，置酒高会，苏摈居末席，明晨，主人发单，令诸商务疏其货，明珠翠羽，犀象瑶珍，种种异品，炫耀夺目，苏愧怯逊谢曰："货微不足录也。"主人按单细观毕曰："店有识宝胡，夜来望船中奇光烛天，意必载希世异宝，今胡寥寥乃尔，岂诸君故秘之耶?"众逊谢无有，主人询诘再三，众谢如初，主遂携胡同众登舶，逐舱检验，至舟尾得龟壳，惊曰："此大宝也，胡埋没于此!"即命人抬至店中藏密室中，更设盛筵，延苏置上席，且谢曰："君怀宝不炫，致令轻亵，幸勿见罪。"向者大贾悉列其下，众益不测，酒阑，主请值，苏见其郑重，漫答曰："一万。"主曰："市中无戏言，幸以实告!"苏嗫嚅，旁有黠者臾之曰："三万。"主视苏尚泯没，坚询之，漫曰："五万足矣。"胡商得定价喜甚，约次日交银，尽醉而散。凌晨已具银置堂中，如数交足，抬龟壳去，鼓舞不胜。众骇异，请于主曰："交易已成，决无悔理，第未审枯骨何异，而酬值若斯?”胡笑曰：“尔辈不识耳，此鼍龙遗蜕，非龟壳也。背有九节，各藏一珠，小者径寸，大者倍焉，光可照乘，每颗酬镒万，所酬未及一珠之半也。”众犹未信，胡遂求良工剖其首节，得珠果如所言，众始惊服。苏持银归，坐拟陶朱，不复航海矣。

按周玄玮字叔懋，一字缄吾，号天南逸史，万历丙戌进士，官云南道御史，事迹附《昆山县志·周复俊传》中。

（原载《清华周刊》，第三十七卷第十二期，1932年5月）

梧轩杂记十则

一、明初之旅舍

宋濂《宋学士文集·李疑传》云："金陵之俗，以逆旅为利。方旅至，授一室，仅可榻，俯以出入。晓钟动，起十治他事。遇夜始归息，盥濯水昏自具。然月责钱数千，否必诋诮致讼，或疾病辄遣出，病危气息尚属，且睊睊未瞑，弃之而数其赀。妇孕将产者以为不祥，摈不舍。其少息如此，非其情固然。地在辇毂车下，四方入至者众，其势致尔也。"

二、官民器用居室之制

《明太祖实录》卷一六九："洪武十七年十二月乙未，诏定官民居室器用之制：凡居室不得施重拱藻井重檐，惟楼居重檐不禁。庶民所居堂舍不过三间五架，不许斗拱綵色雕饰。酒注用锡，酒盏用银，余用磁漆。"

三、风流汉子

《明英宗实录》卷一三九："正统十一年三月癸未，大兴县知县马聪言：京城内外有造诸色伪银以给人者，贫民被其给，往往窘愤致死。又有号风流汉子者，专以赌博致钱，酬花酒者。或失意费无所出，遂去为盗。又有醉卧于道者，往往冻死，章下法司，造伪银者发充边卫军，赌博者运粮口外。”

四、太学之藏垢纳污

朱国桢《涌幢小品》十一：“郭明龙为祭酒，条陈雍政疏云：臣初试士，举人仅五七人，其文理优长，考在前列者尽选贡耳。向非选贡一途，太学几无文学矣。臣窃叹天下府州县学之士尽皆尽文，而太学之士乃半居写仿，又府州县学之士，不无以文理被黜而来，不无以行谊被黜而来，与夫商贾之挟重糈者，游士之猎厚藏者，皆得入焉。是古之太学，诸侯进其选士造士最优最上者贡之天子，而今之太学，郡邑以其被访被黜无文无行者纳之辟雍，良可叹也。”

郭左，刘幼安代之。余为司业。刘每叹曰，“成甚国学！朝廷设此骗局骗人几两银子，我为长，兄为副，亦可羞也。”

五、凤阳丐者

赵翼《陔余丛考》四十一：“江苏诸郡每岁必有凤阳人来，老幼男妇成行逐队，入村落间乞食，至明春二三月间始回。其唱歌则曰：家住庐州并凤阳，凤阳原是好地方，自从出了朱皇帝，十年倒有九年荒。以为被荒而逐食也。然年不荒亦来行乞如故，《蚓庵琐语》云：明太祖时徙苏、松、杭、嘉、湖富民十四万户以实凤阳，逃归者有禁，是以托丐潜回省墓探亲，遂习以成俗，至今不改。理或然也。”

六、明初之道俗教育

查东山《罪惟录》纪一：“洪武十三年九月，令耆老持木铎徇于乡，为六语率民于善。(六语为孝顺父母，尊敬长上，和睦乡里，教训子孙，各安生理，无作非为。) 岁州县选德行里老之人，赵京师陈说疾苦。又里置一鼓，农时击之，人之耦力田，惰者罪。”

七、燃　料

明代京师燃料，木与碳并用。丘濬《大学衍义补》云：“自立柴丁于易州以来，恒聚山东西北直隶数州民夫数千，于此取柴炭，以供国用。又役顺天之民以为挑柴夫，府县添设佐贰以专管之。又特敕侍郎或尚书一员以总督之。(以供大庖之爨，内臣之炊) 此事非特今朝无定制，而前代亦所未闻也。京城军民百万之家，皆以石煤代薪。”

八、山西乐户

《明英宗实录》四十三：“正统三年六月丙寅，巡抚河南山西行在兵部左侍郎于谦言：窃见山西人民多有乐户，男不耕种，女不纺织，淫漫成风。游食度日，不才官吏，往往呼使歌唱奸淫，因嘱公事，以毒良民。乞敕各处取勘，悉令为民，以给徭税。官吏宿娼者，依律黜罢，不许赎罪还职。从之。”

九、燕云四种人

谢肇淛《五杂俎》三论当时北京居民云：“燕云四种人多：奄竖多于缙绅，妇女多于男子，娼妓多于良家，乞丐多于商贾。”

十、万历末年之士风

顾宁人《亭林文集》五《富平李君墓志铭》："当万历之末，士子好新说，以庄列百家之言窜入经义。甚者合并老与儒为一，自谓千载绝学。"卷一《生员论》上："（士子）一得为生员，则免于编氓之役，不受侵于里胥，齿于衣冠，得以礼见官长，而无笞捶之辱。故今之愿为生员者，非必其慕功名也，保身家而已。人之情孰不为其身家者。故日夜求之，或至行关节，触法抵罪而不业者，其势然也。今之生员以关节得者十且七八矣。而又有武生奉祀生之属，无不以钱鬻之。"

（原载《清华周刊》，第四十五卷第十二期，1937年1月25日）

说《水浒传》
——《明史》札记之一

《少室山房类稿》七十五：歌者屡召不至，汪生狂发，据高坐，剧谈《水浒传》。奚童弹筝佐之，四席并倾，余赋一绝赏之：

琥珀蒲桃白玉缸，巫山红袖隔纱窗，
不知谁发汪伦兴？象板牙筹说宋江。

汪生行六，字仲嘉，汪道昆（伯玉）族弟。胡应麟于万历十九年（1591A. D.）入歙往访道昆，此诗即尔时作。据题谈《水浒传》而以象板牙筹弹筝佐之，则是说唱并重。由此可见《水浒传》在明季士大夫社会中流行之盛况。

（原载《清华周刊》，第三十七卷第一期，1932 年 2 月 27 日）

乌斯道传

——《明史》札记之二

《明史》卷二八五《赵壎传》附《乌斯道传》：傅恕字如心，鄞人，学通经史，与同郡乌斯道郑真皆有文名……斯道字继善，慈溪人……子缉亦善诗文，洪武四年举乡试第一，授临淮教谕，入见，赐之宴，赋诗称旨，除广信教授，自号荥阳外史。”检《明史稿》缉作熙，文下洪上有“真字千之”四字，与史不同。案《史》、《稿》两皆失之。考张时彻《宁波府志·文学传》：“斯道子熙光字缉之，为国子监丞，亦以诗人擅名。”《慈溪县志·文苑传》文同。是则“斯道子名熙光，字缉之”，《明史》作“缉”固误，《史稿》作熙亦误。《史稿》“真字千之”四字乃承上文郑真而言，下文所述具郑真事迹，熙光事迹只“子熙光亦善诗文”一句，《明史》落此四字，便尔张冠李戴，洪字下一段具成熙光事迹矣。

（原载《清华周刊》，第三十七卷第一期，1932年2月27日）

陈献章传

——《明史》札记之三

《明史》卷二八三《陈献章传》："献章……久之复游太学，祭酒邢让试和杨时《此日不再得诗》一篇，惊曰：'龟山不如也！'飏言于朝，以为真儒复出，由是名震京师。"一段文意不明。似和杨诗为邢让所作，与献章无与。按《明史稿》一六〇篇下惊上多"让得之"三字，则此诗为献章所和，让得之飏言于朝也。史文"试和"犹言令和，然意不明晰。据文意应作："久之复游太学，试和杨时《此日不再得诗》一篇，祭酒邢让得之惊曰：'龟山不如也！'"事实始不颠倒。

（原载《清华周刊》，第三十七卷第一期，1932年2月27日）

《日本图纂》

——《明史》札记之四

《四库总目》七八《史部·地理类存目》一："《日本图纂》一卷，明郑若曾撰……惟其言明太祖洪武二年命赵秩往谕其国，《明史》载在洪武三年。又言太宗十九年寇辽东，总兵刘江歼之于望海埚，《明史》载在永乐十七年，乃总督刘荣，非总兵刘江，均不合。然《明史》据《明实录》及国史不得有误。是书传闻未实也。"

按刘荣即刘江，《明史》卷七《成祖本纪》三："十七年六月戊子刘江歼倭寇于望海埚，封江广宁伯。"又卷一百五十五《刘江传》："刘荣宿迁人，初冒父名江，从起师靖难有功，以都督镇辽东……复充总兵官镇辽东，度形势于金线岛西北望海埚筑城堡，设烽候，严兵以待。十七年六月大败倭于望海埚，尽覆之。自是倭大创，不敢复入辽东，始更名荣……明年四月卒。"

更按之他明人记载，王士骐《皇明驭倭录》二："江初名荣，其父名江，隶燕山右护卫兵籍，有疾，荣代役，因冒父名，至是始复其初名。"则荣为本名，宦达后始复名，非更名也，《明史》微误。

方孔炤《全边略记》卷九："十七年六月辽东总兵刘江以捕倭捷闻。"诸书均言江官总兵，以都督镇辽东，非总督也。四库馆臣既引《明史》以正《日本图纂》时代之误，乃又浅尝辄止，即其本传亦未暇一检，妄致吹求，一何疏也！其歼倭者谓为总督刘荣，亦复未知何据。

（原载《清华周刊》，第三十七卷第二期，1932年3月5日）

钱牧斋之史学

——永宁札记之一

十年来专力治朱明史事，于明清二代学人著作中，最晨夕不去手者为王弇州《四部稿》，沈景倩《野获编》，钱牧斋《初学集》、《有学集》，全绍衣《鲒埼亭集》五书。四人于史学各有千秋，而以牧斋用力最勤，心境最苦，成就最大。所著《国初群雄事略》、《太祖实录辨证》二书，治明史者莫能废之。牧斋之人品姑存不论，今述其论史数文。

牧斋于时学极不满，以为有二病：一为俗学，一为自是。《有学集》三十八《答徐巨源书》云："末学之失，其病有二：一则蔽于俗学，二则误于自是。九经六艺，炳若丹青，律数小学，是有谱牒。今不为爬搔搜剔，溯本穷源，经学乱于蛙紫，史家杂于秕稗，众表竞指，百喙争鸣，苍耳蒺藜，胃之皆能刺足，鹿床鸟喙，食之便可腐肠。至今为梗，实繁有徒。故曰蔽于俗学。以挽近为准的，以讹谬为种性，胸中先有宿物，眼下自生光景，于是逞臆无稽，师心自用，章句聊尔，先已订其雌黄，旨趣茫然，便欲褰其疵类，斯则病在膏肓，魔入肺腑。牛羊之眼，但向一隅，蟪蛄之声，终违九里。孟子曰：'自以为是，而不与入尧舜之道'，良可愍也。故曰误于自是。此二者流俗之项背相望，而世之君子以斯文为己任者殆亦未能免也。"

于前代史学名彦，亦斥以为有三谬：一读史，二集史，三作史。《有学集》十七《赖古堂文选序》："史学之谬三：一曰读史之谬，目学耳食，踵温陵卓吾（李贽）之论断，而漫无折衷者也。二曰集史之谬，攘遗拾沉，仿毗陵荆川（唐顺之）之集录，而茫无勾贯者也。三曰作史之谬，不立长编，不起凡例，不谙典要，腐于南城（邓元锡《皇明书》），芜于南浔（朱国桢《大政记》），踳驳于晋江（何乔远《名山藏》），以至于盲瞽僭乱，蟪声而蚋鸣者皆是也。”

牧斋引国史为己任，其学与识又足以副之，白首求书，十三朝史料尽收腹笥；然居常致叹于史家之难，以为国史、家史、野史一无足征。《有学集》十四《启祯野乘序》：“史家之取征者有三：国史也，家史也，野史也，于斯三者核真伪，凿凿如金石然，然后可以据事迹定褒贬。而今则何如也？自丝纶之簿，左右史之记，起居召对之籍，化为煨烬，学士大夫各以己意为记注，凭几之言可以增损，造膝之语可以窜易，死君亡父，瞒天谰人，而国史伪。自史馆之实录，太常之谥议，琬琰献征之记载，委诸草莽。世臣子弟各以私家为掌故，执简之词不必登汗青，裂麻之奏不必闻朝著，飞头借面，欺生诬死，而家史伪。自贞元之朝士，天宝之父老，桑海之遗民，一一皆沉沦窜伏，委巷道路各以胸臆为信史，于是国故乱于朱紫，俗语流为丹青，循蟪蛄以寻声，佣水母以寄目，党枯仇朽杂出于市朝，求金索米公行其剽劫，才华之士不自贵重，高文大篇可以数缣邀取，鸿名伟伐可以一醉博易，而野史伪。”

其于明史以龙凤史迹无征，姑苏记载互异，非先集史料，排比互征，无以明真相。《初学集》卷九十：“明兴至嘉靖、万历之间，谈史者纷如矣。以郑端简（晓）之博雅，其论赞可比于陈寿，而才识远不逮于欧阳。又况于所谓侈谈故实者，其于史家之法概未有闻者乎！以二百五十余年之久，日历起居，因仍往事，輶轩上计，弗询郡国，一旦欲贯串掌故，网觌放失，盖已难矣。其尤难者则无甚于国初。秦楚之际，太史公有月表矣，系楚于秦，所以系汉于楚也。龙凤之于我明也，高皇帝未尝讳也，而载笔之臣讳之，今其事若有若无矣。即不必列之世家，亦当存以月表之法，而谁与证之？伪周之事，一时遗臣故老如陈基、王逢所记载，皆凿凿可据，而考之元史、国史，无论事实牴牾，即岁月亦且互异。基与修元史，非见闻异辞者也，而又谁正之？至于鄱阳代溺之事，青田牧竖之言，传讹增益，其诬皎然，而至今未有是正者也。生以为史未可轻言也，诚有意于史，则亦先定其史事而已。”

明初史迹，胡、蓝二狱尤所难言。《有学集》三十八《再答杜苍略书》："自弘、正以后，剽贼之学盛行，而知史学者或罕矣。震川（归有光）穷老而不遇，弇州（王世贞）衰老而自悔。居今之世，欲从事于百余年之史，非有命世之豪杰如欧阳子者，其孰能为之？呜呼，难言之矣！今日无论其他，即我圣祖开国，因依龙凤滁阳之遗迹，子长楚汉月表之义，谁知之者？韩公（李善长）之诛夷，德庆（廖永忠）之赐死，金匮石室之书，解、黄诸公执如椽之笔者，皆晦昧不能明其事，而后世宁有知之乎！世之通人如某某辈皆网罗蒐讨，勒成一书，俨然自命良史，亦间出以相商。仆为之窃笑，亦为窃叹，终不敢置一喙也"。

以此，牧斋于秦楚之际则著《开国群雄事略》，于太祖朝事则著《太祖实录辨证》，蒐微探幽，旁搜博讨，精研极虑，列为长编，上发三百年之覆，下启修明史之基，诚明史之功臣，亦今日治史者所应取范者也。

牧斋撰《太祖实录辨证》，其所取材甚博。最要者为当日之爰书《昭示奸党录》。《有学集》三十八《与吴江潘力田书》曾述其钞得此书之艰苦情况云："天启乙丑，承乏右坊，欲钞昭示奸党诸录，而削夺之命骤下。踉跄出都门，属门下中书代写邮寄。于是党禁戒严，标题有奸党二字，缮写者援手咋指，早晚出入阁门钞书，夹置裤裆中，仅而得免。又为梁国公胡显错误，取证楚昭王行实，属游侍郎肩生从楚府觅得原本，楚藩密嘱勿使人知。盖访求掌故，其难如此！"

跋《广韵》校勘记

顾涧宾跋元椠《广韵》云："今世之为《广韵》者凡三：一泽存堂详本，一明内府略本，一扬州诗局刻平上去详而略本。三者迥异，各有所祖"。泽存堂之底本为常熟毛氏所藏宋本，顾宁人所刊及明内府略本则同出自元泰定圆沙书院本。数本各有优劣，未易轩轾。其扬州诗局本则满洲曹子清寅在扬州使院所刻也。其他如钱塘丁氏及北平燕京大学图书馆藏之日覆元本（按丁书已佚，其第五册入声部现归美国哈佛大学图书馆），海盐张氏之宋刻巾箱本，扬城杨氏之元本，及明万历开封本，小学汇函所收之泽存堂本及明内府本，《四部丛刊》所收之海盐张本，《古逸丛书》所收之覆宋本及泰定本，或出两宗，或出胡元，或出明代，虽大致不殊，而内涵颇有多寡详略，其字体亦复正俗不同。盖《广韵》一书，原有二本，一为宋陈彭年邱雍等所重修，称《大宋重修广韵》，其一则注文较重修本为简，出陈修《广韵》前。上述诸本，除《古逸丛书》之复，元泰定本，明内府本，及小学汇函之翻明内府本外，胥属前者。《四库总目》卷四十二《小学》二并收二本，骈行不废，其沿革得失，则纪晓岚等言之详矣。

曹刻楝亭五种，书成于康熙四十五年（1706A. D.）其《广韵》一种，即顾千里所称平上去详而入略本也。镂刻极精美可人意。卷首端东武刘氏之"嘉荫簃藏书印"及"徐恕之印"、"行可"、"藏棱庵"、"知论物斋"诸朱章。书眉备识朱笔校之。卷五底页有"嘉庆十年二月依何义门编修本校一过"题识一行，无名氏款识，不知为何人所校，字迹亦复不类燕庭。其所辨订提正，凡数十百条，大约伪误者十之四，补阙略者又十之四，而探稽文义，别谬去俗者亦十之二焉。其于字体，辨析毫芒，虽点画之微，在所必正，其于征引，则又大川细流，无所不包。按校文除跋尾题据屺嶦校本外，此外称引何氏者复有二端：

（一）上平页八十三下行五：沅……城何校作成

（二）上平页九十三上行五：孔子妻六官氏，六何校作并

《耆献类征》一二二《词臣》九引全绍衣撰何焯墓碑谓："其读书茧丝牛毛，旁推而交通之，必审必核。凡所持论，考之先正无一语无根据。"沈彤撰义门行状，亦称："先生蓄书数万卷，凡经传子史诗文集杂说小学多参稽互证，以得指归。于其真伪是非，密疏隐工拙源流，皆各有题识。如别黑白。及刊本伪阙同异，字体之正俗，亦辨而补正之。"今考此书校文恰如所言。据当时各家载录：义门者述于生前一燬于火（一云被窃），身后归途再厄于水，复："为书买百计购评本，风驰电卷，百无二三存。共得之者强半皆维揭富人，秘不出示。"其行世者只《困学纪闻》注义门读书及零星题跋而已。则是书校文，虽不全出之义门，然一鳞半爪，亦足珍矣。

此书校者既不自具名姓，乃思求之行墨间，细绎校义，果得数事。

（一）校文之成在嘉庆十年，后义门死七十载。其人必非亲列义门门墙者。以字体之秀健察之，成此校文时其人当在中年。（二）文中屡举吴谚如："吴谚在讣课"、"吴谚有拔牛枕"等语，又篇末附五音集韵跋谓："韩氏北人，昧于小学。"则后者之非北人可决，以吴谚证之，且与义门同为吴人。（三）校文于字体源流正俗形声等义论述极精瞻，知其人精于小学，又其引证碑志铭赞甚富，知其为金石学者。

绳此按校文去声部页三十三上行一有"泳按尔匹释诂：'卫，垂也。'重，垂字之误"一条，据无锡《金匮县志》二十六《艺术传》：

> 钱泳字梅溪（号立群），国子生，能诗，工分隶行楷，客京师为成邸所知，诒晋斋帖皆泳刊定。手书碑版，几遍江浙。又所摹汉唐碑及缩临本刻石传世者尤多。

所著有《说文识小录》、《履园丛话》、《履园金石目中宋所新书》、《述德编》、《登楼杂记》、《梅花溪诗钞》、《兰林集》诸书。与上所举反证一一具合，其时代亦恰相当——生乾隆二十四年，卒道

光二十四年（1759—1844A. D.）——且其传世之墨迹，亦与此校文之字体无毫发爽，则校者之为钱梅溪泳，决无可疑。

辛未夏，在燕大图书馆中得读《楝亭五种》，偶睹此校文，深恐其一时流出国外，使国人无研读之机缘也，因穷二夜之力，为之迻录一过；留置箧底，校录既完，并志其所得如此。

稠州吴春晗识于海甸吉祥胡同五号

（原载北平《华北日报·图书馆周刊》，第十二期，1931年6月25日）

西王母与西戎
——西王母与昆仑山之一

一、中国说与大九州说

中国古代的关于地理上的知识，也和其他的古代国家一样，异常贫乏得可怜。这原因大部分可说是受了天然的限制，次要原因为中国人根本上就是一个守成的民族，或者可以说是天所赋予他们的太过分了，使他们不再想向外发展。

在这样的环境之下，渐渐地就养成了一种褊隘的自大的地理观念，自以为在地球（天下）上的国家只有中国一国，中国适于天下之中，而其余环绕者被称为中国的若干部落，就被不客气地加上东夷、西戎、南蛮、北狄的称号。

约在纪元前十二世纪的时候，中国发生了一次朝代更遭的大战事，周民族把商民族克服，夺取过政权，成为若干部落中的大酋长——宗主国（Suzerian）——同时更形成了许多强大的新藩属（Vassals），内中异姓的齐和同姓的鲁都被从大平原气候的西北迁徙至滨海的山东一带。

齐鲁渐渐化同了他周围的莱淮诸夷，几个历史上著名的君长和政治家如齐桓公、管仲（685—643B. C.）又极力鼓励工商业的发展，所谓“山东鱼盐之国”，就自然的富源加以经营，这在经济上固然使国家增加大量的财富，同时于中国以外的地理知识，也给予很大的贡献。

到了齐威王宣王的时候（378—343，342—324B. C.），稷下成为诸侯游士的居留所，齐人航海所得的地理知识就被普遍地传播于全中国。内中宣传得最努力最有系统的是驺衍。——他不但尽情地攻击以前隘陋的世界观念之谬误，并且感情地放大了他从航海家所得的启示，以为“中国不过天下八十一分之一，天下分为州者九，中国居其一州——赤县神州，神州内自有九州，不得为州数”。

以上所叙述的两派，恰好立于相对的地位，两者互相非难，论战，其实前者失之隘，后者失之泛。驺衍派之所以能在中国地理学史上占一地位，也就只在他放大了中国人的眼光而已。

稍后，崛起西戎的秦始皇统一了以前四分五裂的局面(221B.C.)，同文书，一道路，北攘南征，形成了一个空前的大帝国，疆域一经扩大，以前两派的理论便都不能适用，这样，便产生出一种两派折衷的新理论，来适合当前的环境。

这新理论具有无限的伸缩性，因为事实上的证明，他接受了部分的驺衍派的世界观念，然而决不是全部的，因为他们嗫嚅地只敢消极地宣称世界的领域决不止以前所幻想或虚拟的，不能确实地有所推论。在另一方面，他们依然把以前的旧观念保留，不过在地域的分配上把它伸长，把以前所被称的西戎的秦拉成本家，所遗下的西戎空位就叫秦以西的部落挨补而已。

以下我们试拿西王母在地域上的衍变的故事，具体地说明作这一新理论的假设的左证。

二、西王母与西戎

西王母的由来和本质，已在另文中详细说明，本文所冀图说明的是西王母在中国古籍中尤其是在地理学的范畴中的位置和衍变的过程。

在大九州的观念（驺衍派）未产生以前，中国人所命为西戎的只是限于现代山西、陕西、甘肃、河南一带，《史记》卷一百十《匈奴列传》第五十：

公刘失其稷官，变于西戎。 （1800B. C. ?）

周武王放逐戎狄泾洛之北。 （1130B. C. ?）

周穆王伐犬戎，荒服不至。 （990B. C.）

犬戎入居泾渭之间。 （771B. C.）

戎狄至洛邑，或居于洛邑，东至于卫。 （637B. C.）

攘戎运动的著名领袖，在这时期有晋文公和秦穆公。

晋文公兴师伐逐戎翟，攘居于河内关洛之间，号曰赤翟白翟。（635B. C.）

秦穆公得由余，西戎八国服于秦，遂霸西戎。（623B. C.）（《秦本纪》作益国十二）

西戎的种类自陇以西有绵诸绲戎翟貙之戎。岐梁山泾漆之北有义渠大荔朐衍之戎，晋北有林胡楼烦之戎。

从纪元前3000年至纪元前500年，在这时期中所命为西戎的不出陕甘以西，在这一带，地理家又另名之为西荒，为西王母，《尔雅》说：

> 东至泰远，西至邠国，南至濮鈆，北至祝栗，谓之四极。孤竹北户西王母日下谓之四荒。九夷八狄七戎六蛮，谓之四海。

谯周《古史考》以为西王母得名之由来，是由于日所入处。

余尝闻之，代俗以东西阴阳所出入，宗其神谓之王父母。

《尚书帝验期》（《御览》道部三引）：

> 王母之国在西荒。

《河图括地象》（《御览》卷七百九十引）

> 殷帝太戎使王孟采药于西王母。①

《穆天子传》三：

> 吉日甲子，天子宾于西王母。乃执白圭玄璧以见西王母，好献锦组百纯□组三百纯。西王母再拜受之，□乙丑天子觞西王母于瑶池之上。

---

① 西王母，《竹书纪年》作西戎：“太戊二十六年西戎来宾，王使王孟聘西戎”。

把这一段和《史记》所说的印证，知西王母即犬戎之别名①，至少也是和犬戎邻近的部落，再据本书后文“癸亥，天子觞重䰀之人𩳐䲔”。“乙巳至于文山，西谟之所谓□，觞天子于文山”。“犬戎胡觞天子于雷水之阿。”西王母和重䰀之人𩳐䲔犬戎同一地位，则西王母又被衍变成西王母国的酋长或君主了。

由于周穆王至西王母国和西王母酬酢的故事，虽然在实际上一个较大的君主和另一国王的晤面是极平常的一件事。可是因为先有了《山海经》上关于西王母的描写和原来的对于生殖器崇拜的迷信，就不得不生出以下的传说：

一、西王母的神化

二、西王母的地理化和君主化

关于第一点不在本章叙说的范围，暂置不论，关于第二点我们发见由周穆王牵涉到古代的一串人王和地理上的沿革。

(1)《荀子·大略》篇：禹学于西王国。

(2)《新序》五杂事：禹学于西王国。

(3)《路史·疏跎记》夏后氏：禹学于西王悝。

(4)《竹书纪年》：穆王十七年，王西征昆仑丘，见西王母，其年西王母来朝，宾于昭宫。

(5)《新书·修政语》上：尧封独山，西见王母。

(6)《焦氏易林·坤》之第二《贲》：稷为尧使，西见王母。

(7)《论衡·无形篇》：禹益见西王母，不言有毛羽不死之民。

(8)《世本》：舜时西王母献白环及珮。

(9)《大戴礼·少间》：昔虞舜以天德嗣尧，布功散德，制礼朔方，幽都来服，南抚交趾，出入日月，莫不率俾，西王母来献其白琯，粒食之民，昭然明视。

(10)《中论·爵禄》：舜受终于文祖，则西王母来献白环，周公践明堂之祚，则越裳氏来献白雉。

(11)《瑞应图》：黄帝时西王母乘白鹿来献白环。②

① 犬戎，《孔丛子》陈士义引作西戎。

② 关于西王母和古代诸人王的关系，将在另一专章述之，此不具引。

就以上约略征引的几条看，最少有两个确证被我们所把握着，第一，西王母国和古代人王朝会和发生关系的次第是（1）周穆王，（2）禹，（3）舜，（4）尧，（5）黄帝。恰是一个倒溯的历史阶段。第二，西王母和地理发生关系的次第是（1）代俗呼日入处为西王母，（2）故西荒被称为西王母，（3）西王母衍成西王母国，（4）西王母国衍生西王母国王或酋长。

次之，就以上所举的观察其地理上的歧异，则很奇怪的只有《竹书纪年》和《穆天子传》标明西王母的所在地，其余一些似乎都已习惯地把西王母用当西戎的异名，最明显的是《大戴礼》和《中论》把西王母和幽都交趾和越裳氏并列，其余三个都不曾标明所在地，当然西王母也不能因之独异了。《竹书纪年》记穆王以十七年西征昆仑丘，见西王母，其年西王母来朝，宾于昭宫。则是穆王一去，西王母一来，均在十七年一年内，古代交通不便，从成周至昆仑丘能于一年内打一来回，则相去决不甚远，如依现代新疆青海代表赴平途中须走三四月之速率计之，则《竹书纪年》所指之西王母国地域仍不出帕米尔高原以东，现在再看《穆天子传》的行程。

> 自宗周瀍水以西，北至于河宗之邦阳纡之山三千有四百里。自阳纡西至于西夏氏二千又五百里。自西夏至于珠余氏及河首千又五百里。自河首襄山以西，南至于舂山珠泽昆仑之丘七百里。自舂山以西至于赤乌氏舂山三百里。东北还至于群玉之山。截舂山以北。自群玉之山以西至于西王母之邦三千里……

从宗周出发至西王母之邦，途中所费的时日按干支顺列于下：

戊寅	北征绝漳水	庚辰	距前二日
癸未	距前三日，绝钘山之队，循滹沱之阳	乙酉	距前二日，北升于□山
庚寅	距前五日，以雨雪天寒休息	甲子	距前三十四日，西征，绝隃之关磴
己亥	距前三十六日至于焉居禺知之平	辛丑	距前二日，西征至于䣙人

癸酉距前三十二日，舍漆泽，西钓于河	甲辰距前三十一日，猎于渗泽
丙子距前三十二日，饮于河水之阿	戊寅距前二日，鸷行至于阳纡之山
癸丑距前三十五日，大朝于燕然之日	戊午距前五日，至于河宗
己未距前一日，大朝于黄之山	乙丑距前六日，西济于河源

丙寅距前一日，饮八骏于积石之南河。

共二百二十九日

丁巳距前五十一日	戊午距前一日
辛酉距前三日，升昆仑观黄帝之宫	癸亥距前二日，禋于昆仑之丘
甲子距前一日，北舍于珠泽	季夏丁卯距前三日，北升于舂山
壬申距前五日，西征	甲戌距前二日，至于赤乌
己卯距前二日，北征	庚辰距前一日，济洋水
辛巳距前一日，入于曹奴之人戏	壬午距前一日，北征东还
甲申距前二日，至于黑水	辛卯距前七日，北征东还
癸巳距前二日，至于群玉之山	孟秋丁酉距前四日，北征
戊戌距前一日，西征	辛丑距前三日，至于剞闾氏
壬寅距前一日，登铁山	丙午距前四日，至于鄄韩氏
丁未距前一日，大朝于平衍之中	己酉距前二日，大享平衍之中
庚戌距前一日，西征至于玄池	癸丑距前三日，西征

丙辰	距前三日，至于苦山	丁巳	距前一日，西征
己未	距前二日，宿于黄鼠山	癸亥	距前四日，至于西王母之邦

共一百十七日：由春山至西王母之邦五十六日；由群玉山至西王母之邦三十日

以上可得一统计，自宗周至西王母之邦一万一千四百里，除去途中纡曲旁出，除去半数亦得六七千里。途中所费时日为三百四十六日，至现代和阗（Khotan）南之昆仑山（Karakorum）。此与《竹书纪年》所云之往返均在一年内者不合。

从局守陕甘豫晋为西戎极边之说，过渡到以处昆仑山附近的西王母之邦为西陲止境，过此便是大旷原，为飞鸟之所解羽，一千九百里。骤然地把西戎的驻地移西数千里，这是古代中国地理观念之第一次的放大。

三、西王母国之远徙及其还原

从历史的事实方面去求出所以放大的原因，因为秦汉之际的兵事和西汉初期的闭关政策的影响，几乎成为一件很困难的事情。不过这是受了秦代武力西渐的影响，却无可致疑。如《史记·秦本纪》纪元前361："秦西斩戎豲王"，《后汉书》卷一一七《西羌传》纪元前342之秦孝公使太子驷率戎狄九十二国朝周显王于逢泽。《匈奴列传》所记之义渠，亦为西戎一大强国（前百年已被秦零星蚕食，至惠王取其二十五城，秦昭王伐残义渠，始有陇西北地上郡。三郡不属于先被夺之二十五城，其大可知！）其他如荡氏彭戏氏邦冀戎茅洋戎蜀丹犁都次第被秦翦灭。当时秦国兵威，或且深入现代之俾路支、阿富汗斯坦或波斯，亦非不可能之事，所惜一经易代，文献无征，咸阳又经项羽一炬，汉初廷臣又多屠狗贩缯，否则亦均丰沛儿郎，无谙西事者。高帝后的几位皇帝，索性抱着息事宁人的宗旨，不去理会。由此刚预备进入世界枢纽的中国地理观念，又被阻碍生机而逐渐萎瘁。

但是，另一民族的迫胁——匈奴（Huns），和当国者的好奇心的冲动——汉武帝（140—86B.C）终于重新燃起这颗在衰颓的心。《汉书》卷六十一《张骞李广利传》：

> 匈奴降者言匈奴破月氏王，以其头为饮器，月氏遁而怨匈奴，无与共击之，汉使骞使月氏，经匈奴，为所留。居十余岁，与其属亡向月氏，至大宛，为发译道抵康居，康居传致大月氏……骞从月氏至大夏，竟不能得月氏要领。留岁余还……骞身所至大宛大月氏大夏康居而传闻其旁大国五六……
>
> 天子拜骞为中郎将，将三百人，马各二匹，牛羊以万数，赍金币帛直数千巨万，多持节副使，道可便，遣之旁国，骞至乌孙，分遣副使使大宛康居月氏大夏，乌孙，发译道送骞还……骞卒后岁余，其所遣副使通大夏之属者，皆颇与其人俱来，于是西北国始通于汉。

《史记·大宛列传》所记的西北国名有大宛、康居、乌孙、月氏、大夏、奄蔡、安息，远至黎靬（Rome）、条枝，都已为中国人所知，同时在政治上文化上尤其是商业上已发生显著的关系。

在这时期中国人的世界已经大扩充为东至高丽，南至滇骠，西则竟达达林河流域（Tarim Basin）以至富汗那（Ferghana）。中西交通则由长安可出玉门关经Yarkand沿昆仑山经Kashgar至Bokhara南行沿印度河至Tatta由水道赴埃及（Egypt）。或由Bokhara经Bactria而直达里海（Caspian Sea）。

由于中西交通频繁之结果，西方的事物遂渐为抱残守缺的中国人所知，同时中国的领域一经扩大，跟着照例地把向来惯用的夷蛮戎狄的头衔加上被新发现的民族头上去。我们在以前所常见的西王母在这时也从西藏Tibetan Plateau被搬家到较远的条支（Tajik）——阿剌伯去了。

《史记·大宛列传》说：

> 安息长老传言，条支有弱水西王母而未尝见。

到了纪元 166 年罗马皇帝安敦（Marcus AureliusAntoninus），遣使聘问中国后，西王母国的位置又发生变化。《汉书》卷九十六《西域传》上说：

> 自条支乘水西行，可百余日，近日所入云。

《后汉书》卷一百十八《西域传》则云：

> 大秦国一名犁鞬，以在海西，亦云海西国……至桓帝延熹九年（116A. D.）大秦王安敦遣使自日南徼外，献象牙、犀角、瑇瑁，始乃一通焉……或云其国西有弱水流沙，近西王母所居处，几于日所入也。

西王母又被从条支迁至大秦以西，条支行百余日近日入处也被伸张成大秦西西王母所处近日入处。于此又使我们回想到谯周所指示的“代俗以东西阴阳出入，宗其神谓之王文母”一段话来。从这一点上可以说明西王母之被引用为地名，是由于日所入处这一关键。正如日所出处之为扶桑，同一意义。由扶桑衍生东王公，由日入处衍生西王母，扶桑被引用为日出处的地名，同样西王母也被用以指称在第一时期视为日入处的西戎，第二时期的和阗一带，第三时期的阿剌伯半岛和第四时期的海西国。

在其他的著作中，也包含有关于西王母国的材料。

一、《海内十洲记》：武帝天汉三年（98B. C.）帝幸北海，祠恒山，四月，西国王使至，献此（续弦）膏四两，吉光毛裘，武帝受以付外库，不知胶裘二物之妙用也。以为西国虽远，而贡者不奇，稽留使者未遣。又时，武帝幸华林射虎，而弩弦断，使者时从驾，又上胶一分，使口濡以续弩弦。帝惊曰：“异物也！”乃使武士数人，共对掣引之，终日不脱，如未续时也。胶色青如碧玉。吉光毛裘，黄色，盖神马之类也。裘入水数日不沉，入火不燋。帝于是乃悟。厚谢使者而遣去。

二、《西京杂记》一：武帝时西域献吉光裘，入水不濡，上时服此以听朝。

三、《十洲记》：汉王莽时西戎献吉光裘，入水数日不濡，入火不焦。

四、《博物志·外国》：汉武帝时西海国有献膏五两者，帝以付外库……名曰续弦胶。

以上四则很显明地所言的都属于同一故事。所谓西国西域西戎海西国都是大秦或拂菻或犁靬的异称。证之《仙传拾遗》王母使者条所言：

> 汉武帝天汉三年帝巡东海，祠恒山，王母遣使者献灵胶四两，吉光毛裘。武帝以付外库，不知胶裘二物之妙也。以为西国虽远，而贡者不奇……

文全录《海内十洲记》，仅西国与王母微异。则西国西戎西域西国王母实由一名分化可知。《外国图说》：

> 西王母国前弱水中，有玉山白兔。

《淮南子·堕形训》：

> 三珠树在其东北方，有玉树在赤水之上，昆仑华丘在其东南方，西王母在流沙之濒。

按《魏略》云："弱水在大秦西。"与《山海经·大荒西经》所言不同。《艺文类聚》十一引《雒书·灵准听》：

> 西王母授益地图。①

《路史·余论》卷九《西王母》：

> 西王母，昏荒之国也。

都一致承认西王母是西方的一国。却不能说明所在，现在我们试再寻出在一比较指明地域的西王母国来。

《论衡·恢国篇》说：

> 元始四年（4A.D.）金城塞外羌良桥桥种良愿等献其鱼盐之地愿内属。汉遂得西王母石室，因为西海郡。周时戎狄攻王，

---

① 西王母，西方之国也，在西方得此益地之图来献。

至汉内属。献其宝地，西王母国在绝徼之外，而汉属之。

其实所谓西戎内属，不过是王莽玩的一件滑稽事，据《汉书》卷九九《王莽传》说：

> 元始五年秋，遣中郎将平宪等多持金帛，诱塞外羌使献地愿内属。宪等奏言，“羌豪良愿等种人口可万二千人，愿为内臣，献鲜水海允谷盐池，平地美草，皆予汉民，自居险阻处为藩蔽。”莽奏受之，以为西海郡。

按汉金城在今甘肃旧兰州西宁二府地，治允吾。故城在今皋兰县西北黄河北岸。《汉书·地理志》金城郡临羌注：“西北至塞外有西王母石室、仙海、盐池，北则湟水所出，东至允吾入河，西有须抵池有弱水昆仑山祠。莽曰盐羌。师古曰：阚骃云：西有卑和羌，即献王莽地为西海郡者也。”《十六国春秋》：“周穆王见西王母，乐而忘归，即住此山。山有西王母石室，珠玑镂饰，焕若神宫。”由以上的叙述，临羌西——甘肃——的西王国的由来，是由西王母石室的推演。同样，由西王母石室，又衍成西王母樗蒲山。

《沙州记》：羊鹘岭东北二百里有大山，遥望甚似东岳岱山。极高，大险峻，嵯峨崔巍，颇有灵验，羌胡文老传云是西王母樗蒲山。

《十六国春秋》：甘松山东北有西王母樗蒲山，大有神验，江水出焉。

但是，在以上我们曾经按照时代的顺序，说明西王母由陕甘晋豫一带被扩伸至西藏高原，至阿剌伯半岛，最后被远移至罗马以西的四个阶段。现在为什么在一世纪的开始，又被移回至原来的甘肃呢？

这原因在《汉书·昭帝纪赞》和《西域传赞》解答得很清楚。

> 昭帝承孝武奢侈余敝师旅之后，海内虚耗，户口减半，霍光知时务之要，轻徭薄赋，与民休息。
>
> “武帝穷奢极侈，肆兵黩武”因之以凶年，寇盗并起，道不通……是以末年遂弃轮台之地，而下哀痛之诏……故自建武之来，西域思汉威德，咸乐内属，唯其小邑，鄯善车师，界迫匈奴，尚

> 为所拘。而其大国莎车于阗之属，数遣使置质于汉，原请属都护。圣上远览古今，因事之宜，羁縻不绝，辞而未许……

汉代前期的攘戎和拓边运动，以武帝始，亦从武帝终。以后的百余年中，几乎又回复到以前文景时的闭关政策，专事休养，不务外略。渐渐地将武帝时曾付了绝大代价所易得的地理知识归于淡漠而湮忘，中西交通时途经亦因汉室放弃和西域诸国的吞并运动而阻塞。截至王莽时中国的西方边疆，仍复缩回至甘肃一带，甚至以临羌西为绝域了。

于是，西方的头衔，仍复递回金城塞外羌的头上，虽然这头衔在前已很广义地普遍地给予更西的若干民族。

（原载《清华周刊》，第三十六卷第六期，1931年12月12日）

西王母的传说
——西王母与昆仑山之二

西王母故事的衍变

西王母之名最早见于中国典籍中的，当为战国末期的作品——《山海经》中的《西山经》：

……又西三百里曰玉山，是西王母所居也。西王母其状如人，豹尾虎齿而善啸，蓬发戴胜，是司天之厉及五残。

郭璞注《穆天子传》即据此文：

西王母如人，虎齿蓬发，戴胜，善啸。

《海内北经》又据此文，另外替它加顾了三个厨役来服侍，在装饰方面，也加了“梯几”二字的形容词，肯定它的住所在昆仑墟北，而不言玉山。

西王母梯几而戴胜，其南有三青鸟，为西王母取食，在昆仑墟北。

《大荒西经》更详细了，连它的住址方向、周围事物、面貌、居处，都有肯定的记述：

西海之南，流沙之滨，赤水之后，黑水之前，有大山名曰昆仑之丘。有神人面虎身有文，有尾皆白，处之。其下有弱水之渊环之。其外有炎火之山，投物辄燃，有人戴胜虎齿，有豹尾，穴处，名曰西王母。此山万物尽有。

从“其状如人”到“有人戴胜虎齿有豹尾”，由“似人的兽”到

“似兽的人”，这是西王母在它的故事中的第一次衍变。由此而生出来若干扩到无穷大的故事。

接着，我们在汲冢所发现的《穆天子传》中，果然遇见了一位确是人类，极有礼仪，能应酬，能歌谣，雄长一方的西王母：

> 及遂西征，癸亥至于西王母之邦。
>
> 吉日甲子，天子宾于西王母，乃执白圭玄璧以见西王母，好献锦组百纯，□组三百纯，西王母再拜受之，□乙丑天子觞西王母于瑶池之上，西王母为天子谣曰：“白云在天，山陵自出，道里悠远，山川间之，将子无死，尚能复来”。天子答之曰：“予归东土，和治诸夏，万民平均，吾愿见汝，比及三年，将复而野”。天子遂驱升于弇山，乃纪其迹于弇山之石，而树之槐眉曰西王母之山，西王母之山还归兀□，世民作忧以吟曰：“北徂西土，爰居其野，虎豹为群，乌鹊与处，嘉命不迁，我惟帝女，彼何世民，又将去子，吹笙鼓簧，中心翔翔，世民之子，唯天所望。”
>
> 自群玉之山以西至于西王母之邦三千里，□自西王母之邦北至于广原之野，飞鸟之所解其羽，千有九百里。

在《山海经》、《列子》诸书中，因循传衍，都有类似的记载。（详见另文）从渺茫的似兽的人到真正的人，这是西王母的第二次衍变。

《焦氏易林》是汉代一部卜筮的书，所收容的筮词中，包含不少与西王母有关的故事，如《讼》之第六《泰》：

> 弱水之西，有西王母，生不知死，与天相保。

西王母是一个长生不死的生物。《坤》之第二《贲》：

> 稷为尧使，西见王母。拜请百福，赐我善子。

西王母成求子与求福的目标，并与尧稷发生关系，《小畜》之第九《大有》：

> 金牙铁齿，西王母子，无有患殆，减害道利。

《大壮》之三十四《咸》：

畜鸡养狗，长息有储，耕田有黍，王母喜舞。

《明夷》之三十六《讼》：

穿鼻系株，为虎所据，王母祝祷，祸不成灾，突然脱来。

西王母又成为社神及含有神秘性之巫祝。（详见另文）由真正的人衍变为长生不死，求子与求福的目标，社神，巫祝等等多方面的发展，并和传说中更古的人王发生关系，这是西王母的第三次衍变。

西王母在什么时候才变成女人的呢？这问题在《汉书》中予以一划时代的解答。《汉书》卷八十四《翟方进传》：

莽于是依《周书》作大诰曰："……太皇太后肇有元城沙鹿之右，阴精女主圣明之祥，配元生成，以兴我天下之符，遂获西王母之应①，神灵之征，以佑我帝室，以安我太宗，以绍我后嗣，以继我汉功。"

《太平御览·礼仪部》引卫宏《汉旧仪》云："祭王母于石室，皆在所二千石令长奉祠。"

卷九十八《元后传》：

莽乃下诏曰："……更命太皇太后为新室文母太皇太后，协于新室。故交待之际，信于汉氏，哀帝之代，世传行诏，为西王母共具之祥，当为历代为母，昭然著名。"

所谓祠祀，行诏，《汉书》卷二十六《天文志》：

哀帝建平四年，正月二月三月民相惊动，欢哗奔走，传行诏筹祠西王母。

《五行志》下之上说得更详细：

哀帝建平四年正月，民惊走持稿或掫一枚，传相付与，曰："行诏筹。"道中相过逢，多至千数，或被发徒跣，或夜折关，或逾墙入，或乘车骑奔驰，以置驿传行经历郡国二十六至京师。

---

① 孟康曰："民传祀西王母之应也。"

> 其夏，京师郡国民聚会里巷阡陌，设祭，张博具，歌舞祠西王母。
>
> 又传书曰："母告百姓，佩此书者不死，不信我言，视门枢下当有白发。"至秋止。

这时候哀帝祖母傅太后用事，杜邺对策以为："西王母妇人之称，博弈男子之事。"此种现象为外家用事之应。西王母从此便固定地变成女人，这是西王母故事的第四次衍变。

汉自景武以来，董仲舒始以阴阳五行之说敷合儒学，得时主信任，学风为之一变，在这种思潮下产生的《吴越春秋》，自然也逃不脱她的影响，西王母是女人，属阴，当得有一位属阳的来配她。于是由西想到东，由母想到公，东西公母都是对待的，因此就新造成一位东王公，东属木，故又称木公，西属金，故西王母也称金母。

> 种曰："一曰尊天事鬼以求其福……"越王曰："善！"乃行第一术，立东郊以祭阳，名曰东王公，立西郊以祭阴，名曰西王母，祭陵山于会稽，祀水泽于江州，事鬼神一年，国不被灾。（《勾践阴谋外传》）

从阴阳五行的相对，而产生出一位东王公，来配西王母，这是西王母故事的第五次衍变。

西王母既然被指定为女人，又替她找出一位阳性来配衬。《易·系辞》下："天地细缊，万物化醇，男女构精，万物化生。""一阴一阳之谓道"，男女间的事，我们的古人素来有些不顺口，可是对于过去的在传说中的古人替他们撮合一下，也还无伤大雅，《神异经·中荒经》说：

> 昆仑之山有铜柱焉，其高入天，所谓天之柱也。周三千里，周围如削，下有回屋，方百丈，仙人九府治之。上有大鸟，名曰希有，南向张左翼覆东王公，右翼覆西王母，背上小处无羽一万九千里，西王母岁登翼上会东王公也，其柱铭曰："昆仑铜柱，其高入天，圆周如削，肤体美焉"。其鸟铭曰："有鸟希有，碌赤皇皇，不鸣不食，左覆东王公，右覆西王母。王母既东，

登之自通，阴阳相须，唯会益工。”

从一年一度在希有背上相会的喜剧，又衍变成另一系统的牛郎织女的故事。由东王公的产生到西王母的结婚，这是西王母故事的第六次衍变。

以上曾提及和西王母发生过关系的人王有周穆王、尧、稷……但是经过了若干年的渲染以后，西王母已不再是从前那样“豹尾虎齿”的怪状，或龙钟白发的老巫了，她的外表已经经过若干幻想家、文人所修饰，成为一位最漂亮的典型的女性：

> 王母唯扶二女侍上殿，侍女年可十六七，服青绫之袿，容眸流盼，神姿清发，真美人也！王母上殿东向坐，著黄金褡褟，文采鲜明，光仪淑穆，带灵飞大绶，腰佩分景之剑，头上太华髻，戴太真晨婴之冠，履元璚凤文之舄，视之年可三十许（《集仙录》作二十许，更年轻，详另文），修短得中，天姿掩霭，云颜绝世，真灵人也。——《道藏·同真部·记传类》卷一〇七《海上》

汉武帝在中国史上是一位杰出的人主，他虽穷兵黩武，希求长生，但在一般人的眼光中，却不致如秦始皇那样讨人厌。《史记·封禅书》中荒渺影约的叙述，使他被动地不得不和西王母发生关系，而成为西王母故事中最精彩的一部分。

中国的古史是“层叠地造成”，譬如积薪，后来居上，中国的故事也是如此，汉武帝既已和西王母发生关系，为什么比他更早的反不能够？于是历史上有名的人主——燕昭王、舜、禹、黄帝……便连茅拔茹地都成为故事中的一个角色。这是西王母故事衍变的第七阶段。

神仙家的调制使西王母成为一位女仙，握有神秘的权力。古代有无男女平权的思想，文献不足，我们不能详知，不过“男女有别”是儒家的教条之一，同时也是社会的无形制裁。所以《博物志》所赋予王母的职责：

> 老子云：“万民皆付西王母，唯王圣人真人道人之命，上属

九天君耳”。——《博物志·杂说》上

便不为人所满意，因为这不但地位太低，而且“男女无别”，大不是道理。他们便重来一下，把她改成唯一的女仙领袖，和东王公分性而治：

金母元君者，九灵太妙龟山金母也，一号太虚九光龟台金母元君，一号曰西王母，乃西华之至妙，洞阴之极尊，在昔道无凝寂，湛体无为，将欲启迪玄功，化生万物；先以东华至精之气，化而生木公，木公生于碧海之上，苍灵之墟，以主阳和之气，理于东方，亦号曰东王公焉。又以西华至妙之气，化而生金母，金母生于神洲伊川，厥姓缑氏，生而飞翔，以主阴灵之气，理于西方，亦号西王母，皆质挺大无，毓神玄奥，于西方渺莽之中，分大道醇精之气，结气成形，与东王公共理二气，而养育天地，陶钧万物矣。体柔顺之本，为极阴之元，位配西方，母养群品，天上天下，三界十方，女子之登仙得道者咸所隶焉。——《说郛》卷一百十三；汉桓驎《西王母传》；《道藏·洞神部·谱录类》；《墉城集仙录》金母元君

于是西王母又摇身一变，统辖同性的神仙，完成了在她的故事中的第八次衍变。

人生最难得的是永久的美貌，最不可求的是亘古的长生，最不易取得的是领袖的地位，现在西王母什么都有了，她还缺少一些什么呢？聪明的古人又替她想出：“不孝有三，无后为大”，她既有丈夫，又年轻，应该有几个子女来完成她的圆满的生命过程，于是她的故事又走入一个新的阶段，我们来看古人替她安排好的新家庭分子：

南极王夫人者，王母第四女也，名林，字容真，一号紫元夫人，或号南极元君，理太丹宫。——《三洞群仙录》；《墉城集仙录》

云华夫人王母第二十三女。太真王夫人之妹也。名瑶姬。——《墉城集仙录》二

紫微王夫人名清娥，字愈音，王母第二十女也。①

云林右英王夫人名媚竺，字申林，王母第十三女也，受书为云林官右英夫人，治沧浪官。——《墉城集仙录》；《太平御览》六七四引南真说

太真夫人者王母之小女也，名婉罗，字勃，遂事玄都太真王，有子为三天太上官府都司直，主总纠天曹之违，比地上之卿佐。——《道藏·洞神部·谱录类》；《墉城集仙录》卷二

据以上所引的看，她至少有二十四个女儿，二十四个女婿，几百十位外孙，佩玉铿锵，真极一时之盛！

但是，"名不正，则言不顺"，西王母的女儿都有名有字，她自己也应该有一个出身的根源和名字才对。于是《轩辕黄帝传》替她找出她的父亲：

时有神人西王母者，太阴之精，天地之女。

段成式替她找出她的姓名字号生卒：

西王母姓杨名回，治昆仑西北隅，以丁丑日死，一曰婉妗。——《酉阳杂俎》十四，《诸皋记》

杜光庭又以为她姓缑：

金母生于神洲伊川，厥姓缑氏。——《墉城集仙录·金母元君》

又有人以为她姓侯，姓焉：

西王母姓杨，一曰缑氏，一曰侯氏，一曰焉氏。名回，一曰婉妗。——《少室山房笔丛》壬部，《玉壶遐览》二

《续仙传》又替她找出后代的子孙：

缑仙姑者长沙人也……他日又言西王母姓缑，乃姑之圣祖也……河南缑氏乃王母修道之处，故乡之山也。

西王母的本身的故事，到此已经完满到无以复加，再也不能加

① 《许迈真人传》作王母第二十七女。

什么更新鲜的东西上去了。以后的文人、幻想家，因为故事的本身已经凝固，他们也只能从表面上去加一点髹漆，使她更美丽，更神秘，却不能从质的方面把她改动一下。

以上就纵的方面简单地说明西王母的故事的几个衍变过程，现在我们再来看横的方面发展：

A. 道德家的西王母

据上文所引《汉书》中的记载，知道西汉建平以前，西王母已经很普遍地成为民众所崇祀，国家也叫地方官按时致祀的神祇了。这样一位名人，当然值得援引来帮场面，《庄子·大宗师篇》就不客气地实行拉夫主义：

> 夫道有情有信，无为无形，可传而不可受，可得而不可见……堪坏得之以袭昆仑，冯夷得之以游大川，肩吾得之以处大山，黄帝得之以登云天，颛顼得之以处玄宫，禺强得之立乎北极，西王母得之坐于少广，莫知其始，莫知其终。

把西王母轻轻地放入黄帝、禺强、颛顼、冯夷一些古人堆中，自然西王母也成了一位道地的古代贤人了。这一牵引似乎太不自然一点，所以后人很少引用，“西王母坐于少广”的故实，仅被因袭于《轩辕黄帝传》：

> 时有神人西王母者，太阴之精，天地之女，虎首豹尾，蓬头戴胜，颢然白首，善啸，石城金台而穴居，坐于少广山，有三青鸟，常取食。

B. 羿与嫦娥

《山海经》中的帝俊妻常仪，念的人一不留心便把她衍成常义，又衍成常我，再替她加上女字旁成为嫦娥，这正如清代对付外国人一样，老是替他们加上口字旁，成为唊咭唎、哦啰嘶，在《海内西经》有：“百神之所在，在八隅之岩，赤水之际，非仁羿莫能上冈之岩”一段神话，《海内南经》又有：“羿与凿齿战于畴华之野，羿射杀之，在昆仑虚东”一些功绩，不知是何因缘，两人便结合和西王母发生关系：

乞火不若取燧，寄汲不若凿井，譬若羿请不死之药于西王母，姮娥窃以奔月，怅然有丧，无以续之。何则？不知不死之药所由生也。——《淮南子·览冥训》

张衡《灵宪》：

羿请不死之药于西王母，妻嫦娥窃以奔月，托身于月，是为蟾蜍。

郭璞《山海经图赞》不死树：

万物暂见，人生如寄，不死之树，寿蔽天地，请药西姥，焉得如羿？

C. 汉晋以来词人与王母上寿

西王母到什么时候方成为一个美丽的女仙？这问题我们虽不能予以正式的划时代的解答，但从反面看，至少可以知道她在什么时期以前不是如此。从上文的引证，我们已知道西王母的衍成女性，是在西元前 90 年到西元前 3 年这一时期中，现在我们再来考察一下她在什么时期以前，不是一个如后人所描写那么美貌的一个女人。

汉晋间词人用西王母作点缀的作品很多，现在只摘录其有关容貌或外表的描写的于下：

在司马相如的《大人赋》中，西王母依然是“皬然白发戴胜而穴处”那样一个怪物，和《山海经》中所描写的没有什么走样：

西望昆仑之轧沕洸忽兮，直径驰乎三危。排阊阖而入帝宫兮，戴玉女而与之归，登阆风而遥集兮，亢乌腾而一止，低回阴山翔以纡曲兮，吾今日乃睹西王母，皬然白发戴胜而穴处兮，亦幸有三足乌为之使，必长生若此而不死兮，虽济万世不足以喜。

稍后的杨雄《甘泉赋》中的西王母便已改头换面了：

风傱傱而扶辖兮鸾凤纷其御蕤，梁弱水之濎濴兮蹑不周之委蛇，想西王母欣然而上寿兮屏玉女而却宓妃，玉女无所眺其清卢兮宓妃曾不得施其娥眉，方揽道德之精刚兮侔神明与之为资。

在他的描写中我们得到两个要键，其一是西王母是个绝世的美人，因为玉女、宓妃都是向来传说中的美女，西王母一上来便屏玉女而却宓妃，使玉女无所眺其清卢，宓妃不得使其娥眉，其美可知！其二是王母上寿的故事，从“欣然而上寿”短短的五字便衍成后来若干有趣的瑶池庆寿的故事。

班彪《览海赋》也提及王母，把她和古仙人松乔并列：

朱紫翠烂，明珠夜光，松乔坐于东序，王母处于西箱。

身处“朱紫”、“明珠”中，已不是从前“穴居野处”那样寒村了。张衡《思玄赋》更明白地指出她的美：

聘王母于银台兮羞玉芝以疗饥，戴胜慭其既欢兮又诮余之行迟，载太华之玉女兮召洛浦之宓妃，咸姣丽以蛊媚兮，增嫮眼而娥眉，舒纱婧之纤腰兮扬错杂之袿徽。

经过这几番做作以后，西王母的美已成铁般的事实，不再有人怀疑了。试看：

玉佩连浮星，轻冠结朝霞，列坐王母堂，醴餐琼瑶华，湘妃咏涉江，汉女奏阳阿。（晋张华《游仙诗》）

潘尼《琉璃碗赋》：

济流沙之绝险，越葱岭之峻危；于是游四极，望大蒙，历钟山，阙烛龙，觐王母，访仙童。

陶潜《读山海经》：

玉台凌霞秀，王母怡妙颜，天地共俱生，不知几何年？灵化无穷已，馆宇无一山，高酣发新谣，宁效俗中言！

再看时代较后一点的：

鼎湖流水清且闲，轩辕去时有弓剑，古人传道流其间，汉宫婵娟多花颜。乘鸾飞烟亦不还，骑龙攀天造天关。造天关，闻天语，长云河车载玉女。载玉女，过紫皇，紫皇乃赐白兔所

持之药方，后天而老凋三光，下视瑶池见王母，蛾眉萧飒如秋霜。——唐李白《飞龙引》

蓬莱宫阙对南山，承露金茎霄汉间，西望瑶池降王母，东来紫气满函关，云移雉尾开宫扇，日绕龙鳞识圣颜，一卧沧江惊岁晚，几回青琐点朝班。——杜甫《秋兴》

是“妙颜”，是“娥眉”，雍容华贵，仪态万方，假使我们拿《山海经》所描写的和这些比较，也许是一件极有趣味的事情，可注意的是《十洲记》、《汉武内传》、《汉武外传》、《汉武故事》、《博物志》、《洞冥记》、《尚书帝验期》、《列仙传》一些托名汉人的著作所描写的，把她和以上的引证一比较，立刻可以知道到底是谁先谁后和因袭放大的痕迹。

D. 西王母与西戎及其他

在《穆天子传》中告诉我们，西王母是西方一家的酋长，这一事实的发现，立刻使西王母和西方各地发生各种不同的关系，第一是西王母，《荀子·大略篇》、《新序》都说：

禹学于西王国。(《路史·疏跎纪》作西王悝)

或西王母国，《论衡·恢国篇》：

元始四年金城塞外羌良桥桥种良愿等献其鱼盐之地愿内属……西王母国在绝极之外而汉属之。

《太平御览·道部》三引《尚书帝验期》：

王母之国在西荒，凡得道授书者皆朝王母于昆仑之阙。

《艺文类聚》十一引《雒书·灵准听》：

西王母授益地图。①

《路史·余论》卷九《西王母》：

西王母西方昏荒之国也。

① 西王母西方之国也。

《外国图》：

西王母国前弱水中，有玉山白兔。

或西王母，《尔雅》：

孤竹北户西王母日下谓之四荒。

《史记·大宛列传》：

安息长老传言，条支有弱水西王母而未尝见。

《淮南子·堕形训》：

西王母在流沙之濒。

第二是一方酋长的西王母，《竹书纪年》：

穆王十七年西王母来宾。

《大载礼》、《三朝记》、《世纪》、《世本》、《尚书帝验期》更提早千余年，抬出古史上有名的舜来：

昔西王母献舜白玉琯及益地图。

《宋书》二十九《符瑞志》所记相同：

西王母舜时来献白环白珮。

《礼斗威仪》则作：

献地图及玉块。

《太平御览》六百九十二引《瑞应图》又抬出一个更古的人王：

黄帝时西王母乘白鹿来献白环。

第三是西王母山，《山海经·大荒西经》：

西有王母之山。

《太平御览》七百九十引《河图·括地象》：

殷帝太戎使王孟采药于西王母，

《轩辕黄帝传》：

黄帝立台于沃人国西王母之山，名轩辕台。

《十六国春秋》：

甘松山东北有西王母樗蒲山，大有神验，江水出焉。

《沙州记》亦云：

羊髑岭东北二百里有大山，遥视甚似东岳岱山，极高，大险峻，嵯峨崔巍，颇有灵验，羌胡父老云是西王母樗蒲山。

第四是西王母石室，《汉书·地理志》：

西王母石室在金城临羌西北塞外。

《十六国春秋·前赵录》：

周穆王见西王母，乐而忘归，即住此山，山有石室王母堂，珠玑镂饰，焕若神宫。

《十洲记》：

赤水西有白玉山，山有西王母石室。

《列仙传》：

赤松子者神农时雨师也，服水石以教神农，能入火不烧，至昆仑山上，常止西王母石室中，随风雨上下。

E. 西王母与动、植、矿物

同样，西王母和她原来的本家，扁毛的禽，四足的兽，不识不知的植物矿物也发生了关系。

《抱朴子·登涉》：

山中卯日称大人者兔也，称东王父者麋也，称西王母者鹿也。

杜甫《玄都坛歌》有王母鸟：

屋前太古玄都坛，青石漠漠常风寒，
子规夜啼山竹裂，王母画下云旗翻。

邝露《赤雅》下：

王母若练雀，青色，尾最长，有钱如孔，猺中有裘织成钱文……

在植物中有西王母簪，《广志》：

龙须一名西王母簪。

有西王母席，《古今注》及《苏氏演义》卷下：

至今有虎须草，江东人亦织以为席，号曰西王母席。

有西王母杖，《抱朴子·仙药》：

象柴一名纯卢是也。或名仙人杖，或云西王母杖。

有西王母枣，《艺文类聚》八十七引《晋宫阁名》：

华林园枣六十二株，王母枣十四株。

《邺中记》：

石虎园中有西王母枣，冬夏有叶，九月生花，十二月乃熟，三子一尺。

《洛阳伽蓝记》：

景阳山有百果园，果别作一林，林各有一堂。有仙人枣，长五寸，把之两头俱出，核细如针，霜降乃熟，食之甚美。俗传云出昆仑山。一曰西王母枣。

《西京杂记》：

初修上林苑，群臣远方各献名果异树，亦有制为美名，以标奇丽……枣七，弱枝枣，玉门枣，棠枣，青华枣，樗枣，赤心枣，西王母枣，出昆仑山。

《太平御览》卷九五六引《广志》：

东郡谷城紫枣长二寸，西王母枣大如李核，三月熟，众果之先熟者也。种洛阳宫后园之内。

《广记》：

西王母枣大如李核，三月熟，在众果之先，出于洛阳宫后园。

有西王母桃，《洛阳伽蓝记》：

景阳山百果园有仙人桃，其色赤，表里照彻，得霜乃熟，亦出昆仑山，一曰西王母桃也。

《太平御览》九六七引《汉武故事》：

东郡献短人，帝呼东方朔，朔至，短人指朔谓上曰："王母种桃三千年结子，此儿不良，已三过偷之矣"。后西王母乃出桃七枚，母自啖二，以五枚与帝，帝留核著前。王母问曰："用此何为？"上曰："此桃美，欲种之。"母叹曰："此桃三千年一著子，非下土所植也。"后上杀诸道士妖妄者百余人，西王母遣使谓上曰："求仙信邪，欲见神人而杀戮，吾与帝绝矣。"又致三桃曰："食此可得极寿。"

《拾遗记》：

明帝因贵人梦食瓜甚美，帝使求诸方国，时燉煌献瓜种，恒山献巨桃核。瓜名穹隆，长三尺而形屈曲，味美如饴。父老云："昔道士从蓬莱山得此瓜，云是崆峒灵爪，四劫一实，西王母遗于此地，世代遐绝，其实颇在。"又说巨桃霜下结花，隆暑方熟，亦云仙人所食，帝使植于霖林园，园皆植寒果，精冰之节，百果方盛，俗谓之相陵，与霖林之音讹也，后曰："王母之桃，王公之瓜，可得而食，吾万岁矣！安可植乎"？后崩，侍者见镜奁中有瓜桃之核，视之涕零，疑其非类耳。

梁任昉有《池边桃》诗：

已谢王母苑，复揖绥山枝，聊逢赏者爱，栖趾傍莲池，开红春灼灼，结实夏离离。

宋佯辑之《园桃赋》：

嗟王母之奇果，特华实兮相副，既陶照之夏成，又凌寒而冬就。

唐李白有《庭前晚开花》诗：

西王母桃种我家，三千阳春始一花，结实苦迟为人笑，攀折唧唧长咨嗟！

西王母桃从此以后，便成为文人所喜用的掌故，又有西王母树，《太平御览》卷九九五引《邺中记》：

金华殿后有石虎皇皇浴室。种双长松树，世谓之西王母长生树。

有王母珠，《苏氏演义》下：

苦蕨，一名苦织子，有里，形如皮弁，长安女童名为神珠，亦曰王母珠。

在矿物中有西王母白环，《旧唐书·肃宗本纪》：

楚州刺史崔侁献定国宝玉十三枚……四曰西王母白环二枚，白玉也，径六七寸。

《酉阳杂俎》一，所载稍异：

楚州献定国宝一十二……四曰西王母白环二枚，所在处外国归伏。

F. 西王母使者

从《山海经》："有三青鸟为西王母取食"的记载，又衍成若干西王母使者的故事，由于原文"三青鸟"的限定，所以这一些故事中的使者也总离不了"鸟"。

三青鸟在司马相如《大人赋》中拧成三足乌：

吾今日乃睹西王母，皬然白发戴胜而穴处兮，亦幸有三足乌为之使。

《汉武故事》把她作个别的描写：

七月七日上于承华殿斋正中，忽有一青鸟从西方来集殿前，上问东方朔，朔曰："此西王母欲来也。"有顷，王母至，有二青鸟如乌挟侍王母。

所以说"如乌"是因为司马相如先说成三足乌，又不敢撇去《山海经》的根据，只好取折衷办法，两面俱到，说成"二青鸟如乌"了。《续齐谐记》把使者摇身一变，成为黄雀，反正颜色虽改，到底还离不了"鸟"根。

宏农杨宝性慈爱，年九岁至华阴山，见一黄雀为鸱枭所博逐树下，伤瘢甚多，宛转后为蝼蚁所困，宝怀之以归，置诸梁上，夜闻啼声甚切，亲自照视，为蚊所齿，乃移置巾箱中，啖以黄花，逮十余日毛羽成，飞翔朝去暮来，宿巾箱中，如此积年，忽与群雀俱来，哀鸣绕堂，数日乃去。

是夕，宝乃更读书，有梦黄衣童子曰："我王母使者，昔使蓬莱，为鸱枭所博，蒙君之仁爱见救，今当受赐南海。"别以四白玉环与之曰："令君子孙洁白，且从登三公，如此环矣。"

宝之孝大闻天下，名位日隆。子震，震生秉，秉生彪，四世名公。及震葬时，有大鸟降，人皆谓真孝报也。

《汉武帝内传》又把她人格化：

四月戊辰，帝闲居承华殿，东方朔、董仲舒在侧，忽见一女子著青衣，美丽非常，帝愕然问之，女对曰："我墉宫玉女王子登也，乃为王母所使，从昆仑山来。"……言讫，玉女忽不知所往。

帝问东方朔此何人？朔曰：是西王母紫兰宫玉女，常传使命，往来扶桑。出入灵州、交关、常阳，传言元都阿母，昔出配北烛仙人，近又召还，使领命禄，真灵宫也。(《说郛》本)

这一故事也极为晋唐词人所爱好，常被引用在他们的作品中，陶潜《读山海经》：

翩翩三青鸟，毛色奇可怜，朝为王母使，暮归三危山，我欲因此鸟，具向王母言，在世无所须，唯酒与长年。

李贺《锦囊集外》：

> 昆仑使者无消息，茂陵烟树生愁色，金盘玉露自淋漓，元气茫茫收不得，麒麟背上石纹裂，虬龙鳞下红肢折，何处偏伤万国心，中天夜入高明月。

李白《寓言》：

> 遥裔双绿凤，婉娈三青禽，往还瑶台里，鸣舞玉山岑，以欢秦娥意，复得王母心，驱驱精卫鸟，衔木空哀吟。

甚至在视为正经大事的对策文中也习用这一典故，骆宾王《对策文》：

> 玉垒变苌弘之血，金阙化浮丘之灵，固能目睹桑田，来作西王之使，魂游蒿里，还为北帝之臣。

王母的另一使者是兽——白虎。在我们读了《山海经》以后，再读《汉武内传》或《十洲记》这一类的记载，这两者间外貌描写的悬殊，实在太使我们警异不置。杜光庭先生看穿了这矛盾，很巧妙地用“偷梁换柱”的方法把它弥缝过去，他说：《尔雅》云：“王母蓬发戴胜，虎齿善啸者，此乃王母之使，金方白虎之神，非王母之真形也。”

假使我们留心检讨一下，便不能不佩服他的高明主意，《国语·晋语》二：

> 虢公梦在庙，有神人面白毛虎爪执钺立于西阿，公惧而走，神曰：“无走！”帝命曰：“使晋袭于虎门”。公拜稽首，觉，召史嚚占之，对曰：“如君之言，则蓐收也，天之刑神也，天事官成。”公使囚之，且使国人贺梦。

所谓“天之刑神”，即是《山海经·西山经》：“司天之厉及五残。”所谓：“有神人面白毛虎爪执钺”和“如人豹尾虎齿戴胜”或“有神人尔身有文白尾”也没有多大的不同，因此他在后文就于不知不觉中插入：

又数年，王母遣使白虎之神，乘白虎集帝之庭，授以地图。(《说郛》一〇三；汉桓驎《西王母传》；《道藏·洞神部·谱录类》；唐杜光庭《墉城集仙录》金母元君)

这一段，把西王母的原来形象移交给他的使者，于是西王母的女性的美丽便轻轻地永远和《山海经》分家了。

G. 西王母的装饰

西王母的装饰品，也跟着她的性别和外貌的衍变而变迁，在《山海经》中她的装饰很简单粗陋，《西山经》说：

其状如人，豹尾虎齿而善啸，蓬发戴胜。

《海内北经》说是：

西王母梯几而戴胜。

《大荒西经》也说：

有人戴胜虎齿豹尾穴处，名曰西王母。

把上面的描写综合起来，是

1. 戴胜
2. 蓬发
3. 豹尾
4. 虎齿
5. 梯几
6. 穴处

关于3. 4. 5. 6以后另有专文讨论，此地所要说的是戴胜和蓬发。

在较早的作品中，司马相如《大人赋》：

皬然白首戴胜而穴处。

还保存着原来的意味，所不同的是使它老年化："皬然白首"四字的形容。《帝王世纪》：

昆仑之北，玉山之神，人身虎面，豹尾蓬头。

把“如人”衍成“人身”，“虎齿”衍成“虎面”，《列仙传》：

王母者神人也，人面蓬头发，虎牙豹尾，善啸，穴居，名西王母。

王母又回复到“人面”了，《轩辕黄帝传》采《大人赋》之说：

虎首豹尾，蓬头戴胜，颢然白首，善啸，石城金台而穴居。

于是“人面”又变成“虎头”了，所谓“胜”到底是什么东西呢？胜即䴔。《礼记》：

季春之月鸣鸠拂其羽戴胜降于桑。

注谓织纴。之鸟案《尔雅》作戴䴔，陆机《诗疏》：

戴䴔，䴔即首上胜也，头上尾起，故曰戴胜。

胜是鸟头上的䴔，西王母戴胜，不过是头上长了一个䴔，一个介于兽和禽之间的生物而已。䴔在鸟头上是一件最美的装饰品，后人取其意为簪，《后汉书·舆服志》：

簪以玳瑁为擿长一尺，端为华胜。

又有金胜，含有神秘的意义，《宋书·符端志》：

金胜国平盗贼四夷宾服则出。

晋永和九年春民得金胜一长五寸状如织胜。

有玉胜，《南史·齐高帝刘皇后传》：

后母桓氏梦吞玉胜生后。

也是女人的装饰品，刘孝威《赋得香出衣诗》：

香缨麝带缝金缕，琼花五胜缀珠徽。

《艺文类聚》四，引贾充《典戒》：“人日造华胜相遗，象瑞图金胜之形，又象西王母戴胜也。”《荆楚岁时记》据此者以为：“起华胜，起于晋贾充”，到了西王母的故事渗入了神仙家方士家气味以后，西王母已女道士化，所以《真诰》就说：

女真已笄者亦戴冠，惟西王母首戴玉胜。

《太平御览》卷六七八，引《集仙录》：

西王母居昆仑墉台，别治白玉龟山，青琳之宫，朱紫之房，首戴华胜，腰佩虎章，葆盖沓映，羽旌荫庭。

《道学传》的形容就较复杂了，他以为：“西王母结大华之髻，戴太真晨婴之冠，履元琼凤文之舄”。不但不蓬发而且有髻，有冠，不但没有豹尾而且穿舄。《博物志·史补》别出心裁：

王母乘紫云车而至于殿西南面，东向，头上戴七种青气，郁郁如云，有三青鸟如乌大，使侍母旁。

新鲜是比较新鲜，可惜缺少根据，以致不为其他作家所采用，《尚书帝验期》写她：

王母……驾九色班龙，带天真之策，佩金刚灵玺，黄锦之服，金光奕奕，结飞云文绶，带太真晨缨之冠，蹑方琼凤文之履。

在冠履之外，又有策、玺、锦服、文绶，很配做一个女仙领袖了。《汉武帝内传》：

王母上殿东向坐，著黄金褡襹，文采鲜明，光仪淑穆。带灵飞大绶，腰佩分景之剑，头上泰华髻，戴太真晨婴之冠，履元璚凤文之舄。

又多上黄金褡襹，分景之剑。《说郛·西王母传》拉拉杂杂把一切东西都装了进去：

王母乘紫云之辇，驾九色班麟，带天真之策，佩金刚灵玺，黄锦之服，文采鲜明，金光奕奕。腰分景之剑，结飞云大绶，头上大华髻，戴太真晨婴之冠，蹑方琼凤文之履。

西王母的装饰，这才算是到了尽善尽美的地步，永远不用再挖空心思去替她打扮了。

《拾遗记》写西王母，却又另外有一种排场，专从起居侍从饮食上用功夫：

> 西王母乘翠凤之辇而来，前导以文虎文豹，后列雕麟紫麖，曳丹玉之履，敷碧蒲之席，黄莞之荐，共玉帐高会。

都太富丽堂皇了，如和唐人小说中所叙述的张丽华、杨贵妃一比较，除去非人间的事物和标题，我们可以担保决不能清楚地指明谁是张丽华？谁是杨贵妃？谁是西王母？

（原载《清华周刊》，第三十七卷第一期，1932年2月27日）

西王母与牛郎织女的故事
——西王母与昆仑山之三

渐渐的西王母与东王公所指示的涵义逐步趋于具体化，成为另一有名的故事，这故事可以分成两部分叙述，一部分是无聊的道士或文人把他俩拉来作为两个神仙的领袖——男仙和女仙的统治者的神话。另一部分则继承着原来的意义，美丽而又带着感伤性地使之成为一有诗意的故事，由这故事又衍变成为牛郎织女的悲剧的传说。

东王公的故事，散见于下列各书：

《神异经东荒经》：东荒山中有大石室，东王公居焉。长一丈，头发皓白，人形鸟面而虎尾，戴一黑熊，左右顾望，恒与一玉女投壶，每投千二百矫，设有入不出者天为之唏嘘，矫出而脱误不出者天为之笑。

《海内十洲记》：扶桑在东海之东岸……在碧海之中，地方万里，上有太帝宫，太真东王父所治处。

《中州记》（《太平御览》九五五引）：扶桑在碧海中，上有天帝宫，东王公所植有椹树长数千丈，一千围，两两同根更相依倚，故曰扶桑。仙人食椹，体作金色，其树虽大，椹如中夏桑椹也。稀而色赤，九千岁一生实，味甘香。

《酉阳杂俎》十四《诺皋记》：东王公讳倪字君明，天下未有人民时，秩二万六千石，佩杂色绶，绶长六丈，从女九千，以丁亥日死。

《老君枕中经》：东王父姓无为字君解。

在以上的五条，可以看出东王公个体的衍变。在最初东王公的意义就等于不可知而又有意识的天——天以他的喜愠为笑嚬。发白人形鸟面虎尾戴态，这形态显然是蜕源于《山海经》中的西王母。到了第二期东王公已成为处东海太帝或天帝宫中的天帝，享乐着适意而又超人的生活，最后聪明的道士们觉得按着尘世的习尚，总该有一个名和字，该替他添上爵禄和侍从，也应该死（是否重生？未有说明）。他们便这样照办了。

在道教的神仙的统系中，西王母和东王公是神仙中的最高权威者，他们的地位等于尘世的君主，或且上之。

> 汉桓驎《西王母传》：西王母者……乃西华之至妙，洞阴之至尊。在始道炁凝结，湛体无为，将欲启迪玄功，化生万物，先以东华至真之气，化而生木公焉。木公生于碧海之上，芬灵之墟，以主阳和之气，理于东方，亦号曰东王公焉。又以西华至妙之气，化而生金母。金母生于神州伊川，厥姓缑氏，生而飞翔，以主阴灵之气，理于西方，亦号王母。皆挺质大无，毓神玄奥，于西方渺莽之中，分大道醇精之气，结气成形，与东王公共理二气，而育养天地，陶钧万物矣。体柔顺之本，为阴极之元，位配西方，母养群品，天上地下，三界十方，女子之登仙得道者咸所隶焉。
>
> 《列代真仙体道通鉴》后编卷二：天地之本者道也，运道之用者圣也，圣之品次，真人仙人。其有禀气成真不修而得道者木公金母是也，盖二气之祖宗，阴阳之原本，仙真之主宰，造化之原先。
>
> 《丹台新录》：汉初有四五小儿，路上划地戏，一儿歌曰："著青裙，入天门，揖金母，拜木公。"时人莫知之，唯张子房知之，乃往再拜，此乃东王公之玉童也，所谓金母者西王母也，木公者东王公也。仙人拜木公，揖金母。

道士们自以为是一件了不得的光荣事，把西王母和东王公从《山海经》的半人半兽的形态中，提高到阴阳二气的结晶物，并且把"共理二气，育养天地"的大头衔送给他们。其实这不过是一件还原的工作，把他们仍旧送还给生殖器崇拜时代而给还原有的意义而已。在另外一方面的成绩，是把他们变化更世俗化的仙人君长，前者管阳性的，后者管阴性的，仍旧逃不出原始所给予的意义的范围。道士们玩这把戏的根据是：

《吴越春秋·勾践阴谋外传》：立东郊以祭阳名曰东王公，立西郊以祭阴名曰西王母。

葛洪《枕中书》（书隐丛说引）：扶桑大帝东王公号曰元阳父。太真西王母是西汉夫人，在天皇地皇之前。

西王母和东王公既然如此铢两悉称，又且恰巧代表着阴阳两性，按照着世俗的成见，是应该替他们结婚——也许他们本已结婚，也说不定，不过总无明文——于是就有人替他们拉拢，结合。

《洞冥记》：东方朔游吉云之地，越扶桑之东，得神马一匹，高九尺，股里有旋毛如日月之状，如月者夜光，如日光昼光，毛色随四时之变，汉朝之马见之即垂头振毛，一国众兽，见皆避之。帝问东方朔此何兽也？朔曰："昔西王母乘灵光之辇以适东王公之舍，税此马于芝田，及食芝草，王公怒，弃于青津之岸。臣至王公之坛，因骑而返。绕日三匝，此马入汉关，关犹未掩，臣于马上睡眠，不觉逐至。"帝曰："其马名云何？"朔曰："因事为名则步景。"

《神异经·中荒经》：昆仑之山有铜柱焉。其高入天，所谓天之柱也。周三千里，周围如削，下有回屋，方百丈，仙人九府治之。上有大鸟，名曰希有，南向张左翼覆东王公，右翼覆西王母，背上小处无羽一万九千里，西王母岁登翼上会东王公也。……其鸟铭曰："有鸟希有，碌赤皇皇，不鸣不食，东覆东王公，右覆西王母。王母既东，登之自通。阴阳相须，唯会益工。"

在《洞冥记》中的西王母和东王公的关系还不十分明显，可是两者间的晤面，此往彼来，似乎是很密切而又很随意的。可是在《神异经》中，却就不同了，所谓"阴阳相须，唯会益工"的关系虽已指明，不过"岁登翼上会东王公"似乎晤面的期间又受某种限度的制裁了。

从《神异经》所述的这一段故事，又衍变成为牛郎织女的故事，也或许牛郎织女的故事产生更在《神异经》成书以前，《神异经》所述的即系受其暗示？不过无论如何，这两个故事有相互的错综的密切关系，前一故事由后一故事衍变而成，或反之，这是无可否认的。

现在我们先来考察一下牛郎织女故事的组织过程。

> 《三辅故事》：汉武帝作昆池，武帝崩后，于池中养鱼以给诸陵祠，余付长安市。池有二石人，如牵牛织女像。
>
> 《三辅黄图》卷四：关辅古语曰："昆明池中有二石人立，牵牛织女于池之东西，以象天河。"张衡《西京赋》曰："昆明灵沼，黑水元址，牵牛立其右，织女居其左。"今有石丈石婆神祠在废地，疑此是也。

假如是可信的话，那可以说在西汉时已经有了牵牛织女的故事，并且这故事的组织已和后来的大致相仿了。

牵牛和织女都是星名：

> 《夏小正》："七月汉案户初昏织女正东南。"
>
> 《焦林大斗记》："天河之东，有星微微，在氐之下，谓之织女。"
>
> 《左传》昭十年注："织女为处女。"
>
> 《诗·大东》："跂彼织女，终日七襄。"

传云襄反也，笺云驾也，驾谓更其肆也。从旦暮七辰一移，因谓之七襄。

> 《大象列星图》说：河鼓三星在牵牛北，主军鼓，盖天子之将军也。中央大将军，其南左星，左将军也，其北右星，右将军也，所以备关梁而拒难也。昔传牵牛织女七月七日相见者则此是也。故《尔雅》云："河鼓谓之牵牛。"又古歌云："东飞伯劳西飞燕，黄姑织女时相见。"其黄姑者即此是也，为吴音转而讹然。

织女星从旦暮七辰一移，所以后来牛女的故事便衍变成每年七月一会，《三辅黄图》说“渭水贯都以象天河，横桥南度，以法牵牛”。由此可知在未和西王母与东王公的故事混合以前，七夕相会是牵牛渡河。到了混合以后：“西王母岁登翼上会东王公。”便成为织女岁渡河会牵牛了。牵牛织女也都有姓名：

《春秋运斗枢》：“牵牛名累石氏。”

《星经》：“牵牛名天开。”

《佐助期》：“织女名收阴。”

织女又是帝女：

《汉书·天文志》：“河鼓大星上将，其北织女，织女天帝孙也。”

《晋书·天文志》：“织女三星，在天纪东端，天女也。”

牵牛织女是天上的一对夫妇：

曹植《七咏》注：“牵牛为夫，织女为妇，各处一旁，七月七日得一会。”

为着某种罪过，天帝罚令每年只能在规定的这一日相会一次，这罪过有几种不同的说法。第一说是废织：

《荆楚岁时记》：“天河之东有织女，天帝之子也。年年织杼劳役，织成云锦天衣。天帝怜其独处，许嫁河西牵牛郎，嫁后遂废织袵。天帝怒，责令归河东，使其一年一度相会。”

第二说是债务的关系：

《日纬书》：“牵牛星荆州呼为河鼓，主关梁，织女星主瓜果，尝见《道书》云：‘牵牛娶织女，取天帝钱二万备礼，久而不还，被驱在营室。’是也。”

在这一说中天帝和牵牛并无翁婿的关系，和织女无父女的关系。第三说是由于傅会：

《续齐谐记》：“桂阳成武丁有仙道，常在人间，忽谓其弟曰：‘七月七日织女渡河，诸仙悉还宫，吾向被诏不得停，与尔别矣。’弟问曰：‘织女何事渡河？当何时还？’曰：‘织女暂诣牵牛，吾后三年当还。’明日失武丁。至今云织女嫁牵牛。”

以上三种不同的解释，都是荆楚一带的民间传说。在同一地点有这样的情形发生，由此可知在其余的地方也必有若干不同的传说在流播着，只是到了后来故事的形式一经凝固以后，某一传说较占势力成为正统。其余不相干的便被逐渐淘汰了。

二星相会的时候，是乘鹊渡河的：

《六帖鹊部》引《淮南子》：“乌鹊填河成桥渡织女。”（按今本无）马缟《中华古今注》：“鹊一名神女，俗云七月填河成桥。”

《岁华纪丽》引《风俗通》：“织女七夕当渡河，使鹊为桥。”

七月七日是古代一个很有意思的日子，这日子我们须记得是王子晋见于缑山的一日，是汉武帝的生日，也是西王母降汉宫的日子。在牛女的故事中便由七襄衍成七月，加入了西王母和东王公的故事以后便正式继承为七月七日。另一方面把西王母岁登翼上会东王公的大鸟，背上小处无羽一万九千里的希有，因袭缩小成为无数无数的乌鹊。由漫无规束的岁登经合并后成为严格的一年一度的七月七日，由其大无朋的希有衍变成鹊桥相会。这是两个故事合并后的成绩，也是牛女的故事的形式上的新发展和形成。

在这一天晚上，民间举行着一种乞巧的仪式，当作一年一度的佳节。

傅玄拟《天问》：“七月七日，牵牛织女会天河。”

《荆楚岁时记》：“七月七日为牵牛织女聚会之夕。是夕人家妇女结綵缕，穿七孔针，或以金银鍮石为鍮，陈瓜果于中庭以乞巧，有喜子网于瓜上，则为符应。”

《四民月令》：“七月七日曝经书，设酒脯时果，散香粉于筵上，祈请于河鼓织女，言此二星辰当会，守夜者咸怀私愿，或云天汉中有奕奕白正白气如地河之波辉，辉有光耀五色，以此为征应，见者便拜乞愿，三年乃得。”

《西京杂记》："汉彩女常以七月七日穿针于开襟楼，俱以习俗也。"

《舆地志》："齐武帝起层城观，七月七日宫人多登之穿针，世谓之穿针楼。"

《东汉纪事·类赋》五引："世传窦后少小头秃，不为众人所齿。七月七日夜，人皆看织女，独不许后出，有光照室，为后之瑞。"

关于牛女相会的天河，前人也有过记载。

《博物志》说："旧说天河与海通，近世有居海者年年八月有浮查来甚大，往反不失期。此人乃多赍粮乘查去，忽忽不觉昼夜，奄至一处，即城郭居舍，望室中多见织妇，见一丈夫牵牛诸次饮之，惊问此人何由至此？此人即问为何处？答曰：'君可诣蜀严君平。'此人还问君平。君平曰：某月某日有客星犯牛斗。即此人到天河也。"

《集林》："昔有一人寻河源，见妇人浣纱以问之，曰：'此天河也。'乃与一石而归，问严君平，云此织女支机石也。"

并且在贵族、士大夫阶级一方面，这故事也很普遍的在被尊重着。试把这时代的几个作家的关于七夕的诗择要抄在下面一看：

《古诗》：迢迢牵牛星，皎皎河汉女，纤纤濯素手，札札弄机杼，终日不成章，涕泪零如雨。河汉清且浅，相去复几许？盈盈一水间，脉脉不得语！

晋李克《七月七日诗》：朗月垂元景，洪汉截皓苍，牵牛难牵牧，织女失空襄，河广尚可越，怨此汉无梁。

晋苏彦《七月七日咏织女诗》：织女思北沚，牵牛叹南阳。时来嘉庆集，整驾巾玉箱。琼珮垂藻蕤，雾裾结云裳。释鸾紫微庭，解衿碧琳堂。欢宴未及究，晨晖照扶桑。怅怅一宵促，迟迟别日长。

宋孝武帝《七夕诗》：白日倾晚照，泫月升初光。炫炫叶露滴，肃肃庭风扬。瞻言媚天汉，幽期济河梁。服箱从奔轺，纨

> 绮阙成章。解带遽回轸，谁云秋夜长？爱聚双情欵，念离两心伤。

此外宋谢惠连有《七夕咏牛女诗》，梁庾肩吾有《七夕诗》、《七夕赋》，刘孝威有《咏织女诗》，何逊有《七夕诗》，北齐邢子才有《七夕诗》，杜甫有《牵牛织女诗》，李商隐有《辛未七夕诗》……

由以上所引的我们可以知道牵牛织女的故事，在时间上是从汉晋到南北朝以至隋唐，很普遍的为一切人所传说。如就横的一方面说，则得到一个南北朝的作品最多的数量上的统计，换句话说就是南北朝是这故事传播最广最普遍，在质表两方面，也在这时最后完成的一个时代。

假如我们把中国所有历史上的诗人的作品，把他们的题材拿来统计一下，我们可以下一个结论说假使一个诗人不曾以牛女的故事为对象而描写过，那是很少有到几乎不可能的事。每一个人都把他自己的幽郁和想象，冀图在如此美丽的一个故事上发泄，寄托出他自己的内心的感情，造成更美丽更有意义的词句来娱乐自己。因此这故事便因为各人环境和感情的不同，在文学上被表现的方式亦复衍成各个不同的面貌。但是在表面上虽然有很大的差异，而他原来的形质和意义却绝未因此而改变，换言之，这故事的永远悲剧式的成分和阴阳性的代表意义是始终被保存着的。

现在，总结以上所叙述的，关于牛女的故事的形成的过程，依顺序列表如下：

1. 最初牵牛和织女都是星名，一在天河东，一在天河西。

2. 河鼓一名牵牛，吴音讹为黄姑，是主大将军鼓的星，织女星则主瓜果。

3. 牛女两星，隔河相望，汉代有牵牛渡河会织女的故事，到了渗入了西王母的故事的成分以后便变成织女渡河会牵牛了。

4. 由于命名的意义的傅会，牵牛渐渐衍变成为牧童，织女成为帝女。

5. 由牧童织女的两性标识，产生天帝许婚和废织被罚的故事。

6. 由七襄限定牛女的会期在七月，由西王母七月七日降汉宫和当时对七月七日的好尚，西王母和东王公的故事在本质上大体和牛女的故事相同，因之两者自然地结合为一，而把“西王母岁登翼上会东王公”严格地衍变成为一年一度的七月七日的相会。

7. 从西王母和东王公的故事中的希有，衍变成牛女故事中的鹊桥相会。

8. 在另一方面，间隔牛女的天河，又被傅会成客星乘槎和支机石的故事，肯定了牛女的人世化的表面职业。

由于牛女二星的运行和名义，被解释成为牧童织女的恋爱故事，这在以上的引证，我们已经知道这故事是如何为若干年来的文人学士所爱好了。可是在另一方面，这故事也同样的为农民社会所欢迎，理由是牧童织女全是属于他们自己的这一阶级的缘故。因为如此，牛郎织女都被形成作具体化人格化的牧童织妇，不能再和原来所继承的东王公和西王母作形式上的调和，而永远分离自成一独立的故事。

在西王母这一方面，经过这一番的融会和分离以后，所留下的残迹是容纳了织女是帝女的传说，甚至在和牛女的故事分开以后，“西王母天帝之女也。”这一痕迹依旧被永远保存着，关于这一点我们将在另一章中作详细的说明。

（原载《文学月刊》，第三卷第一期，1932 年 5 月）

跋《断缘梦》杂剧

《断缘梦》杂剧四折，卷端题藤花主人填词，辨红醉客点论。自序署同，序谓："……先是借他人酒杯，撰《江梅》、《圆香》、《昙花》三杂剧，皆以梦名。业师李太史谓宜更添其一为四小梦。诺焉未即作。秋赋新返，客履绝希，枯坐短檠，有所感忆，辄为斯剧，师命汇附于所著书后。迨此剧刻成，而师之凶问适至，乃竟不一见，亦文字之缘断也。是又一梦也。"无年月题识里贯，不知为何人所作，亦不知其刻于何代也。顷之偶检曲话，见卷端题"藤花主人梁廷枏撰"。乃始悉其姓名，继读卷端李黼平序文，则又知其字章冉，而《断缘梦》序所谓之业师李太史为即李绣子也。复读其卷尾跋文："上秋游顶湖阻风肇庆，孤篷俏坐，辄杂忆而随记之，了无论次，归乃补缀成帙，甲申腊尽廷枏记。"甲申为道光四年（1824），腊前出游，当不甚远，其为广东人无疑。亟翻《李绣子集》果于《南归集》卷二中发现门人梁章冉廷枏《圆香梦》乐府题词六首。集末更有廷枏跋一首，自署为顺德门人梁廷枏，谨跋于宝安珊州舟次。前此所定假设，于此完全证实。

据跋《曲话》成于道光四年，李绣子为作序，《断缘梦》之刊成适在李绣子死之年，《绣子集跋》谓"道光丁亥绣子先生梓吴门南归二诗合著《花庵集》为廿卷成。廷枏谨卒业而献言曰……"《绣子集》成于绣子生前，则《断缘梦》之刊决不在道光七年（1827）以前可知也。

梁氏生时无籍名，遍检《碑传集》、《耆献类征》、《皇朝续文献通考》、《清史列传》诸书，均不得其踪迹。耗时多而一无所得，不禁为之懊丧久之。今乃一旦于无意中辗转得之，譬如理丝，一经就绪，百端均举。快慰无似，用记其经委于此。

一九三一，三，二一，义乌吴晗记于海甸

梁氏他著有《藤花亭》十种，《粤海关志》诸书，所作杂剧《江梅》、《圆香》、《昙花》、《断缘》四梦，合刊为《藤花亭四种曲》，西谛先生藏有原刊本，曾假一读，友人番禺梁君藏有梁氏著名系衔之碑文一纸，暇当理董所见，为作一小传也。一九三二，五月五日晚十时校后补记。

（原载《清华周刊》，第三十七卷第九、十期，1932 年 5 月 7 日）

跋《一笠庵四种曲》

《一笠庵四种曲》（八卷，八册），明李玉撰（字元玉，江苏吴县人，明崇祯时举人。与吴梅村、冯犹龙善，钱牧斋盛称之。）清乾隆甲寅（1794）宝研堂重刊本。书签题苏门啸侣编，吴趋圃柏较。卷首吴门揆八愚撰序。称“一笠庵先生伤翻旧创新之为世道忧，因仿古人劝惩之意，作为传奇四编”。

书共四种，首页题识各不同，录之如下：

1. 一笠庵新编（目作重定）《一捧雪传奇》卷上　苏门啸侣笔。

2. 墨憨斋订定（目作重定）《人兽关传奇》上　苏门一笠庵新编，同郡龙子犹窜定。

3. 墨憨斋重订（下卷作定）《永团圆传奇》上　吴门一笠庵创稿，同郡龙子犹窜（下卷作更字）定。

4. 一笠庵新编（目录页作重定）《占花魁传奇》上　苏门啸侣笔。

页十行，行二十一字，版心刻曲名。

按王静安《曲录》五页四：

《一捧雪》一本

《人兽关》一本

《占花魁》一本

《永团圆》一本

《麒麟阁》一本

…………

《一吕爵》一本

右三十三种国朝李玉撰，玉字玄玉，吴县人。

黄文旸《曲海总目提要》卷十九页十三：

《一捧雪》　苏州人李元玉撰，与《人兽关》、《永团圆》、《占花魁》共四种，所谓一人永占也。

《人兽关》　李元玉撰，以桂著妻子变犬而名。

《占花魁》　明万历间人撰，不著姓名，署曰一笠庵，或曰李元玉所作也。以王美娘称花魁娘子，而秦钟得之，故名占花魁。

《永团圆》　此与《一捧雪》、《人兽关》、《占花魁》三剧，皆苏人李元玉所撰。时人合名之曰“一人永占”。而此剧与《人兽关》又皆说悔亲事，盖当时或实有之。又冯梦龙改本小有异同。

据黄王二氏所述，则《一笠庵四种曲》之为李元玉作，毫无疑义。尔时士夫度曲虽复倜傥自喜，而终稍存顾忌，一笠庵主人、吴门啸侣盖即元玉之别署也。

李玉事迹无可考，吴瞿安《顾曲尘谈》下页一〇三谓：

> 李元玉玉苏州人。崇祯间举人。（按《苏州府志》卷六二《选举志》四无李元玉，《文苑传》亦无，未知吴氏此说何据?）国变后不出，家居数十年，专以度曲为事，与吴梅村友善，有《北词广正谱》，即梅村为之序也。所作诸剧，共三十三种，今所传述人口者《占花魁》、《一捧雪》、《人兽关》、《永团圆》而已。其词虽不能如梅村、西堂之妙，而案头场上，交称利便，钱牧斋亦深爱其曲，至比之柳屯田。无名氏《新传奇品》云：“李元玉之词，如康衢走马，操纵自如，盖亦斲轮老手也。其《占花魁》一剧，为元玉得意之作。劝妆北词，更为神来之笔，（世通唱不录）其醉南归词一套，用车遮险韵，而能游刃有余，亦才大不可及也。惟《昊天塔》、《精忠谱》，稍不称耳。”

考龙子犹即冯梦龙，梦龙字犹龙，一字子犹，与元玉同乡里。崇祯时官寿宁知县，未几即归，值乙酉变殉节。所居曰墨憨斋。曾取古今传奇，汇集而删改之，且更易其名目，共计十四种，曰《墨憨斋定本》。《一笠庵四种曲》内《永团圆》、《人兽关》为其所重定。《曲海》云《永团圆》冯氏改本小有异同。则今本之四种曲，固改订后之重刻本，与原本或小有出入也。

元玉其他著作为藏书家所著录者有下列一种：

《八千卷楼书目》卷二十：

《一笠庵北词广正谱》不分卷，国朝李元玉撰，刊本。

有青莲书屋刊本。吴伟业序：“李子元玉，好奇学古士也，其才足以上下千载，其学足以囊括艺林，而连厄于有司，晚几得之，仍中副车。甲申以后，绝意仕进，以十郎之才调，效耆卿之填词，所著传奇数十种……”

王季烈《螾庐曲谈》卷四余论谓，“李玉吴县人，所居曰一笠庵。明末中副贡，甲申后绝意仕进，专以度曲自娱，与吴梅村友善。一说元玉系李相国家人，为申公子所抑，不得应试，故其《一捧雪》极为奴婢吐气，而开首即云：‘裘马豪华，耻争呼贵家子。’意固有在也。”案梅村谓其困于有司，晚几得之，而中副车。是元玉固久困场屋者，曾为家人不得应试之说，实不足据。

附记：

撰此跋后一年，西谛先生见告谓涵芬楼旧藏有明刊圜图本《一笠庵四种曲》，出元玉家刊，未经冯氏改削，最可珍重。惜沪变起后，与所度他名刻珍刊，同归日军一炬矣！

（原载《清华周刊》，第三十七卷第九、十期，1932年5月7日）

汉代之巫风

一、巫

汉代巫风特盛，武帝世巫蛊之祸，是两汉史中的一件大事。

在先民的原始信仰中，浑浑噩噩，以为风吹草动，星辰运行，甚至一石一木都有不可知的神秘的凭藉着。由惊奇而恐惧，由恐惧而彷徨，由彷徨无所主而发生一种时常在动摇不定的物的崇拜，渐进而成为信仰，成为原始的宗教。替他们解释这神秘，领导着举行宗教的仪式的便是所谓巫和觋。担任这职司的人，大抵都属于族中的耆老，因为他们经验多，识见广，逐渐地成为世袭的专业，作一氏族中的指导者。

《国语·楚语》："古者民神不杂，民之精爽不携二者，而又能齐肃中正……如此则明神降之，在男曰觋，在女曰巫。"巫的职司是乐神；《说文解字》五："巫，祝也。女能事无形以舞降神者之。"《商书》："敢有恒舞于宫，酣歌于室，时谓巫风。"《疏》谓："巫以歌舞事神，故歌舞为巫觋之风俗也。"巫又能前知；《荀子》："知其吉凶妖祥，伛巫跛击之事也。"又长祝咀；《史记·封禅书》："太初元年西伐大宛，丁夫人雒阳虞初等以方祠咀匈奴大宛焉。"擅祓除求雨之术；《周礼·春官》："女巫掌岁时祓除衅沐，旱暵则舞雩。"①

汉兴，尤重巫祝；《汉书·郊祀志上》："令祝立蚩尤之祠于长安，长安置祠祀官、女巫。其梁巫祠天、地、天社、天水、房中、堂上之属。晋巫祠五帝、东君、云中君、巫社、巫祠、族人炊之属。

① "求雨以女巫。"《左传》僖公二十二年："夏大旱，公欲焚巫尪。"注谓："巫尪女巫也。主祈祷请雨者。"

秦巫祠杜主、巫保、族累之属。荆巫祠堂下、巫先、司命、施糜之属。九天巫祠九天。皆以岁时祠宫中。其河巫祠河于临晋，而南山巫祠南山、秦中。秦中者，二世皇帝也。各有时日。”女巫以国家功令所祠的对象不伦不类地什么天、地、山、水、神、鬼、怪物、老巫……一起都被按期举行着古怪的典礼，保存着古代的习尚。

除上述地点以外，齐陈二地因历史的背景，巫风亦极盛。《汉书·地理志》记齐有巫儿：“齐襄公淫乱，姑姊妹不嫁，于是国中民家长女不得嫁，名曰巫儿。为家主祠。嫁者不利其家。民至今以为俗。”（这颇和近代一本反对基督教的书——《辟邪纪略》中所记“玛丽”的教徒习惯相仿。）又云：“陈太姬妇人尊贵，好祭祀，用史巫，故其俗巫鬼。”巫是女人，所以能出入宫禁，作压禳诅咒的勾当。（《汉书·公孙贺传》，《江充传》，《戾太子传》。）

二、神君与西王母

女巫所祠的神中最著是《封禅书》的神君。这故事荒唐得很有意思。对于西王母故事有兴趣的学者，常疑心为什么后来的著述家喜欢把汉武帝作西王母故事中的一个主角？这因缘从什么时候开始发生联系？这一有趣的问题，我们企图在本文中作一比较的解答。《封禅书》中的神君故事如下：

> 是时上求神君，舍之上林号氏观。神君者长陵女子，以子死，见神于先后宛若，宛若祠之其室，民多往祠。平原君①往祠，其后子孙以尊显。及今上即位，则厚礼置祠之内中，闻其言不见其人云……文成死明年，天子病鼎湖甚，巫医无所不致，不愈，游水发根言上郡有巫，病而鬼神下之，上召置祠之甘泉。及病，使人问神君，神君言曰：天子无忧病，病少愈，强与我会甘泉。于是病愈，遂起幸甘泉，病良已，大赦，置酒寿宫神

① 武帝外祖母臧儿。

君。寿宫神君最贵者太一，其属曰大禁司命之属皆从之，勿可得见，闻其言，言与人音等。时去时来，来则风肃然，居帷室中。时昼言，然常以夜。天子祓，然后入，因巫为主人，关饮食所欲言行下。又置寿宫北宫，张羽旗，设供具，以礼神君。神君所言，上使人受书其言，命之曰画法。其所语世俗之所知也，无绝殊者，而天子心独喜。其事秘，世莫知也。

在后出的《洞冥记》中，我们发现一段故事，和神君极有关系：

元光中，帝起灵寿坛，坛上列植垂龙之木，似青梧，高十丈，有朱露，色如丹斗。洒其叶地皆成珠。其枝似龙之倒垂，亦曰珍珠树。此坛高八尺。帝使董谒乘云霞之辇以升坛，至夜三更，闻野鸡鸣，忽如曙，西王母驾元鸾，歌春归乐。谒乃闻王母歌声而不见其形，歌声绕梁，三匝乃止。坛旁草树枝叶，或翻或动，歌之感也。

把两篇东西作一比较，很显明地这两篇有直接血缘关系。因为神君是长陵女子，所以后来的西王母，便从此衍成女性。因为其事秘，世莫知，所以后来西王母和汉武帝的故事，便不得不衍成各个不同的形式。——从太一衍成《洞冥记》、《汉武内传》、《外传》、《仙传》、《拾遗》、《海内十洲记》、《魏夫人传》（《说郛》卷一二三）、《黄帝内传》、《墉城集仙录》（《道藏·洞神部·谱箓类》）《真诰》、《龟山元录》诸书的西王母，其属大禁司令之属便衍成上元夫人、南极夫人、许双成、王子登等仙真。同时，“公孙卿候神于河南，言见仙人迹缑氏城上，有物如雉，往来城上。天子亲幸缑氏城视迹。”一段记载，也即为后来著作家指明西王母籍贯和氏姓的根据。

三、《焦氏易林》中的故事

《焦氏易林》是汉代一部占筮的书。每一筮辞大抵包含一个以上的故事。筮辞取其通俗，故事求其普遍。在这一部古代的故事总集中，我们发现有关于西王母的达四十条，占全书二十分之一。其中指明西王母的有十五条。在这一些零碎的故事中，可以看出汉代的巫风和民间信仰，和汉代农村社会的生活。

《易林》中言及王母善祷，祝榴，祝词，祷祠，一些巫的职司的有下列诸条。讼之第六需：

> 引船牵头，虽拘无忧，王母善祷，祸不成灾。

谦之第十五节：

> 穿鼻系株，为虎所拘，王母祝榴，祸不成灾，突然自来。

明夷之三十六讼，遂之四十五豫（词作祷，遂作突）：

> 穿鼻系株，为虎所拘，王母祝词，祸不成灾，遂然脱来。

按坎之二十九大有篮辞王母作灵巫：

> 棘钩我襦，为绊所拘，灵巫拜祷，祸不成灾。

可见王母即灵巫之一称。王母在古代是对于亲族中的近血缘的女性的通称。在上列的故事中所叙述的是农村未发达，野兽食人时的情事。王母是一氏族中的尊长，自然应该执行灵巫的职司，替被害者祝祷脱祸。

小畜之第九丰：

> 中田膏黍，以享王母，受福作亿，所求大得。

大壮之三十四咸：

> 畜鸡养狗，长息有储，耕田有黍，王母喜舞。

蒙之第四巽：

> 患解忧除，王母相于，与喜俱来，使我安居。

剥之二十三观，无妄之二十五同（末福字作昌）：

> 王母多福，天禄所伏，居之宠光，君子有福。

这是说王母能尽职祈祷，被她的氏族崇拜作社神，享以膏黍鸡狗，向她求加倍的收获。

农人向王母求农产物丰收，求福求禄，求解患除忧，农妇呢？自然是向王母求子了。鼎之五十萃，明夷之三十六萃，坤之第二贲有同样的筮辞说：

西逢王母，慈我九子，相对欢喜，王孙万户，家蒙福祉。

有了孩子，就须注意到孩子的："无灾无难到公卿。"要他身体长得结实，顽皮。小畜之第九大有有这样的祝词：

金牙铁齿，西王母子，无有患殃，扶舍陟道，到来不久。

又大有之第十四蹇：

金牙铁齿，西王母子，无有患害，减害道利。

《山海经》和《穆天子传》诸书中的西王母记载，或许采自民间传说，或许是民间的巫风受了记载的影响，渗合为一。这先后的安排很值得我们研究。讼之第六泰：

弱水之西，有西王母，生不知死，与天相保。

临之十九临：

弱水之上，有西王母，生不知老，行者危殆。利居善喜。

既济之六三大畜：

弱水之右，有西王母，生不知老，与天相保。不利行旅。

这是打算出外旅行前的筮辞，老巫拈得泰卦，意思是吉利长寿，宜远行。不幸拈到临或既济，"行者危殆，利居善喜。"不利行旅，便应遵守不能出门了。

民众都向王母这老巫求福求什么，自然一般古圣先王也不能例外。周穆王西游的故事，在当时一定脍炙人口，据下列两条，似乎在他出发之前，曾派王良去作先容。临之第十九履：

驾龙骈虎，周遍天下，为人所使，西见王母，不忧不殆。

比之第八蹇：

长股喜走，趋步千里，王良嘉言，伯来在道，申见王母。

稷也曾奉尧命，向王母求福求子。坤之第二贲：

稷为尧使，西见王母，拜请百福，赐我善子。

明夷之三十六萃：

稷为尧使，西见王母，拜请百福，赐我喜子，长乐福有。

据《古史》记载丹朱的行事，大概这一次稷没诚心，所以没好保佑。在讼之第六家人，师之第七离，离之三十剥，损之四十一离，夬之四十三夬，归妹之四十三升诸筮辞中，更拉扯一大堆名人起哄：

戴尧扶禹，松乔彭祖，西过王母，道路夷易，无敢难者。

小畜之剥：

孔鲤伯鱼，西至高奴，木马金鱼，驾游大都，王母送我，来牝字驹。

索性连孔夫子的儿子都来参与巫祝，成为一位畜牧家了。王母在正面被农民如此崇奉捧场，自应负有替农民求福保家的义务。要是她放弃或怠职时，农民受了损失，就得大闹骂街，把这老巫出气。剥之二十三咸：

三人辇车，乘入虎家，王母贪叨，盗我犁牛，

这是农家丢了牛，硬栽在她身上，无妄之二十五萃：

三人辇车，乘入旁家，王母贪叨，盗我资财。

这是农家丢了钱，因她没保佑，少不得也算是她的过错。

另外还有一些，除前两条似和《左传》有关系外，其余的因为故事的本身已经亡失，很难索解，无妄之二十五噬嗑：

戴喜抱子，与利为友，天之所命，不忧危殆，荀伯劳苦，未来王母。

屯之第三观，泰之第十豫，否之既济，剥之二十三无妄，家人之三十七遁：

东邻嫁女，为王妃后，筑公庄馆，以尊王母，归于京师，季姜悦喜。

乾之第一复，蒙之第四井（下多欢乐无疆四字），贲之第三十二井（三人作二人）：

三人为旅，俱归北海，入门上堂，拜谒王母，劳赐我酒。

蒙之第四泰：

果体殊患，各有所属，西邻孤媪，欲寄我室，王母骂害，求不可得。

豫之十六贲：

泉开泽竭，王母饥渴，君子困穷，乃徐有说。

随之第十七巽：

水坏我里，东流为海，龟鳖灌嚣，不睹王母。

后二条的旱灾和水灾，据《周礼·春官》“旱暵则舞雩”的记载，大概是祈祷无灵，旱了自己也得挨渴，水灾怕人们责问，私自跑开了。

四、西王母之祠祀与建平四年事件之意义

农村社会的巫风，已如上述。政府的和大都会间的呢？我们试引证其他一些可据的文献，来和上文作一参照。

《太平御览·礼仪部》引卫宏《汉旧仪》：

祭王母于石室，皆在所二千石令长奉祠。

可见王母不但由巫的地位而进为社神，并且在汉代已被国家功令所制定，成为地方官吏定期祭祀的神祇了。《吴越春秋·勾践谋外传》记文种劝越王尊天事鬼以求福佑：“立东郊以祭阳，名曰东王公，立西郊以祭阴，名曰西王母。”书的本身及时代虽不可靠，不过多少总和民间的巫风有关。在较后的记载中，李榕《华岳志》引唐李商隐

《王母祠诗》，明末屈大均《广东新语》、《仇池石》、《羊城古钞》都记广东有王母祠，为乡民求福禄求子之处。宋沈括《梦溪笔谈》卷二十一载西王母咒语诅人立死。道教经典中有《道教灵验》记述西王母塑像救疾验，《道藏》中有《西王母反胎按摩玉经》，有《西王母叙诀》，《广黄帝本行记修行道德条登真隐诀》，《神洲七转七变经》、《五符经》、《三皇经》、《内音玉字经》、《洞真西王母实神起居经》、《西王母实生无死玉经》、《抱朴子·杂应篇》、《历代真仙礼道通鉴》卷二十及二十三，《太平御览》卷六七一引《上元宝经》诸书均载有西王母祠祀、咒法、魔让、祈福、永生的故事。最值得我们注意的是《汉书》中关于西王母的记载。卷八十四《翟方进传》：

莽于是依《周书》作大诰曰："太皇太后肇有元城沙鹿之右，阴精女主圣明之祥，配元生成，以兴我天下之符，遂获西王母之应①，神灵之征……"

卷九十八《元后传》：

莽乃下诏曰："……更命太皇太后为新室文母太皇太后，协于新室。故交代之际，信于汉氏，哀帝之代，世传行诏。为西王母共具之祥，当为历代为母，昭然著明。"

两诏均及西王之瑞应，可见当时朝廷及贵族大官对于西王母的信仰和西王母的地位与意义。所谓行诏，《汉书·五行志》下之上：

哀帝建平四年正月，民惊走持稿或掫一枚，传相付与，曰："行诏筹。"道中相过逢，多至千数。或被发徒跣，或夜折关，或逾墙入，或乘车骑奔驰，以置驿传行经历郡国二十六至京师。

京师方面民众祠祭西王母的盛况，同书云：

其夏，京师郡国民聚会里巷阡陌，设祭，张博具，歌舞祠西王母。又传书曰："母告百姓，佩此书者不死，不信我言，视门枢下当有白发。"至秋止。

---

① 孟康注曰："民祠祀西王母之应也。"

歌舞祠西王母和门枢白发佩书不死，正是老巫的行径，可见这时代巫风的普通与热狂。同书卷二十六《天文志》也有相同的记载：

哀帝建平四年正月二月三月，民相惊动，欢哗奔走，传行诏筹，祠西王母。

又可见这疯狂的情绪维持时间之久。

这一件古怪事，杜邺以为是："西王母妇人之称，博弈男子之事，于街巷阡陌，明离阒内与疆外临事，盘乐炕阳之意，白发衰年之象。"以公羊家的眼光，典解为当时外家用事之征。

按《礼记·效特牲》"天子大蜡八……蜡也者索也。岁十二月合聚万物而索飨之也。蜡之祭也，立先啬而祭司啬也。祭百种以报啬也。飨农及邮来禽兽，仁之至，义之尽也。古之君子，使之必报之……黄衣黄冠而祭，息农夫也……既蜡而收，民息矣，故既蜡，君子不兴功。"蜡在岁底，农村中举行一种农事的祀典，主持的人当然是一氏族中的耆老——巫觋。其用意一面算是报答一切有功农事的事物，一方面借这机会给辛苦一年的农人以一个公开的休暇娱乐机会。所以《杂记》又说：

子贡观于蜡。孔子曰："赐也乐乎?"对曰："一国之人皆若狂，赐未知其乐也。"子曰："百日之蜡，一日之泽，非尔所知也。张而不弛，文武勿能也。弛而不张，文武勿为也。一张一弛，文武之道也。"

"一国之人皆若狂"恰好拿来形容建平四年正月的事件。同时也足说明《焦氏易林》中关于农村社会情形。上文所已指出的西王母故事，和什么阴阳灾异之说全不相干。实在的原因是当时政治情形腐败，外戚丁傅嬖幸董贤等用事，不恤国政，穷奢极淫，"上有好者，下必有甚焉"。政治上的松懈病态及于社会，并且深入农村。在发生农村经济崩溃的过程中，产生一种所谓民族的歇斯底里亚症，自上一年的年底所举行的腊祭，继续地把它延长到第二年春间而已。

（原载《清华周刊》，第三十九卷第一期，1933 年 3 月 15 日）

读史杂记
——《明史》

所谓官修之正史中，自来学者多推崇《明史》。阳湖赵氏曾谓："近代诸史，自欧阳公《五代史》外，《辽史》简略，《宋史》繁芜，《元史》草率，惟《金史》行文雅洁，叙事简括，稍为可观。然未有如《明史》之完善者。"推其理由为：

（一）修史时间极长，屡经更定，无简略草率之弊。

（二）纂修者大都为一时硕学耆宿。（如李清、汤斌、姜宸英、郑江、刘献廷、毛奇龄、汪琬、万言、吴志伊等均被罗致。学贵专家，《明史·食货志》出于潘耒，《流贼》、《土司》、《外国传》出毛奇龄手，《艺文志》成于黄虞稷、尤侗，《礼志》成于金德嘉，《后妃》、《诸王》、《开国功臣》传出于汪琬，《地理志》出于徐乾学，《历志》出于吴志伊、汤斌，《隐逸传》出于严绳孙，《五行志》成于倪灿、吴志伊，汤斌撰《太祖本纪》，徐嘉炎撰《惠帝本纪》，朱彝尊撰《成祖本纪》，姜宸英撰《刑法志序》……其他撰人可考者亦不下数十家，虽不必成于一人手，要其集众腋，聚精华，且经黄宗羲、高弟、万斯同所订定裁量，虽经王鸿绪窜乱，大体仍自可观。）

（三）立传存大体。

（四）去前朝未远，见闻尚接，故事原委，多得其真。

（五）事详文简。

訾《明史》者亦以为：

（一）修史时间太长，时作时辍，主持者不一其人，无一贯宗旨，每多矛盾。

（二）适当逊国遗臣负嵎海角，王孙饮泣路嵎之际。清帝屡兴文字诏狱，钳禁过甚，忌讳过多。难成信史。

（三）清帝崇朱学，廷臣因学派门户之偏见，所撰志传，未免抑扬。

（四）搜访漏落，弘光迄永历终事多不备，即有记载，亦多失实。

（五）嘉靖后之明清关系多失真相。

两者相衡，各有所当。“甘井近竭，招木近伐，灵龟近灼，神蛇近暴”（《墨子·亲士第一》）。《明史》之所以被推崇，亦即其所以被谤詈，世无绝对的善，物固莫能两全也。

年来碌碌，穷日夜读史，尤致力于有明一代。有所得辄笔之书。诵读既深，间取并时同事诸载籍校读之，信手未黄，则又叹其难读，盖非惟讹字脱文，遍地都是，抑且纪一事而缺佚，述一事而两歧，或则重出，或则偏据，亥豕鲁鱼之失固可委之手民，而套句误记，则不能不归咎于当时主持者之疏陋。《明史》优劣短长，学者时有论及，校雠考证之学，惟长洲王颂蔚曾辑史馆订正《明史》之残册为《明史考证》一书，顾王书所辑，只以当时以新定译名施诸旧刊，于史实虽少有考订，大部仍属文字上之一二剪裁，于史实无裨。不贤识小，爰董理所记著于篇。录《明史杂记》第七：

一、缺佚

卷二百八十五《赵壎传》：

> （洪武）三年重开史局，仍以宋濂、王祎为总裁，征四方文学士朱右、贝琼、朱廉、王彝、张孟兼、高逊志、李懋、李汶、张宣、张简、杜寅、殷弼、俞寅及壎为纂修官，先后纂修三十人，两局并与者壎一人而已。

按洪武二年之元史纂修官为汪克宽、胡翰、宋僖、陶凯、陈基、曾鲁、高启、赵汸、张文海、徐尊生、黄箎、傅恕、王锜、傅著、谢徽、赵壎十六人（见同传），合三年之纂修官十四人为三十人。

但赵壎以一人而预二次史局，前后二次纂修官之总数固为三十人，如以《元史》之纂修者总数而论，则实为二十九人，《明史》所记人名总数似有脱误。

考所遗一人为王廉，朱彝尊《曝书亭集》卷六十二有传：

> 王廉字希阳，青田人，侨居上虞，洪武二年用学士危素荐授翰林编修，明年与修元史，又明年偕典簿牛谅使安南还，改工部员外郎，固辞，出为渑池县丞，十四年擢陕西左布政使，无子，卒葬杭州之西山。

二、误文

卷三《太祖本纪》三：

> （洪武）十五年十一月戊午置殿阁大学士，以邵质、吴伯宗、宋纳、吴沉为之。

故宫出版乾隆四十二年重纂本纪文同，按宋纳即宋讷，纳为讷之讹文。卷一三七有传。吴伯宗吴沉传亦见《明史》卷一三七。惟邵质无考。

按王鸿绪《明史稿·本纪》三仅云：

> 十一月戊午仿宋制置殿阁学士。

不著四人姓氏。考王槁《太祖纪》原出汤潜庵手，检拟《明史稿》卷三：

> 戊午初置殿阁学士，以礼部尚书刘仲质为华盖殿大学士，翰林学士宋讷为文渊阁大学士，检讨吴伯宗为武英殿大学士，典籍吴沉为东阁大学士。

则邵质原作刘仲质。《明史》卷一一一《七卿年表》：

> 洪武十五年壬戌二月刘仲质任礼部尚书，十一月改大学士。

北平图书馆藏《太祖高皇帝实录》亦作刘仲质。《仲质传》附见《明史》卷一百三十六《崔亮传》：

> 刘仲质字文质，分宜人。洪武初以宜春训导荐入京，擢翰林典籍。奉命校正春秋本末。十五年拜礼部尚书……是年冬改华盖殿大学士，帝为亲制诰文。

诸书所言，一一具合。是则汤稿原不误，且备详历官，足资考订。王鸿绪妄为删节，冀自附于“文省事增”之义。史馆诸臣据一别本又增详四人名氏，而误“刘仲”为“邵”。《七卿年表》与《刘仲质传》撰人非一，以卷帙多，总裁不能遍校，故有此失耳。

三、套句

卷二百八十五《赵壎传》附《乌斯道传》：

> 傅恕字如心，鄞人。与同郡乌斯道郑真皆有文名……斯道字继善，慈溪人……子缉亦善诗文。洪武四年举乡试第一，授临淮教谕。入见赐之宴，赋诗称旨。除广信教授。自号荥阳外史。

校《明史稿》原传，“缉”作“熙”，“子缉亦善诗文”下，“洪武四年”上有“真字千之”四字。与《明史》不同。

按《明史》与《明史稿》俱误。张时彻《宁波府志·文学传·乌斯道传》：

> 子熙光，字缉之，为国子监丞，亦以诗文擅名。

《慈溪县志·文苑传》文同。据是则《明史》作缉固误，《明史稿》作熙亦误。

《四库全书总目》卷一百六十九《别集类》二十二：

> 《荥阳外史集》七十卷，两淮盐政采进本。
>
> 明郑真撰。真字千之，鄞县人。成化四明郡志称其研穷六经，尤长于春秋，吴澄尝策以治道十二事，皆经史之隽永，真答之无凝滞。洪武四年乡试第一，授临淮县教谕，升广信府教授。

则《明史稿》“真字千之”四字，乃承上文郑真而言。“洪武四年”以下所述俱郑真事。乌熙光事迹仅“子熙光亦善诗文”一句。《明史》落此四字，张冠李戴，“洪武四年”下一段便都成乌熙光事迹矣。

四、重出

郑定事见卷二百八十六《林鸿传》：

> 郑定字孟宣，尝为陈友定记室。友定败，浮海亡交广间。久之还居长乐，洪武中征授延平府训导。历国子助教。

卷一百二十四《陈友定传》又载：

郑定字孟宣，好击剑，为友定记室。及败，浮海入交广间，久之还居长乐，洪武末累官至国子助教。

二传所差仅一二字，其文并出朱彝尊《曝书亭集》卷六十三《林鸿传》。惟省去“授延平府训导”下“历齐府记善”五字而已。

五、互异

刘香事迹卷二百六十五《施邦曜传》与二百六十《熊文灿传》互异。《施传》云：

刘香李魁奇横海上，邦曜絷香母诱之，香就禽。

《文灿传》则云：

郑芝龙合广东兵击香于田尾远洋。香胁（洪）云蒸止兵，云蒸大呼曰：“我矢死报国，急击勿失!”遂遇害。香势蹙自焚溺死。

六、矫诬

胡惟庸之获罪，传闻异辞。《明史》卷三二四《占城传》：

洪武十二年贡使至都，中书不以时奏。帝切责丞相胡惟庸汪广洋，二人遂获罪。

以惟庸之获罪为不纳贡使。卷三二二《日本传》：

先是胡惟庸谋逆，欲藉日本为助，乃厚结宁波卫指挥林贤，佯奏贤罪，谪居日本。令交通其君臣。寻奏复贤职，遣使召之。密致书其王借兵助己。贤还，其王遣僧如瑶率四百余人，诈称入贡，且献巨烛，藏火药刀剑其中。既至而惟庸已败，计不行。帝亦未知其狡谋也。越数年其事始露，乃族贤而怒日本特甚，决意绝之，专意以防海为务。

则又以为私通日本谋逆。卷三〇八《胡惟庸传》：

惟庸既死，其反状犹未尽露，至十八年李存义为人首告，免死安置崇明。十九年林贤狱成，惟庸通倭事始著。

二十一年蓝玉征沙漠，获封绩……讯得其状，逆谋益大著。

则其罪状又有“通虏”一条，且与“通倭”、“谋逆”二事之发觉俱在惟庸死后。此三事俱莫须有。余曾撰《胡惟庸事件》一文力辟其诬。《明史》惟据官书——大诰——之属，笔为定论，实为矫诬。

七、事伪

卷一百三十六《陶安传》：

安坐事谪知桐城，移知饶州。陈友定兵攻城，安召吏民谕以顺逆，婴城固守，援兵至，败去。

攻饶者据朱国桢《开国臣传·陶安传》：“信州贼萧明攻饶安”，作萧明。汤斌《拟明史稿》卷一《太祖本纪》一：

至正二十五年冬十月癸丑信州贼萧明犯饶州。

此事《明史·本纪》削去不书。按《陶安传》出汪琬手，《汪氏传家集钝翁续稿》卷三十八正作：“信州盗萧明攻饶安。”与朱汤二书合。考史是时友定据有八闽，仅一遣兵攻明处州，为胡深所败，即闭境自守，岂能越浙攻饶？《明史》之误明甚。

八、简略

卷二百八十六《林鸿传》：

王偁字孟敭，父翰仕元抗节死，偁方九岁。父友吴海抚教之。洪武中领乡荐，入国学。陈情养母。母殁，庐墓六年。永乐初用荐授翰林检讨，与修大典。学博才雄，最为解缙所重。后坐累谪交阯，复以缙事连及，系死狱中。

详述偁行历。卷一百二十四《陈友定传》：

王翰字用文，仕元为潮州路总管。友定败，为黄冠，栖永泰山中者十载。太祖闻其贤，强起之，自刎死。有子偁知名。

详述翰事迹。二传互为详略。

按二传俱出朱彝尊手。见《曝书亭集》卷六十三《王偁传》，翰传附。《明史》析之为二，以翰始终为元臣，附《陈友定传》。以偁为文士，附《林鸿传》。

考原传：

偁中洪武二十三乡试。

《明史》作：

洪武中领乡试。

以一“中”字易去肯定之年月，颇嫌简而无当。原传：

留永福山中为道士者十年。

《明史》易为：

为黄冠，栖永泰山中者十载。

据《明史·林鸿传》“永福王偁”之文，参以原传知偁以父入闽故占籍永福，则“永泰山中”为“永福山中”之讹明甚。

九、偏据

卷二百八十五《戴良传》：

太祖初定金华，命与胡翰等十二人会食省中，日二人更番讲经史陈治道，明年用良为学正，与宋濂叶仪辈训诸生。太祖既旋师，良忽弃官逸去。

元顺帝用荐者言授良江北行省儒学提举。良见时事不可为，避地吴中依张士诚。久之，见士诚将败，挈家泛海抵登莱，欲间行归扩廓军，道梗，寓昌乐数年。洪武六年始南还。变姓名隐四明山。

太祖物色得之，十五年召至京师，试以文，命居会同馆，日给大官膳，欲官之，以老疾固辞。忤旨。明年四月暴卒，盖自裁也。

此出黄存吾《闲中今古录》。《曝书亭集》卷六十三《良传》与之多异，仅言：

元末以荐授淮南江北等处行中书省儒学提举，时太祖兵已定浙东。良乃避地吴中。久之挈家浮海至胶州，欲投扩廓（王保保）军前，不得达。侨居昌乐。

洪武六年变姓名隐四明山，十五年征入京。

是良在洪武十五年前未尝见明太祖，始终为元遗臣。全祖望《鲒埼亭集》外编卷十八，九灵先生《山房记》力辩其十五年前曾仕明之诬，《明史》偏信野乘，引为信史。实不足取。且即如《明史》所言，是戴良在明祖初定金华时已侍讲幄，应深知其才否，何以十五年召见时又试以文？且良如前已受官学正，何以后又不肯屈节？即其所述，已数矛盾，何明史馆臣之轻信也！

十、舛夺

卷二百八十三《湛若水传》：

湛氏门人最著者永丰李怀，德安何迁……怀字汝德，南京太仆少卿。

按李怀，黄宗羲《明儒学案》卷三十八作吕怀：

号巾石，嘉靖壬辰进士。著有律吕古义历考庙议诸书。

《明史》卷二百八十二《唐伯元传》：

伯元受业于永丰吕怀。

卷二百八《洪垣传》又附有《吕怀小传》：

吕怀，广信永丰人。亦若水高弟子，由庶吉士授兵科给事中，改春坊左司直郎，历右中允。掌南京翰林院事。每言王氏之良与湛氏体认天理同旨。其要在变化气质。作心统图说以明之。终南京太仆少卿。

是则《湛若水传》之李怀即吕怀，“李”为“吕”之误字。

湛洪二传详简虽不同，如律以《明史》传中涉另一人而有传者即以“另有传”三字了之，不复赘其仕履之例，则此亦属重传。

一九三三，三，一四，晚十二时旧稿重写

《清华周刊》编者按

辰伯先生治明史有年，此文虽仅涉及校勘学一方面，数量上仅寥寥十条，然颇多创获。用力之勤，令人拜服。惟篇中将《明史》之误，分为十项，各立名目，并系以例证；分合编次，似尚可斟酌。鄙意以为本篇既将《明史》之误，依其性质而分类，则性质相似者，应并入一类，性质大同小异者，可并入一纲，而分为二子目，然后各系以例证，以示各种“典型的错误”（Typical Errors）。如是则本篇后段，可分为四纲，九子目。兹列表以明之：

（甲）脱落字句：

（1）脱落单辞如原文“一、缺佚”所举之误脱一人名。

（2）脱落句语如“三、夺句”所举之脱落“真字千之”一语。

（乙）疏忽致误：

（3）文字错误加“二、误文”所举之误以刘仲质为邵质，又“十、舛夺”所举之误以吕怀为李怀。

（4）事实错误如“七、事伪”所举之误以萧明之事为陈友定事。

（丙）考据不精，仍前之人误而未改。

（5）误据前人诬造之语如“六、矫诬”之胡惟庸事。

（6）误据野史传闻失实之语如“八、偏据”之戴良事。

（丁）体例未善：

（7）重出如“四、重出”及“十、舛夺”后段所举之例。

（8）互异如“五、互异”所举之例。

（9）简略如“八、简略”所举之例。

依上表所列以批评《明史》，则丁项为史例未善，以证其识之陋；丙项为考据未精，以证其学之疏；甲乙两项，由于手民之误，或由于撰者之忽，其失较轻。私意以为如此分类，较原来十项并列，不相统属，似为稍胜。不知辰伯先生亦以为然否？

（原载《清华周刊》，第三十九卷第三期，1933年3月29日）

战国诸子的历史哲学

一、庄子

庄子事迹——自化一元论——道与自然——齐物史观

二、孟子

孟子事迹——性与心——命定说与治乱循环论——上古史的三个时代与人治主义

三、荀子

荀子事迹——性恶说与胜天论——反进化论与法后王——礼与国家社会之起源

四、墨子

墨子事迹——非命与天志——兼爱与尚同——文化之创造

五、驺衍

驺衍事迹——超时代的世界地理观——五行说与宇宙论——五德转移说（机械史观）

六、韩非

韩非事迹——性恶与法治——进化的历史观——上古史的三个时代与其经济条件

一、庄　子

（一）庄子事迹　《史记》记庄子事迹仅云：

庄子者蒙人也。名周。周尝为蒙漆园吏。与梁惠王、齐宣王同时。其学无所不窥……其著书十余万言，大抵率寓言也……善属书离辞，指事类情，用剽剥儒墨，虽当世宿学，不能自解免也。其言洸洋自恣以适己，故自王公大人不能器之。楚威王闻庄周贤，使使厚币迎之，许以为相；庄周笑谓楚使者曰："千金重利，卿相尊位也。子独不见郊祭之牺牛乎？养食之数岁，衣以文绣，以入太庙，当是之时，虽欲为孤豚，岂可得乎？子亟去，无污我！我宁游戏污渎之中自快，无为有国者所羁。终身不仕，以快吾志焉。"（《老庄列传》）

事迹不详。据《庄子》书，我们知道他和惠施往来最密，其死在惠施后，死时约当西历纪元前275年左右。其所著书超旷恍惚。蒙为宋地，似庄子受楚人影响甚深。

（二）自化一元论　《天下篇》评庄子哲学云：

芴漠无形，变化无常，死与生与？天地并与？神明往欤？芒乎何之？忽乎何适？万物毕罗，莫足以归——古之道术有在于是者庄周闻其风而悦之。以谬悠之说，荒唐之言，无端崖之辞，时恣纵而不傥。不以觭见之也。以天下为沉浊不可与庄语，以卮言为曼衍，以重言为真，以寓言为广，独与天地精神往来，而不敖倪于万物。不谴是非，以与世俗处……上与造物者游，而下与外死生无终始者为友。其于本也，宏大而辟，深闳而肆。其于宗也，可谓稠适而上遂矣。虽然其应于化而解于物也，其理不竭，其来不蜕，芒乎昧乎，未之尽者。

庄子哲学的起点只是："芴漠无形，变化无常，死与生与？天地并与？神明往与？芒乎何之？忽乎何适？万物毕罗，莫足以归。"对于宇宙变化，生死问题，企图求出其"归"：从万物变迁的视角衍绎出生物进化论。他对于生物变迁的奥秘，解释为自化，《秋水篇》说：

物之生也，若骤若驰，无动而不变，无时而不移。何为乎？何不为乎？夫固将自化。

他以为万物本来同是一类，后来才渐渐变成各种"不同形"的物类。但又不是一起首就同时变成了各种物类。这些物类都是一代一代地进化出来的。所以《寓言篇》又说：

万物皆种也。以不同形相禅，始卒若环，莫得其伦，是谓天均。

如从相禅成不同形的万物看，则万物皆异，如从“种”看，则万物又未始非一：

自其异者视之，肝胆楚越也；自其同者视之，万物皆一也。（《德充符》）

（三）道与自然　“道”为天地万物所以生之原理，有物即有道，道无乎不在，而原于一。《大宗师》云：

夫道有情有信，无为无形；可传而不可受，可得而不可见；自本自根，未有天地，自古以固存；神鬼神帝，生天生地；在太极之先而不为高，在六极之下而不为深，先天地生而不为久，长于上古而不为老。

《天下篇》云：

道无乎不在……圣有所生，王有所成，皆原于一。

道之作用为自然，天地万物人卒虽大虽多虽众，而均可以“道”御之。《天地篇》云：

天地虽大，其化均也；万物虽多，其治一也，人卒虽众，其主君也；君原于德而成于天，故曰玄古之君天下无为也，天德而已矣。以道观言而天下之君正，以道观分而君臣之义明，以道观能而天下之官治，以道泛观而万物之应备。故通于天地者德也，行于万物者道也，上治人者事也。能有所艺者技也。技兼于事，事兼于义，义兼于德，德兼于道，道兼于天。

以此，凡适应自然者谓之“天”，违反自然者谓之“人”。《秋水篇》云：

牛马四足是谓天，落马首，穿牛鼻，是谓人。

戕贼自然者其结果必至于“灭命”。《应帝王篇》有一故事为此说之佐证：

南海之帝为倏，北海之帝为忽，中央之帝为浑沌。倏与忽时相与遇于浑沌之地，浑沌待之甚善。倏与忽谋报浑沌之德曰："人皆有七窍以视听食息，此独无有。"尝试凿之，日凿一窍，七日而浑沌死。

（四）齐物史观　万物皆由自化，其上并无主宰。宇宙中无所谓命定的事物，因此亦无绝对的是非。世上无不变的事物，因之亦无不变的是非：

是亦彼也，彼亦是也，彼亦一是非，此亦一是非。（《齐物论》）

欲见事理之全，"欲是其所非而非其所是，则莫若以明。"所谓"明"，即以彼明此，以此明彼。

彼是莫得其偶，谓之道枢。枢始得其环中，以应无穷。是亦一无穷，非亦一无穷也，故曰莫若以明。（《齐物论》）

圣人对于物之互相是非，听其自尔，《齐物论》：

是以圣人和之以是非，而休乎天钧。

"休于钧"即听万物之自然也。以此，庄子对于社会与历史的解释，亦以为由"天"而降于"人"。由自然的无为而进于唯心的有为。《缮性篇》云：

古之人在混芒之中，与一世而得澹漠焉。当是时也，阴阳和静，鬼神不扰，四时得节，万物不伤，群生不夭，人虽有知，无所用之。此之谓至一。当是时也莫之为而常自然。逮德下衰，及燧人伏羲，始为天下，是故顺而不一。德又下衰，及神农皇帝，始为天下，是故安而不顺。德又下衰，及唐虞，始为天下，兴治化之流，澆淳散朴，离道以善，险德以行，然后去性而从于心。心与心识知，而不足以定天下；然后附之以文，益之以博；文灭质，博溺心，然后民始惑乱，无以反其性情而复其初。

"去性而从于心"，是从原始民族进到有史时期的一个划时代的衍进，和"莫之为而常自然"的时代衔接。

社会时时在变动，天下的是非也随时势为是非，也有进化，也有退化。凡事无“常”，要在能适应自然，方能生存。《秋水篇》用禅让征诛的传说来解释这一新观点说：

> 昔者尧舜让而帝，之哙让而绝，汤武争而王，白公争而灭，由此观之，争让之礼，尧桀之行，贵贱有时，未可以为常也……故曰“盖师是而无非，师治而无乱乎?”是未明天地之理万物之情者也……帝王殊禅，三代殊继，差其时，逆其俗者谓之篡夫，当其时顺其俗者谓之义之徒。

二、孟　子

（一）孟子事迹　《史记》：

> 孟轲，邹人也。受业于子思之门人；道既通，游事齐宣王，宣王不能用；适梁，梁惠王不果所言，则见以为迂远而阔于事情。当是之时，秦用商君富国强兵。楚魏用吴起，战胜弱敌。齐威王宣王用孙子田忌之徒，而诸侯东面朝齐。天下方务于合纵连衡，以攻伐为贤。而孟轲乃述唐虞三代之德。是以所如者不合。退而与万章之徒，序《诗》、《书》，述仲尼之意，作《孟子》七篇。(《孟子荀卿列传》)

孟子的生卒年不很清楚，大概生在周烈王四年，卒于赧王二十六年左右，年约八十四岁。(372—289B. C.)

（二）性与心　孟子道性善，言必称尧舜。以为：“道一而已矣。”(《滕文公上》) 人之本质含有“善”，因人同具官能，同具恻隐、羞恶、辞让、是非之心，同具良知良能。其所以不善者，正如水之遭阻障而搏跃，人性之善与水之就下无殊：

> 人性之善也，犹水之就下也。人无有不善，水无有不下。今夫水搏而跃之，可使过颡，激而行之，可使在山。是岂水之性哉?其势则然也。人之可使为不善，其性亦犹是也。(《告子上》)

因此善端而培养之，发扬之，可以做成就为一种理想人物，为国家社会百姓谋福利。可以成为仁人，成为大丈夫，或则竟到了“万物皆备于我”的地步，与宇宙合一，走入一个神秘的境界。在孟子的心眼中，这种理想人物的典型是传说中的尧舜，因此他每每把尧舜的行事来教人。

但是人性固善，人心却不能一致。

> 民之为道也：有恒产者有恒心，无恒产者无恒心。（《滕文公上》）

人之行事由心指使，而心则又须受经济环境之支配。因此社会上不能不分成治者与被治者两个阶级，前者是劳心者，是君子，是统治者，后者是劳力者。是野人，是被治者。这两阶级的关系便是：

> 无君子莫治野人，无野人莫养君子。
>
> 或劳心，或劳力，劳心者治人，劳力者治于人。治于人者食人，治人者食于人。（《滕文公上》）

为要使得民有恒心，就必须要施一种王政，这意思在《梁惠王上》说得极明白：

> 无恒产而有恒心者惟士为能。若民则无恒产，因无恒心，苟无恒心，放僻邪侈，无不为己。及陷于罪，然后从而刑之，是罔民也。焉有仁人在位，罔民而可为也！
>
> 是故明君制民之产，必使仰足以事父母，俯足以畜妻子，乐岁终身饱，凶年免于死亡。然后驱而之善，故民之从之也轻。

百姓生活无问题，再施以相当的教育，然后有文化可言，有历史可言。社会的重心和国家的命脉全在民众，所以他又说：

> 民为贵，社稷次之，君为轻。

（三）命定说与治乱循环论　世间万事，皆由命定。天为最高之主宰，凡事皆由其主持。性之所以善，正因性乃“天之所与我者”，人之所得于天者，人之一生，吉凶祸福，皆已命定，天与命之存在：

> 莫之为而为者天也，莫之致而至者命也。（《万章上》）

人惟顺受之而已：

莫非命也顺受其正。(《尽心上》)

顺受命定事物之来，其道在立命：

尽其心者知其性也，知其性则知天矣。存其心，养其性，所以事天也，殀寿不贰，修身以俟之，所以立命也。(《尽心上》)

不但人生是命定的，即历史和社会的进展，也有一定的法则。这公式是一治后必有一乱，互为循环。他以为：

天下之生久矣。一治一乱。当尧之时，水逆行，泛滥于中国，蛇龙居之。民无所定，下者为巢，上者为营窟……使禹治之。禹掘地而注之海，驱蛇龙而放之菹，水由地中行，江淮河汉是也。险阻既远，鸟兽之害人者消，然后人得平土而居之。

这是一治。

尧舜既没，圣人之道衰。暴君代作，坏宫室以为汙池，民无所安息。弃田以为园囿，使民不得衣食。邪说暴行又作。园囿汙池沛泽多而禽兽至。及纣之身，天下又大乱。

这是一乱。

周公相武王诛纣伐奄，三年讨其君，驱飞廉于海隅而戮之，灭国者五十，驱虎豹犀象而远之，天下大悦。

这又是一治。

世衰道微，邪说暴行有作，臣弑其君者有之，子弑其父者有之。(《滕文公下》)

这又是一乱。这样，治乱循环，就造成所谓历史。

（四）上古史的三个时代与人治主义

孟子把上古史分成三个时代，每个时代都有它的特色。他说：

五霸者三王之罪人也；今之诸侯五霸之罪人也。今之大夫今之诸侯之罪人也。(《告子下》)

最初有文化时，并且文化达到顶点时是三王时代，次之是五霸时代，再次就是孟子所处的现代——诸侯时代。这几个时代之所以区分是因为：

> 尧舜性之也，汤武身之也，五霸假之也，久假而不归，恶知其非有也。（《尽心上》）

所以一代不如一代的缘故，是因为后人不法尧舜：

> 尧舜之道，不以仁政不能平治天下……徒善不足以为政，徒法不能以自行。诗云："不愆不忘，率由旧章。"遵先王之法而过者未之有也……为高必因丘陵，为下必因川泽，为政不因先王之道，可谓智乎？（《离娄上》）

所谓尧舜或先王之道在修身：

> 天下国家；天下之本在国，国之本在家，家之本在身。（《离娄上》）

以个人作单位，推而至家，至国：

> 老吾老以及人之老，幼吾幼以及人之幼，天下可运于掌。诗云："刑于寡妻，至于兄弟，以御于家邦。"言举斯心加诸彼而已。故推恩足以保四海，不推恩无以保妻子。古之所以大过人者无他焉，善推其所为而已矣。（《梁惠王上》）

不但"推"的人治主义是社会国家和历史的继续和进展的因素，并且压根儿连一切的文化和国家也是由几个理想的人物所造成的。

> 当尧之时，天下犹未平。洪水横流，泛滥于天下，草木畅茂，禽兽繁殖，五谷不登，禽兽逼人，兽蹄鸟迹之道交于中国。

这是一个未曾开化的原始境界。于是：

> 尧独忧之。举舜而敷治焉。舜使益掌火，益烈山泽而焚之，禽兽逃匿。禹疏九河，瀹济漯而注诸海，决汝汉排淮泗而注之江，然后中国可得而食也。

开山治水这两件工作凭两个人的力量便办成了。于是突然产生农业：

后稷教民稼穑，树艺五谷，五谷熟而民人育。

人口繁殖之后，必须施以心灵方面的训练，于是乎又突然产生了教育：

饱食煖衣，逸居而无教，则近于禽兽，圣人有忧之，使契为司徒，教以人伦；父子有亲，君臣有义，夫妇有别，长幼有序，朋友有信。(《滕文公上》)

就是这样，尧、舜、禹、稷、益、契几个人在短时期中便开辟了土地，排除了洪水，发明了农业，产生了教育……建设起空前绝后成为中国史上黄金时代的文化和历史。

三、荀　子

（一）荀子事迹　荀子名况，字卿，《史记》曰：

荀卿，赵人。年五十，始来游学于齐。邹衍……田骈之属皆已死齐襄王时。而荀卿最为老师。齐尚修列大夫之缺，而荀卿三为祭酒焉。齐人或谗荀卿，荀卿乃适楚，而春申君以为兰陵令。春申君死而荀卿废，因家兰陵。李斯尝为弟子，已而相秦。荀卿嫉浊世之政，亡国乱君相属，不遂大道，而营于巫祝，信禨祥。鄙儒小拘，如庄周等又滑稽乱俗。于是推儒墨道德之行事兴坏，序列著数万言而卒，因葬兰陵。(《孟子荀卿列传》)

其生卒年不甚详悉，据适之先生考证，荀卿约生于西元前315至310左右（周慎靓王末周赧王初年），卒于西元前230左右（秦始皇十七年），存年约八十余岁。

（二）性恶说与胜天论　荀子主性恶，他说：

人之性恶，其善者伪也。(《性恶》)

人性本恶，而能成为善者则出于人为。他以为：

古者圣王以人之性恶，以为偏险而不正，悖乱而不治。是

以为之起礼义，制法度，以矫饰人之情性而正之，以扰化人之情性而导之也。(《性恶》)

礼义法度都是人为的善的工具。性伪之分在于：

不可学不可事而在人者谓之性，可学而能可事而成之在人者谓之伪。(《性恶》)

又说：

生之所以然者谓之性。性之和所生，精合感应，不事而自然谓之性。性之好恶喜怒哀乐谓之情，情然而心为之择谓之虑。心虑而能为之动谓之伪。虑积焉，能习焉而后成，谓之伪。(《正名》)

积虑习能为学，学之功用正等于：

木直中绳，輮以为轮，其曲中规，虽有槁暴不复挺者，輮使之然也。故木受绳则直，金就砺则利。君子博学而日参省乎己则知明而行无过。(《劝学》)

性受之于天，而约束以礼义法度，陶融以学问，则可自恶而善，故与其顺天不若制天，与其恃天不若用天。

大天而思之，孰与物畜而制之？从天而颂之，孰与制天命而用之？望时而待之，孰与应时而使之？因物而多之，孰与骋能而化之？思物而物之，孰与理物而勿失之也！愿与物之所以生，孰与有物之所以成。故错人而思天，则失万物之情。(《天论》)

天只是自然地在运行者，绝不能为人祸福，也绝非最高之主宰。人只须伪，便能不为所支配，且可进一步而支配之：

天行有常，不为尧存，不为桀亡，应之以治则吉，应之以乱则凶。强本而节用，则天不能贫；养备而动时，则天不能病，循道而不贰，则天不能祸……不为而成，不求而得，是之谓天职……天有其时，地有其财，人有其治，夫是之谓能参。(《天论》)

（三）反进化论与法后王　荀子以为古今一致，无所谓进化。

古今一度也，类不悖，虽久同理。（《非相》）

种类不乖悖，虽久而理同，今之牛马与古不殊，何至于人而独异。以此：

欲观千岁，则数今日；欲知亿万则数一二；欲知上世则审周道。（《非相》）

今不与古异，故古之法即可沿用于今，古之法为圣王所制而天下治，则用于今亦然：

千人万人之情，一人之情是也。天地始者今日是也。百王之道，后王是也。君子审后王之道，而论于百王之前，若端拜而议。推礼义之统，分是非之分，总天下之要，治海内之众，若使一人。故操弥约而事弥大。五寸之矩，尽天下之方也。故君子不下室堂，而海内之情举积此者，则操术然也。（《不苟》）

是故沿三代之法，则三代虽亡而实存：

夫天生蒸民，有所以取之；志意致修，德行致厚，智虑致明，是天子之所以取天下也。政令法，举措时，听断公，上则能顺天子之命，下则能保百姓，是诸侯之所以取国家也。志行修，临官治，上则能顺上，下则能保其职，是士大夫之所以取田邑也。循法则度量刑辟图籍，不知其义，谨守其数，慎不敢损益也，父子相传，以持王公，是故三代虽亡，治法犹存。是官人百吏之所以取禄秩也。孝弟原悫，軥录疾力以敦比其事业而不敢怠傲，是庶人之所以取煖衣饱食，长生久视以免于刑戮也。（《荣辱》）

以是荀子斥一班主历史进化论者为小人：

君子道其常，而小人道其怪。（《荣辱》）

为妄人：

夫妄人曰："古今异情，其所以治乱者异道。"而众人惑焉。

彼众人者愚而无说，陋而无度者也。其所见焉，犹可欺也。而况于千世之传也？妄人者门庭之间犹可诬欺也！而况于千世之上乎？(《非相》)

无法度之害，荀子云：

上以无法使，下以无度行，知者不得虑，能者不得治。贤者不得使。若是，则上失天性，下失地利，中失人和。故百事废，财物诎而祸乱起。(《正论》)

若有法度，则圣王虽殁，继者能守其法，则：

天下不离，朝不易位，国不更制，天下厌然，与乡无以异也。(《正论》)

而制此法度者必为圣王，天与地皆不能为力：

天地合而万物生，阴阳接而变化起，性伪合而天下治，天能生物，不能辨物也，地能载人，不能治人也。宇中万物生人之属，待圣人然后分也。(《礼论》)

圣王之责职，在穷物理，制法度，而学者之责职与历史之所以能继续进展，则在于师圣王，法其制度：

圣也者尽伦者也，王也者尽制者也。两尽者足以为天下极矣。故学者以圣王为师，案以圣王之制为法，法其法以求其统类，以务象效其人。向是而务，士也，类是而几，君子也，知之，圣人也。(《解蔽》)

（四）礼与国家社会之起源　人之所以能超出万物者以其能群：

水火有气而无生，草木有生而无知，禽兽有知而无义；人有气有生有知亦且有义，故最为天下贵也。力不若牛，走不若马，而牛马为用，何也？曰："人能群，彼不能群也。"(《王制》)

人何以能群？又何以能克服天然？

人何以能群？曰"分"，分何以能行？曰"义"，故义以分则和，和则一，一则多力，多力则强，强则胜物，故宫室可得而居也。故序四时，裁万物，兼利天下。无它故焉，得之分义也。故人生不能无群，群而无分则争，争则乱，乱则离，离则弱，弱则不能胜物，故宫室不可得而居也。不可少顷舍礼义之谓也。(《王制》)

人之所以为人者以其有辨，以其有礼为之制裁：

人之所为人者，何已也？曰："以其有辨也。"饥而欲食，寒而欲煖，劳而欲息，好利而恶害，是人之所生而有也，是无待而然者也。是禹桀之所同也，然则人之所以为人者，非特以二足而无毛也，以其有辨也。今夫狌狌形笑，亦二足而无毛也，然君子啜其羹，食其胾。故人之所以为人者，非特以其二足而无毛也，以其有辨也。夫禽兽有父子而无父子之亲，有牝牡而无男女之别，故人道莫不有辨，辨莫大于分，分莫大于礼，礼莫大于圣王。(《非相》)

明分制群，则不能不有君子以参理之：

天地生君子，君子理天地，君子者天地之参也，万物之总也，民之父母也。无君子则天地不理，礼义无统，上无君师，下无父子，夫是之谓至乱。君臣父子兄弟夫妇，始则终，终则始，与天地同理，与万世同久，夫是之谓大本。(《王制》)

不能不有君臣上下之别以综理之：

万物同宇而异体，无宜而有用为人，数也。人伦并处，同求而异道，同欲而异知，生也。皆有可也，知愚同。所可异也，知愚分。势同而知异，行私而无祸，纵欲而不穷，则民心奋而不可说也……无君以制臣，无上以制下，天下害生纵欲，欲恶同物，欲多而物寡，寡则必争矣。故百技所成，所以养一人也。而能不能兼技，人不能兼官。离居不相待则穷。群而无分则争。穷者患也，争者祸也。救患除祸，则莫若明分使群矣。强胁弱也，知惧愚也，民下违上，少陵长，不以德为政，如是则老弱有失养之忧，而壮者有分争之祸矣。事业，所恶也，功利，所好也。职业无分，如是则人有树事之患，而有争功之祸矣。男女之合，夫妇之分，婚姻聘内，送逆无礼，如是则人有失合之忧，而有争色之祸矣。故知者为之分也。(《富国》)

人有辨，能群，而又被制以礼，因以序四时，裁万物，而成社会，成国家，始有历史。

四、墨　子

(一) 墨子事迹　墨子姓墨，名翟，鲁人。《史记》云：

盖墨翟宋之大夫，善守御，为节用。或曰并孔子时，或曰在其后。(《孟子荀卿列传》)

其生年大约在周敬王二十年与三十年之间，死在威烈王元年与十年之间。(500；490—425；416B. C.)

《庄子·天下篇》评其学术云：

(后世之学者，不幸不见天地之纯，古人之大体，道术将为天下裂) 不侈于后世，不靡于万物，不晖于数度，以绳墨自矫，而备世之急，古之道术，有在于是者，墨翟禽滑厘闻其风而说之。为之大过，已之大循，作为非乐，命之曰节用；生不歌，死无服。墨子泛爱兼利而非斗，其道不怒，又好学而博不异。不与先王同，毁古之礼乐……其生也勤，其死也薄，其道大觳……墨子称道大禹……使后世之墨者，多以裘褐为衣，以跂跻为服，日夜不休，以自苦为极。曰不能如此，非禹之道也，不足谓墨。相里勤之弟子，五侯之徒，南方之墨者，苦获已齿邓陵子之属，俱诵墨经，而倍谲不同，相谓别墨。以坚白异同之辩相訾，以觭偶不仵之辞相应，以巨子为圣人，皆愿为之尸，冀得为其后世。至今不决。墨翟禽滑厘之意则是，其行则非也。将使后世之墨者必自苦，以腓无胈，胫无毛，相进而已矣。乱之上也，治之下也。虽然，墨子真天下之好也，将求之不得也，虽枯槁不舍也，才士也夫！

（二）非命与天志　墨子是一个社会改革者，一个救世主，同时是他自己的主义的实行者。

他以为要改革社会，必须先打倒这混浊社会之思想背景——命定主义，过去时代的人以为一切都由命定，人不过是被命定的一份子，虽然挣扎，也决不能改革。墨子看清了这个病根，首先就提倡非命论，他说，

> 执有命者不仁，故当执有命者之言，不可不明辩……言必有三表……本之于古者圣王之事：
>
> 然而今天下之士君子，或以命为有，盖尝尚观于圣王之事？古者桀之所乱，汤受而治之。纣之所乱，武王受而治之。此世未易，民未渝，在于桀纣则天下乱，在于汤武则天下治，岂可谓有命哉？（《非命上》）

原察百姓耳目之实：

> 我所以知命之有与亡者，以众人耳目之情知有与亡。有闻之，有见之，谓之有。莫之闻，莫之见，谓之亡……自古以及今……亦尝有见命之物闻命之声者乎？则未尝有也……（《非命中》）

发以为刑政，观其中国家百姓人民之利：

> 执有命者之言曰："上之所赏，命固且赏，非贤故赏也。上之所罚，命固且罚，非暴故罚也。"……是故治官府则盗窃，守城则崩叛；君有难则不死，出亡则不送……昔上世之穷民，贪于饮食，惰于从事，是以衣食之财不足，而饥寒冻馁之忧至。不知曰"我罢不肖，从事不疾"，必曰"我命固且贫"。昔上世暴王……亡失国家，倾覆社稷，不知曰"我罢不肖，为政不善"，必曰"吾命固失之"。……今用执有命者之言，则上不听治，下不从事。上不听治，则刑政乱；下不从事，则财用不足……此特凶言之所自生而暴人之道也。（《非命上》）

所以：

> 教人学而执有命，是犹命人葆而去其冠也。（《公孟》）

命定说既被推翻，人就可凭自由的意志与能力去发展，但各个人的心性环境不同，其发展如顺其自然，必致有危害大众福利的趋向，不能不有一个主宰去评判它。这一主宰就是天。墨子深信天能赏善而罚暴，使人向善的方面去发展；他以为天有天志：

> 我有天志，譬若轮人之有规，匠人之有矩。轮匠执其规矩以度天下之方圆，曰中者是也，不中者非也。今天下之士君子之书不可胜载，言语不可尽计；上说诸侯，下说列士，其于仁义，则大相远也。何以知之？曰我得天下之明法以度之。（《天志上》）

所谓天志：

> 天欲人之相爱相利，而不欲人之相恶相贼也。（《法仪》）

自由发展而合于天志者则天佑之，反之则天祸之。历史上的例证是：

> 昔之圣王禹汤文武兼爱天下之百姓，率以尊天事鬼，其利人多，故天福之，使立为天子，天下诸侯皆宾事之。暴王桀纣幽厉兼恶天下之百姓，率以诟天侮鬼，其贼人多，故天祸之，使遂失其国家，身死为僇于天下，后世子孙毁之，至今不息。（《法仪》）

（三）兼爱与尚同　社会国家之所以不循正轨发展，是由不相爱：

> 凡天下祸篡怨恨，其所以起者以不相爱生也，是以仁者非之……以兼相爱交相利之法易之。（《兼爱中》）

反之则天下治：

> 圣人以治天下为事者也。不可不察乱之所自起，当察乱何自起？起不相爱……盗爱其室，不爱其异室，故窃异室以利其室。贼爱其身，不爱人，故贼人以利其身……大夫各爱其家，不爱异家，故乱异家以利其家。诸侯各爱其国，不爱异国，故

> 攻异国以利其国……察此何自起？皆起不相爱。若使天下……视人之室若其室，谁窃？视人之身若其身，谁贼？……视人之家若其家，谁乱？视人之国若其国，谁攻？……故天下兼相爱则治，交相恶则乱。(《兼爱上》)

以兼相爱故，视人如己，一切盗贼祸乱征战……足以危害社会国家之发展者均归消灭。

兼爱主义只是消极地用以消弭一切纷乱，在积极的意义上，它只是把各个个人用爱来联系在一起，成为一集团。在建设方面，墨子又提出尚同主义，以历史的根据说明社会国家的起源：

> 古者民始生未有刑政之时，盖其语人异义；是以一人则一义，二人则二义，十人则十义；其人兹众，其所谓义者亦兹众。是以人是其义，以非人之义，故交相非是也，是以内者父子兄弟作怨恶，离散不能相和合。天下之百姓，皆以水火毒药相亏害，至有余力不能以相劳；腐朽余财，不以相分；隐匿良道，不以相教。天下之乱，如禽兽然。(《尚同上》)

这是原始时代的情况，在所谓“天然状态”之中，人人相仇，互相争夺，终日战争。积久此种情况不为人所满意，故不得已而设统治者以约束之，于是有所谓政府，有所谓国家：

> 夫明乎天下之所以乱者，生于无政长，是故选天下之贤可者立以为天子，天子立以其力为未足；又选择天下之贤可者置立之以为三公……画分万国，立诸侯国君……立……正长……上之所是，必皆是之，上之所非，必皆非之，上有过则规谏之，下有善，则傍荐之，上同而不下比。(《尚同上》)

百姓上同里长，里长上同乡长，乡长上同国君，国君上同天子，皆以仁人任之，这样，天下一义，天下乃治。

（四）文化之创造　墨家自承为学禹，在禹的时代未有繁文缛礼的文化，只是简简单单地在过着初民生活，因此，墨子不但率自己的门徒菲衣恶食为天下倡，他并且极力反对儒家的一切：

儒之道足以丧天下者四政焉：儒以天为不明，以鬼为不神，天鬼不悦，此足以丧天下。又厚葬久丧，重为棺椁，多为衣衾，送死若徙，三年哭泣，扶后起，杖后行，耳无闻，目无见，此足以丧天下。又弦歌鼓舞，习为声乐，此足以丧天下。又以命为有，贫富寿夭，治乱安危有极矣，不可损益也；为上者行之必不听治矣，为下者行之，必不从事矣，此足以丧天下。（《公孟》）

以冀矫正当时君主贵族士夫之极度豪侈，耽于游乐。因此，他注重功利观念，以为凡事物必中国家人民之利，方有价值，否则皆为无益或有害，均应废弃。以此他解释历史的进化制于节用，过此限度，则为浪费：

是故古者圣王制为节用之法，曰："凡天下群百工，轮车鞼匏，陶冶梓匠，使各从事其所能。"曰："凡足以奉给民用则止；诸加费不加于民利者，圣王勿为。"……古者圣王制为衣服之法，曰：冬服绀緅之衣，轻且暖，夏服絺绤之衣轻且凊，则止。诸加费不加于民利者，圣王勿为。古者圣人为猛禽狡兽，暴人害民，于是教民以兵行。日带剑，为刺则入，击则断，旁击而不折，此剑之利也。甲为衣则轻且利，动则兵且从，此甲之利也。车为服重致远，乘之则安，引之则利；安以不伤人，利以速至，此车之利也。古者圣王为大川广谷之不可济，于是利为舟楫，足以将之，则止。虽上者三公诸侯至，舟楫不易，津人不饰，此舟之利也。古者圣王制为节葬之法，曰衣三领足以朽肉，棺三寸足以朽骸，掘穴深不通于泉，流不发泄，则止。死者即葬，生者毋久丧用哀。古者人之始生，未有宫室之时，因陵丘掘穴而处焉。圣王虑之，以为掘穴，曰：冬可避风寒，逮夏，下润湿，上熏蒸，恐伤民之气。于是作为宫室而利。然则为宫室之法将奈何哉？子墨子言曰，其旁可以圉风寒，上可以圉雪霜雨露，其中蠲洁，可以祭祀，宫墙足以为男女之别，则止。诸加费不加民利者，圣王弗为。（《节用中》）

以此标准，墨子以后王之治为退化：

> 周成王之治天下也，不若武王，武王之治天下也，不若成汤；成汤之治天下也，不若尧舜。故其乐逾繁者其治逾寡。(《三辩》)

以其文化逾进步，超过实际所需要也。因此，墨子主张应法先王：

> 天下之所以生者，以先王之道教也。(《耕柱》)

又云：

> 古之圣王欲传其道于后世，是故书之竹帛，镂之金石，传遗后世子孙，欲后世子孙法之也，今闻先王之遗而不为，是废先王之传也。(《贵义》)

五、驺　衍

(一) 驺衍事迹 《史记·孟子荀卿列传》：

> 驺衍后孟子。驺衍睹有国者益淫侈，不能尚德，若大雅整之于身，施及黎庶矣。乃深观阴阳消息而作怪迂之变，终始大圣之篇，十余万言……然要其归，必止乎仁义节俭，君臣上下六亲之施。始也滥耳。王公大人初见其术，惧然顾化，其后不能行之。是以驺子重于齐。适梁，惠王郊迎，执宾主之礼。适赵，平原君侧行撇席。如燕，昭王拥彗先驱，请列弟子之座而受业，筑碣石宫，身亲往师之。作主运。其游诸侯，见尊礼如此！

《平原君虞卿列传》：

> 平原君厚待公孙龙，公孙龙善为坚白之辩。及驺衍过赵，言至道，乃绌公孙龙。

驺衍之时代，颇不清晰。据适之师考证，大约与公孙龙同时，当在西元前320至250左右。

（二）超过时代的世界地理观　驺衍之学为齐学。齐地滨海，与国外交通独早，齐人较多新异见闻。稷下谈风独盛，展转传衍遂流于荒诞。驺衍承受此风气，益以自己之类推，由近及远，由已知推未知，对于世界的观念，超时代地将其扩大百倍，《史记》言其所用方法云：

> 其语闳大不经，必先验小物，推而大之，至于无垠。先序今以上至黄帝，学者所共术，大并世盛衰，因载其禨祥度制，推而远之，至天地未生，窈冥不可考而原也。（《孟子荀卿列传》）

由是以所知中国地理，推而及于世界，创大九洲说：

> 先列中国名山大川，通谷禽兽，水土所殖，物类所珍；因而推之，及海外人之所不能睹。
>
> 以为儒者所谓中国者，于天下乃八十一分居其一分耳。中国名曰赤县神州。赤县神州内自有九州，禹之序九州是也，不得为州数，中国外如赤县神州者九，乃所谓九州也。于是有裨海环之，人民禽兽莫能相通者；如一区中者，乃为一州。如此者九，乃有大瀛海环其外，天地之际焉。（《孟子荀卿列传》）

极想象之能事，打破古代人——或至十九世纪——以中国为天下的隘狭自封的地理观念。

（三）五行说与宇宙论　在同一出发点，驺衍企图求出历史进展的定律，对于宇宙系统下一新解释。

在驺衍以前，也曾有人用几个原素来肯定宇宙的组成。我们所知道的有秦国的白黄青赤四帝祠，《左传》所载水火金木土谷的六府，驺衍根据这些思想，综合成五行说；《荀子·非十二子篇》介绍五行说之由来云：

> 略法先王而不知其统，犹然而材剧志大，闻见杂博，案往旧造说，谓之五行。

所谓五行，《洪范》曰：

一曰水，二曰火，三曰木，四曰金，五曰土。水曰润下，火曰炎上，木曰曲直，金曰从革，土爰稼穑。润下作咸，炎上作苦，曲直作酸，从革作辛，稼穑作甘。

由五行的五种物质原素，各有特殊的个性，生出五味，更由此而生五事，五官，五德：

一曰貌，二曰言，三曰视，四曰听，五曰思。貌曰恭，言曰从，视曰明，听曰聪，思曰睿。恭作肃，从作乂，明作哲，聪作谋，睿作圣。(《洪范》)

五庶征，五休征，五咎征：

曰雨，曰旸，曰燠，曰寒，曰风。曰时五者来备，各以其叙，庶草繁芜。一极备凶，一极无凶，曰休征曰肃时雨若，曰乂时旸若，曰哲时燠若，曰谋时寒若，曰圣时风若。曰咎征，曰狂恒雨若，曰僭恒旸若，曰豫恒燠若，曰急恒寒若，曰蒙恒风若。(《洪范》)

《礼记·月令》更以五行分配于四季，在一年之四季中，各有其盛，以此规定每月天子所居定处，所衣定色，所食定味，所行政事，每月之帝，每月之神……而宇宙以成，国家以立。

《洪范》、《月令》俱为战国时书，与驺衍多少有关系。前此人但用五行说以解释宇宙，解释自然界，到了驺衍则更进一步，用以解释历史的进展，这在阴阳家的系统上，不能不说是一个大进步。

（四）五德转移说——机械史观　驺衍始创为五德转移说，《史记》云：

驺衍……称引天地剖判以来，五德转移，治各有宜，而符应若兹……作主运。(《孟子荀卿列传》)

《主运》书之内容，《史记集解》引如淳注：

今其书有主运，五行相次转用事，随方面为服。

所著又有《五德终始》，《集解》又引如淳注：

今其书有五德终始，五德各以所胜为行。

又《文选・魏都赋》注引《七略》曰：

邹子终始五德，从所不胜；土德后木德继之，金德次之，火德次之，水德次之。

所谓五德转移的意义是五行以次循环，以次用事，终而复始，每一新朝必须据有一行之德，随五行循环，随其用事，随其服色每易一行，必易一朝，每易一朝，必易一行，终而复始。其次序为土、木、金、火、水，相次转移。其相次的次序，以五行相胜的原理为定。因为木克土，故木继土后，金克木，故金继木后，火克金故金继火后，水又克火，故水又继火后，土克水，于是又一循环，无有止息。因此，新朝之起必因前朝之德衰，新朝所据之德必为前朝所不胜之德。且新朝之兴，其先必有祥瑞为之预示，《吕氏春秋・应同篇》云：

凡帝王者之将兴也，天必先见祥乎下民。黄帝之时，天先见大螾大蝼。黄帝曰："土气胜！"土气胜，故其色尚黄，其事则土。及禹之时，天先见草木秋冬不杀。禹曰："木气胜！"木气胜，故其色尚青，其事则木。及汤之时，天先见金刃生于水，汤曰："金气胜！"金气胜，故其色尚白，其事则金。及文王时，天先见火，赤乌衔丹书集于周社。文王曰："火气胜！"火气胜，故其色尚赤，其事则火。

《文选》李善注引《邹子》云：

五德从所不胜，虞土，夏木，殷金，周火。（沈休文《故安陆昭王碑文》注引）

由此，我们知道驺衍所持的历史解释，第一种是从黄帝推上去的，推到"天地未至，窈冥不可考而原也"。第二种是从黄帝推下来的，据上引二种史料，第二种分代又有两种分法，第一种是：

黄帝——夏——殷——周

第二种是：

虞——夏——殷——周

他用五德转移之说，说明各代的符应及其为治之宜，他的目的是在用此说以警惧当世王公，不幸不但没有效果，并且为后世种了恶因，他的影响可以说一直到现代。《史记·封禅书》云：

自齐威宣之时，驺子之徒论著终始五德之运。及秦帝而齐人奏之，故始皇采用之……驺衍以阴阳主运显于诸侯，而燕齐海上之方士传其术不能通。然则怪迂阿谀苟合之徒自此兴，不可胜数也。

六、韩　非

(一) 韩非事迹 《史记》曰：

韩非者，韩之诸公子也。喜刑名法术之学，而其归本于黄老。非为人口吃，不能道说，而善著书。与李斯俱事荀卿，斯自以为不如非。非见韩之削弱，数以书谏韩王，韩王不能用。于是韩非疾治国不务修明其法制，执势以御其臣下，富国强兵，而以求人任贤。反举浮淫之蠹而加之于功实之上……悲廉直不容于邪枉之臣，观往者得失之变，故作《孤愤》、《五蠹》、《内外储》、《说林》、《说难》十余万言……人或传其书至秦，秦王见《孤愤》、《五蠹》之书曰："嗟乎！寡人得见此人与之游，死不恨矣！"李斯曰："此韩非之所著书也。"秦因急攻韩。韩王始不用非，及急，乃遣非使秦；秦王悦之，未信用。李斯、姚贾害之毁之曰："韩非，韩之诸公子也。今王欲并诸侯，非终为韩不为秦，此人之情也。今王不用，久留而归之，此自遗患也！不如以过法诛之。"秦王以为然，下吏治非。李斯使人遗非药，使自杀。韩非欲自陈，不得见。秦王后悔之，使人赦之，非已死矣。(《老子韩非列传》)

韩非自杀在秦始皇帝十四年，为西历纪元前之233年。

（二）性恶与法治　韩非为荀卿弟子，继承其性恶之说。以为天下之人，皆自私自利，即父子犹然：

> 且父母之于子也，产男则相贺，产女则杀之。此俱出于父母之怀衽，然男子受贺，女子杀之者，虑其后便，计之长利也。故父母之于子也，犹用计算之心以相待也，而况无父子之泽乎？（《六反》）

人只有利害观念，故治国者即应以利害之心理治之。

> 凡治天下，必因人情。人情者有好恶，故赏罚可用。赏罚可用，则禁令可立，而治道具矣。（《八经》）

“一民之轨莫如法”。社会进化，人口繁殖，以前的人治主义已不适用于现代：

> 古者世治之民，奉公法，废私术，专意一行，具以待任。夫为人主而身察百官，则日不足，力不给；且上用目则下饰观，上用耳则下饰声，上用虑则下繁辞。先王以三者为不足，故舍己能而因法数，审赏罚。先王之所守要，故法省而不侵。（《有度》）

法是行为的标准，治国的典要。使明主而用法自治，即庸主而能守法，亦治，反之，则虽尧舜亦不能为治：

> 释法术而任心治，尧不能正一国。去规矩而妄意度，奚仲不能成一轮。废尺寸而差短长，王尔不能半中。使中主守法术，拙匠执规矩尺寸，则万不失矣。君人者能去贤巧之所不能，守中拙之所万不失，则人力尽而功名立。（《用人》）

儒家所主张的礼义，只能行之于地广人稀的部族时代，不适用于生活繁复的进步社会；只能施行于少数的君子，不能遍行全国，儒家的要义是积极地要人为善；而法家则只是消极地不使人为非：

> 夫圣人之治国，不恃人之为吾善也，而用其不得为非也。恃人之为吾善也，境内不什数。用人不得（为）非，一国可使齐。为治者用众而舍寡，故不务德而务法。夫必恃自直之箭，百世无矢；恃自圜之木，千世无轮矣。自直之箭，自圜之木，

> 百世无有一，然而世皆乘车射禽者何也，隐栝之道用也。虽有不恃隐栝而有自直之箭，自圜之木，良工弗贵也。何则？乘者非一人，射者非一发也。不恃赏罚而恃自善之民，明主弗贵也。何则？国法不可失，而所治非一人也。(《显学》)

(三) 进化的历史观　韩非虽是荀卿的弟子，但他却主“无常”，主“宜”，正和荀卿相反。儒家以礼以义以仁为社会国家形成之要素，其倾向趋于复古，以为社会是永远如此，故古先王之行事仍可沿用于后日。韩非则以“法”为社会国家形成之要素，其倾向趋于合时，以为古代的社会非即今之社会，为治要在与时“转”与世“宜”。他说：

> 治民无常，唯治为法，法与时转则治，治与世宜则有功。故民朴而禁之以名则治，世知维之以刑则从。时移而治不易者乱，能治众而禁不变者削。故圣人之治民也，法与时移，而禁与能变。(《心度》)

社会是活的，是变的，是继续地在进展着的，所谓法则是死的，不变的，停滞着的，法和社会取同一步骤跟着环境变迁而变迁，这法才有用，有力。如在今之社会，经济环境根本与古不同，而仍守古法，这正如守株待兔的故事：

> 宋人有耕田者，田中有株，兔走触株，折颈而死。因释其耒而守株，冀复得兔……今欲以先王之政治当世之民，皆守株之类也。(《五蠹》)

世异则事异，事异则备变：

> 文王行仁义而王天下，偃王行仁义而丧其国，是仁义用于古而不用于今也。故曰世异则事异。
>
> 舜……执干戚舞，有苗乃服，共工之战，铁铦矩者及乎敌，铠甲不坚者伤乎体，是干戚用于古不用于今也。故曰事异则备变。(《五蠹》)

惟变古，惟易常，法与现代相适应，始足为治：

> 不知治者，必曰无变古，毋易常。变与不变，圣人不听，正治而已。然则古之无变，常之毋易，在常古之可与不可。伊尹毋变殷，太公毋变周，则汤武不王矣。管仲毋易齐，郭偃毋更晋，则桓文不霸矣，凡人难变古者惮易民之安也。夫不变古者袭乱之迹；适民心者恣奸之行也。民愚而不知乱，上懦而不能更，是治之失也。（《南面》）

世人多惑于命定与不变之说，以为历史之进展与环境不发生关系，以为“今犹古也”，故往往以现在所享受者以推度往古，以为现在如此，往古亦必如此，例如禅让的故事，儒家忽略了它的经济环境，从而颂扬之，其实在原始时代，生活极俭朴，即使作了天子，其享受亦不能超过现代的庶人，让作天子并无何等意义：

> 尧之王天下也，茅茨不翦，采椽不斲，粝粢之食，藜藿之羹，冬日麑裘，夏日葛衣，虽监门之服养，不亏于此矣。禹之王天下也，身执耒臿，以为民先，股无胈，胫不生毛，虽臣虏之劳，不苦于此矣。
>
> 以是言之，夫古……传天下而不足多也。（《五蠹》）

到了后代，则：

> 今之县令，一日身死，子孙累世絜驾，故人重之。是以人之于让也，轻辞古之天子，难去今之县令者，薄厚之实异也。（《五蠹》）

一县令且不能轻让。环境不同，所以情势因之而异。

（四）上古史的三个时代与其经济条件

古今之所以不同，古法之所以不能沿用于今，是因为古今的经济条件不同。在古代：

> 古者丈夫不耕，草木之实足食也。妇人不织，禽兽之皮足衣也。不事力而养足，人民少而财有余，故民不争。是以厚赏不行，重罚不用。而民自治。（《五蠹》）

自然富源充裕，人口稀少，养足财余，无所用赏罚。可是到了后世：

> 今人有五子不为多，子又有五子，大父未死而有二十五孙，

是以人民众而货财寡，事力劳而供养薄，故民争，虽倍赏累罚而不免于乱。(《五蠹》)

人口加殖而生产品则不因之加多，生存竞争一起，即使用了法律去制裁也还免不了紊乱。

以此条件，韩非区分古代为三世：上古，中古，近古。每一时期都有它的特色：

古人亟于德，中世逐于智，当今争于力。

古者寡事而备简，朴陋而不尽，故有珧铫而推车者。古者人寡而相亲，物多而轻利易让，故有揖让而传天下者。然则行揖让，高慈惠而道仁厚，皆推政也。处多事之时，用寡事之器，非智者之备也。当大争之世，而循揖让之轨，非圣人之治也。故智者不乘推车，圣人不行推政也。法所以制事，事所以名功也。法立而有难，权其难而事成则立之。事成而有害，权其害而功多则为之。无难之法，无害之功，天下无有也。(《八说》)

每一时期都有它的需要：

上古之世，人民少而禽兽众，人民不胜禽兽虫蛇。有圣人作，构木为巢，以避群害，而民悦之，使王天下，号之曰有巢氏。民食果蓏蚌蛤，腥臊恶臭，而伤害腹胃，民多病疾。有圣人作，钻燧取火，以化腥臊，而民说之，使王天下，号之曰燧人氏。

中古之世，天下大水，而鲧禹决渎。

近古之世，桀纣暴乱，而汤武征伐。(《五蠹》)

古代所需要的，因环境不同，决不能同样适用于现在。以是：

今有构木钻燧于夏后氏之世者，必为鲧禹笑矣。有决渎于殷周之世者，必为汤武笑矣。然则今有美尧舜汤武禹之道于当今之世者，必为新圣笑矣。

是以圣人不期修古，不法常可，论世之事，因为之备。(《五蠹》)

(原载《清华周刊》，第三十九卷第八期，1933 年 5 月 8 日)

《明史》小评

在官修之正史中，自来学者多推崇《明史》，以为“近代诸史自欧阳公《五代史》外，《辽史》简略，《宋史》繁芜，《元史》草率，惟《金史》行文雅洁，叙事简括，稍为可观；然未有如《明史》之完善者”①。理由是（一）修史时间极长，从康熙十八年至乾隆四年，历时凡六十年②；（二）纂修者多系一时专门学者，如朱彝尊、毛奇龄、汤斌、吴志伊、汪琬、万斯同、姜宸英、刘献廷、李清等——遗老如黄宗羲，顾炎武虽被罗致而不就，但亦与有相当关系③；（三）立传存大体④；（四）去前朝未远，故事原委，多得其真⑤；（五）事详文简。

反面的批评以为《明史》不能算尽善尽美，因为（一）清帝钳禁太甚，致事多失实；（二）因学派门户之偏见，致颠倒失实；（三）搜访之漏落；（四）明清关系多失真相⑥；（五）弘光迄永历之终，事多失实。⑦

其他褒扬的和贬责的批评，百数十年来聚讼纷纭，而大要不过如上二说。关于《明史》本身的评价和缺失，在这篇短文中我们不能一一详论。我在此所要指出的是《明史》不是一部完好可读的史籍。我们纵不能把它重新改造，至少也应该用清儒治学的精神，替

---

① 赵翼：《廿二史札记》卷三一，《明史》。

② 《廿二史札记》卷三一，《明史》。清修《明史》起顺治二年，未几罢。至康熙十八年始开馆重修，规模极大。

③ 《鲒埼亭集》卷一一，《梨洲先生神道碑文》；卷一二，《亭林先生神道表》。

④ 《廿二史札记》卷三一，《明史》立传多存大体。

⑤ 《廿二史札记》卷三一，《明史》条。

⑥ 参看孟森《清朝前纪》及故宫博物院《明清史料》。

⑦ 《国学论丛》一卷四期，陈守实：《明史抉微》。

它再逐一校勘一遍，补缺正误，方不致贻误学者。

《明史》因修纂时间过长，从顺治二年数起有九十五年，如从康熙再开史局数起也有六十几年。中间不知道更换了多少总裁，多少批纂修。不由一手始终其事，所以纪传志表，往往牴牾。并且卷帙过多，替它逐一审校一过也不是一件容易的事。我们如将一切明代史籍，清人传述，和汤斌、尤侗、汪琬、朱彝尊、杨椿、毛奇龄一班人所撰的史稿，黄宗羲、全祖望、王夫之一般人所撰的诗文集，和《明史》一一互校，便可发见《明史》有若干部分有脱文断句，有若干部分有讹字误文，有若干部分重复，有若干部分漏落。这些小问题向来不被人注意，粗心一下读过去也就算了。可是我们如要可信的史实，要利用这些史料时，便非先费一番功夫，作几次辛苦的校读工作不可。

为要引起一般学者对这一小问题的兴趣，以下试约略举出几条《明史》中较为显著的错误，作为例证。

（一）脱文　卷二八五《赵壎传》附《乌斯道传》："傅恕字如心，鄞人，与同郡乌斯道郑真皆有文名……斯道字继善，慈溪人……子缉亦善诗文，洪武四年举乡试第一，授临淮教谕，入见赐之宴，赋诗称旨，除广信教授，自号荥阳外史"。这一段小传，我们如不参校旁书，便一辈子也不会明白它的错误，以为荥阳外史即是乌缉的别号，"子缉"下一段都是乌缉的传文了。但试一检王鸿绪《明史稿》①的传文，乌缉又作乌熙，"子缉亦善诗文"下"洪武四年举乡试第一"上有"真字千之"四字。这样一来，"洪武四年"以下一段便都成为郑真的小传，和乌氏父子毫不相干了。按张时彻《宁波府志·文学传·乌斯道传》："子熙光，字缉之，为国子监丞，亦以诗文擅名"。《慈溪县志·文苑传》所载完全相同。由此可知斯道子名熙光，字缉之，《明史》作名缉固然错了，《明史稿》作名熙也不能算不错。《明史稿》"真字千之"四字是承上文"与同郡乌斯道郑真皆有文名"说的。《明史》疏忽，落此四

---

①《明史稿》五百卷原出万斯同手，殁后为王鸿绪所盗，攘为己撰。见全祖望《鲒埼亭集》、钱大昕《潜研堂集》、魏源《古微堂集》诸书。

字，便张冠李戴①，闹了笑话。

（二）错误　卷三《太祖本纪》三："十五年十一月戊午置殿阁大学士，以邵质、吴伯宗、宋纳、吴沉为之。"故宫出版乾隆四十二年重纂《明史本纪》文同。按宋纳即宋讷，纳为讷之讹文。卷一三七有《吴讷传》。吴伯宗吴沉传同见卷一三七。王鸿绪《明史稿·本纪》三只说："十一月戊午仿宋制置殿阁学士"。邵质不见《明史》及其他诸书，竟不知他到底是什么人。考王氏《明史稿·太祖本纪》的撰人是汤斌。检《拟明史稿》卷三："戊午初置殿阁学士，以礼部尚书刘仲质为华盖殿大学士，翰林学士宋讷为文渊阁大学士，检讨吴伯宗为武英殿大学士，典籍吴沉为东阁大学士"。据此，邵质原作刘仲质。证以《明史》卷一百十一《七卿年表》，"洪武十五年二月壬戌刘仲质任礼部尚书，十一月改大学士"，再考北平图书馆所藏《太祖高皇帝实录》，"洪武十五年十一月始仿宋殿阁之制，置大学士官，同拜命者宋讷、吴伯宗、吴沉、刘仲质四人"，都足证明《明史本纪》所说的邵质实即刘仲质。《仲质传》附见《明史》卷一三六《崔亮传》：

> 刘仲质字文质，分宜人。洪武初以宜春训导荐入京，擢翰林典籍，奉命校正《春秋本末》。十五年拜礼部尚书……是年冬改华盖殿大学士，帝为亲制诰文。

刘、仲、邵三字毫无瓜葛，这断不能委为当时手民之误。并且有《七卿年表》的本证在，我们实在想不出错误的由来。

（三）事误　卷一三六《陶安传》："安坐事谪知桐城，移知饶州。陈友定兵攻城，安召吏民谕以顺逆，婴城固守。援兵至，败去"。按安传出汪琬手，陈友定兵攻城一事，《汪氏传家集钝翁续稿》卷三八《陶安传》作"信州盗萧明攻饶安"。汤斌《拟明史稿》卷一，《太祖本纪》一："至正二十五年冬十月癸丑，信州贼萧明犯饶

---

① 郑真字千之号荥阳外史的证据，是《四库总目》：《荥阳外史集》七十卷（两淮盐政采进本）——明郑真撰。真字千之，鄞县人，成化《四明郡志》称其研穷六经，尤长于《春秋》。吴澄尝策以治道十二事，皆经史之隽永，真答之无凝滞。洪武四年乡试第一，授临淮教谕，升广信府教授。

州，知府陶安败之”。这一件事，《明史本纪》削去不书。考当时情势，陈友定据有八闽后，只有一次派兵攻明方的处州，被胡深打败，从此就关门自守，自顾还来不及，哪儿还有能力来向外发展，并且是越浙攻饶！朱国祯《开国臣传》亦作“信州贼萧明攻饶安”，就是汪琬撰史稿的根据。《明史》改作陈友定，显然是一个严重的错误。

（四）重出　郑定事迹见卷二八六《林鸿传》：“郑定字孟宣，尝为陈友定记室。友定败，浮海亡交广间，久之还居长乐，洪武中征授延平府训导，历国子助教”。卷一二四《陈友定传》又说：“郑定字孟宣，好击剑，为友定记室。及败，浮海入交广间，久之还居长乐。洪武末累官至国子助教”。这两篇传文相差不过几个字，并出朱彝尊《曝书亭集》卷六三《林鸿传》，不过省去历延平府训导下“历齐府纪善”五字而已。

（五）矛盾　胡惟庸得罪被杀，党案牵连十几年，被杀的武官文臣知识分子富豪平民有好几万，是明初一件大事。不过他的获罪之由，却传闻异辞，莫衷一是。①《明史》卷三二四《外国·占城传》以为“洪武十二年贡使至都，中书不以时奏。帝切责丞相胡惟庸汪广洋，二人遂获罪”。卷三二二《日本传》又以为“先是胡惟庸谋逆，欲借日本为助，乃厚结宁波卫指挥林贤，佯奏贤罪，谪居日本，令交通其君臣，寻奏复贤职，遣使召之。密致书其王借兵助己。贤还，其王遣僧如瑶率兵卒四百余人诈称入贡，且献巨烛，藏火药刀剑其中，既至而惟庸败，计不行，帝亦未知其狡谋也。越数年，其事始露，乃族贤而怒日本特甚，决意绝之，专意以防海为务”。这就是说，胡惟庸的罪状是谋反。其实，细按当时记载，便可知这一段史迹出于太祖亲定的《大诰》，一面之辞，不可信。况且遍查日本史乘和僧徒传纪，就根本没有如瑶这个人。胡惟庸在十二年九月下狱，次年正月处刑。在这短时期中也不能做出这些布置。日本来华商舶，据日方记载和《名山藏》、《吾学编》、《皇明驭倭录》诸书，他们大抵多是海贼，好就做买卖，不好就沿海抢掠，带军器以防海贼为名，

① 作者另撰有《胡惟庸党案考》一文，可参看。

不算是一件违禁的事，用不着把它藏在大烛中。并且南京是当时首都，大都督府所在，四百多日本人也不济事！胡惟庸即使太笨，也不致笨到这个地步。卷三〇八《胡惟庸传》又说："惟庸既死，其反状犹未尽露，至十八年李存义为人首告，免死安置崇明。十九年十月林贤狱成，惟庸通倭事始著。二十一年蓝玉征沙漠，获封绩……讯得其状，逆谋益大著"。据此则通倭通虏谋反三事都发见在惟庸死后的几年中。那么，所谓胡党的罪案，到底是一些什么呢？又如封绩，《明史》说他是"故元遗臣"，其实，据当时的口供《昭示奸党录》所载，他不过是一个不识字的奴才，连北方都从来没有去过。一生没做过官，硬安排他是遗老，明史馆的纂修官未免太"神经过敏"了吧！

（六）简失　卷二八六《林鸿传》："王偁字孟敭。父翰，仕元抗节死，偁方九岁，父友吴海抚教之。洪武中领乡荐，入国学，陈情养母。母殁，庐墓六年。永乐初用荐授翰林检讨，与修大典，学博才雄，最为解缙所重。后坐累谪交阯，复以缙事连及，系死狱中"——详说王偁的事迹，于他父亲的事只以一语了之。在卷一二四《陈友定传》又附有王翰的小传："王翰字用文，仕元为潮州路总管。友定败，为黄冠，栖永泰山中者十载。太祖闻其贤，强起之，自刎死。有子偁知名"——述王翰事详悉，于他的儿子王偁，也只带及一语。按这两传都出朱彝尊手。见《曝书亭集》卷六三《王偁传》，翰传附及。《明史》把它分开来，以翰为元臣仕闽，故附《陈友定传》。以偁有文名，故附入《文苑·林鸿传》中。互为详略，煞费苦心。可是我们如细读朱氏原传，则似《明史》务为简略，颇失史意。如原传"偁中洪武二十三年乡试"，《明史》简作"洪武中领乡荐"，把一肯定的史实简成模糊，简得没有道理。原传"留永福山中为道士者十年"，《明史》作"为黄冠，栖永泰山中者十载"，把道士译成黄冠，把年译成载，雅是雅了，可是有什么大道理呢！并且《明史》还把这一句改错了。《林鸿传》中明说"永福王偁"，参以原传，我们知道王偁以其父入闽故，所以占籍永福，则永泰山中为永福山中之讹明甚。

（七）互异　关于海盗刘香的下落，《明史》卷二六五《施邦曜传》和卷二六〇《熊文灿传》不同。《施传》说："刘香李魁奇横海上，邦曜縶香母诱之，香就禽"。《文灿传》则以为"郑芝龙合广东兵击香于田尾远洋，香胁（洪）云蒸止兵，云蒸大呼曰：'我矢死报国，急击勿失！'遂遇害。香势蹙，自焚溺死"。

（八）缺漏　关于两次纂修《元史》的纂修官，《明史》卷二八五《赵壎传》说："三年重开史局，仍以宋濂、王祎为总裁，征四方文学士朱右、贝琼、朱廉、王彝、张孟兼、高逊志、李懋、李汶、张宣、张简、杜寅、殷弼、俞寅及壎为纂修官。先后纂修三十人，两局并与者壎一人而已"。按二年修《元史》之纂修官，据同传为汪克宽、胡翰、宋僖、陶凯、陈基、曾鲁、高启、赵汸、张文海、徐尊生、黄篪、王锜、傅著、谢徽、傅恕、赵壎十六人。合三年之纂修官十四人为三十人。可是赵壎以一人而参与前后两次史局，实际上只能算是一人。所以两次的纂修官的总数，据《明史》只有二十九人，和三十人之数不合。

按所缺一人为王廉，朱彝尊《曝书亭集》卷六二有传。"王廉字希阳，青田人，侨居上虞，洪武二年用学士危素荐授翰林编修，明年与修《元史》。又明年偕典籍牛谅使安南还，改工部员外郎。固辞，出为渑池县丞。十四年擢陕右左布政使。无子，卒葬杭州之西山"。大约是当时馆臣不留心，偶然忘了王廉的名字，又无法凑成三十人，便把赵壎算成两人，抵三十人的数额了。

（九）偏据　卷二八五《戴良传》："太祖初定金华，命（良）与胡翰等十二人会食省中，日二人更番讲经史，陈治道。明年用良为学正，与宋濂叶仪辈训诸生。太祖既旋师，良忽弃官逸去。元顺帝用荐者言，授良江北行省儒学提举。良见时事不可为，避地吴中，依张士诚。久之，见士诚将败，挈家泛海抵登莱，欲间行归扩廓军。道梗，寓昌乐数年，洪武六年始南还，变姓名隐四明山，太祖物色得之。十五年召至京师，试以文，命居会同馆，日给大官膳，欲官之，以老疾固辞，忤旨。明年四月暴卒，盖自裁也"。此出黄存吾《闲中录》。《曝书亭集》卷六三《良传》与之多异。"元末以荐授淮南江北等处行中书省儒学提举。时太祖兵已定浙东，良乃避地吴中。久之挈家浮海至胶州，欲投扩廓军前，不得达，侨居昌乐。洪武六年变姓名隐四明山。十五年征入京……”这样说是戴良在洪武十五年前不但没有做过明朝的官，并且也没有见过太祖，始终是元遗臣。十五年后被征，强迫他投降做官，所以自杀明志。全祖望《九灵先生山房记》也力辩其仕明之诬，说良在十五年前和明绝无关系。竹垞谢山谙熟明代掌故，所说都有根据。《明史》却偏信一家之说，引为信史，这种不阙疑不求真的态度，实不足取。

（十）字讹　卷二八三《湛若水传》：“湛氏门人最著者永丰李怀，德安何迁……怀字汝德，南京太仆少卿”。按李怀，黄宗羲《明儒学案》卷三八作吕怀，“号巾石，嘉靖壬辰进士，著有《律吕古义》、《历考》、《庙议》诸书”。《明史》卷二八二《唐伯元传》：“伯元受业于永丰吕怀”。卷二〇八《洪垣传》又附有吕怀小传：“吕怀，广信永丰人，亦若水高弟子，由庶吉士授兵科给事中，改春坊左司直郎，历右中允，掌南京翰林院事，每言王氏之良知与湛氏之礼认天理同旨，其要在变化气质，作《心统图说》以明之，终南京太仆少卿”。这样，《湛若水传》中之“李怀”可信为即《洪垣传》中之“吕怀”，李为吕之讹。揆以《明史》传中涉及另外一人，如这人有专传时，即以“自有传”了之，不更述其字号籍贯行历之例，这也不能不说是重传了。

二月十七日，于清华大学

（原载《图书评论》，第一卷第九期，1933年5月）

胡应麟年谱

兰溪胡氏其先出安定先生瑗，安定先生仕宋，教授于吴，子姓留吴兴，遂世世家其地。元末兵起徙兰溪，五传而为赠奉政大夫礼部仪制司主事富①，字宽庵，是为先生祖父，娶郑氏，生副宪公僖，是为先生父。②

礼部公质而愿，与兄弟同业贾，独重然诺，安义命，用是贾日困，复烬于火，家日益贫。③

副宪公字伯安，一字子祥，号公泉，嘉靖乙未进士，有《胡副宪集》、《崇正书院志》行世。④ 幼慧，总角已悉读《灵枢》、金匮《素问》等穷其说，忽翻然悟曰："大丈夫生明世，当用仲尼周公道沛泽万里，胡株守一枝?"亟弃去业儒，补邑弟子员，试辄高等，时邑中唐太宰龙方请告家居，偶读其文，大奇之，立召见，时副宪公甫弱冠，衣敝衫草屦进，而神采秀澈，风度朗朗玉立，一坐客尽倾。太宰顾谓坐客："是宁独艺文！即器识无两。"几欲以女妻之，夺母命止。然自是遇之独厚，岁问遗无虚日。

己酉（1549）当省试，督学丰城雷公礼行校士试公文居首，为闽学使者万安朱公衡所赏。秋赴省试获隽。归逆宋宜人，堂上欢甚。⑤

先生外大父宋震，字道亨，为邑中尤埠著姓。为人倜傥负奇，芥视一第甚，既屡试不售，中弃去，摄古衣冠，筑别墅曰雪溪堂，聚书万轴卧其中，经史子集环向恣读之，间发为诗歌盈帙。晚尤好

---

① 明万历丙午本《兰溪县志》卷四，《胡僖传》。

② 《少室山房类稿》卷八九，《家大人履历述》。

③ 《少室山房类稿》卷九一，《先宜人行状》。

④ 光绪本《兰溪县志》卷五，《人物志·胡僖传》。

⑤ 《类稿》卷九一，《先宜人行状》。

方术家言，自长生黄白星历纬候针石六甲五行无弗治，而独形家得其宗。所著《风水井见舆地指蒙》多行世。①

母宋宜人，少茹素，礼三元北斗，而于观自在如来敬事弥笃。性警颖殊绝，虽不谙笔砚，而诸史百家稗官小说，下逮传奇词曲，属于耳者终身不忘。善持家，识大体，副宪公之有所建树，宜人内助之力为多。②

弟鹏，出副宪公侧室唐氏，妹凤，宋宜人出，均早殇。③

一五五一　明嘉靖三十年丁亥　先生一岁

夏五月念二日先生生于兰溪城北隅世宅。④ 名应麟，字元瑞，晚更字明瑞，尝自号少室山人⑤，已而慕其乡人皇初平叱石成羊故事，更号曰石羊生。又号曰芙蓉峰客，壁观子。儿时肌体玉雪，眉目朗秀。⑥

先二年副宪公成举人，迎娶宋宜人。以家贫亲老，设帐授徒于乡，借脯脩以给甘毳，江南诸从学就之如云。⑦

先四年王世贞⑧举进士，观政大理，与同官吴维岳峻伯王宗沐新甫袁福征履善为诗社，与历城李攀龙⑨定交，以诗文相切劘，山人临清谢榛茂秦⑩长兴徐中行子舆⑪南海梁有誉公实⑫广陵宗臣子相⑬先后入社，彬彬称同调，极一时之盛。⑭

---

①②③ 《类稿》卷九一，《先宜人行状》。

④ 《类稿》卷二三，《三十初度抒怀六百字》。

⑤ 《类稿》卷二三，《嵩山歌序》："去余家五十里而近，有山曰嵩，穹窿崒嵂，峭倩幽邃，视洛之嵩高，不知孰为伯仲也。旁一峰千仞秀出，巇嵲云际，若轩辕浮丘所尝居者，余因以嵩之少室名之，且为作长歌以纪其胜。"

⑥ 王世贞：《弇州山人四部续稿》卷六八，《胡元瑞传》；《全浙诗话》卷三四。

⑦ 《类稿》卷九一，《先宜人行状》。

⑧ 《明史》《文苑传》三："字元美，号凤洲，一号弇州，太仓人。与李攀龙狎主文盟。攀龙殁，独操文柄二十年，才最高，地望最显，声华意气，笼罩海内，一时士大大及山人词客衲子羽流莫不奔走门下，片言褒赏，声价顿起。有《弇州四部稿》行世。"

⑨ 字于鳞，历城人。嘉靖二十三年进士。倡七子诗社，名最高，自号沧溟，有《白雪楼集》。见《明史》卷二八七，《文苑传》三。

⑩ 《明史》卷二八七："字茂秦，临清人。李攀龙倡诗社，榛为之长。后被摈，以布衣游王公间卒。"

⑪ 《明史》卷二八七："字子舆，长兴人。嘉靖二十九年进士，累官江西布政使，万历六年冬卒官。"

⑫ 《明史》卷二八七："嘉靖二十九年进士。以刑部主事归。卒年三十六。"

⑬ 《明史》卷二八七："扬州兴化人。嘉靖二十九年进士。仕至提学副使卒官。有《宗考功集》。"

⑭ 《艺苑卮言》七。

是年杨慎六十四岁，谢榛五十七岁，李攀龙三十八岁，吴国伦二十八岁①，汪道昆二十七岁②，王世贞二十六岁，张凤翼二十五岁，王世懋十六岁，焦竑十一岁，沈思孝十岁，汪道贯八岁，李维桢五岁，冯梦祯四岁，汤显祖二岁，邢侗一岁。

一五五二 嘉靖三十一年壬子 先生二岁

是年梁有誉以病告归，谢榛亦出都。李攀龙乃倡为五子诗以纪一时交游。彼此各有和诗，标题虽为五子，其实当时在都结社者李攀龙、王世贞、宗臣、徐中行、谢榛、梁有誉，实为六子。③

一五五三 嘉靖三十二年癸丑 先生三岁

时攀龙与茂秦有隙，王世贞乃重定《五子诗》，去谢榛而登吴国伦。④

一五五四 嘉靖三十三年甲寅 先生四岁

是岁豫章余曰德德甫、铜梁张佳胤肖甫、郢上高伯宗、太仓徐子言相继入长安社，操觚翰之政。当时有七子之目谓前五子及余张二人也。⑤

一五五五 嘉靖三十四年乙卯 先生五岁

先生颖慧绝伦，副宪公令出侍客，客占对必属，授之书必成诵。⑥

是年杨忠愍继盛论死西市，王世贞为经纪其丧。⑦ 董玄宰其昌生。

一五五七 嘉靖三十六年丁巳 先生七岁

先生好学性成，在垂髫时即知专心经籍。《类稿》九十二《二酉山房记》："始余受性颛蒙，于世事百无一解，独偏嗜古书籍。七龄侍家大人侧，闻诸先生谈说文典，则已心艳慕之，时时窃取翻阅。"

---

①② 《弇州四部续稿》卷三九，《赠吴大参明卿序》。

③ 《艺苑卮言》七。

④ 《明史》卷二八七："字明卿，兴国人。嘉靖二十九年进士。累官至河南左参政。归田后声名藉甚，求名之士不东走太仓则西走兴国。以寿终。"《艺苑卮言》七。

⑤ 《弇州四部续稿》卷四四，《陈于韶卧雪楼摘稿序》。

⑥ 《类稿》八九，《石羊生小传》；《弇州四部续稿》卷六八，《胡元瑞传》。

⑦ 《王凤洲年谱》。

是年王世贞在山东，官青州兵备副使，撰次西曹所作诗为《金虎集》三十二卷，又《别集》六卷。①

一五五九　嘉靖三十八年己未　先生九岁

从里师学经生业，心厌之。独好为古文辞，尝趋庭请质曰："吾乡范（祖干）金（履祥）二先生，皆布衣耳，何仅以科名重耶？"②日从副宪公箧中窃取《古周易》、《尚书》、《十五国风》、《檀弓》、《左氏》及庄周、屈原、司马迁、相如、曹植、杜甫诸家恣读之。副宪公奇其意弗禁也。③

从副宪公客武林。④

副宪公第进士，公故贫，进士禄薄，值岁大蝗，历齐鲁燕赵至都中，千里地尽赤。迎赠礼部公及母郑与宋宜人挈应麟入都，以外舅宋道亨春秋高，固请偕往寓京邸中。日治二缶，一缶市白粲鲑炙以荐，而一缶所与妇共脱粟苦荬，多方供张，具奉二尊暨宋公驩，俸入不足，簪珥脱继之，务安厌其意乃已。⑤ 先生随侍燕市，日与四方贤豪长者游。⑥

杨慎卒于滇。

一五六〇　嘉靖三十九年庚申　先生十岁

燕中四方都会，故鬻书薮也。副宪公亦雅负兹好，每退食，诸贾人以籍来，先生辄从臾其旁，市得，辄取尽读。而是时肃皇帝末年，旱蝗迭见，先生大父母复就养京邸，俸入不足，恒乞贷乡里。以故帙繁而价重者率不能致，间值异书，顾非力所办，则相对太息。⑦从副宪公往谒周公瑕天球。⑧

---

① 《王凤洲年谱》。

② 《兰溪县志》卷五，《人物志》，《文学》，《胡应麟传》。

③ 《类稿》卷八九，《石羊生小传》。

④ 《类稿》卷五五，《西湖十咏序》。

⑤ 《弇州续稿》卷七九，《胡观察传》；《类稿》卷九一，《先宜人状》。

⑥ 《类稿》卷八五，《信州土瓜诗序》。

⑦ 《类稿》卷九二，《二酉山房记》。

⑧ 《类稿》卷一一四，《与周公瑕书》；《明史》卷二八七《文征明传》："周天球字公瑕，吴人，以书名世。"

郑太宜人病，副宪公昼宿泣而吁天，宋宜人扶掖视寝溲，衣带虬结，病十旬竟不起。奉丧阖家南归。居忧瘵悴骨立，阖郡嗟咨其孝。① 外家后官塘东，每往来哀慕不禁，因建桥以志意，今名其地为思亲桥云。②

为礼部公纳天津陈氏女，逾年生子佐。③

十月王世贞父蓟辽总督忬为严嵩父子所构下狱死西市。世贞兄弟扶榇南下，里居不出。④ 宗子相臣卒。

一五六三　嘉靖四十二年癸亥　先生十三岁

十三四为诗歌，稍稍闻里社中，而于经生业亦不废。⑤

副宪公服阕，以礼部公春秋高，欲终养，礼部公趣之，乃絜先生入都，授礼部仪制司主事。⑥

一五六五　嘉靖四十四年乙丑　先生十五岁

八月《华阳博议》二卷成。《序》："古今称博议者公孙大夫东方待诏刘中垒张司空之流，尚矣。彼皆书穷八索，业擅三冬，而世率诧其异闻。夫异匪常经，癖非习见，俾实沉弗祟于周，毕方弗集于汉，贰负之形，弗征上郡，干将之气，弗烛斗牛，诸君子生平遂均泯泯乎？亦有粗工小学，广猎虞初，宇宙恣陈，虫鱼偶合，而流辉袭耀，步武昔人者胡以称也！仲尼万代博识之宗，乃怪力乱神，咸斥弗语，即井羊庭隼，间出绪余，累世靡穷，当年莫究，恶乎在耶？以余所揆，古今大学术，概有数端，命世通儒，罕能备悉。辄略而言之：核名实，划浮夸，黜奇袤，奖闳巨，掇遗逸，抉隐忧，榷向方，树惩劝。作《博议》，其曰华阳，则取诸邹氏谈天之指，且以明无当之弗足责云。"⑦

副宪公奉命提调场屋，爬搔宿垢，百废具振，竣役，条陈便宜

---

① 《类稿》九一，《先宜人状》；八九，《家大人履历述》。

② 《兰溪县志》卷五，《胡僖传》。

③ 《类稿》卷九一，《先宜人状》。

④ 《王凤洲年谱》。

⑤ 《类稿》卷八九，《石羊生小传》。

⑥ 《类稿》卷八九，《家大人履历述》。

⑦ 《华阳博议序》。

十事，将上之，会闻礼部公讣，絜先生奔归，毁瘠如丧太宜人礼，时公先后治丧，贫愈益甚，聚徒自给，靡寸牍入有司。①

《百家异苑》成。先生幼尝戏辑诸小说为《百家异苑》，其序云："自汉人驾名东方朔作《神异经》，而魏文《列异传》继之。六朝唐宋凡小说以异名者甚众，考《太平御览》、《广记》及曾氏、陶氏诸篇，有《述异记》二卷、《甄异录》三卷、《广异记》一卷、《旌异记》十五卷、《古异传》三卷、《近异录》二卷、《独异志》十卷、《纂异记》一卷、《灵异记》十卷、《乘异记》三卷、《祥异记》一卷、《续异记》一卷、《集异记》三卷、《博异志》三卷、《括异记》一卷、《纪异录》一卷、《祖异记》一卷、《采异记》一卷、《摭异记》一卷、《贤异录》一卷。此外如《异苑》、《异闻》、《异述》、《异诫》诸集，大概近六十家。而李翺《卓异记》、陶谷《清异录》之类勿与焉。（以所记稍不同故也。）今世有刻本者，仅《述异》数家，余俱不行，乃其事大半具诸类书，郑渔仲所谓名亡实存者也。第分门互列，得一遗二，虽存若亡。余屏居丘壑，却扫杜门，无鼎臣野处之宾，以遣余日。辄命颖生，以类钞合，循名入事，各完本书，不惟前哲风流，借以不湣，而遗编故帙，亦因概见大都，遂统命之曰《百家异苑》，作劳经史之暇，辄一披阅，当抵掌扪虱之欢。昔苏子瞻好语怪，客不能则使妄言之。庄周曰：'余姑以妄言之，而汝妄听之。'知庄氏之旨则知苏氏之旨矣。"②

一五六六　嘉靖四十五年丙寅　先生十六岁

"十六补博士弟子员，已挟书从副宪公北下钱唐，浮震泽并吴会金陵，击楫大江，益东走青徐齐鲁境，逾赵入燕，乞食长安市，悲歌蓟门易水间，所至与会感触，一发于诗。③是时黎民表④、欧大

---

① 《类稿》卷八九，《家大人履历述》；九二，《二酉山房记》。

② 《二酉缀遗》卷中；《类稿》卷八三。

③ 《类稿》卷八九，《石羊生小传》。

④ 《明史》卷二八七《黄佐传》："黎民表字惟敬，从化人。举乡试，以能文授翰林院孔目。官至参议。"《经籍会通》四："黎惟敬博雅好古，尝罄秘书俸入刻《刘梦得集》，中多是正，较他传本为精。余有元人陈君采柳文肃二集，黎过瀫水并携去，约刻成寄余，余以二集刻本漶灭，因举赠俾完此举。不三载惟敬下世，遂并二书失之。"

任①、周天球、徐中行、陈文烛②、戚元佐③、沈思孝④、康从理⑤、祝鹤⑥、童佩⑦、文彭⑧、殷都⑨、南海梁思伯、信阳何启图、吴下曹子念、吴文仲、燕市刘仲修、江右杨懋功、楚中刘子大、丘谦之、晋陵朱在明、安茂卿、濠梁朱汝脩先后抵燕，发先生藏诗览之，咸啧啧叹赏，折行请交。至于琳宫梵宇，雅会高集，先生以齿坐末坐，片语一出，无不怳然披靡自失也。曰：'使用昔贤隶事夺席例，吾曹无坐所矣！'⑩ 遘万安朱衡⑪为所赏识⑫。临淮小侯李言恭⑬方盛，与海内诸贤豪谈天碣石，一日耳先生名，亟虚左以上客迎之为上宾。始结华阳社⑭，同社陈思育、潘光统、安绍芳、丘齐云、朱正初、

---

① 《明史》卷二八七《黄佐传》："欧大任字桢伯，顺德人。由岁贡生历官南京工部郎中，年八十而终。"

② 字玉叔，沔阳人。嘉靖乙丑进士。官至南京大理寺卿。有《二酉园诗文集》行世。见《四库总目》卷一七八。

③ 《类稿》卷一一〇《扇头跋》五："戚元佐字希仲，槜李人。有《青藜阁集》。"

④ 《明史》卷二二九《沈思孝传》："字纯父，嘉兴人。隆庆二年进士，官至右都御史。"有《行成郊居》、《西征陆沉》诸稿，《溪山堂》、《吾美堂》等集。见《静志居诗话》卷一五。

⑤ 字裕卿，永嘉人。《类稿》卷三五《哭康裕卿五首序》："始余十六游长安，邂逅裕卿于友人席上。裕卿得余诗读之，即狂叫击节曰：子珍重，必有闻于世。自是定交无间者十数载。"有《二雁山人集》。

⑥ 《兰溪县志》卷五："字鸣皋，寄籍京兆。以古文诗歌著闻于时。性嗜酒，数斗不醉。胡应麟为作《长安酒人传》。"《经籍会通》四："里中友人祝鸣皋束发与余同志，书无不窥。每燕中朔望日拉余往书市，竞录所无，卖文钱悉输贾人，诸子啼号冻馁罔顾，惜年仅四十而夭。每念辄损神也。"

⑦ 《浙江采集遗书总录・癸集》下："佩字子鸣。龙游人。家贫从其父载书鬻吴越间。后买一舫游四方，帆樯下皆贮书，读之穷日夜不息。藏书万卷，皆手自勘雠。尝游昆山，执经于归有光。久之学益富，诗歌日益有名，有《童子鸣诗集》六卷，王穉登序，王世贞撰传。"《经籍会通》四："龙丘童子鸣家藏书二万五千卷。余尝得其目，颇多秘帙。余筐箧所藏往往与互易。"

⑧ 《明史》卷二八七《文征明传》："彭字寿承，征明长子。官国子博士。能诗，工书画篆刻，世其家。"

⑨ 《静志居诗话》卷一五："字无美，苏州嘉定人。万历癸未进士。除夷陵知州，入为兵部员外，历郎中，调南刑部，京察去官。"

⑩ 《类稿》卷八九，《石羊生小传》；《诗薮续编》二，《国朝》下；《弇州四部续稿》，《胡元瑞传》。

⑪ 《类稿》卷九二《万安朱公墓志铭》："字士南，江西吉州万安人。学者称镇山先生。嘉靖壬辰进士，官至工部尚书。生正德壬申，卒年七十三。"

⑫ 《类稿》，《四知诗序》。

⑬ 《明史》卷一二六《李文忠传》："字惟寅，文忠八世孙。嗣封临淮侯，守备南京入督京营，累加少保。好学能诗，折节寒素。"

⑭ 《类稿》卷八二，李临淮：《青莲贝叶稿序》。按先生又与李惟寅等结南皮社，《类稿》卷五八《寿李惟寅五辰初度》："北海筵中酬未停，南皮社里叹飘零，青衫白璧连芜市，紫绶黄金历汉廷……"可证。注："余与惟寅尝合所作论为《联璧编》。"

茅溱、周柱诸人①为文酒之会，旬日不听出，由是先生歌诗颇传播长安中，诸贵人往往愿交先生。"②

王世贞《艺苑卮言》六卷刊成。③

一五六七　隆庆元年丁卯　先生十七岁

邺下宗正朱睦㮮④，最蓄书饶著述，宾客倾四方。尝饷先生秘籍数种，并五言八韵："北郡词林冠，申阳艺苑英，斯人谁继美，之子独成名，气掇香山秀，才如瀫水清，铿然同谢朓，邈矣迈阴铿，绮丽风应远，沉冥思更精，建安那用数，大历讵堪评！著作千秋事，流传四海情，吾惭下里调，焉敢应同声。"⑤

一五六八　隆庆二年戊辰　先生十八岁

春，与祝鹤徒步入西山，裹粮穷极人迹勿到处，所至横尽笔端，弥月归，倡和篇章盈箧，好事家多欹劂行之。⑥ 偶过燕中书肆得残刻十数纸，题《赵飞燕别集》，阅之乃知即陶氏《说郛》中删本，其文颇类东京，而末载梁武答昭仪化鼋事，盖六朝人作而宋秦醇子复补缀以传者也。⑦

南下迎娶，妻舒氏，舒允升妹。⑧ 过吴门访周天球不遇，秋杪返燕，再访之寓舍，则天球又已出长安十五日矣。⑨ 时副宪公亦以服阕入燕，太宰蒲州杨博夙耳副宪公名，即出他精膳郎，以副宪公补其处。俸入稍优，于是极意购访群籍，凡寓燕五载。⑩

---

① 《类稿》卷五〇，《跋楚游饯别卷》。

② 《类稿》，《石羊生传》；《弇州四部续稿》，《胡元瑞传》。

③ 《王凤洲年谱》。

④ 《明史》卷一一六："朱睦㮮字灌甫，镇平王诸孙，年二十通五经，尤邃于《易》《春秋》，访购古书图籍，得江都葛氏章丘李氏书万卷，筑万卷堂，丹铅历然。万历五年举文行卓异，为周藩宗正领宗学，所撰有《礼经稽疑》六卷、《授经图传》四卷、《韵谱》五卷，又作《明帝世表》、《周国世表》、《建文逊国褒忠录》、《河南通志》、《开封郡志》诸书。万历八年卒，年七十，学者称西亭先生。"

⑤ 《经籍会通》卷四。按文中作时年十六，据《类稿》卷一一〇《扇头跋》："时余年十七"移置此年。

⑥ 《类稿》卷八八，《长安酒人传》。

⑦ 《九流绪论》下。

⑧ 《类稿》卷九二，《二酉山房记》；卷九五，《祭内兄舒允升》。按《二酉山房记》："时余年十七始娶。"《类稿》卷二〇《庚辰三十初度诗》作十八。

⑨ 《类稿》卷一一四，《与周公瑕》。

⑩ 《类稿》卷八九，《家大人履历述》；卷九二，《二酉山房记》。

李开先卒。

一五六九　隆庆三年己巳　先生十九岁

副宪公迁祠祭员外郎。①

吴维岳卒。

一五七〇　隆庆四年庚午　先生二十岁

副宪公迁主客郎中。时虏俺答以孙把汉故②乞款塞。举朝难之不欲许。宗伯潘公晟咨主客郎，副宪公谓："虏一小入，杀伤掳掠不可以亿计。今纳款岁费不过十万缗，而于朝廷体甚尊，许之便。"诸大臣议以克合，凡宴锡赉予典册悉以属主客，副宪公擘画处置，凿凿中窾，竟俺答世无害。政府大以为材，骤迁秩仪制郎。③

李攀龙卒。

一五七二　隆庆六年壬申　先生二十二岁

穆宗崩，一时登极改元覃恩赐赦山陵经筵，几务旁午。副宪公应之沛然，于是当以大典劳迁九卿，铨曹虚席待，会肃王袭封之事起。先是嘉靖三十四年肃怀王薨，无子。高祖制诸亲王庶子封郡王，亲王绝而将军中尉继者仍故封不在例。诸郡王于支远者不当袭，而近者乃靖王第四子弼柿子辅国将军缙绩，中尉贱，例不封，且属从父不宜袭。中尉故富，行万金中常侍，恫愒扇谤，副宪公不为动，事迫权珰授旨吏部出之为湖广右参议，治税粮。盖不逾月而封典行矣。④

夏，束装南返，便道还里中。宋宜人顾从宦日久，田园芜。又先生体素羸，因请留处家，而副宪公入楚⑤督漕粮。命下束装日，

---

① 《类稿》，《家大人履历述》；《弇州四部续稿》，《胡观察传》。按《兰溪县志》五《胡僖传》："服除授刑部主事，转主客郎中。"误。

② 《明史纪事本末》卷六〇："隆庆四年冬十月癸卯，俺答孙把汉那吉率其属阿力哥等十人来降，总督王崇古留之，以为指挥使。俺答妇恐中国戕其孙，日夜促俺答降，遂定盟，通贡市马，而诸部亦贪中国财物，咸从臾无间言。"

③ 《类搞・家大人履历述》；《弇州四部续稿・胡观察传》。

④ 《类稿》，《家大人履历述》；《弇州四部续稿》，《胡观察传》；《明史》卷一一七，《肃庄王传》。

⑤ 《类稿》，《先宜人状》，卷三四《壬申夏生日途中作》；《大泌山房集》卷四六，《赠湖广参议胡公序》。

宦橐无锱铢，而先生妇簪珥亦罄尽，独载所得书数篋，累累出长安。自是先生奉母宋宜人里居十载，中间以试事入杭者三，入燕者再，所涉历金陵吴会钱塘皆通都大邑，文献所聚，必停舟缓辙，搜猎其间，小则旬余，大或经月，视家所无有，务尽一方乃已。市中精绫巨轴，坐索高价，往往视其乙本收之。世所由贵重宋梓，直至与古遗墨法帖并，吴中好事者悬赀购访。先生则以书之为用，枕藉揽观，今得宋梓而束之高阁，经岁而手弗敢触，其完好者不数卷，而中人一家产立尽，亡论弗好，即好之胡暇及也。至不经见异书，倒庋倾囊，必为己物，亲戚交游上世之藏，帐中之秘，假归手录，卷帙繁多，以授侍书，每耳目所值有当于心，顾恋徘徊，寝食俱废，一旦持归，亟披亟阅，手足蹈舞，骤遇者率以为狂，而家人习见，弗怪也。自先生为童子至今，年日益壮而嗜日益笃，书日益富，家日益贫。副宪公成进士，剔历中外滋久，乃敝庐仅仅蔽风雨。而先生所藏书，越中诸世家顾无能逾过者，盖节缩于朝晡，展转于称贷，反侧于寤寐，旁午于校雠者二十年于此矣。①其论藏书与读书，赏鉴与好事之别曰："博洽必资记诵，记诵必籍诗书，然率有富于青缃而贫于问学，勤于访辑而怠于钻研者。好事家如宋秦田等氏弗论，唐李邺侯何如人？天才绝世，插架三万而史无称，不若贾耽辈之多识也。扬雄、杜甫诗赋咸征博极而不闻畜书，雄犹校雠天禄，甫僻居草堂，拾橡栗，何书可读？当是幼时父祖遗编，长笥胸腹耳。至家无尺楮，藉他人书史成名者甚众，挟累世之藏而弗能读，散为乌有者又比比皆然，可叹也！若刘向父子张陆诸人，庶几兼之矣。"又曰："画家有赏鉴，有好事，藏书亦有二家。列架连窗，牙标锦轴，务为观美，触手如新，好事家类也。枕席经史，沉湎青缃，却扫闭关，蠹鱼岁月，赏鉴家类也。至收罗宋刻，一卷数金，列于图绘者雅尚可耳，岂所谓藏书哉！"②

先生藏书，虽大半集自燕都，而在故乡搜得者亦复不少。义乌虞守愚侍郎德煜参政父子筑楼藏书万卷署曰："楼不延客，书不借

---

① 《类稿》卷九二，《二酉山房记》。

② 《经籍会通》卷四。

人”，殁后其书悉归先生。①

入楚省父。②

王世贞重定《艺苑卮言》，益为八卷，又附录四卷成书。③

一五七三　万历元年癸酉　先生二十三岁

王世贞自家起湖广按察，八月抵任。副宪公始与之游。④ 先生自楚归越。⑤ 宋宜人患头风，先生委身医药间，日夜扶侍不休，宋宜人头风良愈，而先生以过劳得清羸疾，因跳匿金华山中。会大司空万安朱公衡驰驿过兰溪，从山中踪迹得先生，以书要之而泊舟待三日，先生心感朱公知，念无以报，则述公治水颠末，赋长歌七百言以赠。朱公袖示督学使者滕君伯轮⑥曰：“勿失之，天下奇才也”；滕公读大奇之，亟移文博士廪先生，并檄先生入武林⑦读书万松精舍，与包稺升、陈立夫、余元采辈同学。⑧ 王山人象始从先生游。⑨

文彭、梁思伯卒。

一五七五　万历三年乙亥　先生二十五岁

时侍御萧公万公合试越东西士千人，再拔先生文冠军。⑩

王世贞官郧阳巡抚，撰定前后诗赋文说为《四部稿》，次年刻成，凡百八十卷。⑪

谢榛卒。

---

① 《人海记》。

② 《类稿》卷四九，《将之武昌别社中诸友时家君出参楚藩》。

③ 《王凤洲年谱》。

④ 《弇州四部续稿》卷二六〇，《答胡元瑞第一书》、《与胡观察伯安第一书》。

⑤ 《类稿》卷一一〇，《跋楚游饯别卷》。

⑥ 《类稿》卷九二《建安滕公墓志铭》：“滕伯轮字汝载，别号小松，福建瓯宁人。嘉靖壬戌进士。官至都察院右副都御史。(1526—1589)”

⑦ 《类稿》卷八九，《石羊生小传》；《弇州四部续稿》，《胡元瑞传》。

⑧ 《类稿》卷九八，《闰九月望后抵淮上包稚》、《升水部邀集署中二首序》。

⑨ 《类稿》卷八二，《王生四游草序》。

⑩ 《类稿》卷八九，《石羊生小传》。

⑪ 《王凤洲年谱》。

一五七六　万历四年丙子　先生二十六岁

乡试以经义中式成孝廉。先生始愿从赤松子兄弟牧羊穷谷间，中屈意当路，恒勿勿，每摄衣冠则揽镜自笑是楚人猴而沐者，然用二尊人故，未敢遽绝去。① 癖嗜古籍，遇有稀刻，虽解衣典质所不惜，张文潜《柯山集》一百卷，先生旧藏仅十三，盖钞合类书以刻，非其旧也。尝于临安僻巷中，见钞本书一十六帙，阅之乃《文潜集》，卷数正同，书纸半已漶灭，而印记奇古，装饰都雅，目之惊喜，时方报谒臬长不持一钱，顾奚囊有绿罗二匹代羔雁者，私计不足偿，并解所衣乌丝直裰蜀锦半臂罄归之，其人亦苦书之不售得直慨然，会官中以他事句唤，因约明旦。先生返寓通夕不寐，黎明不巾栉访之，则夜来邻火延烧，此书倏煨烬矣，为之怅惋弥月。②

秋，王世懋以江西参议赴官，过兰溪来访，邂逅蓬茅，片语投合，杯酒扬抡，形骸顿忘，由是始订交契。③

冬，以计偕北上。④

王世贞自郧阳解节归，除南京大理寺卿，未之任为南给事杨节所劾，得旨回籍听候别用，自是栖息弇山园，身虽退而名益重。⑤

祝鹤卒。⑥

一五七七　万历五年丁丑　先生二十七岁

欧大任⑦时官虞部，置酒高会，先生与刘绍恤在座，初不相识。刘问张幼于献翼⑧曰："何人？"幼于曰："胡孝廉"。刘犹未知也。

---

① 《类稿》，《石羊生小传》。

② 《经籍会通》三。

③ 《类稿》卷五六，《夜泊金阊寄奠王敬美先生八首序》。《静志居诗话》卷一四："王世懋字敬美，太仓州人。世贞弟，嘉靖己未进士，官至太常寺少卿。有《奉常集》。"

④ 《类稿》卷五〇："余为五岳之怀久矣。丙子冬，将以计偕北上。适少参王公自秦中过访，为余剧谈莲花玉女之胜，且出诸登览作见示，恍如曳杖从公游，憩太华绝顶者，不胜飞动之想，辄赋七律四章。"

⑤ 《王凤洲年谱》。

⑥ 《类稿》卷八八，《长安酒人传》。

⑦ 《静志居诗话》卷一四："字桢伯，广东顺德人。以岁贡历官至南京户部郎中。有《思元堂》、《旅燕》、《浮淮》、《蘧园》诸集。"

⑧ 《静志居诗话》卷一三："长洲人。更名敉，国子监生。有《文起堂正续集》。"

曰："今日桢伯会同调，如何滥及举人？"幼于笑曰："胡亦云：'今日会同调，如何滥及评事？'"（绍恤时官大理寺评事。①）

副宪公以忤张居正旨，左迁云南按察佥事，回里小住。②

夏，下第北还，杜门豁上，适王世懋来过，顾谓副宪公："阿戎安在？吾愿就与语。"浃谈竟两晨夕，濒行握先生手曰："不佞纵横艺苑，自于鳞外鲜所畏，差强人意独生耳。生幸及家司寇（世贞），胡可弗一游其门？"先是先生读《弇州四部稿》谓古今文章咸总萃是，幸得世懋绍介剧欢，辄以尺一通世贞，世贞业闻先生得先生恨晚，首为先生序《少室山房诗》，絜衣钵授焉。③ 致书略曰："……始者见家弟与曹甥子念称足下，又见殷无美称足下，近得家弟一书，谓纵横艺苑中鲜所畏，独畏足下与李本宁耳……足下宏放奔逸，若飞黄蹑景，顷刻千里，而步伐操纵有度，不致负啮决之累，诗格调高秀，声响宏朗，而入字入事皆古雅……足下谓：'诗文骚赋，虽用本相通，而体裁区别，独造有之，兼诣则鲜。'又谓：'精思者陋而简于辞，博识者滥而笃于笔；笃古则废今，趣今则远古。'斯语也，诚学士之鸿裁，而艺林之匠斧也……以足下虽过于称仆，而晰于论学乃尔，仆尚何所道。勉旃！深造自得而已。才聘则御之以格，格定则通之以变，气扬则沉之使实，节促则澹之使和。非谓足下所少而进之，进仆所偶得者而已。"④ 世贞数期先生海上，坐宋宜人病未能赴，盖自是不上春官者六载。⑤

当时的学术界，受姚江诸儒的影响极深，不尚读书，专从顿悟

---

① 《玉剑尊闻》卷一九。

② 《弇州四部续稿》，《胡观察传》。按《类稿》《家大人履历述》："家君被命去楚，吏民遮道留以千数。已乘扁舟浮洞庭，度沅湘，吊九疑，益西南行夜郎贵竹万山中，揽观夷夏大防，天地日月所穷际出没，凡百日抵滇。"文似副宪公镌秩后即由楚赴滇，然据《石羊生小传》及《胡元瑞传》则应是于赴滇前折回浙中小住也。王世懋《奉常集诗》卷十："兰溪访伯安，胡丈留饮，时郎君元瑞获俊雅慕其高才，抵掌论文，几申旦矣，辄赋一章。"又文集卷六《胡元瑞诗小序》："丙子岁过兰溪，元瑞方获俊将计偕，予幸睹焉，谈艺过丙夜，元瑞出示所为诗，为之系节赏叹。越岁再一过之，元瑞辄趋迎为具，执通家礼甚恭，而诗每见愈益奇。"

③ 《婺书》卷四《胡应麟传》眉注："元瑞有印章，其文曰琅邪衣钵"。

④ 《弇州四部续稿》卷二一六，《与胡元瑞第一书》。

⑤ 《类稿》，《石羊生小传》。

入手。《明史》卷二八三《王畿传》说："王艮读书止《孝经》、《论语》、《大学》，信口谈说中理解。"《贺钦传》："钦学不务博涉，专读四书、六经、小学，期于反身实践，谓为学不必求之高远，在主敬以求放心而已。"末流至谓："学惟无觉，一觉即无余蕴，九思九容四教六艺皆桎梏也。"① 以揣摩为妙悟，恣纵为自然，结果自然是束书高阁，轻视著述。在另一方面，可说是无独有偶，自"弘正间李梦阳倡言复古，操觚云涌而咸以读书为戒，至有晋魏以还，茫然心目者。文章之盛，几轶古先，而学问之衰，无逾晚季，至于嘉隆，玄谈日沸，即豪特之士崛起其间，而属辞者虞讥于堆垛，多识者取诮于支离"②。先生与王世贞书极论其弊云："明兴，庆阳李氏崛起八代之衰，希踪三古之上，经秦纬汉，出宋入唐，亶谓不赏之鸿勋，无前之杰思，而运属榛芜，功繇草创，拟议之则滞焉弗镕，采蓄之程隘焉弗广，两都而外，诵法靡征，六季以还，见闻旋废，以致缘情者病其剽敓，多识者陋其拘挛。"③ 堂堂皇皇地扯起复古的旗号，实际上却是一句"不肯读书"的冠冕话，当然除了模仿以外，无路可走，所以这时候的风气自然成了"不致工于作而致工于述，不求多于专门而求多于具体"④ 了。

王世贞致书陈耀文谈到这时候的学风，也极示愤慨，他说："……今天下幸而无挟书谰言之禁，甫离龀即从事学官。顾其所习，仅科举章程之业，一旦取甲第，遂厌弃其事。至鸣玉登金，据木天藜火之地者叩之，自一二经史外，不复知有何书，所载为何物，语令人愦愦气塞。休明之代，士大夫谈性命者创不根之语，蝇袭蛙传，以文其陋，而眴然欲主齐盟，即所谓：驴非驴，马非马，龟兹王乃赢也。"其稍上者即操觚之士，攀西京，蹑大历，厌薄宋儒以为不足道，实不如宋儒日占佯，小有所撰述也。即所谓"夜郎王谓汉使者我孰与汉大也?"不佞少小时窃以托附长者之嗜，顾不能沉思，有高阳涉猎之

① 《明史》卷二八三，《邓元锡传》。

② 《类稿》卷一一二，《与少司马王公》。

③ 《类稿》卷一一一，《与王长公第一书》。

④ 《诗薮内编》古上。

病。中年好酒懒事，时时自废，然意有所溺，竟不能一日离之。居恒谓三日不饮酒，觉形神不相亲，一日不开卷，骨孔尽窒塞……杨用修自谓近代子云，见足下聊箫（?）之，仆初未敢奉从。“然睹其书如方城万城张浚张俊三尺竖子所不道，何也？近有致《河南通志》者名宦中相州刺史高阳王雍，魏孝文帝弟也，以孝文戒益自励。今作王雍，高阳人，此又大可笑也。今世所称博学知名士如此。”①

谈性理者以“实践”标榜掩其不读书之陋，谈文学者以“复古”号召倡不读汉后书之说，两家互相应和，形成一种浅薄浮泛的学风。即有一二杰出之士，亦复泛涉浅尝，依傍门户，不能自立一说，进一解。蝇袭蛙传，风靡一世。

在如此的环境中，王世贞、胡应麟同时发表不满的意见，同时提出改革的标准，作有意识的反抗。他们以为文章学问本非二途，在积极方面，提出“博”、“精”二字，学求其博，义求其精，要深要广：“入之九渊而毋堕于魔，放之八极而毋堕于幻。”要高要沉：“举之千仞而毋激于峭，按之万钧而毋滞于粗。”在消极方面要避除的是“晦”，是“杂”，晦则不达，杂则不醇。两人的见解和目标大抵相同，其持论亦无大出入，并且都能实践他们所标榜的口号，博极群书，学夸一世，开一时读书著述的风气。在思想方面，也不受传统的桎梏所约束，自有坚定的立足点，这在明代的学术思想史上不能不说是一个大解放时期。不过矫枉过甚，其末流又犯了姚江学者的同样毛病，事事模拟剽窃，流于空泛肤陋，这一点在王世贞的晚年他也似乎见到，他说：“……今天下人握夜光，途遵上乘，然不免邯郸之步，无复合浦之还，则以深造之力微，自得之趣寡。诗云：‘有物有则。’又曰：‘无声无臭。’昔人有步趍华相国者，以为形迹之外学之，去之弥远。又人学书，日临兰亭一帖，有规之云：‘此从门而入，必不成书道。’然则情景妙合，不为古役，不堕蹊径者最也，随质成分，随分成谊，门户既立，声实可观者次也，或名为闰继，实则盗魁，外堪皮相，中乃肤立，以此言家，家必败矣。”②

① 《弇州四部续稿》，《与陈晦伯书》。

② 《艺苑卮言》五。

《四库总目》卷一七二即据此立论，批评得颇为公道："考七字之派，肇自正德而衰于万历之季，横踞海内百有余年。其中一二主盟者虽为天下所击，体无完肤，而其集终不可磨灭，非惟天姿绝异，笼罩诸家，亦由其学问淹通，足以济其骜桀。故根抵深固，虽败而不至亡也。末俗承流，空疏不学，不能如王李剽窃秦汉，乃从而剽窃王李，黄金白雪，万口一声，一时依附门墙，假借声价，亦得号为名士，时移事易，转瞬为覆瓿之用，固其所矣。"

先生父僖与世贞弟世懋为同年生，又与世贞有交谊。先生之得交世贞，一是由曹子念殷无美的揄扬，二是由世懋的绍介，三是由于先生自身的读书博学，和世贞同声气，在《少室山房全集》和所著《诗薮》中，虽多推崇琅邪之论，亦由世贞之学问淹通，笼罩一世，心诚悦服，非出矫情也。《明史》说他："携诗谒世贞，世贞喜而激赏之。所著《诗薮》二十卷，大抵奉世贞卮言为律令而敷衍其说。谓诗家之有世贞，集大成之尼父也。其贡谀如此。"① 实非持平之论。

一五七八　万历六年戊寅　先生二十八岁

家居校雠宋太史诗。② 王世贞致书述钦佩意，略云："足下聚书三万卷，插架不减邺侯，日枕席坐卧其中，世间事无足上眉尖胸次者，以仆所见，当今博洽士陈晦伯可称无二，然不无书簏之恨，杨用修颇以缀属称，而疏卤百出，检点不堪。自李献吉戒人读书，当今此道弥厄……何意晚岁从少年中得足下，家弟每啧啧足下过目不忘，髫丱时读书几与身等，今已学无不窥，浸浸有雄视百代意。"③ 且邀相过，赋赠有："一字风云争吐气，千秋日月破藏名"、"莫夸终古神交在，所见俱应胜所知"④ 之句。

徐中行卒。

一五七九　万历七年己卯　先生二十九岁

以母病不与会试，时副宪公在滇，家无长丁，先生家居奉母，

① 《明史》卷二八七，《王世贞传》附《胡应麟传》。

② 《弇州四部续稿》卷二〇六，《答胡元瑞第二书》。

③ 《弇州四部续稿》卷二〇六，《答胡元瑞第五书》。

④ 《弇州四部续稿》卷一五，《再答胡元瑞》。

其凄落情况，可于其诗中见之。“徘徊高堂病，一卧垂十年，既无稚子娱，亦寡群从援，椿庭渺何处，万里越滇南，感此去住怀，岁岁摧心颜。”“夙昔慕巢由，披发箕颖隅，矧兹乌鸟情，能不怀倚闾。令伯惟承欢，王阳实回车，亦知轩盖荣，方寸寡所愉。愿言青云客，矫翼升天衢，君子游岩廊，小人安敝庐。”① 先生既不上春官，燕中遂有传不起者。胡孟弢汝焕方就试院中，闻之大恸。后王世懋过兰溪为先生言此事，感其气谊，赋诗谢之。②

新建喻邦相均③娴于诗，意气不可一世，以进士来宰邑，独善先生，游览倡和无虚日，为诗酒之交。④

俞允文卒。

一五八〇　万历八年庚辰　先生三十岁

夏，东阳李能茂⑤来见订交⑥，其为诗师先生，先生亟荐之王世贞先生所，世贞亦知之，有隽朗之目，数贻之诗，所以属之者良重。⑦ 与先生齐名，时称胡李。⑧

五月念二日先生三十初度，作《抒怀六百字》：“浮生寄天地，瞬息如风霆，回首尘埃中，倏已三十龄。家人庆初度，浆酒罗前庭，宁知志士怀，百忧坐中并。粤惟肃皇世，婺女流星精，休祯兆前梦，抱送锡嘉名。三冬学颇足，抽翰预时英，才非正平敌，赋夺文考声。乘髫谒帝里，弱冠栖神京，散发昭王台，万象愁凭凌，悲歌问屠狗，击筑偕荆卿，郭隗岂佳士？乐生徒老兵！登高望幽蓟，长啸卢龙营，

---

① 《类稿》卷一二：“己卯仲秋复当计偕北上，以家母病不赴，与诸友言别。”

② 《类稿》卷一三：“余既不上春官，燕中遂有传不起者，孟弢方就试院中，大恸。王次公过瀔水为余言之。”

③ 《兰溪县志》卷四《喻均传》：“均字邦相，新建人。万历七年以进士宰邑，性刚介，不媚上官，不挠权贵。好饮酒，工诗文，与邑人胡应麟最契，相缔为文字交。”《诗薮》云：“喻诗如浙江观潮，游雁岩天台，皆高华雄迈。与嘉隆相表里。十一年以升杭州府同知去。”

④ 《类稿》，《石羊生小传》。

⑤ 《婺书》卷七《斯一绪传》：“李能茂字仲达，一字允达，东阳人。”《金华征献略》：“能茂所作有《卑尔亭集》、《武林唱和集》、《友痫山房集》。”

⑥ 《类稿》卷八一，《李仲子集序》。

⑦ 《婺书》卷七，《斯一绪传》。

⑧ 《兰溪县志》，《胡应麟传》；《金华文征》，《姓氏传略》。

风吹大漠雪，乱洒胡天青，盛时方罢战，绝塞无王庭，徒令终童策，默默不得鸤。萧条对短褐，激烈投长缨，飞书入词社，授简罗簪缨，群公竞识面，大匠遥寻盟，清谈堕玉尘，剧饮呼长鲸，华阳奔空洞，碣石高峥嵘，千言照白日，双字悬青冥。风朝一朝异，聚散如流萍，衣冠竞祖道，却出长安城。含凄问岐路，息驾还林垧，袖中两龙剑，错落埋寒星，穷年卧深巷，白眼横柴荆，时人不解识，往往呼狂生。咄嗟大运谬，采药寻仙灵，翛然负瓢笠，独往事遐征，绝壁耸天姥，飞梁横赤城，千花镜湖绿，万树钱唐明，金华最愳半，兰阴穷绝陉，道逢牧羊子，恍忽黄初平，将随赤松去，永与尘世冥。宁知浣纱地，物色来娉婷，飞扬腼前事，占毕起浮名，低头拂残蠹，眯目囊流萤，虽勤伯乐顾，岂投国士情！匪乏钟期知，流水难为音。迟回十年内，强半居欹倾，雌黄逐儿辈，粉黛随优伶，南宫籍初上，东山意弥醒，横金亦何有，拖玉非吾情，逡巡计偕岁，屏迹留家庭，为园寄莽苍，凿沼浮清泠，含椒奉高堂，酿秫邀同盟，芳春怆庭树，雪夜怀原鸰，宁乖四方志，实恐壮节零。遘兹悬弧始，涕泪摧生平，恋旧迹已往，感来念逾婴，昔居少年坐，今为强者形，容颜渐凋落，齿发非神明，千秋竟何以，百岁讵足营！茕茕六尺躯，皇皇五鼎荣，岂无箕山穴？亦有谷口扃，逝将守初服，毕世穷遗经，鸿裁列琬琰，大业垂丹青，藏书遍五岳，濯足凌沧溟，却招两黄鹄，万里还瑶京。”①

初谒王世贞于太仓，谈艺小祇园。② 世贞为作《二酉山房记》③：“余友人胡元瑞性嗜古书籍，少从其父宪使君京师，君故宦薄，而元瑞以嗜书故，有所购访，时时乞月俸，不给则脱妇簪珥以酬之，又不给则解衣以继之。元瑞之橐无所不罄，而独其载书，陆则惠子，水则米生，盖十余岁而尽毁其家以为书。录其余资以治屋而藏焉。屋凡三楹，上固而下隆其址使避湿，而四敞之可就日。为庋二十四，

① 《类稿》卷二〇：“庚辰夏五月念二日，余三辰初度也，碌碌尘土，加以幽忧之疾，靡克自树俯仰今昔，不胜感慨，信笔抒怀六百字。”

② 《类稿》卷一〇六，《书二王评李于麟文语》。

③ 《兰溪县志》卷八《古迹》：“二酉山房在城北后官塘思亲桥畔，明胡应麟建。初名少室山房，旁有古樤树，高接云汉，俯蔽池塘，夏日浓阴绿缛，暑气不侵，每倚树长吟，又尝刳小丹，架于分枝处以备游泳。后归唐骧家，改颜曰古樤书屋。”

高皆丽栋，尺度若一。所藏之书为部四，其四部之一曰经，为类十三，为家三百七十，为卷三千三百六十。二曰史，为类十，为家八百二十，为卷万一千二百四十四。三曰子，为类二十二，为家一千四百五十，为卷一万二千四百。四曰集，为类十四，为家一千三百四十六，为卷一万五千八十。合之四万二千三百八十四卷。元瑞自言于他无所嗜，所嗜独书；饥以当食，渴以当饮，诵之可以当韶頀，览之可以当夷施。忧藉以解，忿藉以平，病藉以起色。而是三楹者，他无贮，所贮亦独书。书之外，一榻，一几，一博山，一蒲团，一笔，一研，一丹铅之缶而已。性既畏客，客亦畏见，门屏之间，剥啄都尽，亭午深夜，坐榻隐几，焚香展卷，就笔于研，取丹铅而雠之，倦则鼓琴以抒其思，如是而已。故人黎惟敬以古隶扁其楣曰二酉藏书山房，而属余为之记。①

先生又自撰《二酉山房歌》："……兰阴胡生负书癖，早逐刘郎卧岩石，髫年已绝轩冕好，壮岁偏耽穷鬼力。北走燕台东走吴，金陵闽越穷江湖，僦居寄庑录余烬，负薪织履偿追逋，陆则惠施水米芾，昏黑忘眠昼忘食，乍可休粮卧途路，讵肯空囊返乡国？二十四庋罗山房，二千四万堆琳琅，黔娄妻子困欲死，君山箧笥富可量。上距羲农下昭代，触手牙签宛相待，圣神贤哲穷讦谟，帝伯皇王罄元会。一榻一几横疏寮，一琴一砚祛烦嚣，焚香独拥四部坐，南面王乐宁堪骄！……"②

秋，王叔承③来访，订盟江上。④

冬，王世懋以提学陕西，便道过访先生于溪上。⑤

副宪公在滇以平刁氏叛事为台使所重，复官藩参。⑥

一五八一　万历九年辛巳　先生三十一岁

---

① 《经籍会通》卷二。

② 《类稿》卷二九，《二酉山房歌》。

③ 《明史》卷二八八《王穉登传》："字承父，吴江人。少孤，治经生业。性嗜酒，与李春芳、王锡爵为布衣交。其诗极为王世贞兄弟所许。以布衣终。有《四游集》。"

④ 《类稿》卷一九，《孤愤篇》，《挽王山人叔承八百字》。

⑤ 《类稿》卷一〇六，《书二王评李于麟文语》。

⑥ 《弇州四部续稿》，《胡观察传》。

五月，《绿萝馆诗集》刊成，王世贞为之序："……余始得元瑞于余仲者半岁所，而元瑞进其诗，余睹之未尝不击节三叹也……元瑞才高而气充，象必意副，情必流畅，歌之而声中宫商而彻金石，览之而色薄星汉而摅云霞，以比于开元大历之格，亡弗合也。余尝语余仲，诸前我而作者涵洪并纤与亭毒并，吾故推献吉，然不能讳其滓。绝尘行空卿云烂兮，吾故推昌谷，然不能讳其轻。刻羽雕叶，舍陈而新，吾故摧子业，然不能讳其促。鞭风驭霆，以险为绝，吾故推子相，然不能讳其疏。融而超之，于麟庶几哉，然犹时时见孤诣焉。后我而作，其在此子矣夫！其在此子矣夫！以今证之，抑何左契不爽也。亡已而有子规者在。昔鞠傅之称田光曰：'智深而勇沉，不深不玄，不沉不坚，入之沉深，出之自然，完之粹然。'如大钧雕物而不见工，如良玉夜辉而不见痕，斯三百篇西京建安之懿乎！是集也其始基之矣。子之邦君有喻子者其问梓焉。而以不佞言质之。"①

按据《弇州续稿》，《绿萝馆诗集》当是《少室山房稿》之初名。后复益以他所撰作，合成《少室山房稿》。江湛然刻《类稿》时以此序冠首而从后名，故《绿萝馆诗集》之名遂湮也。

副宪公迁官云南按察副使。②

王世贞兄弟以昙阳事被劾，不问。世懋遂乞休旋里，别筑澹园于城西南隅，去弇园半里许。③

一五八二　万历十年壬午　先生三十二岁

秋，宋宜人病稍瘳，会副宪公屡自滇发使促先生与会试。

先生顾王世贞相知厚，非假北上无从面，因努力治装，过吴谒世贞于弇山堂，留饮晤谈，备极欢洽。④

世贞赠诗云："曰予欲无言，吟咏亦随废，塞耳空谷中，足音胡然至，之子匪俗欢，夙昔申末契，掩关二载余，日与黄卷对，卤莽一世眸，牢落千古事。圣主御明堂，汝乃随计吏，应门故所习，踉

① 《少室山房类稿》，王世贞序；《弇州续稿》卷四四，《绿萝馆诗集序》。

② 《弇州四部续稿》，《胡观察传》。

③ 《王凤洲年谱》。

④ 《类稿》；《石羊生小传》卷三二，《壬午秋以家君命北上舟过严先生祠戏作》。

跄手其刺，一见肝胆披，软语若相媚，厨中出旨酒，亦复饶异味，鸾刀缕黄颔，雕盘饤朱柿，秋色在芙蓉，客醒主已醉。四坐且勿惊，见有此人未？但诵《子虚篇》，何必杨得意！”①

先生垂髫谈艺，即耽嗜东西二京。初操翰墨，赋送人之白下，起句云：“悲风号枯叶，吹堕上林月，客子将远行，驱车中夜发……”一时名流，骤加赏叹，以历块期之。弱冠从副宪公长安社中酬倡，大都五言七律，无暇古风。尝拟作古十九首未就，至是请益世贞，世贞拳拳进先生努力兹道，勉促甚至。② 自是致力于诗，尤擅古风。与《王长公第二书》尝自评其所得云：“追维舞象之岁，拈弄笔墨，锐意成一家言，自树不朽。而钝质残躯，用力愈深，望道愈渺。仅骚人轨域，恍忽有窥。于乐府得其原，于古风得其质，于歌行得其气，于五七言绝得其韵。近体排律，一章半简，无大逾人。至数百韵以还，数十篇而外，淋漓浩荡，点缀不穷，窃窥艺林，靡敢多让。而尤嗜读书，自所购藏，几等邺架经史子集，网罗渔猎，时有发明，不敢以鸿硕自居，不致以空疏自废。慨自弘正以来，作者如林，学者如线，杨用修一木耳，风回澜倒，故未易支。匪执事崛起盛时，奋臂大呼，为六合倡，岂直取轻唐汉，将遂姗笑宋元，人才污隆，邦国荣瘁，讵勿信哉！”③

抵金陵晤莆田吴霞城。④

入都，汤显祖义仍⑤过访，时先生适命工栉发，欲起，义仍亟止之。对谈竟栉，因相顾大笑曰：“竹林风致何必晋人？”⑥ 时黎惟敬、欧桢伯并在燕，而张助父、陈玉叔诸人以奏计至，胡汝焕、区用孺以射策至，咸以旧好过从甚洽。⑦

副宪公以与同列不合，自滇致仕归。时年六十。王世贞为诗赠之云：三朝循吏赞升平，一疏归来万事轻，隼幰尚沾滇僰泪，渔舠

① 《弇州四部续稿》卷七，《元瑞以计偕过吴人访弇中留饮有赠》。
② 《类稿》卷一二，《拟古十九首序》。
③ 《类稿》卷一〇一，《与王长公第二书》。
④ 《类稿》卷七二，《忆壬午计偕晤莆田吴公于白下》。
⑤ 《静志居诗话》卷一五：“字义仍，临川人，万历癸未进士。有《玉茗堂集》。”
⑥ 《类稿》卷五三。
⑦ 《类稿》卷八三，《艺葵园草序》。

先结嵴湖盟，青山甲子从仍数，丹穴鹓雏有嗣名，他日胡威蒙召对，定知能攘乃公清。时元瑞将上春官。①

一五八三　万历十一年癸未　先生三十三岁

与屠隆②会都中。隆为序《少室山房稿》云：“余与元瑞同举于乡，兄弟之义甚好，知元瑞诗自两王公外宜无如余者……盖自余为吏与元瑞不相闻者六年。癸未握手都门，数从海内诸名士游，余两人遂益欢……”③ 复为诗赠之：“独占江湖理钓船，水云千顷浪花鲜，相思瑀树迷丹嶂，长啸金华入紫烟，宝剑论心千载上，疏灯照影一灯前，何年同访牧羊子，门掩松萝洞里眠。”④

于朱山人汝脩馆中，邂逅新蔡张九一⑤，片语投合，肝胆形容几欲为一，遂成倾盖之交。⑥

洪景卢《夷坚志》四百二十卷，武林雕本仅五十卷，而分门别类，紊乱无章，非野处之旧也，先生少读鄱阳《经籍考》，即遍询诸方，弗获。至物色藏书之家，若童子鸣、陈晦伯皆云未睹，即琅邪王氏亦不省有是书矣。至是忽晤王参戎思延云前得一钞本，补缀装潢已成完帙，先生剧喜，趣假录之。王愿以《笔丛》易。先生持归，竟夕不能寐，篝灯披读，乃此特四甲中之一周，为卷凡百，每篇首缀小引，其后先次第，大都洪氏旧裁，余卷三百二十竟不可得，然其梗概胪列也。益所藏得百五十卷，无一重见。⑦

下第南还。

秋，张佳胤⑧以副都御史靖浙难，按部过先生里，先生避勿见，

---

① 《弇州四部续稿》卷一六，《胡宪使归自滇中年六十》；《类稿》，《先宜人状》。

② 字纬真，一字长卿，鄞人。万历庚辰进士。有《由拳白榆》、《栖真》诸集。《明史》有传。

③ 《白榆集》卷二，《少室山房稿序》。

④ 《白榆集》卷六，《燕市逢胡元瑞》。

⑤ 字助文，嘉靖三十二年进士。官终巡抚宁夏佥都御史。有《绿波楼集》。《明史》卷二八七附《王世贞传》。

⑥ 《类稿》，《石羊生小传》。

⑦ 《类稿》卷一〇四，《读夷坚志》。

⑧ 字肖甫，铜梁人。嘉靖二十九年进士。万历十年官浙江巡抚，浙东西二营以减月饷噪变，杭民以行保甲故亦乱，佳胤以计平之。官至兵部尚书，卒谥襄宪。有《崌崃山房集》。《明史》卷二二二有传。

张谓副宪公："公儿佳甚，故知之。今乃难我，得非以使者惠文岳岳耶？为我致之钱塘，请得具宾主礼。"先生乃强为钱塘谒，而张公果以上客客之。① 会汪道昆②、道贯③兄弟自歙来游西湖，与先生片语定交，谊逾倾盖。④ 继戚继光来自燕，王世贞、世懋兄弟来自吴，中秋夜与先生、佳胤、喻均及他吴越名士大会于湖中。道昆属先生为赋《宝刀歌》，援笔立就千余言，奇思滚滚，群譬赏不置，继光叹曰："名下无虚士，果然！"⑤

先生性孤介，时时苦吟沉思，不甚与客相当，而当其挥麈尾品时藻，不能无置雌黄唇吻。有莫生者噪而贪，以品不登上中，恨先生刺骨。会大会湖中，故偏詈座客，欲以为哄端，先生夷然勿屑也。⑥

次夜，喻均复邀同集俞园，均以公事先行。先生与道昆移舟六桥，布席堤上，澄湖月色，万顷如昼，箫管间作，剧欢，丙夜乃散。⑦

道昆邀先生同入弇中访世贞兄弟，方舟而入娄江，中途为序《少室山房续稿》⑧ 云："元瑞藉诗三百篇，则元美序矣。概以当世二三作者瑜不掩瑕，由前则推于麟，由后则推元瑞，申之耳目无两，要以代兴。元美自信平生之言，于人无誉，及其脩元瑞也，务入深沉出自然，期于质有其文，追风雅而薄汉魏，元瑞唯唯，遂辍经艺，罢计偕，时而卧游，揽百家，猎千古，称诗视故箧等，抵孤序之。初学士盟葵丘而抵于麟，即元美争自下，孤独高于麟而大元美。心

---

① 《弇州四部续稿》,《胡元瑞传》。

② 字伯玉，歙人。嘉靖二十六年进士。官终兵部左侍郎。有《太函集》。《明史》附见《王世贞传》。

③ 字仲淹，道昆弟。有《汪次公集》一二卷。见《浙江采集遗书总录》癸集下。

④ 《类稿》卷一二,《入新都访汪司马伯玉二首序》；卷八九,《石羊生小传》。

⑤ 《类稿》,《石羊生小传》。

⑥ 《弇州四部续稿》,《胡元瑞传》。

⑦ 《类稿》卷五七。

⑧ 按《四库总目》别集存六："《少室山房续稿》十五卷。是编凡《两都集》一卷，《兰阴集》一卷，《华阳集》十卷，《养疴集》二卷，《青霞稿》一卷，盖《类稿》未出以前，随作随刊之本也。"《浙江采集遗书总录》癸集上："《胡元瑞集》十五卷，刊本。"盖即四库存目本，惟此作四种十五卷，《两都集》作二卷，无《青霞稿》。

窃未敢言。于麟集既行，元美属孤为之序，时竢论定，卒谢未遑。顷之《弇州四部稿》成，孤始吐私臆，不敢终隐。元瑞起屦而从历下，放于琅邪，卒尸元美而祝之，以于麟配，且言大成之尊柱下，亦由元美之右于麟，瀛海稽天，吞岱宗者不啻三五，不茹而吐，其斯为有容。夫以于越少年，直将排泰山，躏梁父，何嘐嘐也？齐吴更霸，鲁幸与盟，元瑞业已求多于一匡，鲁于何有？且也元美藉藉，孤无庸赞一辞，其进元瑞者两端，其言具在。元瑞挟箧固请善言必三，窃惟言志为诗，言心声也，吾道卓尔，惟潜心者得之。元瑞直以稽古而废明经，尸居而绝户屦，坐忘而冥合，官止而神行，其心潜矣。潜则沉深自然之所由出也，元瑞益矣。其曰刓锋藏巧，露其质木，此于元瑞何难？揆之天时，必时至而后可，盖天有至教，各以时行，不春不华，不秋不实，时必有至，天且不违。元瑞早岁之业则春也，吾见其巨丽，吾见其日新。及其壮也春而夏矣，吾见其蕃滋，吾见其峻茂。过此以往，于时而秋，秋实告成，坚矣顾矣，改柯易叶，无用芬华，岁功毕矣，藉令如驰且尽，乌可凌节乎哉？元瑞待之，无所容尔力矣。"①

时与先生偕来弇园者道昆与弟道贯仲嘉，张佳胤亦以内召迹至，寻先别去。日游弇中澹园，相与饮酒赋诗，谒昙阳观，围观昙阳所作龙凤诸篆。又次日宴弇园，竟日为逍遥游。酒甚，道贯倚酒侮先生，先生拒弗受，客谓先生彼莫生詈者胡以受之？先生徐曰："莫生者庸讵足校也，仲淹司马公介弟，而又挟贤，吾侪当爱之以德，独奈何成人过耶？"客乃服。②

---

① 《太函集》卷二四，《少室山房续稿序》。

② 《弇州四部续稿》，《胡元瑞传》；《太函集》卷七六，《沧州三会记》。按沈德符《野获编》卷二三《金华二名士》条及《全浙诗话》卷三四所引《武林旧闻》误以莫生与道贯为一，所述与此不同，且据世贞、道昆二人所言戚继光亦未入弇，当为传闻之讹，今将《武林旧闻》原文附录于下："胡元瑞亦好使酒，一日，寓西湖，汪太函司马携乃弟仲淹来杭，王元美伯仲并南诸名士大会于湖中。仲淹已病，其诗颇有深思秀句，心薄胡之粗豪，忽傲然起请弇州曰：'公奈何竟以诗统传元瑞？此等得登坛坫，将置吾辈何地？'汪王三先生因出仓卒不及答，元瑞亦识仲淹气盛，怒目视。时戚元敬少保实偕三汪渡江，因出软语两解之，胡大怒移骂，至目为粗人，戚惊避促舆度岭去。满座不欢而罢。时人作杂剧嘲之，署题曰胡学究醉闹湖心亭，戚总兵败走万松岭云云。"

九月，先生回浙，世贞以诗送之：离筵太白肯离残，欲尽贤豪且细看，青雀又分孤旆色，玉龙空并两峰寒，骄从麈尾争名晚，（仲淹被酒与元瑞争名而哄）老向刀头忍泪难，（伯玉与余最老而最相知）何事不留三凤住，王家兄弟少琅玕。①

过吴门访张凤翼②于曲水园。③

王世贞撰《末五子篇》，以赵用贤④、李维桢⑤、屠隆、魏允中⑥与先生为末五子，各系以诗：胡郎天挺豪，弱龄富篇咏，突窥济南室，摆脱信阳境，高岭秀繁条，何所不辉映，顺风扬妙音，畴能不顷听，沉思穷正变，广心饶比兴，牛耳终自归，蛾眉竟谁并，已睹千仞翔，徒劳众口竞。⑦

康裕卿从理余曰德德甫卒。⑧

一五八四　万历十二年甲申　先生三十四岁

五月，《三坟补逸》三卷成书。自序："三坟太上之典也，自仲尼赞易叙书删诗，而三坟不经见，则《春秋》倚相所尝淡，固可疑矣。况乎隋刘炫氏所上也，宋毛渐氏所传也，浅陋弗根，恶睹所谓三坟者乎？夫书出于三代者时有先后，文无古今，义有精粗，文无踳粹，《晋纪年》、《周逸书》、《穆天子传》皆三代典也。作于春秋战国，烬于秦，轶于汉，显于晋之太康。其书竹简，其文科斗，其出丘墓，经而参之，史而伍之，燕郢而说之，凡以强之于坟，亡弗协也。质诸倚相所尝读，吾弗敢知，以较隋宋之伪书，匪什伯而千万矣。夫《祈招》数言，不足当《穆天子传》之一简，而楚臣且以穷倚相，矧汲冢其斐然若是也。吾举而跻之于坟，以补其亡者而革其

---

① 《弇州四部续稿》卷一七，《送伯玉同二仲元瑞清洋抵玉龙桥望玉山作》。

② 《野获编》卷二三："字伯起，吴人。嘉靖甲子举人。"有《处实堂集》。

③ 《类稿》卷一一〇，《跋张伯起诗卷》。

④ 字汝师，常熟人。隆庆五年进士。官终吏部侍郎，谥文毅。有《松石斋集》、《三吴文献志》、《国朝典章因革录》行世。《明史》有传。

⑤ 字本宁，京山人。隆庆二年进士。有《大泌山房集》。《明史》有传。

⑥ 字懋权，南乐人。万历庚辰进士。有《仲子集》。见《明诗综》卷四七。

⑦ 《弇州四部续稿》卷三，《末五子篇·胡先辈应麟》。

⑧ 《王凤洲年谱》。

伪者奚不可也。夫三书之文，世亡有弗伟之，而三书之事，世无有弗悖之，顾余之所概于三书，则弗惟其文，惟其事也。因稍辑其略，俟好古之士商焉。①

时先生盛得世贞兄弟揄扬，其所撰《诗薮》又不无抑扬时彦，名日益高，忌者亦日益众，有进谮言于世贞谋间之者，先生去书解之云：

> 不肖自总丱游燕，微吟短述，荐绅先达，互缔忘年，咸欲引掖门墙，宾诸国士，乃不肖瓣香一炷，未敢遽有所属也。稍长益搜仇载籍，综览贤豪，知宇宙文章，咸萃执事，侧身东望，实始系心。既因缘次公坛坫，青云之附，窃幸庶几，诚不自意执事过相期援，暴之万众，授以千秋，感激厚恩，踊跃中夜，妄意斯文正朔，如日中天，护法持教，所当努力，以故遇有谤佛之调达，孽孔之桓魋，无弗昌言疾论，面折其非，而怒螳盈道，桀犬成群，陷阱之蛙，告海则惊，醯瓮之鸡，语天则笑，招尤启衅，实系于此。
>
> 又以古今才杰，或参商异代，或枘凿当年，而不肖草莽鄙生，马牛下走，其于明公，分悬位绝。顾以尺简受知，寸朽蒙拾，神情标举，兴会飞动，即不能如迦叶之破颜，少林之得髓，亦岂敢为请息之端木，顾后之南荣，而人微力寡，地卑望末，争名者恶其少达，浮慕者害其精研，蛾眉之妒，剧于专房，骏马之摧，萌于参乘，萋言日至，浸润潜投，职此二端，更无他道。客秋上谒，仅得听闻，退自深惟，既骇且愕。所幸曾参之罪，未至杀人，执事之明，远轶慈母，遂使蚊雷肃清，贝锦断裂，谗人失足，自投有北，媢嫉反走，如放四夷，然而古道凌夷，世途榛棘，亦大可畏矣。
>
> 至于弇园雅集，狂客嗣兴，尤为可笑。藉令不肖材至驽劣，藉令不肖不遇明公，犹将踯躅中原，据披倡小岛，秋蛩春蚓，不窍自鸣，宁至与此辈较量身手，挈竞短长，苏长公云：“周伯

① 《三坟补逸序》。

仁腹中所容乃王茂弘等辈。”彼哉，彼哉，郤以下何讥也。不肖久已忽忘，执事拳拳，聊复缓颊，盖此之不虞，抑又甚矣。

奉大教归，业已杜门息交，抹杀尘世，柱史玄同，庄生齐物，是非臧否，一切置之罔闻。倘天假余年，沉疴退听，尚当奋励六经，摩研四始，模二炎之矩辙，穷七闰之波流，擘调于开元，镕裁于大历，驰驱于弘正，归宿于明公，婆娑一氏之言，仰答非常之遇，且以三余隙日，缀葺芜词，羽翼卮言，俟诸身后。彼呶呶者恶能恣衷臆于九京，斗唇吻于百代哉。①

一五八六　万历十四年丙戌　先生三十六岁

北上入都会试，晤李惟寅。②

二月，《四部正讹》三卷成书，自序：“赝书之昉，昉于西京乎，六籍既焚，众言淆乱。悬疣附赘，假托实繁，今其目存于刘氏《七略》，班氏九流者亡虑十之六，嘻！其甚矣。然率勿传于世，世故莫得名之。唐宋以还，赝书代作，作者日传，大方之家，第以挥之一笑，乃衔奇之夫，往往骤揭而深信之。至或点圣经，厕贤撰，矫前哲，溺后流，厥系非渺浅也。余不敏，大为此惧，辄取其彰明较著者抉诬摘伪，例为一编，后之君子，欲考正百家，统宗六籍，庶几嚆矢，知我罪我，亦匪所计云。”③

先生在此书中，将历来伪书之由来，及作伪者之心理，作一科学的分析，他说：

凡赝书之作，情状至繁，约而言之，殆十数种：

（1）有伪作于前代而世率知之者，风后之《握奇》，岐伯之《素问》是也。

（2）有伪作于近代而世反惑之者，卜商之《易传》，毛渐之《连山》是也。

（3）有掇古人之事而伪者，仲尼顷盖而有子华，柱史出关而有尹喜是也。

---

① 《类稿》卷一一一，《报王长公》。

② 《类稿》卷八二，《黄说仲诗钞序》。

③ 《四部正讹》序。

（4）有挟古人之文而伪者，伍员著书而有《越绝》，贾谊赋鹏而有《鹖冠》是也。

（5）有传古人之名而伪者，尹负鼎而《汤液》闻，戚饭牛而《相经》著是也。

（6）有蹈古书之名而伪者，汲冢发而师春补《梼杌》纪而楚史传是也。

（7）有惮于自名而伪者，魏泰《笔录》之类是也。

（8）有耻于自名而伪者，和氏《香奁》之类是也。

（9）有袭取于人而伪者，法盛《晋书》之类是也。

（10）有假重于人而伪者，子瞻《杜解》之类是也。

（11）有恶其人伪以祸之者，僧儒《行纪》之类是也。

（12）有恶其人伪以诬之者，圣俞《碧云》之类是也。

（13）有本非伪，人托之而伪者，《阴符》不言三皇，而李筌称黄帝之类是也。

（14）有书本伪，人补之而益伪者，《乾坤凿度》及诸纬书之类是也。

（15）又有伪而非伪者，《洞灵真经》本王士元所补而以伪亢仓，《西京杂记》本葛稚川所传而以伪刘歆之类是也。

（16）又有非伪而实伪者，《化书》本谭峭所著，而宋齐丘窃而序传之。《庄注》本向秀所作，而郭子玄取而点定之类是也。

> 二说尚难信，谭事仅羽流所述，向子期与稽、阮诸文士友而绝不为言，姑据前人载此。

（17）又有当时知其伪而后世弗传者，刘炫《鲁史》之类是也。

（18）又有当时记其伪而后人弗悟者，司马《潜虚》之类是也。

> 《潜虚》司马公属草未成，后人赝补行世，见朱紫阳《语录》、黄东发《日钞》，世以数学无辨其非是者。

（19）又有本无撰人，后人因近似而伪托者，《山海》称大禹之类是也。

（20）又有本有撰人，后人因亡逸而伪题者，《正训》称陆机之类是也。①

另又提出八个覈别伪书的步骤：

凡覈伪书之道：

(1) 覈之《七略》以观其源；

(2) 覈之群志以观其绪；

(3) 覈之并世之言以观其称；

(4) 覈之异世之言以观其述；

(5) 覈之文以观其体；

(6) 覈之事以观其时；

(7) 覈之撰者以观其托；

(8) 覈之传者以观其人。

覈兹八者而古今赝籍，亡隐情矣。②

经过这一翻覈核后，他得到两个结论。第一是四部书真伪的比较率：

(1) 凡四部书之伪者子为盛，经次之，史又次之，集差寡。

(2) 凡经之伪者易为盛，纬候次之。

(3) 凡史之伪，杂传记为盛，琐说次之。

(4) 凡子之伪，道为盛，兵及诸家次之。

(5) 凡集全伪者寡，而单篇列什借名窜匿甚众。

第二是伪书的真伪成分的考定：

(1) 大率秦汉以还，书若《三易》——《连山》、《归藏》、《子夏》——《三坟》、《六韬》、《七纬》、《关尹》、《子华》、《素书》、《洞极》、《李靖问答》、《麻衣心法》、《武侯诸策》、《王氏诸经》，全伪者也。

(2)《列御寇》、《司马法》、《通玄经》，真错以伪者也。

(3)《黄石公》、《鹖冠子》、《燕丹子》，伪错以真者也。

《黄石》、《鹖冠》、《燕丹》三子盖后人杂取战国他书之文，易其名号为此，非谓真三子作也。

① 《四部正讹》上。

② 《四部正讹》下。

（4）《管仲》、《晏婴》、《文中》，伪真错者也。

（5）《鬻熊》残也，《亢仓》补也，《繁露》讹也，皆不得言伪也。

（6）《素问》、《握奇》、《山海》，其名讹也，其书非伪也。

（7）《穆天子传》、《周书》、《纪年》，其出晚也，其书非伪也。即以伪乎，非战国后也。①

秋下第南还，偕汪道昆过弇中访世贞。② 会得家报舒夫人举二男子，先生初以嗣续为忧，至是脱帽欢噱，抗眼一世。③ 道昆乞钟太傅季直表观之，世贞默然良久曰："是月以催科不办，持质诸就李项氏矣！"先生舟回，访项氏假其所藏彝器及遗墨遍阅，则此帖俨然在云。④

先生自以体弱婴肺疾，虑忽淹没，致无征于世，是年礼闱罢归后，即自草《石羊生小传》，备述生世学养，后二年王世贞所撰《胡元瑞传》即据此粉饰成。自是不上春官者凡十载。⑤

据《石羊生小传》，先生是年前撰述有：

A　所著书：

（1）已刊者：

一、《寓燕》、《还越》、《计偕》、《岩栖》、《卧游》、《抱膝》、《三洞》、《两都》、《华阳》⑥、《兰阴》、《畸园》、《邯郸》、《养疴》、《娄江》、《白榆》、《湖上》等集六十余卷。二、《笔丛》三十六卷。三、《弇州律选》六卷。

（2）未刊者：

一、《六经疑义》二卷。二、《诸子折衷》四卷。三、《史蕞》十卷。四、《婺献》十卷。五、《皇明诗统》三十卷。六、《皇明律范》十二卷。七、《明世说》十卷。八、《古韵考》一卷。九、《二酉山房书目》六卷。十、《交游纪略》二卷。十一、《兜玄国志》十卷。十

---

① 《四部正讹》下。

② 《类稿》卷一〇七，《跋钟元常季直表》。

③ 《弇州四部续稿》卷一八七，《与张助父第十一书》；《奉常集》卷一二，《友人胡元瑞诗豪振代顾盼箕裘颇有嗣续之念今闻得雄喜赋》。

④ 《类稿》卷一〇七，《跋钟元常季直表》。

⑤ 《类稿》卷八四，《送钟天毓归苎罗序》。

⑥ 《类稿》卷八三，《赤松稿》，今名《华阳》。

二、《酉阳续俎》十卷。十三、《同姓名考》十卷。

B 搜辑书：

一、《群祖心印》十卷。二、《方外遐音》十卷。三、《两司马录》二卷。四、《考槃集》十卷。五、《谈剑编》二卷。六、《采真游》[①] 二卷。七、《会心语》二卷。八、《百家异苑》若干卷。九、《校雠宋太史集》若干卷。十、《经籍会通》四十卷。十一、《图书博考》十二卷。十二、《诸子汇编》六十卷。[②] 十三、《虞初统集》五百卷。十四、刘孝标骆宾王《遗文》。

一五八七 万历十五年丁亥 先生三十七岁

游金陵，扁舟淮汭，谒王新建承勋，故通家也。[③] 始识天台黄维辑，后为序其《黄说仲诗草》。[④]

王世贞起官南京兵部右侍郎。王世懋自南太常卿移病归。[⑤]

一五八八 万历十六年戊子 先生三十八岁

秋，苏君禹以督学行部婺中，先生为文讼先贤骆宾王，并集骆氏诗文关涉者及前人遗论刊为《骆侍御忠孝辩》。苏为移文祀骆于乡。[⑥]

奉父命北上就试，至杭而病寒疾，惊风喘息，犹黾勉前发，十月舟次瓜步，饔飧并废，绝食五旬，药饵遍尝，积久不愈，自疑不起，会王世贞屡邀相过，因丐作小传，世贞慨然属草，信宿文成，淋漓万言，咸谓极笔，揽诵沉疴顿减，已稍进七箸。[⑦]

据世贞撰传，先生在此三年中著述有：(1)《诗长啸集》等二十余卷。[⑧] (2)《笔丛》四卷。(3)《史评》十卷。(4)《古乐府》二卷。[⑨]

---

① 《金华经籍志》卷二一作《采真录》。

② 《金华经籍志》作十六卷。

③ 《明史》卷一九五《王守仁传》："承勋守仁孙，万历五年袭封新建伯，督漕运二十年。"

④ 字说仲，天台人。有《黄说仲诗草》十七卷。见《浙江采集遗书》，《总录》癸集下。

⑤ 《王凤洲年谱》。

⑥ 《史书佔倖》四；《类稿》卷八九，《补唐书骆侍御传》。

⑦ 《类稿》卷八三，《养痾稿序》；《弇州四部续稿》，《胡元瑞传》；《类稿》卷一一〇，《周公瑕书王司寇石羊生传跋》。

⑧ 按此云二十余卷，当指新作而言，因前年作自传时已有诗六十余卷，历二年后数不应少于前也。

⑨ 《金华征献略》作《拟古乐府》二卷。

（5）《隆万新闻》四卷。① （6）《隆万杂闻》六卷。② （7）《补刘氏山栖志》十六卷。③ （8）《澄怀录》一卷。（9）《抱膝编》十卷。（10）《真赏编》十卷。（11）《会心语》四卷。④ （12）《唐诗名氏补忘》若干卷。⑤ （13）《二酉缀遗》三卷。（14）他书未成者数百卷。

王世懋卒，以病不能赴吊，寄挽章七言八首致奠。⑥

弟鹏生。⑦

戚继光、莫如忠、张佳胤卒。

一五八九　万历十七年己丑　先生三十九岁

春，返棹南还，舟过吴门，周天球公瑕来访，语次世贞新作，读之大诧："子何幸以一灾致千秋名！吾兹且乐附骥尾。"先生亟请天球以蝇头录之，天球曰："子能辍棹三日则可。"因易艋舴入丰门，访张凤翼兄弟，复乘月过访周懋修，畅饮两旬夕，比返金阊，则天球持册迟舟中久矣。⑧

四月，《九流绪论》三卷成书，自序云："子书盛于秦汉，而治子书者错出于六朝唐宋之间，其大要二焉：猎华者纂其言，核实者综其指，纂其言者沈休文、庾仲容各有钞，并轶勿传，仅《马氏意林》行世，略亦甚矣。柳河东之辩，高渤海之略，宋太史王长公之论，则皆序次其源流，而参伍其得失者也。余少阅诸子书，辄思有所撰述以自附，而恒苦于二家之勿能合，则于诵读之暇，遍取前人铨择辩难之旧，以及洪氏《随笔》、晁氏《书志》、黄氏《日钞》、陈氏《解题》、马氏《通考》、王氏《玉海》之评诸子者，及近粤黎氏、越沈氏题词，稍复传诸作者履历之概，会为一编，时自省阅。第诸家外古今文人学士单词片藻，品骘尚繁，并欲类从。虑多遗漏，或

---

① 《金华经籍志》卷二一作二卷。

② 《金华经籍志》作四卷。

③ 《金华经籍志》作十二卷。

④ 按较前年增二卷。

⑤ 《类稿》卷八三，《唐诗名氏补忘序》。

⑥ 《类稿》卷五六，《夜泊金阊寄奠王敬美先生八首序》。

⑦ 《弇州四部续稿》卷二一六，《答胡元瑞第二十札》；《类稿》，《先宜人状》。

⑧ 《类稿》卷一一〇，《周公瑕书王司寇石羊生传跋》。

贻诮于大方。己丑北还，卧痾委顿，呻吟药物，岁月若驰，慨斯绪未能卒就，辄捃拾其中诸家见解所遗百数十则，捐诸剞氏，备一家言，凡前人业有定论者不复赘入”①。

先生以为诸子流别，因时代变迁，诸家互有损益，前人所定，不能适用于今云：“秦汉前诸子，向歆类次，其繁简固适中，以今较之，殊有不合者。夫兵书术数方技皆子也，当时三家至众，殆四百余部，而九流若儒若杂，多者不过数十编，故兵书术伎，向歆俱别为一录，视《七略》几半之，后世三家，虽代有其书，而《七略》中存者十亡一二。九流则名、墨纵横，业皆澌泯，阴阳农圃，事率浅猥，而儒及杂家渐增。小说神仙释梵卷以千计，叙子书者犹以昔九流概之，其类次既多遗失——如兵刑一也，而兵不列九流。道、释一也，而释未入中国，皆当补——其繁简又绝悬殊——如名、墨、纵横书传仅三数种，今又无习之者，不当独为家——余窃病焉。”

应更重定，除去墨、名、法、阴阳、纵横五家，而益以兵、术、技、道书、释典五家，合成：

一、儒家

二、杂家　总名、法诸家，故曰杂，古杂家亦附焉。

三、兵家

四、农家

五、术家

六、艺家

七、说家

八、道家

九、释家

各家之弃取标准，为：

儒主传统翼教，而硕士名贤之训附之。

杂主饰治求偏，而傍蹊末学之谈附之。

兵主法制权略，而纵横占候之籍附之。

① 《九流绪论序》。

农主稼穑蚕桑，而饮饵药饵之方附之。

术主蓍龟历筭，而禽星杂相之技附之。

艺主书计射御，而博弈绘画诸工附之。

说主风刺箴规，而浮诞怪迂之录附之。

道主冲退恬愉，而房中炉火符箓章醮附之。

释主经典禅观，而论宗戒律梵呗机缘附之。①

先生所撰《二酉山房书目》，当即依此分部类居，书虽不传，我们见了此文，亦可稍得其梗概。其访书经过，先生自云："余自髫岁，夙婴书癖，稍长从家大人宦游诸省，遍历燕吴齐鲁赵卫之墟，补缀拮据，垂三十载，近辑《山房书目》前诸书外，自余所获，才二万余，大率穷搜委巷，广乞名流，录之故家，求诸绝域，中间解衣缩食，衡虑困心，体肤筋骨，靡所不惫，收集仅兹。至释道二藏，竟以非力所及，未能至也。今海内书，凡聚之地有四，燕市也，金陵也，临安也，阊阖也。闽楚滇黔则余间得其梓，秦晋川洛则余时友其人，旁诹历阅，大概非四方比矣。两都吴越皆余足迹所经……金陵姑苏皆未尝久寓，他如广陵晋陵延陵就李吴兴皆间值一二，歙中则余未至也。"②

六月杪，始抵家。③ 与王世贞书具述所志及家居生活云：

……杜门溪谷，宿疢渐平，学步邯郸，近亦稍稍。二亲堂上，两孩膝前，三万轴纵横案头，不腆敝帚数十卷零落筐笥，戏采弄雏之暇，拂拭遗编，刊定故业，与蠹鱼醯鸡争雄长鼠穴中，聊复自快。

五亩之隙，旁构小园，蓬蒿蔽亏辟行径仅容双屐，飞流千顷，环带其前，乔木数株，掩芾其右，蒲团竹几，了无人声，散发赤脚，坐送余日。篱根系小舴艋，兴至出游，于篷底瀹佳茗，焚妙香，沿洄落花，信其独往，当景物会心，划然长啸，二奚童歌鸬鸪舞鹦鸲以佐之，行道聚观，咸谓襄阳米颠复睹。

① 《九流绪论》上。

② 《经籍会通》四。

③ 《类稿》卷一一二，《与大司寇王公》。

今代晴天爽月，雪晨风朝，时或岸高帻，扶短筇，憩平畴，蹑幽径，寻僧远寺，振衣高冈，麋鹿为群，猿鸟相狎，无次公之恸哭，有林虑之忘忧，庶南华之达生，几右军之乐死，回忆客冬瓜步，恍若隔世，非执事存恤抚摩，胡以今日，惟是吴越千里，美人一方，鳞羽浮沉，起居离索，此曹生所以长叹于转蓬，杜子所以驰怀于春树者也。

婴疾以来，人间世事无复萦系，惟著述一念，耿耿方寸，未能遽灰……不幸宿生障业，缠纠膏肓，虽司命末如之何！且黍窃国士之知，荏苒二十载，万一无状，为门墙羞，用是竭其疲猥，不敢自画，惟执事始终教督之。

冬杪以药物屏除人事，呻吟岁月，纪述道途复得韵语垂二百篇，通计旧稿五七言律不下千首，自余诸体合聚数亦相当。第不肖于两汉乐府古诗意有独会。日坐应酬，不遑操笔。今欲尽弃唐风，专精斯业，务得其恍惚，备明一家。行有余力，旁及魏晋，下沿六朝，户撷其华，家餍其粒，不仅作昔人拟古，一脔数胾而已。二氏歌行，气骨可逮，至于变化恍忽，俟之神情，若陈隋卢骆，蹊径具存，缀属之工，匪所患也。期以十年，削迹庭户，庶几此怀。①

七月，《经籍会通》四卷②成书自序："凡前代校综坟典之书，汉有略，晋有部，唐有录，宋有目，元有考，志则诸史共之，肇自西京，迄于胜国，纪列纂修，彬彬备矣。夫其渊源六籍，薮泽九流，紬绎百家，溯洄千古，固文明之盛集，鸿硕之大观也。昭代綦隆，

① 《类稿》卷一一一，《与王长公第二书》。

② 按《石羊生小传》作四十卷，此仅四卷，内分（1）源流、（2）类例、（3）遗佚、（4）见闻四部。味其自序所言当以明代撰述为主，本书卷三："郑氏《通志》概征往籍，而昔人著作之旨无所发明。马氏《通考》独记存书，而异时阙逸之篇靡从考究，且自胜国以后未之及也。余自总丱之岁，溺志斯途，南北东西访求二十余载，经史子集类次赢三万编，诵读兹深，犁然有会。间以暇日会萃二书，并四代艺文，诸家目录，以及儒先月旦，文士雌黄，续附胜国皇朝制作，稍以己意列其指归，析类分门，综为一集，庶千载简帙之废兴，百氏编摩之得失，一目可以尽其大都，而卷帙猥繁，殆至百数，尚未能脱稿云。"是则传所标四十卷，仅其中之一部，而此四卷又四十卷中之一部也。

巨儒辈出，诸所撰造，比迹黄虞，惟是经籍一途，编摩尚缺，概以义非要切，体实迂繁，笔研靡资，岁月徒旷耳。夫以霸闰之朝，草莽之士，犹或拮据坟索，忝窃雌黄，矧大明日揭，万象维新，岂其独盛鸿裁，彪炳宇宙，而胜谈冗辑，阔略囊时哉！辄不自揆，掇拾补苴，间以管窥，加之棁藻，稍铨梗概，命曰会通，匪直寄大方之嚬笑，抑以为鸿博之前驱云。”①

《史书佔伴》六卷成。自序：“余少而好史，佔伴之暇，有概于心，辄书片楮投簏中，旷日弥月，浸浸数十百条。己丑北还，养痾溪上，稍以余日，检括诸故书，顾向簏中尘𡎺满焉，亟取拂拭之，积楮宛然，而强半蠹啮鼠侵，不可句矣。因念昔之好事，有什袭碔砆，千金敝帚者，而窃慨余之有类乎是也。辄稍铨择，离为四篇，内以辩体，外以辩时，冗以辩诬，杂以辩惑。于前人弗求异也，亦弗能同也。或曰子舆氏之辩，弗得已矣，子是之辩，其得已与？毋亦得已而弗已与？余亡以答，因题曰《史书佔伴》而藏之。”②

十一月初一日午，宋宜人卒。距生嘉靖辛卯年五十九岁。③

《庄岳委谈》二卷成书。自序：“仲尼赞舜好问而好察迩言，《易》云：‘以言乎迩，则静而正’。迩言亡察可乎？班氏所称街谈巷议，道听途说，其言之尤迩者，乃秕糠瓦砾，至道之精，奚勿具焉。自荐绅先生鄙其璅猥，存而莫论，博雅君子，龋龁天人，拮据古始，间阎耳目，或且未遑，讹谬云仍，诐淫展转，称名日戾，取义日淆，余窃慨之。殷忧暇日，细绎简书，采摭异同，参伍今昨，刬剔诬伪，沂溯本真，汇为一篇，仅将百则，知言察迩匪敢，自附诸齐东之野云尔。”④

《唐同姓名录》撰成。

> 顷遘幽忧，屏居郭外，萧然半榻，仅《唐史》一编，案头日取阅之，见其中姓氏相同者颇自不少，而世第共傅李益韩翃数人。因益取稗官杂说，凡唐一代名姓相同者数十百人，类而录之，以为广

---

① 《经籍会通序》。

② 《史书佔伴序》。

③ 《类稿》卷九一，《先宜人状》。

④ 《庄岳委谈序》。

见洽闻之助，其异代姓氏同者不可胜记，将别有编录，不列此中，其已见王长公《艺苑卮言附录》及陈心叔《名疑》者亦不复入。①

《诗薮内外编》刊成。②

苏君禹以擢官岭右，特牺棹兰荫，访先生于溪上，感旧论心，达旦忘寐。③

一五九〇　万历十八年庚寅　先生四十岁

正月，《丹铅新录》八卷成书。自序："杨子用修拮据坟典，抉摘隐微，白首丹铅，厥功伟矣。今所撰诸书，盛行海内，大而穹宇，细入肖翘，耳目八綖，靡不该综，即惠施黄缭之辩，未足侈也。然而世之学士，咸有异同，若以得失瑜瑕，仅足相补，何以故哉？余尝窃窥杨子之癖，大概有二，一曰命意太高，一曰持论太果，太高则迂怪之情合，故有于前人之说，浅也凿而深之，明也汩而晦之。太果则灭裂之衅开，故有于前人之说，疑也骤而信之，是也骤而非之。至剽剟陈言，矛盾故帙，世人率以訾杨子，则又非也。杨子蚤岁戍滇，罕携载籍，细诸腹笥，千虑而一，势则宜然。以余读杨子遗文，即前修往哲，只字中窾，咸极表章而屑屑是也。晦伯曰：'杨子之言，间多芜翳，当由传录，偶乏芪臣'。鄙人于杨子业忻慕为执鞭，辄于佔佴之暇，稍为是正，瓮天蠡海，亡当大方，异日者求忠臣于杨子之门，或为余屈其一指也夫。"④

汪道昆道贯兄弟以手札招先生往会于严陵，期仲秋入新安，行有日矣，会闻王世贞病不果。⑤

四月，王世贞乞休回里，键户谢客。⑥

七月，《艺林学山》八卷成书。自序："用修生平纂述，无虑数十百种，《丹铅诸录》其一耳。余少癖用修书，求之未尽获，已稍稍获，又病未能悉窥。其盛行于世而人尤诵习，无若《艺林伐山》等十数编，则不佞录丹铅外，以次卒业焉。其特见罔弗厌余衷，而微

---

① 《史书佔佴》六。

② 《类稿》卷一一一，《与王长公第三书》。

③ 《类稿》卷五六，《送苏君禹观察之岭右八首序》。

④ 《丹铅新录序》。

⑤ 《类稿》卷五七；《类稿》卷一二，《入新都访汪司马伯玉八首序》。

⑥ 《王凤洲年谱》。

辞眇论，间亦有未易悬解者。因更掇拾异同，续为录，命之曰《艺林学山》。客规不佞：‘子之说则诚辩矣，独不闻之蒙庄之言乎？天地一指也，万物一马也，昔河东氏非《国语》而非非国语传，成都氏反《离骚》而反反离骚作，用修之言世方社而稷之，而且哓哓焉数以辩哗其后，后起者藉焉，子其穷矣。夫丘陵学山而弗至于山，几子之谓也。’余曰，‘唯唯！窃闻之孔鱼《诘墨》，司马疑孟，方之削荀，晦伯正杨，古今共然，亡取苟合，不佞于用修，尽心焉耳矣。’千虑而得，间有异同，即就正大方，方兹藉手，而奚庸目睫诿也。夫用修之可，柳下也，不佞之不可，繄鲁人也，师鲁人以师柳下，世或以不佞善学用修，用修无亦逌然听哉！”①

闻王世贞病亟，驰小艇过娄江，踉跄走弇山园，比至，世贞病已革，执先生手曰：“吾日望子来而瞑，吾续集甫成编，子为我校而序之，吾即瞑弗恨矣。”先生唏嘘应命。初拟一问之后，取余杭陆入歙，访汪道昆。而世贞晨夕挽留，先生亦惓惓，濒发复止，卧世贞故所居来玉阁中，再阅月。雪涕与世贞别，抵家则岁行尽矣。②

十二月二十四日王世贞卒。掎摭世贞履历，闭户一月，草二百四十韵二千四百言长诗哭之。③

一五九一　万历十九年辛卯　先生四十一岁

春，偕方翁恬④入歙谒汪道昆于太函，道昆以诗招先生入白榆社：“结社枌榆半陆沉，维舟江浦一登临，浮云生事乌皮儿，流水遗音绿绮琴，社鼓相将鸣谷口，春帆迅速到山阴，不缘白雪惊人语，谁识青门避世心？”⑤

汪道贯病卧已三载，闻先生至，特强起偕游桃溪岩市，与刘子衿、方翁恬同游白岳，脩社白榆。⑥倾倒留连，穷极胜赏。道昆为序《少室山房四集》云：“……昔济南先五子鸣，江左犹然自下，济南非先秦两汉不读，江左无所不窥，一务研精，一务博洽，盖递为

① 《艺林学山序》。

②③ 《类稿》，《挽王元美先生二百四十韵序》、《入新都访汪司马伯玉八首序》。

④ 《太函集》卷二六，《白社寻盟小引》。

⑤ 《太函集》卷一一九，《招元瑞入白榆社》；《类稿》卷九〇，《白岳游记》。

⑥ 《类稿》卷一二，《别汪仲淹二首序》。

桓文矣。余则以善为济南也者不必得一江左，善为江左也者不必失一济南，故推贤惟峨眉而自比于沧海，其言出于江左则亦由衷。始不佞以臆言之，孰为两大，盖高者有畛，大者无涯，元瑞未及见济南故尝经其畛矣，其向往江左，直以为百谷王。江左之言曰：‘自北地不贵多闻，率屏载籍，斯人宁贾吾勇，殆且先登。余尝程材于作者之林，推乎吾前，吾得济南，挽乎吾后，吾得瀔水，天假吾年，吾愿为多财宰矣。’癸未之秋，余遇元瑞东省，方舟而入娄江，《少室山房初稿》成，长公序矣，中道并出《续稿》，属余序之。两家之言，不约而合，诸贤豪日摄元瑞，胡然俺得两家。后七年胥命严濑，乃更出别稿，是为《诗薮内外编》，余益多元瑞，语具序中，其年丧长公，沧海劫矣。元瑞西入白榆社，相视沾襟，载出笔记十编，命曰《丛稿》……复属余序……近则成都博而不核，弇山核而不精，博而核，核而精，宜莫如元瑞，当之则千古自废，其诸搏摇而契溟涬者耶？”①

留新安再阅月，先生濒发复止数四，道昆固要以修禊后同过弇园，修絜酒之敬。既道昆以道贯病故，改订仲秋，先生遂前发，道昆轻舠饯送百里，执手惓惓，且撰记送之东归。②

再过太仓，吊王世贞。

同邑赵志皋③以礼部尚书入相，志皋先与先生相习，为诗酒之交，以诗贺之，其八云：“上相同心日，真儒佐命年，白麻初翌圣，黄阁骤招贤，吐握回三代，吹嘘动八埏，肯教杨马辈，头白卧林泉。”④

汪道贯仲淹卒。⑤

一五九二　万历二十年壬辰　先生四十二岁

---

① 《少室山房类稿序》。

② 《类稿》卷三〇，《白榆歌别汪司马归婺中序》；《太函集》卷七七，《送胡元瑞东归记》。

③ 明万历丙午本《兰溪县志》卷四：“字汝迈，别号穀阳，举隆庆戊辰进士，万历十九年入阁，二十九年卒官，谥文懿。有《四游稿赵文懿集》。”

④ 《类稿》卷三四，《少宰赵公拜相寄贺》八章。

⑤ 《类稿》卷三四，《司马汪公以仲淹讣至寄挽》二章。

先生有别业在瀫溪之南，平湖远岫，幽谷长林，有春瀫草堂、华严精舍、谈玄室、柳庄、薝蔔斋、芝坪啸阁、沧浪亭、梧阴馆、萝月轩、丛桂山房及芯刍园、明霞洞、柴桑里、梅屿、潇湘岛、芙蓉汉、乌石岗之胜，登顿沿洄，颇擅独往之趣。效右丞辋川体为五言律三十章，一时名士，多相属和。①

游杭州，时冯梦祯②结社湖上，集俞羡长、潘景升、吴泰、宁德符、王象、戚不磷、戚伯坚为净土之会，先生与焉。③

十一月，《玉壶遐览》四卷成书。自序："方丈之宫，周加垩焉，一关如窦，月光入四壁莹然。友人习道家言者，颜其楣曰玉壶。壶中空无常物，仅左右二几，几无长物，仅道书数十卷。石羊生既从赤松子游，归憩壶中，日嗒然几上，寤则取道书读之。若漆园郑圃轻天地，细万物，揆诸大道，允矣。即放言六合，要以明县寓之无穷，破墙面之骳识，自秦汉诸君慨慕长生而弗繇其道，顾褰裳濡足于瀛海间，于是方士家言，杂然并兴，淮南厌次，以说张之，勾漏勾曲，以词文之。逮今所传五城三山绛宫璚楼诸仙圣仪卫章服，一胡纷纷丽诡也！余鄙且怠，未必夙规于大道，益之病靡济胜资，朝夕一壶，如守五石瓢，其于六合之外，犹之坐井而窥，又恶能镜厥是非？第集其言尤侈者著于篇，以当卧游，曰《玉壶遐览》云。"④

时易惟效守衢州，屡遗书促驾往游，因于是月往访。⑤

十二月，《双树幻钞》三卷成书。自序："为老氏之道者曰清静，为释氏之道者曰苦空。由清静而之于长生，由苦空而之于顿悟，二氏之能事也。清静矣，即未能长生而足以亡扰于事物，苦空矣，即未能顿悟，而足以亡乱于去来，学二氏之能事也。自后世之为老氏者之日支也，而翀举之说长。为释氏者之日诞也，而轮回之证伙。彼其以匪翀举蔑由鼓天下之羡心，匪轮回蔑由作天下之畏心，自秦

---

① 《类稿》卷七〇。

② 《静志居诗话》卷一五："字开之，秀水人。万历丁丑进士，终南京国子祭酒。有《快雪堂集》。"

③ 《类稿》卷六三。

④ 《玉壶遐览序》。

⑤ 《类稿》卷一一九，《报张茂才》。

汉以迄宋元，宇宙之内，云合景从，而二氏之本真渺矣。虽然，翀举轮回二者钧幻也，幻之中厥有等焉，四方上下之寥漠，尘劫运会之始终，幻而疑于有者也。层城阆苑之巍峨，光音净乐之瑰丽，幻而究于无者也。无者吾存焉而弗论，有者吾论焉而弗议，是二氏者之言，亡论幻弗幻，皆吾博闻助也。园之东有双树焉，吾日坐其下，取其言而钞之而名之。世之人将亦以余为好幻矣夫。"①

赵志皋自燕中手书促驾，以诗谢之，其二云："苍苍云雾绕鱼矶，漫说商颜战胜肥，文室拟从三岛借，尺书仍傍九天飞，肩携瓢笠来青琐，梦掩琴尊出翠微，清切上台连紫极，不烦河畔访支机。"②

副宪公是年七十岁，有《家大人七秩恭贺四首》。③

一五九四　万历二十二年甲午　先生四十四岁

挈家入京应试，时先生不应春官已十载，至是曩时髫髻交游悲歌屠狗之伦，什九物化，间一二存者李言恭辈，仅仅如鲁灵光，每曳履黄金故台，盱衡四壁，阴风飒飒然，万里北至，若相对欷歔华阳碣石间，为之感慨无已。④

避嚣寄居潞河，寓胡谷元家，诸友好从游，赵汝元、陈仁父、黄燮卿、王至卿、茅厚之、胡静父、方伯苓、徐彦伯、王孟博、吴云从、陈子卿辈晨夕相过酬赠。⑤

五月五日先生媵人举一女⑥，十五日复举一男，赵志皋命馆人除馆授飧以待，会产二雏不及赴。⑦

---

① 《双树幻钞序》。

② 《类稿》，《相国赵公促驾赋谢二首》。

③ 《类稿》卷三四。

④ 《类稿》卷八四，《送钟天毓归苎罗序》。

⑤ 《类稿》卷六二；卷六五；卷一六，《惟寅以书贶驰使潞河适媵人偶举一子走笔赋答》；卷七二，《寄居谷元池亭陈生为除室张榻酬以二绝》。

⑥ 此女后适同邑赵三极，三极字一兼，父世宠字承父。明万历丙午《兰溪县志》卷五："赵世宠以岁贡授鸿胪寺序班。"三极以孝著闻，光绪《兰溪县志》卷八《古迹》："思亲亭在思亲桥上，明按察副使胡僖建。——嗣后有孙婿徐三极事亲亦以孝著，为之再次修辑。"误作徐三极，即赵三极也。三极与先生之戚谊见万历甲寅良贵堂重刊本《少室山房笔丛》赵世宠序："余葭莩元瑞，得携孺子三极造二酉。"卷首款识题："安定胡应麟明瑞著，甫阳赵世宠承甫校，婿赵三极一兼梓。"又按《类稿》江湛然序："鸿胪赵君文镇董其成。"文镇疑即世宠之别名。

⑦ 《类稿》卷六二。

时日本侵朝鲜急，自前一年李如松败绩碧蹄馆后，石星为兵部尚书力主封贡，以沈惟敬往来游说其间。沈故以落魄侨寓燕中，寓傍有闲屋，使卖水担子沈嘉旺居之，嘉旺本乐清赵士桢①家奴，幼为倭奴所掠，载还日本，凡十八载，泛海而还。还复走燕依赵，赵无所用之，故以卖水自给。惟敬暇时则时时从嘉旺谈夷中情俗，虽器什乡语，无不了悉。会石星经略东事，而石宠姬之父袁某恒从惟敬游，惟敬日与言夷中事若身至之者，袁以告石，石遂召与相见，与语大悦，遂奏授游击将军，奉使日本，而封贡之说起。② 赵志皋以东事忧瘁，时或兼旬不起，先生往访之，适日者王生医者李生两人在座。志皋谓王曰："我仇忌何日出宫？"谓李曰："我何日膏肓去体？"先生笑曰："使石尚书出京，便是仇忌出宫，沈游击去头便是膏肓去体。"志皋为之默然。③

与嘉禾姚士粦叔祥论古今四部书，姚见先生家藏书目中有干宝《搜神记》，大骇曰："果有是书乎！"先生应之曰："此不过《法苑》、《御览》、《初学》、《艺文》、《书抄》诸书中录出耳，岂从金函石箧幽岩土窟掘得耶！大都后出异书皆此类也。惟今浙中所刻《夷坚志》乃吾箧中五分之一耳。"④

一五九五　万历二十三年乙未　先生四十五岁

会试下第，撰《天上主司》以寄慨云："乙未春试前一夕，余忽梦见冕服一人坐殿上，召余入试，既入，先有一人在，坐者呼之曰易水生，未几殿上飞下试目一纸，视之有晋元帝恭默思道七字，翻飞不定，余与易水生争逐之，竟为彼先得，余怒，力往斗击而觉。为之不怡者久之。及入会场，第一题是司马牛问仁章，始悟所谓晋元帝者晋姓司马，元帝是牛金所生，以二姓合为司马牛也。恭默思道是讱言破无意耳。可谓大巧。第易水生不解所谓，及揭榜则汤宾尹第一⑤，盖以易水二字为汤也。然梦亦愦愦，书法以水

---

① 《野获编》卷二三："字常吉，乐清人。"

② 《甲乙剩言》，《沈惟敬》。

③ 《甲乙剩言》，《赵相国》。

④ 《甲乙剩言》，《知己传》。

⑤ 《万历二十六年进士题名碑录》："赐进士及第第一甲第二名汤宾尹，直隶宁国府宣城县军籍。"

从易音阳，非易也。观此则天上主司，且不识字，何尤于浊世司衡者乎?”①

场后吴孺子②忽从北来人寄先生一绝云：“赵氏连城辨得真，几年声价重西秦，从来有眼皆能识，何意犹逢按剑人?”得诗数夕后，梦孺子曰：“余诗中按剑人，明日谨避之。”先生亦不解其意。明日饮朱汝修斋头，以口语相谑，赵士桢忽使酒至，按剑欲甘心焉。③ 汝修力救，先生得绝袖绕柱而逸。赵犹率奴丁，数里追索，此先生生平所遭最大危厄也，乃从朋友得之。④

沈德符记先生是年场后事迹云：“是年场后试内阁司诰，敕中书官例取乙榜二人，胡与首揆赵兰溪（志皋）密切深交，面许必得。时论亦服胡声华，咸无异议。既题请钦定试日，胡忽大病不能入，而粤东张孟奇（萱）⑤ 得之，张盖纳赂于首揆纪纲祝六者先为道地矣。张入中秘，出为户部郎，榷税于吴，橐金巨万，今以养母予告，其自奉王公不能过也。张亦以词赋自命，人伟岸有福相，不似胡之枯瘠云。或云张预声言：‘胡倘见收，当嗾言官并首揆弹治之。’故胡托病辞不试，未知然否?胡性亦高伉，不屑随时俯仰，既失意归，旋发病卒。”⑥

挈家南归，与王永叔并舟过济南阻雪，十一月一日夜次南旺舟中举一子，赋百二十韵纪雪，有：“峥嵘惊岁暮，朗润报年丰，兰舫欣联鹢，桑弧庆得雄，余是日适举子，倦游秦邸外，乘兴越溪东，余方挟策东归而与永叔联舫。”之句。⑦

---

① 《甲乙剩言》，《天上主司》。

② 光绪《兰溪县志》卷五：“字少君，号病鹤。读书善吟咏，工山水。有一大瓢摩娑如玉，一日为盗破，抱泣数日夜乃去。因自号破瓢道人。好游，足迹遍东南，当世名流以其高清寡欲，咸与缔交。后卒于梁溪，年八十二。有《吴少君集》。”

③ 《野获编》卷二三：“胡应麟以丙子举孝廉，其名噪一时，王弇州至欲以衣钵传之。才情赡洽，多所凌忽。乙未赴南宫与同里赵常吉酒间嘲谑，戏呼赵为家丁，赵拔刀刺之，逾墙得免。由是稍辑。”

④ 《甲乙剩言》，《吴少君》。

⑤ 《静志居诗话》卷一五：“字孟奇，博罗人。万历壬午举人，授殿阁中书。历户部郎中。有《西园全集》。”

⑥ 《野获编》卷二三，《金华二名士》。

⑦ 《类稿》卷四七，《乙未仲冬朔舟次济南大雪一百二十韵》；卷三八，《仲冬朔舟次南旺闺中暮夜得雄灯下发书及家大人信来志喜四律》。

周天球、冯梦祯卒。

一五九七 万历二十五年丁酉 先生四十七岁

夏，寓杭州，旧所从游王象、祝如华来谒。①

一五九八 万历二十六年戊戌 先生四十八岁

北上至吴门，得妻舒氏卒耗驰归，归而副宪公疾作，先生委身药物，奔命巫医，寝食俱废②，未几愈，先生侍养左右，楗关蓬莽，几与世绝。③

六月，万世德以巡抚天津佥都御史经略朝鲜④，先生以诗送之。其四云："辉煌珠履将坛从，奕叶金貂帝眷浓，座上短衣容薜荔，尊前长铗叩芙蓉，扶桑日出消千蜃，细柳天回驻六龙，可念茂陵词赋客，当炉憔悴谒临邛。"⑤

一五九九 万历二十七年己亥 先生四十九岁

北上就试，卧病清源禅寺。⑥ 以久未得副宪公音问，复暂归，赋诗别友人徐参知云："一舸晨移越海溃，边淮林叶正纷纭，飞扬使节持沧水，憔悴亲闱望白云……"⑦

至夏镇，始得副宪公手书，复赋谢赵志皋云："客舍何因恋翠薇，亲闱长日梦魂飞，犹欣太白陪明月，漫讶中台隔少微，龙衮乍开新凤阙，羊裘聊问旧鱼矶，春风咫尺长安道，拂曙兰桡渡海圻。"⑧

过聊城，晤傅光宅，以《甲乙剩言》一卷授之请序。⑨

汪道昆卒。⑩

一六〇二 万历三十年壬寅 先生五十二岁

---

① 《类稿》卷八二，《王生四游草序》；卷七七，《祝如华旧从学诗忽扁舟来谒》。
② 《类稿》卷一一七，《报张大参知睿父》。
③ 《类稿》卷六五。
④ 《明史》，《神宗本纪》二十六年。
⑤ 《类稿》卷六二，《送万伯修中丞之朝鲜》。
⑥ 《类稿》卷四一，《清源寺中戏效晚唐人五言近体二十首序》。
⑦ 《类稿》卷六一，《申谢徐参知二律》。
⑧ 《类稿》卷六一，《至夏镇始得家君手书寄谢相国赵公一律》。
⑨ 《甲乙剩言》，傅光宅序。
⑩ 《白榆集》，丁应泰序。

夏，先生卒于里第。[①]

先生疏眉秀目，长身，望之癯然野鹤姿，长经月不梳栉，科头松下。夏则袒裼裸裎，爇沉水，据槁梧，翛然莫窥其际。隆冬盛寒，于雪中戴席帽，著高足屐，行危峰绝壑，折梅花满把咽之。当其为诗歌，寞搜极索，抉肾呕心，宇宙都忘，耳目咸废，片词之合，神王色飞，手舞足蹈，了不自禁，以故人相率曰狂生。至性孤峭寡谐，慕雅士若渴，恶俗子若热，又相率病先生狷。[②] 中年婴肺疾，时时困床笫间，然力学不少怠。[③] 金华陈生尝为吴之器言，先生故尝客其家，每漏过子夜，犹飒然有声，怪而窥之，见出古玩累累，以次陈几上，徐就取一物摩莎之竟，复取一物回环殆遍，乃寝以为常。又与市中儿及方技家语不少厌，接之各有意，至经生侪偶中，虽宴会旅立，终日不与交一语，或以刺至，辄称病避匿，不肯见也。其托尚如此。[④]

甫髫即工诗，始从何景明入，已乃服膺李攀龙，已又规矩弇州王世贞，其才可以无所不能，而专欲为诗人不朽于来世，遂屏弃一切，寤寐作止，悉寄于诗，道日以尊，而自负亦日以重。其持论与世贞兄弟大体多同，而微旨差异。[⑤] 其诗气雄格高，鸿邕环丽。[⑥] 博学精思，数十年如一日，王世贞序其集谓："元瑞才高而气充，象必意副，情必流畅，歌之而声中宫商而彻金石，览之而色薄星汉而摅云霞。"推许甚至，以代兴属之。[⑦]

汪道昆且谓："孔子博学无所成名，自生民以来未之有也。楚郑而下，代有其人，或博而无征，或征而不作，西京或博异物，或博陈言，迄于南渡，马郑诸人亦传于博。近则成都（杨慎）博而不核，

---

① 《婺书》卷四，《胡应麟传》。

② 《类稿》，《石羊生小传》。

③ 《类稿》卷九三，《参议东阳王公墓志铭》。

④ 《婺书》卷四，《胡应麟传》。

⑤ 《诗薮》，王世懋序。

⑥ 《婺书》卷四，《胡应麟传》。

⑦ 《类稿》，王世贞序。

弇山（王世贞）核而不精，必求博而核，核而精，宜莫如元瑞，当之则千古自废，其诸搏扶摇而契溟涬者邪！”①

陈文烛以良史许之，谓：“壮哉元瑞！崛起于数千载之后而尚论于数千载之前。索诸九丘之远，论于六合之外，称文小而指极大，举类近而见义远，辨往诘之屈笔，反先代之成案。刘子玄谓史有三长，才也，学也，识也，元瑞才高识高而充之以学者乎，窃谓元瑞为今之良史……儒有博学而不穷，笃行而不倦，幽居而不淫，上通而不困者，其元瑞之谓乎！”②

其自持论以为词章学问，不可偏废，颇不满李梦阳偏激之论，奋然思有以矫正之，其序黄履康诗云：“古之世之称材者词章问学出于一，而今之世之称材者词章问学出于二。夫诗而枚曹也，李杜也，古之人有不必文兼也者，乃其诗藻绘蕃葩，故未尝废问学也，自南渡严氏之说与，而诗自三唐外汰百家矣。文而左马也，扬韩也，古之人有不必诗兼也者，乃其文渊综富硕，故未尝废问学也，自北郡李氏（梦阳）之说兴，而文自两汉外，屏百代矣。夫汰百家而一于唐以为诗，似也，顾百家汰而后世之诗卒无能登枚曹杜李之坛而夺其帜，屏百代而一于汉以为文，似也，顾百代屏而后世之文卒无能驰左马扬韩之垒而角其锋，而徒俾词章问学，判为两途，而憖憖乎其弗相入，是何古之立言者为术之工，而今之立言其为计若是之左也。”③

其论学以深广高沉为旨，以魔幻峭粗为我，而归于精博。其言云：“格有所必程，法有所必比，辞有所必炼，思有所必抽，入之九渊而毋堕于魔，放之八极而毋荡于幻，举之千仞而毋激于峭，按之万钧而毋滞于粗，博而核之，精而莹之。”④

又云：“凡著述贵博而尤贵精，浅闻芯见，曷免空疏，夸多炫靡，类失卤莽，博也而精，精也而博，世难其人。”⑤

---

① 《类稿》汪道昆序。

② 《少室山房笔丛》，陈文烛序。

③④ 《类稿》卷八六，《黄尧衢诗文序》。

⑤ 《诗薮》外编，三唐上。

著述以精博为贵，而最要尤在无成心，事事处以客观的态度，要平心静气，作公允的探讨："凡著述最忌成心，成心著于胸中，则颠倒是非，虽丘山之巨，目睫之近，有蔽不自知者。"①

先生髫龄事学，即已驰誉两都，长而跋涉南北，所与游多一时名下士，达官巨卿，均折节与交。中年与王世贞兄弟汪道昆游，盛得奖掖，益自力于著述，虽间以病废，且性好游，足迹遍南北，而其著述之富，犹复前无古人。② 王世贞、汪道昆殁后，先生称老宿，主诗坛，大江以南皆翕然宗之③，诸词客裹粮入婺者莫敢有异同。④殁后其弟子章有成⑤、斯一绪⑥，同郡吴之器⑦、龚士骧⑧、徐应亨⑨、陈达德⑩等，倡八咏楼及畅观社，犹踵其流风余韵云。⑪ 他从游有祝树勋⑫、章敏学⑬、王象⑭、祝如华⑮诸人，皆以诗名世。

身后极萧条，三子幼孤，并无术业。⑯ 所筑二酉山房归同邑武进士唐骧家，改颜曰古梿书屋。⑰ 藏书俱散逸无存者。⑱ 后章有成过

① 《经籍会通》二。

②③ 《兰溪县志》卷五，《胡应麟传》。

④ 《婺书》卷四，《胡应麟传》。

⑤ 《金华征献略》卷一二："字无逸，兰溪人。与斯一绪、龚士骧诸子为八咏楼诗社。生平最推胡少室。明亡绝意进取。卒年八十余。"

⑥ 《金华征献略》卷一二："字惟武，号怀白，东阳人。少英敏，为博士弟子，婺中学者皆以理学名，一绪独嘐嘐慕古，出徐中行门。自燕冀还，客胡应麟所，为定次岩栖诸稿。有《怀白山房稿》。"

⑦ 《金华征献略》卷一二："字赐如，号神岳，义乌人。崇祯壬午举人。与斯一绪、龚士骧、陈达德、章有成六七人为八咏楼社，称诗谈艺，近宗少室而远祖太仓。所著有《婺书》等数十种。"

⑧ 《金华征献略》卷一二："字季良，义乌人。天启戊辰进士。"

⑨ 《金华征献略》卷一二："字伯阳，兰溪人。万历乙卯举人，早游胡应麟诸公间而不踵其故武。所著有《吴越集》、《乐在轩稿》诸集。崇祯丁丑卒。"

⑩ 《金华诗录》别集四："字大孚，义乌人。与吴之器、斯惟武诸人结八咏楼社。"

⑪ 《金华诗录》别集四。

⑫ 《兰溪县志》卷五《人物传》："有祝树勋者，初从胡应麟游，旋入汪道昆白榆社，道昆字之曰无辣，应麟为作歌赠之。"

⑬ 《金华诗录》卷四一："字行甫，兰溪人。"

⑭ 《类稿》卷八二，《王生四游草序》。

⑮ 《类稿》卷七七，《祝如华旧从学诗忽扁舟来谒》。

⑯ 《婺书》卷四，《胡应麟传》。

⑰ 光绪《兰溪县志》卷八，《古迹·二酉山房》。

⑱ 《婺书》卷四，《胡应麟传》。

之惨然不乐，为诗吊云："空余池馆胜，遥想旧登临，当代词章手，穷年著作心，六书翻鸟迹，四部陋蝉吟，寂寞玄亭下，桓谭独赏音。"①

区大相闻先生卒，以诗吊云："海内无多士，交游失二胡，文章才有数，磊落调元孤，世已哀词客，人犹病酒徒，哭君余两地，寂寞向江湖。"②

《南溪寤歌》有吊先生诗云："二酉山房少室胡，属椽委础列图书，当年一劫归何处？问向青山答总无!"③

清象山姜炳章来邑主云山讲席，以诗吊先生："瀫水藏书家，首推云山楼，又有方鉴翁，书种贻孙谋，赵家灵洞山，石室躬校雠，吾乡周老功，分颜相倡酬。读书买书少室氏，大酉小酉书无比，聚书三万六千卷有奇，驱蜗逐蠡纠亥豕。沂金陵，走燕山，轻车画舫北与南，月明风送古书还。世人攻王李，攒矛及诸子，讵知沧海胸，罗列星辰贯经史。少年曾读笔丛书，今日仍斟二酉稿，虽然只眼输前贤，新都弇州许分道。我主云山席，书楼书已空，安得君家书万轴，令我捶床酣叫朱黄中。"④

参考书目举要

《少室山房笔丛》	明万历甲寅良贵堂刊本
	附《甲乙剩言》本
	民十三扫叶山房石印本
《少室山房全集》	明万历戊午江湛然刊本
《类稿》一百二十卷	
《诗薮》二十卷	
《笔丛》四十八卷	
《少室山房集》	清光绪二十二年广雅书局刊本

---

① 《金华征献略》卷一二，《章有成传》。

② 《区太史诗集》卷一七，《壬寅闻两胡生亡》。原注："豫章胡比部汝焕、兰溪胡孝廉应麟。"

③ 《南溪寤歌》上。

④ 《兰溪县志》卷八，《古迹・二酉山房》。

《诗薮》十八卷
《笔丛》四十八卷

书名	编著者	版本
《少室山房类稿》		续金华丛书本
《甲乙剩言》		明刊宝颜堂秘笈本
《四部正讹》		朴社铅印本
《明史》		
《兰溪县志》		明万历丙午刊本 清光绪本
《金华经籍志》	胡宗楙辑	梦选廔印本
《婺书》	明吴之器撰	明崇祯刊本
《金华文征》	明阮元声、高倬编	明刊本
《金华征献略》	清王崇炳编	清雍正壬子婺东藕塘贤祠刊本
《金华诗录》	清黄彬、朱琰编	清乾隆癸巳金华府学刊本
《全浙诗话》	清陶元藻辑	
《明诗综》	清朱彝尊辑	
《静志居诗话》	清朱彝尊著	
《四库总目》		
《八千卷楼书目》		
《浙江采集遗书总录》		清乾隆三十九年刊本
《区太史诗集》	明区大相著	
《南溪寤歌》		
《玉剑尊闻》	清梁维枢撰	民十六藁城魏氏养心阁刊本
《野获编》	明沈德符著	清华藏侯官刘氏写本
《弇州山人四部稿》	明王世贞著	明刊本
《太函集》	明汪道昆著	明刊本
《大泌山房集》	明李维桢著	明刊本
《白榆集》	明屠　隆著	明万历庚子刊本

《人海记》	清查慎行著	清华藏抄本
《奉常集》	明王世懋著	明刊本
《王凤洲先生年谱》	吴　晗	未刊

（原载《清华学报》，第九卷第一期，1934年1月）

李继煌译述的高桑氏《中国文化史》

所谓文化史，本来不是一种易写的书。要写中国的文化史，其难处尤甚于他国的文化史。因为，第一，中国的史籍，实在太多：不但是有汗牛充栋的野史，而且还有卷帙浩繁的正史；不但是有名称为史的正史和野史，而且还有那些叫做“志”、“书”、“传”、“纪”……的杂史。其中材料，虽极繁伙，而皆饾饤瓜剖，不成系统。无论是正史、官书、簿章、文牒、私人载记、诗文总集、家系宗谱、小说戏曲、钟鼎彝器、龟文木简……一切有文字无文字的史料，均须经过一番鉴定去取的功夫，把它会通锻铸，而后可以着手作史。第二，前人著述，虽有几部号称为史，而因历史的观念不同，无论其组织或取材都不类似我们今日所需要的文化史。所以我们现在作史，必须另起炉灶，而无蓝本可靠；必须对于每一时代，每一问题，都曾作过深入广搜的研究，方能荟萃精华下笔著书。在未用过这番功夫以前，我们只能够做些局部的片段的研究，集腋成裘，以为后来人写文化史或通史者敷路。因此，很可憾地，我们现在还没有一部出于本国人之手的可读的通史或文化史。

写文化史又和别的历史不同。文化史的主要任务是在告诉我们以每一时代每一地域的特殊文化的详切情形。它不但要明白地告诉我们以这一时代文化的特征和内含，并且要告诉我们以它的来踪，去路，空间，时间，和民族的关联，尤其是经济的背景，和构成社会的因素，及其条件。换句话说，文化史的任务不止是告诉我们以那时代那地方的情形是这样，并且要告诉我们以为什么那时代那地方的情形是这样，而别一时代别一地方的情形却又不是这样。

原著者高桑驹吉是日本一位有名的学者。他本多年的研究和讲授经验，提纲挈领，写成本书（《支那文化史讲话》）。十年前，李继煌先生把它译出，列为商务印书馆的“历史丛书”之一。截至民国二十年，译本之四版已出，销数将达五千。社会对于此书之需要，可说是很迫切。

全书共分九章，相当于原著者所划分的九个时期（即周以前，周，两汉及三国，两晋及南北朝，唐，宋，元，明，清）。每章又分两篇：第一篇为“历史概说”，把这时期的一般史实，作一鸟瞰式的叙述；第二篇为“文化史”，先对几个比较有名的帝王，个别地加以评判，而后依次述及风气、官制、兵制、税制、法制、选举、学制、儒学、文学、史学、科举、佛道、艺术、农业、商业、外国交通和币制等等方面。全书篇幅，不过五百余页，而将五千年的中国史实，叙述殆遍。从用字的经济上看，原著者之手腕，可以算是很高妙的。至其作品之优点，早经译者指出，我们用不到重加申述。本文所欲指出的是它的缺点。这些缺点，或为原著作中所固有，或为译本上所新添，或为两者所共有的。今就个人见解，贡献意见，虽不敢必高桑先生及其译者之能采及刍荛，以使本书增其价值，而总敢望读者得此，或可得些比观之益。

一般人所公认的旧式史书的缺陷，是依人、事、物、地的分别，硬把史料割裂，以致读者看了以后，对于历史的演化，既不能得完整的概念，而于各时代所光前启后的文化或文明，也不能有深切的认识。本书虽出外国学者手笔，然其编制体例，实无胜于所谓非科学的古之作者。自第一章起，直至书末，每章概分两篇，看像真是划一不二，条理清晰，而若细心推敲，则徒见其前后两篇，截然两橛，谁也不能看出它们的因果和关联，更无从窥见其来踪与去迹。译者好古成癖，却在序言中说：“书中的叙述凡分若干章，章各分二篇，一篇述其时代的波动概况，一篇述其时代的文化，造成此时代的人物，以及关系此人物的评论。我们读者，于不知不觉之中，我们的全视野便明瞭而清晰”。这似是一种不能代表我们的意见，但亦不妨姑备一说。

历史之形成与进展，虽不一定有其自然的律则，但亦未必就像演剧似的，一切情节都由导演者来自由设计，自由损益。英雄对于历史的贡献，固然是不可否认的，但是一部文化史的性质决不等于一本英雄传之以专门描写英雄们的性格，行动和功业来满足浅薄者的夸大狂。譬如我们叙述十五世纪末年的地理发见，虽然不能不述亨利亲王、伐司哥达伽马、哥伦布、地亚士和麦哲伦等等的事迹，但决不能限于描写这些伟大的人物，而把注意力完全集中在“英雄造时势”的偏见上面。除此以外，我们还得知道这时代的经济背景，社会组织，个人主义的勃兴，陆路交通的梗塞，意大利诸城市的垄断商业，中古时代的地理知识，以及马哥孛罗等等所曾给予欧洲的传说……而后才能明白地理的发现毕竟不是一件突如其来的史事。亨利亲王等等，诚然是了不得的，但若没有这些历史的凭借，社会的背景，和经济的条件，试问怎样可以凭空建树他们的伟业？须知“英雄造时势”和“时势造英雄”是两句连带的格言，拆开来是不成功的。从环境论者看来，所谓英雄也者，只不过是时代的幸运儿。依此见解，则在中国的文化史上，几个雄主的优点和劣点，以及黄巢、李自成等的成败与性格，其重要远不如黄河的河道数迁，西北方土壤与气候的改变，乃至汉民族的渐向东南发展。本书中之重视帝王，重视盗贼，而太忽略了一切所谓历史的、社会的与经济的条件，见解未免太偏——即使不是根本错误的。

其次，文化的发扬光大，往往是由于累积。一时一地的文化很少是突然而兴，突然而灭。故在中国史上，文化的发皇与消灭，也很少与朝代的兴亡同一起迄。清朝以异族入主中国，而在文化方面，犹承明之遗业。举例来说：两朝之官制、法制和学制……差不多是完全相同的。即其学术思想之传受，脉络也是一贯。本书著者太看重了帝王家谱对于文化方面的势力，于是强分明清为两个文化时期，不但重文累义，于理论上毫无根据，且在事实上也只是些灾梨祸枣，浪费了读者的精力。须知文化史家的任务，是在探求历史演化的法则，精密地指出新旧嬗递的痕迹。而在本书中，不论其述宋人的风气，或明代嘉靖初的“大礼议”，万历中的“东林党议”，都只是凭空叙述，茫无头绪！所谓“历史的继续性”，完全被它埋没。这在一部文化史上，不能不算是个严重的缺点。

在别的方面，著者和译者，也常犯着种种疏忽。例如：

（一）原本四〇〇页，引顾炎武《日知录》云：

> 经义之文，流俗谓之八股，盖始成化以后。股者，对偶之名也。天顺以前，经义之文，不过傅衍传注，或对或散，初无定格；其单题亦甚少。成化二十三年会试《乐天者保天下》文，起讲先提三句，即讲乐天四股，过接四句，复讲保天下四股，复收四句作大结。弘治九年会试《责难于君谓之恭》文亦然：每四股中，一反一正，一虚一实，较一浅一深，其两对题，扇扇立格，则每扇之中有四股，次第之法，亦复如之。故今人相传为八股。

著者解释天顺、弘治、成化三个年号说："成化ハ明ノ宪宗ノ年号，弘治ハ孝宗ノ年号，天顺ハ天启顺治ニシテ天启ハ熹宗ノ年号，顺治ハ清ノ世祖ノ年号デフル"。盖误明英宗之天顺（1457—1464）为天启（1621—1627）与顺治（1644—1661）！译者以误传误，一字不改地照译著说：

> 成化为明宪宗年号，弘治为孝宗年号，天顺者谓天启顺治，前者为熹宗年号，后者则清世祖年号（三九八页）。

著者和译者即使不知道明代有过天顺这一年号，不应连顾氏的原文也看不懂。使如著者与译者所说，天顺是天启顺治，那么，成化以后已有八股之名，弘治中已有八股定则，到天启顺治前反无定格，少单题了，矛盾之极。

（二）译本第四四七页，安南之一统与法兰西条（原本同，故不录）：

> 安南在阮文岳灭广南时，阮潢的裔孙阮福映遁往暹罗，得其王华亚恰克里的援助，收合旧臣，袭下交阯，然为阮文岳及阮文惠的联军所破，不获逞。乃从法兰西宣教师披尼耀之劝，约事成，则割让化南及卜老孔多二岛，乃以其子阮景睿和披尼耀共赴法兰西乞援。援军既到，乃助阮福映据柴棍，屡破"西

山党”之军。

按自“援军既到”以下，殊不可靠。依据 H. B. Morse 记载，法国并未遵约，援军并未开到（*The International Relations of Chinese Empire*，Vol. II. p. 342）。

（三）译本四二〇页（原本同，故不录）：“先是葡萄牙人来广州后，又于宁波厦门，并设商馆，至西纪一五六六年遂租借澳门”。按据我们所知，葡人（当时被称为佛郎机）于嘉靖四十年（1535）勾通指挥黄庆，纳贿请于上官，由电白移壕镜（即澳门，西人称为 Macao），岁输课二万金[①]，但仍只许停船贸易，不许上岸居住。到嘉靖三十二年（1553 年），葡人乃托言舟触风涛，借地暴诸水渍贡物，乘机上岸占住。[②] Morse 以为中国之许葡人居住澳门，始于 1557 年（*The International Relations*，Vol. I，p. 43），高桑之说，不知何据。

（四）译本三八五页东林党议条说：“帝宠邹贵妃，欲以妃所生幼子常洵为太子”（原本同，不录）。按《明史》卷一一四《郑贵妃传》：“恭恪贵妃郑氏，大兴人，万历初入宫，封贵妃，生皇三子，进皇贵妃，帝宠之。外廷疑妃有立己子谋”。卷三〇〇《郑成宪传》：“廷臣疑贵妃谋夺嫡，群以为言”。是则，邹贵妃当为郑贵妃之误。

（五）同页：“已而有长差者入太子宫梃击门者。世人以为此乃邹（亦应作郑）贵妃所嗾使”（原本同，不录）。按张差梃击一案，为明末党争要题之一。其详细情形见《明史》卷二四四《王之寀传》。此作“长差”，大误。

（六）译本三九三页：“右都御史汪熔曾昌言佛郎机炮的便利”（原本同，不录）。按《明史》无汪熔其人。进佛郎机炮的是汪鋐。《明史·佛朗机传》：

> 嘉靖二年，佛郎机寇新会之西草湾，败遁。官军得其炮，副使汪鋐请之朝。九年秋，鋐累官右都御使，上言请用佛郎机

---

① 《明史》卷三二五，《佛郎机传》。

② 《澳门纪略》卷上，23 页。

炮，施之边塞（节录）。

（七）译本四〇二页，记王守仁门人中有王幾与王良。按《明史》卷二八三有《王畿传》，《王艮传》附。是幾为畿之误，良为艮之误。

（八）同节说钱德洪字洪南。按《明史·儒林传》和《明儒学案》卷十一《姚江学派》浙中一，皆云德洪字洪甫，非洪南。

（九）译本四〇一页："李梦阳……与何景明、徐祯卿、边贡、朱应唐、陈沂、郑善夫、康海、王九思等结诗社，号十才子"。译本在朱应唐下，漏原本所有顾璘名字，把十才子减成九才子。按这一条的来源是《明史·文苑传·李梦阳传》。但考《明史》所载十才子中，并无朱应唐，只有朱应登。应登字升之，事迹附见《明史·顾璘传》。

（十）译本四〇八页："陶仲文进少保礼部尚书，后封恭城伯，死谥荣康仲肃"（原本同，不录）。按《明史》卷一〇八《外戚表》及《佞幸传·陶仲文传》，并作"恭诚伯"。且仲文曾进少傅少师，仍兼少保，阶特进光禄大夫柱国，以一人而兼领三孤。其谥为"荣康惠肃"；且"仲"亦非谥。

（十一）译本四一一页之"象眼仪"（原本同），《明史》卷二十五《天文志》作《象限仪》。

（十二）译本四一三页所记桂王朝臣丁魅楚（原本同），应作丁魁楚。《魁楚传》附《明史》卷二六〇《丁启睿传》。

（十三）译本四二八页之额尔古纳阿（原本同），系额尔古纳河之误。

（十四）译本四三七页记"《南京条约》要项为（一）清廷赔偿军费一千二百万美金，赔偿英吉利商家三百万美金，赔偿鸦片六百万美金，总计须交付二千一百万美金"。按原本四三九页，"美金"作弗，即圆。中西原约，亦皆作圆。

（十五）译本五一二页之"万寿成典"（原本同），应作"万寿盛典"。

又如西文专名之中译，自来纷歧不一，人名尤繁错不易辨识，但在习惯上，总以采用公私记载最普遍的为宜，不应自创奇名，使读者茫然不知其为何人。本书中如四一四页，改称凡蒂冈为巴其坎；四三六页，改称义律或懿律（Elliot）为叶利阿；四一九页，改称璞鼎查为波丁遮，巴夏礼为拔克思；四四〇页，改称额尔金为叶尔桢，葛罗斯为格娄，布恬廷为卜家珍；四二〇页，改译克拉维局为克拉维，且拼 Clavijo 为 Clairjo；四四三页，改译摩拉未也夫（Muravief）为武拉维夫；四四四页，改译海参威为弗拉第福司透克（日译浦潮斯德）；四四六页，称西贡为柴棍；四四七页，称孤拔为枯鲁卑；四五一页，译威妥玛为威德，四五九页，译瓦德西为瓦德；四六八页，译威特为尉迭，罗善为漏浅等——皆使读者不便。又如西方传教士到中国来的，大都因音立义，并有华式名字，如利玛窦、汤若望、艾儒略、安文思等，皆为学者所熟知。译者在纪明清的基督教两节中，又为全译其音，别立新名而仍附原来华名于括弧中，实亦多事。①

最后应该声明的是：本书译者虽然是将错就错，但也有几处补正了原文中的缺误。例如："清ノ初メ画サ以テ著ハレタルモノニハ王时敏（烟客）王鉴（廉州）王翚（石谷）王原祈（麓台）恽恪（南田）ガアリ，之サ四王吴恽ト称シテ居ル"（五〇一页），这段原文，明说四王、吴、恽并称，而在主文中落去了吴历的名字。中译本在恽恪之下，便补入了"吴历（墨井)"四字（五一二页）。但按这段文气，吴之名次，应在恽上。又恽恪应作恽格，原本及译本均误。

（原载《图书评论》，第二卷第五期，1934 年）

---

① 本段中地名、人名用字与今日通行者颇多出入，为保存历史原貌，一仍其旧。——编者注

清华大学所藏档案的分析

清华大学历史系近数年来，感觉到保存史料为现代人的责任，我们固应替社会替子孙保存古代的史料，同时更应积极地设法保存近代的和现代的史料。史料不是古董，不以时代的着色新旧而异其存在的价值，史料也不是装饰品，非经过一番科学的整理便无从利用起。但在实际上，无论公私藏家，都抢一般的去尽保存古代史料的责任而沾沾自喜，近代的现代的却从不能得他们的一顾而听其湮没狼藉。这理由很简单，古代史料数量少，较难得，近代史料数量多，极易得，数量少则收藏易，私人的力量便能办到，数量多则非有专门的设备和专门的知识不能收藏和驾驭，难得的事物被人看作古董，易得的巨量的便被人看作垃圾堆（其实是垃圾堆，假如在未经整理的时候）。在外国，在一切已上了正当轨道的国家，他们有若干专门机关负责保存所应保存的一切事物，在我们的国家，这是一个太属奢望的梦想，官军和非官军的威焰不来故意摧残也就侥幸到万分了，哪里还敢望他们来作这闲事！国家和私人的不重视，使这几十年来不知道堙毁掉多少无量数的可贵的近代史料。近代和古代只是两个相对的名词，古代人没有替我们好好地保存着他们所处时代的史料，使我们后代人无法弥补许多历史上的缺憾，和解答若干历史上的困难问题，近代和现代的意义在我们的眼光中是如此，在我们的后人却已成了古代，我们如再踏上我们前一辈古人的覆辙，这种历史上的缺陷和遗憾便会一代一代地永远传给我们的后人。我们固然可以惋惜地追叹古代史料之零落难得，同时却不要忘记，如果我们也同样地不尽责，这一种感伤的叹息又会重演于若干年后，我们将也成为后人所诅咒的目标。再就研究的便利而论，现代和近代的人应当特别多知道近代和现代的史事，假如我们不搜集这一些广泛的史料，不好好保存和利用，自安于愚昧，自甘于没出息，坐待外邦的学者来替我们效力，岂不令人愧死？为了供给专门研究者以便利和替后来人尽义务，收藏档案是清华历史系这五年来主要工作之一。

档案只是史料中的一种，它的原意应是专指公家的文书簿牍而言。本文所叙述的也暂限于这一界限内的记录，不过，为方便计，有时或也连带地述及属于私人的文件。

清华历史系所藏的档案，全部是五年来陆续收买得来的。档案既非出自一处，又非同时入藏，中间又因为特殊原因的牵掣，四五年中几乎没有一年不要搬一次家，档案的本身，经过由原藏处移到书贾，由书贾捆载到清华，大麻布袋或竹席盛着的一些破烂故纸，本已凌乱到不堪，到清华后又经过四五次的移徙，即使是完整的保持原形的也会变成垃圾堆，何况本来是那么凌乱着的。以此清华档案整理的大部工夫便须用在还原的工作上。还原的程序又因档案形式而分别其难易。就大概说，档案的形式不外三种，第一种是本子式的，封面标有名目，大都卷册甚多，很少有单册自成一种的。第二种是折子式的，封面无标识，即使有也只是标着一个通名，如“奏”、“稿”之类，大都每一件可以独立，不与他件发生关系。第三种是零纸，既无标识，也无名目，既无年月，也无衔署。在这三种中整理本子较易，折子较难，零纸更难。先就本子的还原程序说，这些本子大部是由各省送到中央的，所以第一步的还原是分省，把许多无系统的东西，先给它一个大分割，成为隶属于若干省别的系统下的文件。第二步是按文件的形式大小，相同者放在一起。第三步再按照文件的标题或内容分开，第四步再把自成一种或一系统者分开。第五步再按照时代，将最后分类之各种顺序排列。第六步再查卷数次第，如封面标有卷数者即依序排列，如无卷数，查目录之顺序依以排列，如无目录，参照他种性质内容相同已编之件顺序排列卷数。本子式的档案尽管形式大小有怎样的不同，性质内容有怎样的差异，却总有一个系统和线索可寻，把它完全恢复到原来的样子比较容易得多。

第二、三两种形式的档案，因为每件都是有独立的性质，不和他种文件发生关系，在整理的方便上说，这一类文件的好处是本身不会有残缺，譬如本子式的每一种单独标题下一定包含着若干同形的本子，由卷册的连接而成为一种单行的史料，容许原来缺了一本，或者是只买了一部分，这样，这一种史料便不能不陷于永远残缺的运命，使研究者感觉得不痛快。但这一缺陷在折子式和零纸式的档案中却不复存在，因为这两种文件都不需要和他种文件发生联系，它自己本身单独地可以成为一种具有专门标题的专门史料。以此，这一类文件的组织便不能和本子式的一致，我们只能在恢复原状以后按机关和年月的顺序替它排列起来，在一个共通的标题之下——例如陆军部军学司奏稿，自宣统元年一月至五月——依次编列着。这一类文件的还原手续，因为本身的不整齐和无系统，也不能不采取另一种方法来处理。第一步是在若干大垃圾堆中先给它作一个形式同一的分割，把大小相同、颜色相同、纸张相同的归纳在一起，放在不同的架隔上。第二步再按机关分类，是陆军部、兵部、工部、总理练兵处、陆军第二师……各各分开，第三步再就已分出的，如兵部、武库司、职方司、武选司，各各分别提出。第四步得分出是奏稿、行稿、存稿、拟稿。第五步再分年，第六步分月，第七步分日，这一切手续都已了当之后，才到还原的最后一步，按部、按司、按科、按股、按文件的性质、年月日的顺序装在特制的布套中。

因为档案的本身有差别，因之编目的方法也不能不依据档案的性质来因事创立。在试验中的两种编目法，第一种是十进式的，第二种是机械式的，第一种应用于本子式，第二种应用于折子和零纸式。

十进式的编目完全依据档案本身的性质而创立，历史系所藏的档案，本子式的大约有十分之八九是属于旧兵部和陆军部的，这一类的文件给它一个简称叫军档，已经编好的一部分大概有三千套左右。编目的程序第一是年月，用阿拉伯数字表明。方印的第一行有五格（见第一图），A格是年号缩写，例如光是光绪，宣是宣统，民是民国。BC 格是年数，例如三年则写 03，十三年则写 13，年不明则写 00。DE 是月数，如四月则写 04，十一月则写 11，月不明则写 00，举例说，假如这一文件是成于咸丰十年七月的，那么编目时便应写如第二图。

第一图

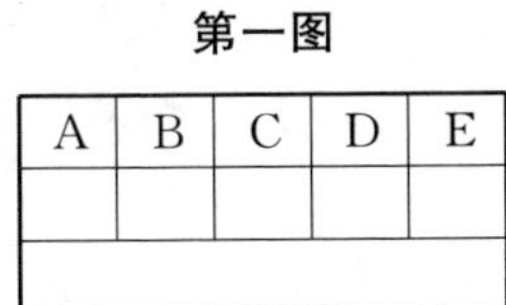

A	B	C	D	E

第二图

咸	1	0	0	7

第二行是内容分类，也分五格，A 格是行省、特别区、衙署和特种组织的简称。行省如湖南书“湘”字，广西书“桂”字，特别区如察哈尔书“察”字，衙门如陆军部书“部”字，特种组织如陆军书“陆”字，旗陵书“旗”字、“陵”字，武卫军书“武”字，参战军书“参”字，边防军书“边”字，其余以此类推。BCD 三格均用阿拉伯数字表示意义，每格自 1 至 9，每一数字代表一种特殊意义。例如：

B　指大类　　大类下复分九项：

1　总类　2　兵制　3　兵械

4　兵费　5　兵学　6　纪载

7　防御　8　奏议　9　名册

C　指中类　　中类下包括：

1　属于全国者　2　属于全省者

3　省内各组织　4　特种机关

5　水师　6　各道县乡区

7　各旗陵驻防　8　留外办事处

9　其他

D　指小类　大类标明大概性质，中类标明所属地和机关，小类则为大类之附庸，大类中每一数字，统辖小类中十个数字，即每一项内包括若干种。如：

大类 2——兵制 ——1　组织　2　职官

3　兵令　4　教练　5　军法

6　军校　7　工厂

3——兵械——1 旧式 2 新式
3 辎重 4 军马 5 工事
6 损亡 7 器具
4——兵费——1 经常 2 临时
3 俸饷 4 设备 5 战费
6 善后 7 奖恤 8 教育
9 交通
5——兵学——1 操典 2 作战
3 战术 4 运输 5 调查
6 防御 7 勤务 8 军政
9 军器
6——纪载——1 总类 2 兵制
3 兵费 4 兵学 5 战势
6 军史 7 单据 8 成绩
9 教育
7——防御——1 边防 2 塞防
3 海防 4 江防 5 战时
6 平时
8——奏议——1 兵制 2 兵械
3 兵费 4 兵学 5 纪载
6 防御 7 组织
9——名册——1 官佐 2 官兵
3 学员 4 具结 5 伤亡
6 奖恤 7 户口 8 惩罚
9 工匠

第五行E格用英文大写数字表示所属文件的形式。如：

A—报告册 B—统计册 C—预算决算册
D—说明书 E—报销册 F—清查册
G—履历、籍贯册 H—文告 I—收发单据
J—印花簿 K—编译之属

第一二两行中的某一格如不能分类或无须分类时则代以 0。第三行是标明总号和卷数的，左方表示这是全部军档的第几种，每种亦给它一个不同的连续的号数。右角的数字表示这一种文件共有几册，在第一册上写总册数，在其余的册子上写第某册第某册，举例如下：

第三图的左方是表示这是军档的第一千三百五十六种，右方是表明这一项文件共有三十册，这是第一册。

第三图

军 1356　Vs. 1—30				

第四图表示这是军档第一千三百五十六种的第七册。

第四图

军 1356　V. 7				

总合以上所叙述的，举实例说明如下：

第五图可读为光绪三十四年三月（或春季）东三省某某机关官佐夫役履历清册，总号军一二二四，四册。

第五图

光	3	4	0	3
东	9	2	2	G
军 1224　Vs. 1—4				

第六图可读为民国四年冬季（或十二月）黑龙江全省陆军财政预算册，总号军三〇四一，第八册。

第六图

民	0	4	1	2
黑	4	2	1	G
军 3041　V. 8				

每一种独立的文档给它一个单独的卡片，式样如第七、第八两图。

每一种卡片有两份，第一份按总号的顺序排列，第二份按省别和内容排列。

第七图

光	3	4	0	0
长	9	2	2	G
军 0679		Vs. 1—7		

沿江巡防队左右中诸营官弁兵夫花名清册

第八图

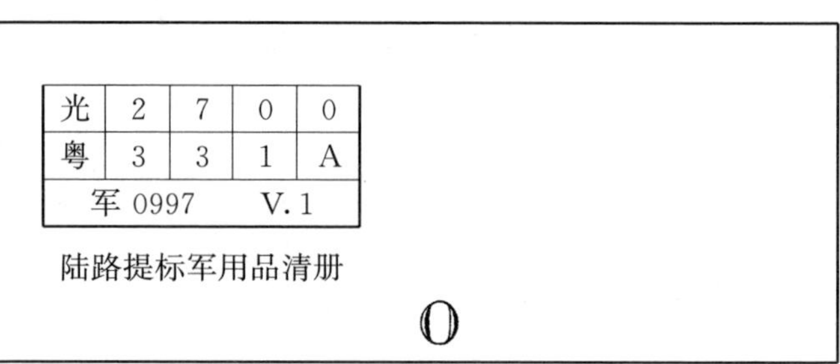

除了本子式以外，其他全部的文件都属于后两类，基于形式、内容……种种差异，并且这两类的档案的每一件都可以替它造一个专名，在本身是可以独立的，但在还原后编目时，在事实上却不允许这样做，因为我们无法使它每件单独收藏而不致和其他的文件混乱，我们也无法每件给它写一个卡片表明它的性质，因为数量太多了，假如这样办，无论是时间和财力都不能办到。但是我们又必须要使它每件独立，每件有一个单独的号数，为了研究者的方便的缘故。我们虽不能单独地揭出每一件的内涵，却至少应当告诉出这文件的来源、时日，和其他的种切。因此我们不得不采用另一种机械的编目法。为了保存这一类文件，特地做了一种新创的布套，这套缺上盖和后背，按文件的高度而配制，套子的高比所装的文件低三分之一，宽却和所藏的文件同样，后部用带缚，取其方便和经济。套面上的题字表示了所装文件的内容和性质，底下的数字表示文件的总号和排列的顺序。

所谓机械式是指编目时可以不用思索，按顺序每一文件给它写上一个承上启下的总号。在事先须得经过一次费了六七道手续的极费力气的还原工作。举例说，现在是在整理着兵部的档案，部中又分司，司中又分股。我们假如在一百万件的档案中，检出属于兵部的有十万件，在这十万件中，精细地分类后知道属车驾司的有一万件，再就这一万件检出属于马政股的有三千件，这三千件中所属的年代不同，于是我们应得替它先分年，分了年之后再分月，接着再分日，接着把性质形式不同的剔出另成一系统，接着按部、按司、按股、按年、按月、按日排成一系列，装在特制的布套中，这时再按顺序每件给它一个号数，例如这一套的第一件是四六四八，末一件是四六七七，那套背面便应写成如第九图。

第九图

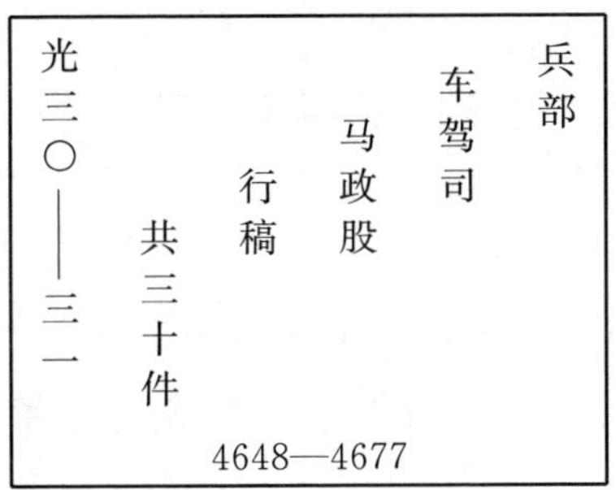

这套子排列的顺序便依下部的总号为先后，自然而然地会把性质相同的完全聚集在一起。

卡片是每一套给它一张，卡片的顺序也依总号排列如第十、第十一两图。

第十图

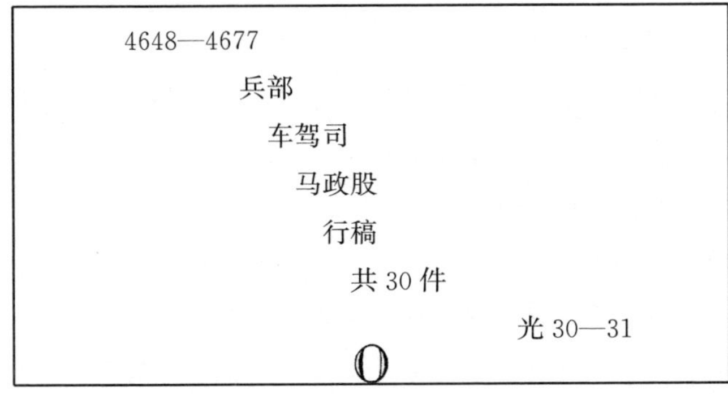

第十一图

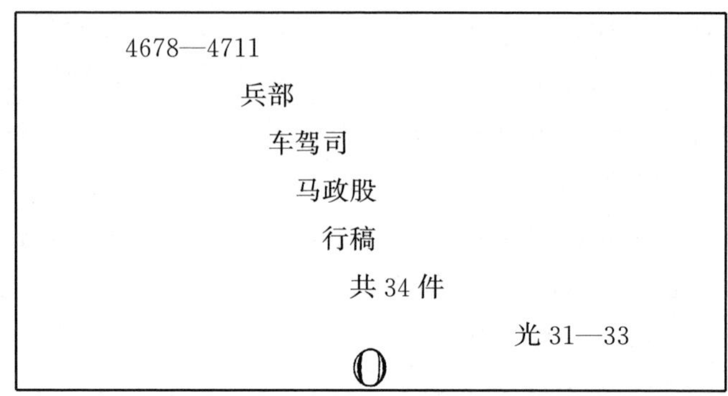

以上两种编目的方法前无师承，后无效法，三年中几经试验修改，到现在也还是在试验期中，什么时候走不通便立刻想法修改，将来或许可以供各文化机关闻风兴起者的参考。

所藏档案已经初步整理的不过很少的一部分，已经整理就绪的只是本子式的军档几千套，折子式的白折——度支部的、工部的、兵部的、陆军部的——八千件，在编目分类中的文稿计：

（一）陆军部档——而此类项下复分总务厅、庶务科、军政司、军务司、军实司、军学司、军械司、军衡司、军牧司、军法司、军乘司。

（二）总理练兵处档。

（三）直鲁豫巡阅使署档。

（四）参战军档。

（五）边防军档。

（六）京畿卫戍司令部档。

（七）陆军审计处档。

（八）陆军三十二师司令部档。

（九）陆军十一师四十四团档。

（十）京师军警督察处档。

（十一）高等军事裁判处档。

（十二）陆军军法裁判处档。

（十三）执政府军务厅档。

（十四）第一路总司令部总军法处档。

（十五）办理毅军事务处档。

（十六）陆军电信队档。

（十七）迁抚两属钨矿局档。

（十八）农工商部档。

（十九）筹办模范队事务处档。

（二〇）平津官礦管理局档。

（二一）办理兵工厂事务处档。

（二二）陆军训练总监档。

（二三）山西国民军档。

（二四）京师一带稽查处档。

（二五）湖南督军署档。

（二六）南京临时政府陆军局档。

（二七）湖北陆军会计审查分处档。

（二八）直隶督军署档。

（二九）四省经略使署档。

（三〇）留守府军务处档。

三十种的件数大约在五万件以上。就已经初步整理的档案的内容作一统计：

1. 陆军部（及前兵部）……………………………………… 40%
2. 满洲镶红旗档（自雍正元年至宣统）…………………… 5%
3. 工部档 ……………………………………………………… 2%
4. 军事及外交文电（约二万通）…………………………… 2%
5. 善后会议档 ………………………………………………… 1%
6. 参陆办公处档 ……………………………………………… 5%
7. 陆军审计处档 ……………………………………………… 3%
8. 国民会议代表筹备处档 …………………………………… 1%
9. 督办参战军务处档 ………………………………………… 3%
10. 督理边防军训练处档 …………………………………… 4%
11. 海关清册 ………………………………………………… 2%

12. 陆军部函件 …………………………………………………… 5%
13. 京报（咸丰四年至光绪三十四年） ………………………… 2%
14. 勘合，火票 …………………………………………………… 3%
15. 海军部档
16. 度支部档
17. 顺天府档
18. 八旗杂档
19. 广东陆军审计分处档
20. 吉林陆军审计分处档
21. 广东军政杂档
22. 军官教练团档
23. 明末兵部文件
24. 泽公府档
25. 北京政府内阁文件
26. 庚子后修改商约文件
27. 清末大清银行文件
28. 清末试图收回开平煤矿档
29. 清末筹议宪法档
30. 清末整顿东省财政并兴办东省实业档
31. 满文档案
32. 近代名人函稿
33. 清人奏稿

以上15—33 …………………………………………………… 12%

34. 其他 ……………………………………………………………… 10%

1至14十四项占总数百分之七十八，15至33十九项占百分之十二，其他一项占百分之十。未经整理的档案内容无从推测，数量更无从估计。第三十四项中包括有逊清北京粮食店的每日物价表、车捐册、乐户捐簿、土地四至簿、高丽海关税务司函稿、中国总税务司赫德函稿等。

历史系档案室所以设立的意义，如上文所记，第一是保存史料，第二是供给专门研究者以便利，所以暂不预备出版任何刊物。决定集中全力在收买档案和整理档案上。除了收存公家的史料以外，此后还打算多搜集属于私人的史料，例如私人的文集、著作、函件、族谱等等，除了中央和行省的史料以外，此后还打算多收藏关于地方的史料，如已废的府、州、道和税局，关卡的文牍记载，和有关于民间情形的记载。有些文件已经流出国外的，也打算续续设法照相保存。

假如说希望，历史系档案室的希望只是能不遭意外，现在和将来都能继续地替国家、替社会尽这一点小责任。再有，也许是奢望罢，希望其他的文化机关也能多注重这方面，多替后人保存一些无价的史料。

一九三四年三月一日于清华大学

（原载《中国近代经济史研究集刊》，第2卷第2期，1934年5月）

跋周昭礼《清波二志》

《清波杂志》十二卷，《别志》三卷，宋周辉撰。辉字昭礼，泰州人。书中所记多属两宋杂事，朝章典故，遗闻秘话，往往足补史乘之缺。所录或转载他籍，如卷六记于阗表文，蔡絛《铁围山丛谈》卷一亦载有一则，同出《裕陵实录》而字句微有不同。如所记隆兴符离之役府库所存财物出《符离记》。辉曾祖周穜唾米芾砚事，吴曾《能改斋漫录》误记为东坡，《杂志》卷五亦记其事特为辨正。或得自身所见闻，如所记吕惠卿向王荆公乞和事得于荆公门人吴长吉①，叶少蕴二事得于洪庆善②，王权事得于权子处智③，张浚事得于浚侄子安，盖辉身经五朝，为一时耆彦，其所见所闻，固应超出凡辈也。据《杂志》卷七自记生于丙午，实为钦宗靖康元年（1126），《别志》龚颐正、徐似道二跋均作于庆元戊午（1198），龚跋言：

> 昭礼客游都城，今其老矣。抱道不诚而能安于闲放，不关人事，居清波门，日往来湖山间，把酒赋诗，悠然自得其乐，或谓可追和靖之风流。比有传其所著《清波三志》，读之起敬，不但如前所云前辈日已远，旧同余论，抚卷三复。昭礼寿祉方增，斑管缃缣，登载朝野之盛，盖屡书不一书，又奚得三志而已。予少昭礼者殆将见之。

则辉至庆元四年犹健在，存年当在八十以上。或得于祖父传述，如《别志》中所记吴处厚二事，明言其父闻于向芗林，《别志》下记《长安志》则其父亲得之于郑居中侄道卿，《杂志》卷八曾端伯编

① 《别志》中。

② 《杂志》卷七。

③ 《杂志》卷五。

《皇宋百家诗选》之草率，则得于叔祖元仲。钩稽《杂志》及《别志》所记，知烨故为淮海世家，父邦官迪功郎，曾参江东帅幕①，《杂志》卷三言其以绍兴丁巳主丹徒簿。族叔麟之同知枢密院②，从叔其入吉阳守③，知和吴县尉④，叔祖方崇礼部侍郎⑤，曾祖穜集贤殿修撰，两知大郡。曾叔祖秩与穜同举进士，高祖涛梓州判官。⑥ 戚党则叶石林为其从祖姑夫，祖母曹为武惠燕王五世孙。⑦ 曾祖穜与王安石为中表兄弟⑧，元祐初为苏轼所荐。官郓州教授⑨，与米元章交游甚厚，故志中记叶、苏、米、王诸人事特多。

烨之事迹不甚著，邵晋涵《杭州府志》卷一〇五寓贤：

> 淮海人。熙间居清波门之南，嗜学工文，当世名云卿多折节下之，而简亢自高，未常报谢。家藏书万卷，父子自相师友。

聂心汤《钱塘县志》纪献寓贤门所纪同，其文均出《两浙名贤录》。厉鹗《宋诗纪事》则并及其家世，而讹其名为烨，卷五八：

> 周烨，邦之子。枢密麟之之族。

《四库总目》子部小说家二著录二志，而言：

> 烨自题曰淮海人，而《两浙名贤录》载之，书中有祖居钱塘后洋街语，则烨实自浙迁淮也。

按《泰州志》仕迹门载烨家世自高祖涛以下麟之、童、秩、方崇仕履甚详，方崇以下不见记载，而《杭州府志》及《钱塘县志》并载烨族寓贤门，则知烨原籍泰州，至其祖时始绍兴南渡，自淮迁浙之迹甚明。《总目》又言：

> 《别志》又自称尝至金国益不可解。或随出使者行也。

---

① 《宋诗纪事》卷四一。
② 《杂志》卷三；刘铃：《泰州志》卷二三。
③ 《杂志》卷七。
④ 《杂志》卷八。
⑤⑥ 《杂志》卷三；《泰州志》卷二三。
⑦ 《杂志》卷四。
⑧ 《杂志》卷五。
⑨ 《泰州志》。

按《杂志》卷四有记出疆时三节人携茶一条，卷五有记出疆过中山府一条，使金二月旦过淮一条，出疆见燕中所用定器一条，卷十出疆过白沟一条，卷十二出疆抵燕见押物使一条；《别志》上有北征回程经栾城一条，《别志》中有出疆往返经大相国寺一条，《别志》下有出疆中使病没一条，金副使猎虎一条，言其随使节赴金之事极明白。且《杂志》卷三并明著其出使时日，经由道里：

> 绝江渡淮，过河越白沟，风声气俗顿异，寒暄亦不齐。淳熙丙申从使节出疆，回辕当三月中下旬，一路红尘涨天，热不可耐，若江南五六月气候。

淳熙丙申为宋孝宗三年（1176年）。按《宋史·孝宗纪》淳熙二三年中赴金之使节共五次：

第一次为申议使：

二年八月丁丑遣左司谏汤邦彦等使金申议。

第二次为正朝使：

二年十月乙酉遣谢廓然等使金贺正旦。

第三次为生辰使：

二年十二月辛巳遣张宗元等贺金主生辰。

第四次为正朝使：

三年十月癸未遣阎苍舒等使金贺正旦。

第五次为生辰使：

三年十一月庚午遣张子正等贺金主生辰。

在此两年中之五次使节中，第一次正使为汤邦彦，副使为陈雷，据毕沅《续通鉴》知其使命为请还河南陵寝地，其他四次则为通常酬酢性质。辉之出使自言在三月中下旬回辕，出疆时则以二月旦过淮。卷五记：

> 使金者冬月耳白即冻堕，急以衣袖摩之令热，以手摩即破。辉出疆时以二月旦过淮，虽办绵裘之属，俱置不用。

是此次使节以春往春返。使节之人数，卷四言：

> 辉出疆时见三节人或携建茶沿途备用。

三使中其一为王寅，《别志》下：

> 辉顷出疆，使介病，皆委顿扶持而归，中节王寅秉义病卒于涿州。辉回至真定，亦病数日。

正使张姓，《别志》下：

> 顷次对张叙与出使，病卧车中。

其一不著，疑为押物使之属。以此与《宋史》印证，五次使节中以春往者为张宗元、张子正之二次生辰使，生辰使例必有馈赠，故有三使节。辉自言以淳熙丙申出使，则所从之使节殆为张子正，即《别志》下所纪者。以三年十一月受命，四年二月旦过淮，三月中下旬回辕。时汤邦彦之使命已完全失败，故《杂志》卷三言：

> 往还经以汴都，顾瞻宗庙宫室，不悟朝阳殿，遂作单于宫，不独兴叹于往古！以中原复中原，规恢洪业，信自有时，恨辉老矣，其及见诸侯东都之会耶。

深致慨于汴梁之沦没也！

辉之早年生活飘徙无定，晚年始定居钱塘。早年从父游宦，绍兴丁巳（1137）在建康，辛酉随侍之鄱阳（1141），庚辰（1160）在江东，乾道丁亥（1167）在上饶三四年。其居处则《杂志》卷四及卷十言曾家无锡，卷六记曾居毗陵，淳熙改元（1174）居杭。其本籍则自言当泰州。[①] 生平寥落不得志，无恒产，《杂志》卷八言：

> 辉倾侍巨公，语及常产，公云："人生不可无田，有则仕宦出处自如，可以行志。不仕则仰事俯畜，粗了伏腊，不致丧失气节。有田方为福，盖福字从田从衣。"虽得此说，三十年竟无尺土归耕，老而衣食不足，福基浅薄，不亦宜乎！

而《杭州志》言其"当世名公卿多折节下之，而简亢自高，未常报谢"，则实一极有气骨之名士也。生活虽困绌，顾极喜藏书，所收甚富，父子自相师友，极风趣。其言藏书与借书尤非当时藏家所能言。

---

① 《杂志》卷三。

其言云：

> 借书一瓻，还书一瓻，后讹为痴，殊失忠厚气象。书非天降地出，必因人得之，得而秘之，自示不广，人亦岂肯以未见者相假。
>
> 唐杜暹家书末自题云："清俸买来手自校，子孙读之知圣道，鬻及借人为不孝。"鬻为不孝可也，借为不孝，过矣。
>
> 然辉手抄书前后遗失亦多，未免往来于怀，因读唐子西庚失茶具说，释然不复芥带。其说曰："吾家失茶具，戒妇勿求，妇曰：何也？吾应之曰：彼窃者必其所好也，心之所好则思得之，惧吾靳之不予也而窃之，则斯人也得其所好矣。得其所好则宝之，惧其泄而秘之，惧其坏而安置之，则是物也得其所托矣。人得其所好，物得其所托，复何求哉！妇曰：嘻！是乌得不贫！"辉亦云。

辉著有《梅苑》、《梅史》并不传。① 父邦著有《松峦志》二十卷。

一九三四，二月二十三日于清华园

（原载《文学季刊》，第一卷第二期，1934年4月）

---

① 《杂志》卷一〇。

盟与誓

誓，《说文》云："约束也。"《礼·曲礼》："约信曰誓，涖牲曰盟。"《疏》："誓，用言辞共相约束以为信也。"誓和盟的分别，大概只在用牲和不用牲，盟的仪节比较隆重，须筑坛，所用的牲依与盟者的身份而降，大概用的是牛、马、豕、鸡之类，杀牲取血，拿血来涂一涂嘴，写盟词，埋所用的牲和盟词于坛下，盟礼就算成功。誓则比较简单，大多不用什么仪节，对着什么事物，请牲作见证，发一下誓就了事。不过也有例外，有时或亦有用牲用盟词，所唯一的不同是不歃血，如《国语·齐语》：桓公与诸侯饰牲为载，以约誓于上下庶神。贾逵注曰："饰牲陈其牲，为载书加于牲上而已，不歃血也。"第二点的区别，是地位的差别，概括地说盟的双方地位大概相等或相近，誓则往往为片面的或自动的以决断的言语约束此后的行动，举例如《左传》僖二八年：

> 王子虎盟诸侯于王庭，要言曰："皆奖王室，无相害也，有渝此盟，明神殛之，俾队其师，无克祚国，及其玄孙，无有老幼。"

诸侯的地位相等，与盟的全受这盟约的拘束，这是盟，如《左传》隐元：

> 郑庄公置姜氏于城颍而誓之曰："不及黄泉，无相见也。"

《宋史》卷二五五《向拱传》：

> 拱知陕州，会延州高允权卒，命拱权知州事。所属部落有侵盗汉户者，拱召其酋帅犒之，令誓不敢侵犯。

这是誓，前者是自动的片面的，后者则是被动的片面的。第三是立场不同，盟大抵多用于国际的关系和政治的约束，誓则多偏于私人和世俗事务，如《左传》僖公二八年：

> 宁武子与卫人盟于宛濮曰："天祸卫国，君臣不协，以及此忧也，今天诱其衷，使皆降心以相从也。不有居者，谁守社稷，不有行者，谁扞牧圉……有渝此盟，以相及也，明神先君，是纠是殛。"

这是一个政治的约束，《晋书》卷六十二《祖逖传》：

> 逖北渡江，中流誓曰："祖逖不清中原而后济者如此江。"

这是一个私人的决定。

盟誓的大概不同点如上述，但在实际上，盟与誓每易混淆互易，界限极不清晰，例如《左传》庄公三十二年：

> 庄公许孟任以为夫人，割臂盟。

男如恋爱的许诺本属私人生活，但因其约束为双方面的，又混称为盟。《淮南子·齐俗训》所举三种不同的盟，实际上亦即是誓。

> 胡人弹骨，（胡人之盟约，置酒入须骨中，饮以相诅也。）越人契臂，中国歃血，所由名异，其于信一也。

又有一种特别的仪式，介于盟誓之间，既不能称为盟，亦非单纯之誓，如《春秋》桓公三年：

> 夏齐侯卫侯胥命于蒲。

《公羊传》解释为："胥命者何？相命也。"注："胥，相也。时盟不歃血，但以命相誓。"又有盟而兼誓者，如《汉书·高帝纪》：

> 与功臣剖符作誓，丹书铁契，金匮石室，藏之宗庙。

此在汉高帝则为誓，在诸功臣则为与帝盟。《宋史·蛮夷传》：

> 南八姓诸岛蛮并来乞盟，立竹为誓。

岛蛮恐对方不信其诚意，先自立誓，作乞盟的手段。

盟与誓都是先民时代原始宗教意识所遗留的残滓。对象虽然同是人类，却同样地有一种神秘的某种事物在最高的证见和执行者。这一执行者的威权同为双方所砻惧敬信。到近代科学思想发达，无形中抛去幕后的监督者信仰，一方面却仍保留着表面的仪式和习惯，加上许多的空洞名辞，冀图仍旧利用这仪式来解决一切政治的、国际的、私人的问题，结果是去皮存毛，徒然糟蹋无量数的有用的白纸。

古代有专掌盟誓的官，掌盟的名为司盟，誓则为大司徒十二教之一。又有诅祝，有条狼氏，亦司盟誓。《周礼·秋官》：

> 司盟掌盟载之法，凡邦国有疑会同，则掌其盟约之载及其礼仪。北面诏明神，既盟则贰之。盟万民之犯命者，诅其不信者亦如之。凡民之有约剂者，其贰在司盟。有狱讼者，则使之盟诅，凡盟诅各以其地域之众庶，共其牲而致焉。既盟，则为司盟共祈酒脯。

其取权极大，主保管一切盟约副本，上自国际，下至小民均掌之。甚至狱讼亦取决于盟诅。《地官》：

> 大司徒之职，掌……八日；以誓教恤，则民不怠。

使民自为约束，因而施教。《春官》：

> 诅祝掌盟、诅、类、造、功、说、禬、荣之祝号，作盟诅之载辞，以叙国之信用，以质邦国之剂信。

《秋官》：

> 大司寇之职……凡邦之大盟约，涖其盟书而登之天府，大史、内史、司会及六官皆受超其贰而藏之。
>
> 条狼氏掌执鞭……凡誓，执鞭以趋于前，且命之，誓仆右曰杀，誓驭曰车轘，誓大夫曰敢不关鞭五百，誓师曰三百，誓帮之大史曰杀，誓小史曰墨。

盟的方式，最普通的用牲和盟辞，《周礼·秋官》郑注云：

> 载，盟辞也。盟者书其辞于策，杀牲取血，坎其牲，加书其上而埋之，谓之载书也。

例如《左传》僖公二十五年：

> 秋，秦、晋伐鄀，楚斗克、屈御寇以申、息之师戍商密，秦人过析，隈入而系舆人，以围商密，昏而传焉。宵，坎血加书，伪与子仪、子边盟者。商密人惧曰："秦取析矣，戍人反矣。"乃降。

昭公六年：

> 宋寺人柳有宠，太子佐恶之，华合比曰："我杀之。"柳闻之，乃坎、用牲、埋书而告公曰："合比将纳亡人之族，既盟于北郭矣。"公使视之，有焉。遂逐华合比。

以牲血涂口书简，埋牲享神使作证见，以故背盟称"寒盟"，责背盟曰："口血未干。"称所书之盟辞曰丹书。

盟的意义是要双方面或多方面同受所书盟辞的约束，但也有例外，如《汉书》纪吕氏之变，有：

> 高皇帝刑白马而盟曰："非刘氏而王者天下共击之。"

这一盟辞的内含却只是单方面的，只是限制着非刘氏，要求天下拥戴他自己的家族，同时他自己并不对这约辞负责。盟的仪式也不一定限于用牲，随地域而异，有割臂出血为盟的，如《汉晋春秋》：

> 桓帝与单超入室定谋，啮超臂出血以为盟，乃诛梁冀。

有斫树以为盟的，如《高士传》：

> 胡昭止周士勿害晋宣帝，斫枣树共士而别。

有刻石为盟的，如《华阳国志》：

> 昭王刻石盟誓曰："秦犯夷输黄龙一只，夷犯秦输清酒一钟。"夷人安之。

有割心为盟约，如《左传》定公四年：

> 王割子期之心以与随人盟。

誓的仪节比较简单，随时随地随物均可立誓。但也有例外，大抵文化比较落后的民族誓的方式就比较隆重，并且对于所立的誓的守信程度也比较深。誓的使用场所，大概地归纳起来，是一用于军旅，《周礼·秋官》：

士师……以五戒先后刑罚，毋使罪丽于民。一曰誓，用之于军旅。

《尚书》有《甘誓》、《汤誓》、《牧誓》、《费誓》、《秦誓》、《泰誓》等篇，都是当时的誓师词。二用于民事，《周礼·地官》：

大司徒之职，掌……八曰以誓教恤，则民不怠。

三用于狱讼，《周礼·秋官》：

有狱讼者，则使之盟诅。

四用于表深爱，立约束，如《诗·国风·氓》：

及尔偕老，老使我怨，淇则有岸，隰则有泮，总角之宴，言笑晏晏，信誓旦旦，不思其反，反是不思，亦已焉哉！

五用以表决心，如《史记》卷六十五《吴起传》：

吴起东出卫郭门，与其母别，啮指而盟曰："起不为相，不复入卫也。"

六用以明心迹，如《左传》僖公二十四年：

子犯以璧授公子曰："臣负羁绁从君巡于天下，臣之罪甚多矣……请由此亡。"公子曰："所不与舅氏同心者，有如白水。"投其璧于河。

七用以怀报复，如《左传》宣公十七年：

晋侯使郤克征会于齐，齐顷公帷妇人使观之。郤子登，妇人笑于房，献子怒，出而誓曰："所不此报，无能涉河。"

八用以表诚心，矢降伏，如前所引《宋史·向拱传》："拱召其酋帅，令誓不敢侵犯。"

誓有时也没有书面的誓词，如《宋史·昭宪杜太后传》：

建隆二年，太后……疾亟，召赵普入受遗命……命普于榻前为约誓书，普于纸尾书“臣普书”，藏之金匮，命谨密宫人掌之。

或镌之于金属器，《续湘山野录》：

罗隐代钱武肃谢赐铁券表：“镌金作誓，指日成文。”

或勒誓词于石柱石表，《宋史》卷二百八十三《丁谓传》：

谓……为转运使除三司户部判官……改夔州路。初，王均判，朝廷调施、黔、高、溪州蛮子弟以捍贼，既而反为寇，谓至，召其种酋开谕之，且言有诏赦不杀，酋感泣，愿世奉贡，乃作誓刻石柱立境上。

《明史》卷一百七十一《王骥传》：

骥度贼终不可灭，乃与思陆约，立石表誓金沙江上曰：“石烂江枯，尔乃得渡。”

普通多用言语来表达誓者的决意和自身约束，大抵都凭某一事物立誓，最通常的是指着江河，如上所引晋文公之盟白水，郤献子之誓不涉河，又如《晋中兴书》：

符洪使弟雄步骑五千人入潼关，兄子青轵入关，指河誓曰：“若事不捷，汝死河北，我死河南，为鬼无相见也。”

《新唐书》卷一一二《王义方传》：

（义方）素善张亮，亮抵罪，故贬吉安丞。道南海，舟师持酒脯请福，义方酌水誓曰：“有如忠获戾，孝见尤，四维廓氛，千里安流？神之听之，无作神羞！”是时盛夏，涛雾蒸涌，既祭，天云开露，人壮其诚。

《元史·扎八儿火者传》：

太祖军溃，从行者仅十九人，至班朱尼河绝粮，得野马食之，举手仰天而誓曰：“使我克定大业，当与诸人同甘共苦，有渝此言，有如河水！”①

---

①　此段引文与《元史》原文有出入。之下引文多有类似情况，不一一注明。——编者注。

过去人以为一切事物具有专门的神凭附著，就中最能为人祸福的是河神，过河必祭以玉帛酒食，否则必风涛险阻不得过，或竟葬身水底。以此对了河神立誓以后，将来如不能实行，或竟背誓时，若要过此河，必为神所谴责。或指着上帝，如《左传》襄公二十五年：

> （崔杼、庆封立景公）盟国人于大宫曰："所不与崔、庆者。"晏子仰天叹曰："婴所不唯忠与君利社稷者是与，有如上帝！"

或并指天地，如《唐书》卷一一〇《李多祚传》：

> 多祚引天地以自誓，辞气毅然。

《会稽先贤传》：

> 陈业兄渡海倾命，时依止者五六十人，骨肉消烂而不可辨别。业仰黄天誓后土曰："闻亲戚者必有异焉。"因割臂流血以洒骨上，应时受血，余皆流去。

或泛言天以立誓取信，《论语·雍也》：

> 子见南子，子路不说。夫子矢之曰："予所否者，天厌之，天厌之！"

或凭着某一神立誓，《齐书》卷二十六《王敬则传》：

> 王敬则为暨阳令，引神为誓，招致劫贼。（节录）

《竹林七贤论》：

> 刘伶禁酒，具酒肉礼鬼神祝誓。（节录）

《唐书·王义方传》：

> （张）亮兄子皎自朱崖还，依义方，将死，诿妻子，愿以尸归葬，义方许之。以皎妻少，故与之誓于神，使奴负柩，辍马载皎妻，身步从之。既葬皎原武，归妻其家，而告亮墓乃去。

《江南通志》：

> 张采，太仓人。崇祯戊辰进士，归籍乡老于城隍庙誓曰：

“自今以往幸通籍，毋以势凌人，毋纵奴仆横行，毋使宗党子弟肆里门，毋使私属隶官，有渝约者共斥之。”风俗亦大变。

或指日为誓，《左传》襄公二十三年：

初，斐豹隶也，著于丹书。栾氏之力臣曰督戎，国人惧之。斐豹谓宣子曰：“苟焚丹书，我杀督戎。”宣子喜曰：“而杀之，所不请于君焚丹书者，有如日。”

或指父母墓为誓，《晋书》卷八十《王羲之传》：

羲之为会稽内史，慨然称疾去郡，于父母墓前自誓……朝廷以其誓若，亦不征。

或誓以所信仰的时人，《南史》卷六十九《虞荔传》：

（荔弟）寄少笃行，造次必于仁厚……或言誓为约者，但指寄便不欺。其至行所感如此。

或誓生恶疾以明无他，《辽史·刘哥传》：

刘哥……请帝博，欲因进酒弑逆，帝觉之不果，被囚。一日召刘哥，锁项以博，帝问：“汝实反耶？”刘哥誓曰：“臣若有反心，必生千顶疽死。”遂贳之，耶律屋质固诤，以为罪在不赦，命屋质按之，具服。诏免死，流乌古部，果以千顶疽死。

或誓为神殛以明非妄，《括异志》：

嘉兴府周大郎每卖香时绕与人评直，或疑其不中，周曰：“此香若不好，出门当逢恶神扑死。”常以此誓为词。淳祐年间，忽一日过府后桥，如逢一物绊倒，众即扶持，气已绝矣。

或誓以解猜疑，《北史》卷四十八《尔朱荣传》：

（荣）在明光殿重谢河桥之事。誓言无复二心。庄帝自起止之，因复为荣誓，言无疑心。荣喜。

或誓以坚友谊，《金史·欢都传》：

欢都，完颜部人。祖石鲁，与昭祖同时同部同名，交相得，誓曰："生则同川居，死则同谷葬。"

在军队中，或折箭以誓，《金史》卷九十一《杨仲武传》：

仲武往谕木波，其酋帅乃举酒酹天，折箭为誓，愿终身不复犯塞。

或寄刀为誓，《晋书·姚泓载记》：

姚懿乃卑辞招诱，深自结托，送佩刀为誓。

或埋棺为誓，《珍珠船》：

长沙有铜棺山。湘中记云："程普关羽分界于此，共铸铜棺为誓，相侵者以铜棺贮之。"

或饮血为誓，《明史》卷一百二十四《陈友定传》：

（明使）至延平招谕友定，友定置酒大会诸将及宾客，杀明使者，沥其血酒瓮中，与众酌饮之，酒酣，誓于众曰："吾曹并受元厚恩，有不以死拒者，身磔，妻子戮。"

妇女则或断耳为誓，《南史》卷七十四《卫敬瑜妻王氏传》：

霸城王整之姊嫁为卫敬瑜妻，年方十六而敬瑜亡，父母舅姑咸欲嫁之，誓而不许，乃截耳置盘中为誓，乃止。

或截发为誓，陶宗仪《辍耕录》：

张春儿，叶县军士李青妻也。年二十，青疾革，顾谓春曰："吾殆矣！汝其善事后人。"春截发示信，誓勿再适，未几青死，乃自经。

《史蛮夷传》：

南八姓诸岛蛮并来乞盟，立竹为誓。

四川夷人也有这同样的习惯，名为打誓，《宋史》卷三百一《寇瑊传》：

（瑊）为梓州路转运使……用夷法，植竹为誓门，横竹系猫、犬、鸡各一于其上，老夷人执刀剑，谓之“打誓”，呼曰：“誓与汉家同心击贼。”即刺牲血和酒而饮。

或至断指截耳为誓，《明史》卷二百十一《何卿传》：

威茂番十余砦连兵劫军饟，且攻茂州及长宁诸堡要抚赏。卿……以计残其众，战屡捷……诸番窘……乃争献首恶，歃血断指耳，誓不复叛。卿乃与刻木为约，分处其曹，画疆守。

蒙古人有磨金置酒中作誓的仪式，《明史》卷一百四十七《黄淮传》：

阿鲁台归款，请得役属吐番诸部，求朝廷刻金作誓词，磨其金酒中，饮诸酋长以盟。

匈奴人盟誓亦采饮血立约的形式，《汉书》卷九十四《匈奴传》：

韩昌张猛即与为盟约……与单于及大臣俱登匈奴诺水东山，刑白马，单于以径路刀金留犁挠酒，以老上单于所破月氏王头为器者共饮血盟。

最惨的是四川番人的埋奴设誓，《明史》卷二百四十七《李应祥传》：

（万历十四年四川总兵官李应祥讨平松茂诸番）其逃穷谷者……乞降，应祥令堆奴设誓，然后许之。埋奴者，番人反接其奴，献军前，呼天而誓，即牵至要路，掘坎埋之，露其首，凡埋二十三人。

又讨平建昌越雟诸卫番倮，擒建昌酋安守，西南邛笮苴兰靡莫诸酋及商山四堡番皆震怖乞降，各埋奴道左，呼号顿首，誓世世不敢叛。

平常私人立心要除去其一种不良的习惯时，所采用的是心誓，《南史》卷七十五《顾欢传》：

始兴人庐度……有道术，少随张永北侵魏，永败，魏人追急，阻淮水不得过，度心誓曰：“若得免死，从今不复杀生。”须臾见两楯流来，接之得过，后隐居庐陵。

据古人的解释，誓之效否也和气候人品有关，王充《论衡》：

小人皆怀毒气，阳地小人毒尤酷烈，故南越之人祝誓辄效。

无论是盟，是誓，所采取的方式是怎样不同，它的背景始终脱离不了神和鬼的超人威权。从有历史，从最初有文字记载一直到现在，无论在什么时代，什么地域，什么部族，即使是在今天，我们也还可以看见有若干绅士在摹仿着举行神权时代的种种仪式，并且仍为其他的一些绅士们所崇信。这神或鬼的偶像已被推翻，被举出另一大神名为正义的来替代。

一，一八，北平

（原载《文学季刊》，第一卷第二期，1934年4月）

晚明仕宦阶级的生活

一

晚明仕宦阶级的生活，除了少数的例外，（如刘宗周之清修刻苦，黄道周之笃学正身）可以用“骄奢淫佚”四字尽之。田艺衡《留青日札》记：“严嵩孙严绍庚、严鹄等尝对人言，一年尽费二万金，尚苦多藏无可用处。于是竞相穷奢极欲。”《明史·严嵩传》记鄢懋卿之豪奢说：“鄢懋卿持严嵩之势，总理两浙两淮长芦河东盐政，其按部尝与妻偕行，制五彩舆，令十二女子舁之。”万历初名相张居正奉旨归葬时：“真定守钱普创为坐舆，前舆后室，旁有两庑，各立一童子供使令，凡用舁夫三十二人。所过牙盘上食味逾百品，犹以为无下箸处。”① 这种阔阔的风气，愈来愈厉害，直到李自成、张献忠等起来，这风气和它的提倡者同归于尽。

其实，说晚明才有这样的放纵生活，也不尽然，周玺《垂光集·论治化疏》说：“中外臣僚士庶之家，靡丽奢华，彼此相尚，而借贷费用，习以为常。居室则一概雕画，首饰则滥用金宝，倡优下贱以绫缎为袴，市井光棍以锦绣缘袜，工匠役之人任意制造，殊不畏惮。虽朝廷禁止之诏屡下，而奢靡僭用之习自如。”② 周玺是弘正时人（？—1508），可见在十六世纪初期的仕宦生活已经到这地步。风俗之侈靡，自上而下，风行草偃，渐渐地浸透了整个社会。堵允锡曾畅论其弊，他说：“冠裳之辈，怡堂成习，厝火忘危，膏粱文绣厌于口体，宫室妻妾昏于志虑，一篚之费数金，一日之供中产，声

① 《明史》卷二一三，《张居正传》。（此条引文出处似有误——编者注）
② 《垂光集》卷一。

伎优乐，日缘而盛。夫缙绅者士民之表，表之不戒，尤以成风。于是有纨袴子弟，益侈豪华之志以先其父兄，温饱少年亦竞习裘马之容以破其家业，挟弹垆头，吁庐伎室，意气已骄，心神俱溃，贤者丧志，不肖倾家，此士人之蠹也。于是又有游手之辈，习谐媚以蛊良家子弟，市井之徒，咨凶谲以行无赖之事，白日思群，昏夜伏莽，不耕不织，生涯问诸傥来，非士非商，自业寄于亡命，狐面狼心，冶服盗质，此庶人之蠹也。如是而风俗不致颓坏，士民不致饥寒，盗贼不致风起者未之有也。”①

二

大人先生有了身份有了钱以后，饱食终日，无所用心，自然而然会刻意去谋生活的舒适，于是营居室，乐园亭，侈饮食，备仆从，再进而养优伶，召伎女，事博弈，蓄姬妾，雅致一点的更提倡玩古董，讲版刻，组文会，究音律，这一集团人的兴趣，使文学、美术、工艺、金石学、戏曲、版本学等部门有了飞跃的进展。

八股家幸而碰上了机会，得了科第时，第一步是先娶一个姨太太，（以今较昔，他们的黄脸婆还有不致被休的运气）王崇简《冬夜笔记》：“明末习尚，士人登第后，多易号娶妾。故京师谚曰：改个号，娶个小。”第二步是广营居室，作大官的邸舍之多，往往骇人听闻，田艺蘅记严嵩籍没时之家产，光是第宅房屋一项，在江西原籍共有六千七百四间，在北京共一千七百余间。② 陆炳当事时，营别宅至十余所，庄园遍四方。③ 郑芝龙田园遍闽粤，在唐王偏安一隅的小朝廷下，秉政数月，增置仓庄至五百余所。④

① 《堵文忠公集·救时十二议疏》。

② 《留青日札》。

③ 《明史》卷三〇七，《陆炳传》。

④ 林时对：《荷锸丛谈》卷四。

士大夫园亭之盛，大概是嘉靖以后的事。陶奭龄说：“少时越中绝无园亭，近亦多有。”① 奭龄是万历时代人，可见在嘉隆前，即素称繁庶的越中，士大夫尚未有经营园亭的风气。园亭的布置，除自己出资建置外，大抵多出于门生故吏的报效。顾公燮《消夏闲记》卷上说：“前明缙绅虽素负清名者，其华屋园亭佳城南亩，无不揽名胜，连阡陌。推原其故，皆系门生故吏代为经营，非尽出己资也。”王世贞《游金陵诸园记》记南京名园除王公贵戚所有者外，有王贡士杞园、吴孝廉园、何参知露园、卜太学味斋园、许典客长卿园、李象先茂才园、汤太守熙召园、陆文学园、张保御园等。《娄东园亭志》仅太仓一邑有田氏园、安氏园、王锡爵园、杨氏日涉园、吴氏园、季氏园、曹氏杜家桥园、王世贞弇州园、王士骐约园、琅玡离薋园、王敬美澹园等数十园。园亭既盛，张南垣至以叠石成名：“三吴大家名园，皆出其手。其后东至于越，北至于燕，召之者无虚日。”②

对于饮食衣服尤刻意求精，互相侈尚。《小柴桑喃喃录》卷上记：“近来人家酒席，专事华侈，非数日治具，水陆毕集，不敢轻易速客。汤饵肴蔌，源源而来，非惟口不给尝，兼亦目不周视，一筵之费，少亦数金。”平居则“耽耽逐逐，日为口腹谋”。张岱《陶庵梦忆》自述：“越中清馋无过余者，喜啖方物。北京则苹婆果、黄䵳、马牙松；山东则羊肚菜、秋白梨、文官果、甜子；福建则福橘、福橘饼、牛皮糖、红腐乳；江西则青根、丰城脯；山西则天花菜；苏州则带骨鲍螺、山查丁、山查糕、松子糖、白圆、橄榄脯；嘉兴则马交鱼脯、陶庄黄雀；南京则套樱桃、桃门枣、地栗团、窝笋团、山查糖；杭州则西瓜、鸡豆子、花下藕、韭芽、元笋、塘栖蜜橘；萧山则杨梅、莼菜、鸠鸟、青鲫、方柿；诸暨则香狸、樱桃、虎栗；嵊则蕨粉、细榧、龙游糖；临海则枕头瓜；台州则瓦楞蚶、江瑶柱；浦江则火肉；东阳财南枣；山阴则破塘笋、谢橘、独山菱、河蟹、三江屯蛏、白蛤、江鱼、鲥鱼、里河鰦。远则岁致之，近则月致之，日致之。”③ 衣服则

① 《小柴桑喃喃录》下。

② 黄宗羲：《撰杖集·张南垣传》。

③ 张岱：《陶庵梦忆》卷四，《方物》。

由布袍而为细绢，由浅色而改淡红。范濂《云间据目钞》记云间风俗，虽然只是指一个地方而言，也足以代表这种由俭朴而趋奢华的时代趋势。他说："布袍乃儒家常服，周年鄙为寒酸，贫者必用绸绢色衣，谓之薄华丽。而恶少且从典肆中觅旧段旧服翻改新起，与豪华公子列坐，亦一奇也。春元必用大红履，儒童年少者必穿浅红道袍，上海生员冬必穿绒道袍，暑必用绉巾绿伞，虽贫如思丹，亦不能免。稍富则绒衣巾，盖益加盛矣。余最贫，尚俭朴，年来亦强服色衣，乃知习俗移人，贤者不免。"明代制定士庶服饰，不许混淆，嘉靖以后，这种规定亦复不能维持，上下群趋时髦，巾履无别。范濂又记："余始为诸生时，见朋辈戴桥梁绒线巾，春元戴金线巾，缙绅戴忠靖巾。自后以为烦俗，易高士巾素方巾，复变为唐巾晋巾汉巾褊巾。丙午（1606）以来皆用不唐不晋之巾，两边玉屏花一双，而年少貌美者加犀玉奇簪贯发。"他又很愤慨地说："所可恨者，大家奴皆用三镶宦履，与士官漫无分别，而士官亦喜奴辈穿著，此俗之最恶者也。"

三

士大夫居官则狎优纵博，退休则广蓄声伎，宣德间都御史刘观每赴人邀请，辄以妓自随。户部郎中肖翔等不理职务，日惟挟妓酣饮恣乐。① 曾下饬禁止："宣德四年八月丙申，上谕行在礼部尚书胡濙曰：祖宗时文武官之家不得挟妓饮宴。近闻大小官私家饮酒，辄命妓歌唱，沉酣终日，怠废政事。甚者留宿，败礼坏俗。尔礼部揭榜禁约，再犯者必罪之。"② 妓女被禁后，一变而为小唱，沈德符说："京师自宣德顾佐疏后，严禁官妓，缙绅无以为娱，于是小唱盛行，至今日几如西晋太康矣。"③ 实际上这项禁令也只及于

① 《明宣宗实录》卷五六。
② 《明宣宗实录》卷五七。
③ 《野获编》卷二四。

京师居官者，易代之后，勾栏盛况依然。《冰华梅史》有《燕都妓品序》："燕赵佳人，颜美如玉，盖自古艳之。矧帝都建鼎，于今为盛，而南人风致，又复袭染熏陶，其色艳宜惊天下无疑。万历丁酉庚子（1597—1600）其妖冶已极。"所定花榜借用科名条例有状元榜眼探花之目。称妓则曰老儿，茅元仪《暇老齐杂记》卷四："近来士人称妓每曰老，如老一老二之类。"同时曹大章有《秦淮士女表》，《萍乡花史》有《广陵士女殿最序》。余怀《板桥杂记》记南京教坊之盛："南曲衣裳妆束，四方取以为式。"崇祯中四方兵起，南京不受丝毫影响，依然征歌召妓："宗室王孙，翩翩裘马，以及乌衣子弟湖海宾游，靡不挟弹吹箫，经过赵李，每开筵宴，则传呼乐籍，罗绮芬芳，行酒纠觞，留髡送客，酒阑棋罢，堕珥遗簪，真欲界之仙都，升平之乐国也！"①

私家则多蓄声伎，穷极奢侈。万历时理学名臣张元忭后人的家伎在当时最负盛名。《陶庵梦忆》卷四《张氏声伎》条记："我家声伎，前世无之。自大父于万历年间与范长白邹愚公黄贞父包涵所诸先生讲究此道，遂破天荒为之。有可餐班，次则武陵班……再次则梯仙班……再次则吴郡班……再次则苏小小班……再次则平子茂苑班……主人解事日精一日，而傒僮伎艺则愈出奇愈。"阮大铖是当时最负盛名的戏曲作家，他的家伎的表演最为张宗子所称道。同书卷八记："阮元海家优讲关目，讲情理，讲筋节，与他班孟浪不同。然其所打院本又皆主人自制，笔笔勾勒，苦心尽出，与他班卤莽者又不同。故所搬演本本出色，脚脚出色，出出出色，句句出色，字字出色。"士大夫不但蓄优自娱，谱制剧曲，并能自己度曲，压倒伶工。沈德符记："近年士大夫享太平之乐，以其聪明寄之剩技。吴中缙绅留意音律，如太仓张工部新、吴江沈吏部璟、无锡吴进士澄时俱工度曲，每广座命伎，即老优名倡俱皇遽失措，真不减江东公瑾。"② 风气所趋，使梨园大盛，所演若《红梅》、《桃花》、《玉簪》、《绿袍》等记不啻百种："括共大意，则皆一女游园，一生窥见而悦

① 余怀：《板桥杂记》。

② 《野获编》卷二四。

之，遂约为夫妇。其后及第而归，即成好合。皆徒撰诡名，毫无古事可考，且意俱相同，毫无足喜。”乡村每演剧以祷神：“谓不以戏为祷，则居民难免疾病，商贾必值风涛。”① 豪家则延致名优，陈懋仁《泉南杂志》：“优伶媚趣者不吝高价，豪奢家攘而有之，婵鬓傅粉，日以为常。”使一向被贱视的伶工，一旦气焰千丈。徐树丕《识小录》记吴中在崇祯十四年（1641）奇荒后的情形：“辛巳奇荒之后……优人鲜衣美食，横行里中。人家做戏一台，一本费至十余金，而诸优犹恨恨嫌少。甚至有乘马者，乘舆者，在戏房索人参汤者，种种恶状。然必有乡绅主之，人家惴惴奉之，得一日无事便为厚矣。”优人服节有至千金以上者。② 男优之外，又有女戏：“十余年来苏城女戏盛行，必有乡绅主之。盖以倡兼优而缙绅为之主。”③ 亦有缙绅自教家姬演戏者，张岱记朱云崃女戏，“西施歌舞，对舞者五人，长袖缓带，绕身若环，曾挠摩地，扶旋猗那，弱如秋乐；女官内侍，执扇葆璇盖、金莲宝炬、纨扇宫灯二十余人，光焰荧煌，锦绣纷叠，见者错愕”④。刘晖吉女戏则以布景著：“刘晖吉奇情幻想，欲补从来梨园之缺陷；如唐明皇游月宫，叶法善作，场上一时黑魆地暗，手起剑落，霹雳一声，黑幔忽收，露出一月，其圆如规，四下以其羊角染五色云气，中坐常仪，桂树吴刚，白兔捣药。轻纱缦之内，燃赛月明数株，光焰青黎，色如初曙，撤布成梁，遂蹑月窟，境界神奇，忘其为戏也。”⑤

四

士大夫的另一种娱乐是赌博。顾炎武《日知录》记：“万历之末太平无事，士大夫无所用心，间有相从赌博者。至天启中始行马吊

① 汤来贺：《梨园说》。

② 黄宗羲：《南雷集子·刘子行状》。

③ 《识小录》卷二。

④ 《陶庵梦忆》卷二。

⑤ 《陶庵梦忆》卷五。

之戏，而今之朝士若江南山东几于无人不为此。有如韦昭论所云穷日尽明，继以脂烛，人事旷而不修，宾旅阙而不接。”甚至有“进士有以不工赌博为耻”的情形。吴伟业又记当时有叶子戏：“万历末年，民间好叶子戏，图赵宋时山东群盗姓名于牌而斗之，至崇祯时大盛。有曰闯，有曰献，有曰大顺，初不知所自起，后皆验。”① 缙绅士大夫以纵博为风流，《列朝诗集小传》记：“福清何士壁跅弛放迹，使酒纵博。”“皇甫冲博综群籍，通挟凡击毬音乐博弈之戏，吴中轻侠少年咸推服之。”“万历间韩上桂为诗多倚待急就，方与人纵谈大噱，呼号饮博，探题立就，斐然可观。”此风渐及民间，结果是如沈德符所说：“今天下赌博盛行，其始失货财，甚则鬻田宅，又甚则为穿窬，浸成大伙劫贼，盖因本朝法轻，愚民易犯。”②

自命清雅一点的则专务搜古董，巧取豪夺：“嘉靖末年海内宴安，士大夫富厚者以治园亭教歌舞之际，间及古玩。如吴中吴文恪之孙，溧阳史尚宝之子，皆世藏珍秘，不假外索。延陵则稽太史应科，云间则朱太史大韶，携李项太学，锡山安太学华户部辈不吝重资收购，名播江南。南部则姚太史汝循、胡太史汝嘉亦称好事。若辈下则此风稍逊，惟分宜严相国父子、朱成公兄弟并以将相当途，富贵盈溢，旁及雅道，于是严以势劫，朱以货贿，所蓄几及天府。张江陵当国亦有此嗜。董其昌最后起，名亦最重，人以法眼归之。”③ 年轻气盛少肯读书的则组织文社，自相标榜，以为名高。《消夏闲记》下：“文社始于天启甲子张天如等之应社……推大讫于四海。于是有广应社，复社，云间有几社，浙江有闻社，江北有南社，江西有则社，又有历亭席社，昆阳云簪社，而吴门别有羽朋社，武林有读书社，山左有大社，佥会于吴，统于复社。”以讥弹骂詈为事，黄宗羲讥为学骂，他说：“昔之学者学道者也，今之学者学骂者也。矜气节者则骂为标榜，志经世者则骂为功利，读书作文者则骂为玩物丧志，留心政事者则骂为俗吏，接庸僧数辈则骂考亭为不足

① 《绥寇纪略》卷一二。

② 《野获编补遗》卷三。

③ 《野获编》卷二六。

学矣，读艾千子定待之尾，则骂象山阳明为禅学矣。濂溪之主静则盘桓于腔子中者也，洛下之持敬则曰是有方所之学也。逊志骂其学误主，东林骂其党亡国，相讼不决，以后息者为胜。”①老成人物则伪标讲学，内行不修。艾南英《天傭子集》曾提及江右士夫情形：“敝乡理学之盛，无过吉安，嘉隆以前，大概质行质言，以身践之。近岁自爱者多而亦不无仰愧前哲者。田土之讼，子女之争，告讦把持之风日有见闻，不肖视其人皆正襟危坐以持论相高者也。”②

仕宦阶级有特殊地位，也自有他们的特殊风气。《小柴桑喃喃录》卷下说：“士大夫膏肓之病，只是一俗，世有稍自脱者即共命为迂为疏为腐，于是一入仕途，则相师相仿，以求入乎俗而后已。如相率而饮狂泉，亦可悲矣。”在这情形的社会，谢肇淛说得最妙：“燕云只有四种人多，奄竖多于缙绅，妇女多于男子，倡伎多于良家，乞丐多于商贾。”③

一九三四年一月二十二日

（原载《大公报·史地周刊》，第三十一期，1935年4月19日）

---

① 《南雷文案》卷一七。

② 艾南英：《天傭子集》卷六，《复陈怡云公祖书》。

③ 《五杂俎》卷三。

烟草初传入中国的历史

十年前美国 Berthold Lunber 写了一本叫 *Jobacco and Its Usein Ssiu* 的小册子，说明烟草输入亚细亚各地的情形。据他的研究，日本在 1615 年（明万历四十三年）曾一度下令禁止吸烟，焚毁烟叶，拔去未收获的烟草。烟草的输入日本开始种植大约是 1605 年左右的事，第一次带烟叶到日本来的是葡萄牙人（南蛮），时期是十六世纪末年。不过几年，长崎便有人经营烟草种植，吸烟的习惯很快地就传播到各处，不顾禁令，为举国人所爱好。日人用 tnbako 即由葡文 tabuco 而来。

在中国方面，最初传入烟草的是十七世纪初年的福建水手，他们从吕宋带回来烟草的种子。再从福建南传到广东，北传到江浙。明末名医张介宾（景岳）在他的著作中第一次提到烟草的历史和故事。他说："烟草自古未闻，近自我明万历时（1523—1620）出于闽广之间，自后吴楚土地皆种植之。总不若闽中者色微黄质细，名为金丝烟者力强气胜为优。求其习服之始，则向以征滇之役，师旅深入瘴地，无不染病，独一营安然无恙，问其故，则众皆服烟，由是遍传。今则西南一方无分老幼，朝夕不能间矣。"在 1638 年（崇祯十一年）、1641 年都曾有诏谕禁止吸烟和种烟，但在实际并未发生效力，到崇祯末年（1628—1644）已经到了"三尺之童无不吸烟"的地步了。

在高丽，据荷兰水手 Henry Hamel of Gorcum 1668 年的报告，在五六十年前高丽已经从日本输入烟草和种植的方法，他们以为这种子来自南蛮国（Nampankou），名之为南蛮草（Nampankoy）。在 Hamel 被俘居留在高丽的期间（1653—1668），高丽人已经普遍地有了吸烟的嗜好，连四五岁大的孩子都学着吞云吐雾了。两百年以前，高丽烟草最为中国人所爱好，两年一度的高丽使臣到北京进贡，在贡物中就有烟草一项。

烟草传到东方的路线，第一条是由墨西哥到斐力滨，到台湾，到内地。第二条是由葡萄牙人传到印度、爪哇和日本。第三条是俄国向西比利亚南边的时候，学得了吸烟和种烟的方法。

Lunfer 的著作是泛论亚洲的烟草传布的，我们不妨再进一步看看烟草在中国传布的情形。

明人除张介宾外，提及烟草的历史的方以智《物理小识》卷九记："万历末有携至漳泉者，马氏造之曰淡肉果，渐传至九边，皆衔长管而火点吞吐之，有醉仆者。明崇祯时（1628—1644）严禁之不止。其本似春不老而叶大于菜，曝干以火酒炒曰金丝烟，北人为淡把姑，或呼担不归。其性可以祛湿发散，然服久则肺焦，诸药多不效，其症为吐黄水而死。"漳、泉的烟草来自台湾，《台湾府志·土产门》："淡苋菰冬种春收，晒而切之，以筒烧吸，能醉人。原产湾地，明季漳人取种回栽，今名为烟，达天下矣。"台湾的烟草又来自吕宋，姚旅露书："吕宋国有草名淡巴菰，一名金丝醺，烟气从管中入喉，能令人醉，亦辟瘴气。"这是烟草输入中国的第一条路线。第二条路线由南洋输入广东，《粤志》："粤中有仁草，一曰八角草，一曰金丝烟，治验亦多，其性辛散，食其气令人醉。一曰烟草，其种得之大西洋，一名淡巴菰、相思草。闽产者佳。"一说由交趾转入，广东《高要县志》："烟叶出自交趾，今所在有之。茎高三四尺，叶多细毛，采叶晒干如金丝色，性最酷烈，取一二厘竹管内以口吸之，口鼻出烟，服之以御风湿，徒取一时爽快，然久服面目俱黄，肺枯声干，未有不殒身者。愚民率相习服，如蛾赴火，诚不可不严戢之也。"

北方的烟草则由辽东传入，辽东由朝鲜传入，朝鲜又从日本传入。朝鲜人称烟草为南灵草，又名南草。万历四十四、五年间（1616—1617）由日本输入，天启辛酉、壬戌（1621—1622）以后几于无人不服。再由商贾输入沈阳，清太宗以其非土产，下令禁止。《朝鲜李朝仁宗实录》记 1637 年朝鲜政府以南草作礼物赠与建州官史："丁丑七月辛巳户曹启曰：世子蒙鹿于异域……彼人往来馆所者不绝，而行中无可赠之物，请送南草三百余斤。从之。"第二年即被清人所禁："戊寅（1638）八月甲午我国人潜以南灵草入送沈阳，为清将所觉，大肆诘责。南灵草，日本国所产之草也。其叶大者可七八寸许，细截而盛之竹筒，或以银锡作筒，火以吸之，味辛烈，谓之治痰消食，而久服往往伤肝气，令人目翳。此草自丙辰、丁巳年间越海来，人有服之者而不至于盛行。辛酉、壬戌以来，无人不服，对食辄代茶饮，或谓之烟茶，或谓之烟酒。至种采相交易。久服者知其有害无利，欲罢而终不能焉，世称妖草。转入沈阳，沈人亦甚嗜之。而虏汗以为非土产，耗财货，下令大禁云。"清人禁令之严，可以从朝鲜方面的禁令看出，同书又记："庚辰（1640）四月宾客李行远驰启曰：清国南草之禁近来尤重。朝廷事目亦极严峻，而见利忘生，百计潜藏，以致辱国。请今后犯禁者一斤之上先斩后闻，未满一斤者囚禁义州，从轻重科罪。从之。"两方虽设严禁，甚至处贩卖者以死罪，实际上仍不能完全禁绝。

1639年朝鲜派往沈阳的使节即以夹带南草被罪："己卯三月奏请使尹晖还自沈阳，以轿中所藏南草为凤凰城人所发觉，报知沈阳。（为宪府所劾罢职。）"不过这禁令也维持不到几年，便为清国的执政者所自动破坏：同书记，"丙戌（1646）二月辛巳冬至使李基祚至北京驰启曰：龙将（英饿尔岱）密言于李莂吪石曰：今番减米乃九王之力。九王喜吸南草，又欲得良鹰。南草、良鹰并可入送，以致谢意云。"九王即多尔衮，是当时的摄政王。把以上的记载和 Lunfer 的文章对比，可说是替 Hamel 的报告添一有力的佐证。而且南草这一名词也是从日本传来的，言泉："南草，淡巴菰之异称也。"

《李朝实录》记载了烟草输入辽东的情形，在中国方面，这时候山海关以内是明，辽河以东则属新兴的后金（1636年后改称清）势力范围。明人禁烟已见于方以智的记载，后金的禁烟则见于《东华录》：（天聪八年，1634）上谓贝勒萨哈廉曰：闻有不遵禁烟，犹自擅用者。对臣父大贝勒曾言所以禁众人不禁诸贝勒者，或以我用烟故耳。若欲禁止用烟，当自臣等始。上曰：不然，诸贝勒虽用。小民岂可效之。民间食用诸物，朕何尝加禁耶？又谓固山额真那木泰曰："尔等诸臣在衙门禁止人用烟，至家又私用之。以此推之，凡事俱不可信矣。朕所以禁止用烟者，或有穷乏之家，其仆从皆穷乏无衣，犹买烟自用，故禁之耳。不当禁而禁，汝等自当直谏，若以为当禁，汝等何不痛革。不然，外廷私议禁约之非，是以臣谤君，子谤父也。"从这一段记载，我们知道后金之禁烟在1634年以前已经执行，比朝鲜人的记载早四年。第二，当时的王公贝勒大臣都是烟草嗜好者，除朝鲜人所提及的九王外，大贝勒代善是当时吸烟人中的最有名人物。第三，后金禁烟令专为平民而设，不及贵族。施行后并无成绩，并且为一般贵族所非议。第四，后金之禁止用烟，是站在经济的立场上看的，一方面因为它是无用的消耗品，一方面因为它非土产。这一点除见于朝鲜记载外，并且明见于1641年的烟草解禁令中，《东华录》又记："崇德六年二月戊申谕户部曰：前所定禁烟之令，其种者用者屡行申饬，近见大臣等犹然用之，以致小民效尤不止，故行开禁。凡欲用烟者惟许各人自种而用之，若出边货买者处死。"

烟草输入中国后，立刻传播，成为各地的名产。《延绥镇志》记有崇德烟、黄县烟、曲沃烟、美原烟，结末说："惟日本之倭丝为佳。"《百草镜》说："烟一名相思草……烟品之多，至今极盛，在内地则福建漳州有石马烟，浙常山有面烟，江西有射洪烟，湖广有衡烟，山东有济宁烟，近日粤东有潮烟。"

烟草之用为药物，朝鲜医生是最早的发见者。张珊本经逢原说："烟草之火，方书不录惟朝鲜志见之。始自闽人吸以袪瘴，向后北方借以避寒，今则遍行寰宇。"

关于烟草的神话，我们也发见了一个有趣的对照。Lunfer书中记有一个高丽故事说："某王宠姬死，伤悼无似。姬忽示梦云，墓旁有物，名为烟草。采集曝干，以火燃吸，可以止悲，可以忘忧。王得此草，遂蕃国中。"沈云将《食物会纂》："相传海外有鬼国。彼俗人病将死，即舁置深山中。昔有国王女病革，弃之去。昏愦中闻芬馥之气，见卧旁有草，乃就而嗅之，便觉遍体清凉，霍然而起，奔入宫中，人以为异，因得是草，故一名返魂烟。”

一九三五年五月七日

按以上云：皆是随意杜撰的神话，不过聊资谈助，阅者自不至据为信史也。

（原载天津《益世报・史学》，第三期，1935年5月28日）

图书在版编目（CIP）数据

吴晗全集/吴晗著；常君实编.
北京：中国人民大学出版社，2009
ISBN 978-7-300-10362-4

Ⅰ. 吴…
Ⅱ. ①吴…②常…
Ⅲ. ①吴晗（1909～1969）-全集②社会科学-文集
Ⅳ. C53

中国版本图书馆 CIP 数据核字（2009）第 024850 号

吴晗全集（1—10 卷）
吴　晗　著
常君实　编

出版发行	中国人民大学出版社		
社　　址	北京中关村大街 31 号	**邮政编码**	100080
电　　话	010－62511242（总编室）		010－62511770（质管部）
	010－82501766（邮购部）		010－62514148（门市部）
	010－62515195（发行公司）		010－62515275（盗版举报）
网　　址	http://www.crup.com.cn		
经　　销	新华书店		
印　　刷	涿州星河印刷有限公司		
规　　格	155 mm×235 mm　16 开本	**版　　次**	2009 年 3 月第 1 版
印　　张	305.5 插页 51	**印　　次**	2019 年 6 月第 2 次印刷
字　　数	4 234 000	**定　　价**	1480.00 元

版权所有　侵权必究　　印装差错　负责调换